W0205834

LA RENAISSANCE

DES ANNÉES 1470 AUX ANNÉES 1560

Gérald CHAIX,
Directeur du Centre d'Études Supérieures
de la Renaissance à Tours

CNED-SEDES

© SEDES / VUEF / CNED, 2002
ISBN 2-7181-9398-0
www.editions-sedes.com
www.cned.fr

La loi du 11 mars 1957 n'autorisant, aux termes des alinéas 2 et 3 de l'Article 41, d'une part, que les « copies ou reproductions strictement réservées à l'usage privé du copiste et non destinées à une utilisation collective » et, d'autre part, que les analyses et les courtes citations dans le but d'exemple et d'illustration, « toute représentation ou reproduction intégrale, ou partielle, faite sans le consentement de l'auteur ou de ses ayants droit ou ayants cause, est illicite » (alinéa 1er de l'Article 40).
Cette représentation ou reproduction, par quelque procédé que ce soit, constituerait donc une contrefaçon sanctionnée par les Articles 425 et suivants du Code pénal.

Avant-propos

Rédigé à l'intention des candidats aux concours de recrutement de l'enseignement secondaire (CAPES et agrégation d'histoire), cet ouvrage consacré à la Renaissance européenne, de 1470 à 1560, n'est pas un livre sur la Renaissance. Il lui faut tout d'abord accepter les limites chronologiques qui ont été fixées. Elles posent problème. En amont, la date de 1470 renvoie à l'évidence à un événement français : l'installation de la première imprimerie dans le collège de la Sorbonne, à Paris. Elle n'a guère de signification européenne et il est clair que, pour en rester à cet indicateur, le milieu du XVe siècle aurait mieux convenu, qui coïncide avec l'invention des caractères mobiles. Mais il s'agit de la question d'« histoire moderne » et le temps n'est plus où la frontière entre histoire médiévale et histoire moderne passait en 1453. En aval, la date est moins problématique : la fin des guerres entre Valois et Habsbourg marque bien une césure. Mais est-ce la fin de la Renaissance ? Ce qu'il est convenu d'appeler l'humanisme tardif d'un côté, l'automne de la Renaissance d'un autre côté, conduisant aux premières décennies du XVIIe siècle mériterait qu'on s'y attarde dans un ouvrage de synthèse.

Pour autant, la dimension délibérément européenne, voire mondiale (car le libellé du sujet ne donne aucune précision géographique, suggérant sans doute d'une part de prendre en compte la « découverte » et la conquête du monde par les Européens, d'autre part de resituer ce moment de l'histoire de l'humanité dans une perspective qui ne soit pas strictement européocentrique), et la volonté de ne pas se limiter à une approche purement artistique ne peuvent qu'emporter l'adhésion. Même sans revenir sur le premier essor de la Renaissance, de Pétrarque à la mort de Lorenzo Valla (1457), il est évident qu'un tournant s'opère au milieu du XVe siècle. Les expériences de la péninsule italienne se trouvent confrontées à d'autres foyers culturels, politiques, économiques qui tout à la fois se distinguent de ces expériences et se recoupent avec elles pour former une « civilisation » à l'échelle européenne. L'un des enjeux de la question posée est assurément ce jeu avec les échelles d'analyse. Celle qui étudie la Renaissance à l'échelle mondiale et européenne : le temps des « grandes découvertes », de l'humanisme, de la Renaissance artistique, des Réformes, de la genèse des États modernes et de la naissance de la science moderne. Celle qui adopte une focalisation régionale et locale : le temps des cours et des républiques urbaines, des ateliers d'artistes et des commanditaires, de la formation des consciences « nationales », des réformes territoriales, urbaines ou rurales. Celle qui réduit son objectif à l'analyse des groupes réduits et des individus : la complexité du « génie » de

Léonard ou de la « politique culturelle » de François Ier ou religieuse de Charles Quint.

Il lui faut accepter ensuite l'ambiguïté du titre. Le choix du seul terme « Renaissance » – et non « L'Europe (ou le monde) à la Renaissance » – donne à penser que ce n'est pas simplement une tranche chronologique qui est prise en considération – de 1470 à 1560 – mais le(s) problème(s) que pose cette période spécifiquement confondue avec la Renaissance. Elle oblige donc à prendre en compte le legs historiographique sans lequel la Renaissance n'existerait pas. D'emblée, en effet, on y reviendra, la Renaissance s'est construite en se distinguant de ce qui la précède et en se référant à un modèle à « imiter ». En même temps qu'elle affirme sa volonté d'originalité, elle crée la notion de « Moyen Âge » (*medium aevum*), clairement définie dans l'œuvre d'un Flavio Bondo (1392-1463) et assimilée à la « barbarie », à la « grossièreté » et aux « ténèbres », et celle d'Antiquité, présentée comme un modèle de civilisation, de raffinement et de luminosité. D'autre part, sans s'attarder à l'historiographie du XVIIIe siècle, autrement dit les pionniers de l'incessant combat contre l'obscurantisme, peu ou prou lié au pouvoir de l'Église catholique romaine, on rappellera l'importance de l'historiographie du XIXe siècle dans la constitution du concept de Renaissance, le terme lui-même apparaissant au début du siècle. Dans les écrits de Michelet (1855) et de Burckhardt (1860), la Renaissance devient le moment de la modernité. Une modernité – « la découverte du monde et de l'homme » – fondée sur l'affirmation de la liberté contre l'emprise des clercs pour le premier (1798-1874), dont les héros sont Colomb, Copernic et Luther. Une modernité fondée sur l'exaltation de l'individu et sur l'État conçu comme œuvre d'art, par opposition à la société de masse et à la démocratie du XIXe siècle pour le second (1818-1897).

Ce modèle, qui reste encore largement répandu, a fait l'objet d'un quintuple remise en cause dans la première moitié du XXe siècle. Des lendemains de la première guerre mondiale jusqu'aux années 1960. La première est venue, dès 1919, de l'œuvre de Johan Huizinga (1872-1945). Dans *L'automne du Moyen Âge*, il met en effet en évidence la continuité qui existe entre Moyen Âge et Renaissance, cette dernière lui apparaissant bien plus comme l'automne de celle-là que comme le renouveau de l'Antiquité ; il insiste d'autre part sur le rôle de la cour de Bourgogne dans l'émergence de nouvelles conduites politiques, sociales et culturelles. La deuxième – qui se décompose elle-même en deux phases – est issue de l'approche « culturelle », résolument globalisante mais fondant cette globalisation sur des « formes symboliques » communes aux gens d'une époque et non sur une « infrastructure » économique et sociale. Elle est prônée par Aby Warburg (1866-1929) et rapidement reprise sur le terrain de la philosophie par Ernst Cassirer (1874-1945) et Raymond Klibansky, sur celui de l'histoire de l'art par Erwin Panofsky (1892-1968), sur celui de l'humanisme par Paul Oskar Kristeller (1905-1999) et Hans Baron (1900-1988). Contraints à l'exil, fuyant l'Allemagne nazie et antisémite, la plupart de ces historiens se réfugient à Londres et aux États-Unis, où se développe – seconde phase, de la fin des années trente à la fin des années soixante – une intense recherche sur l'humanisme et la Renaissance.

Légèrement postérieure, la troisième est née dans une large mesure de la résistance à l'idéologie fasciste et de la récupération par celle-ci de la notion de Renaissance. Dans l'œuvre d'Eugenio Garin et dans celle de Cesare Vasoli, massivement concentrées sur la question de l'humanisme, ignorant totalement la coupure, purement institutionnelle et si désastreuse entre XVe et XVIe siècle, la Renaissance, abordée dans une perspective résolument historicisante, devient un temps privilégié où se forgent les idéaux éducatifs de l'Europe moderne et s'élaborent les témoignages rendus à la « dignité de l'homme ». La quatrième est fortement liée à la personnalité de Lucien Febvre et à l'importance que revêt le XVIe siècle dans sa recherche. Sans être à proprement parler un spécialiste de la Renaissance, il a largement contribué par sa réflexion sur la religion de Rabelais mais aussi sur le destin de Martin Luther, l'œuvre de Marguerite de Navarre, les débuts de la Réforme française, pour ne prendre que quelques exemples, à renouveler profondément l'approche de cette période.

Enfin, au moment où Jean Delumeau publie la dernière grande synthèse en langue française sur le Renaissance (1967), les recherches sur la Renaissance connaissent une nouvelle inflexion, conduite pour l'essentiel aux États-Unis, dans une moindre mesure en Angleterre, en Italie et en France. À la suite de Michel Foucault qui, dans *Les Mots et les choses* (1966), s'est efforcé de dégager l'« épistémè » de la Renaissance définie, selon lui, par la volonté d'une harmonie universelle, inspirée des Pythagoriciens mais aussi des stoïciens et de la Bible, et exprimée par tout un vocabulaire qui en traduit le caractère : *aequalitas*, *consensus*, *concordia*, *concertus*, *similia*, *proportio*, la critique post-moderniste remet en cause la notion de modernité à laquelle la Renaissance apparaît peu ou prou liée. Un second courant, lié lui aussi à la critique post-moderniste, a cherché à contextualiser les productions de la Renaissance, que ce soit le théâtre de Shakespeare ou les grandes découvertes, « ces merveilleuses possessions » (S. Greenblatt), la critique philologique des humanistes (A. Grafton), la pensée politique (Q. Skinner), ou la perspective et « l'œil de la Renaissance » (M. Baxandall). Enfin, un troisième courant a appliqué à l'étude de la période les renouvellements historiographiques des dernières décennies : dans le domaine de l'histoire anthropologique (R. Trexler, R. Muir, C. Klapisch-Zuber), de l'histoire culturelle (P. Burke, L. Jardine), de l'histoire économique (R.A. Goldthwaite), de l'histoire du livre et de la lecture (R. Chartier), de la philosophie (Ch. Schmitt), de la production littéraire et de la rhétorique (M. Bakhtine, M. Fumaroli, C. Ossola), de l'histoire de l'art (A. Chastel, M. Warnke), ou de l'histoire des sciences (J. Céard, P. Rossi), pour ne prendre que quelques exemples.

Mais en dépit de cette internationale plasticité de la notion de Renaissance, on se gardera d'oublier le « modèle français » proposé par Jean Delumeau, qui semble bien exprimer l'esprit dans lequel est posée la question mise au concours, et résumé par Bartolomé Bennassar dans une brève introduction publiée en espagnol : « Explosion démographique, nouveaux idéaux propagés par les techniques nouvelles de l'imprimerie, circulation intense des hommes et des idées, dimensions internationales de l'économie stimulée par un capitalisme agressif…[1]. » C'est la dernière contrainte :

1. Bennassar (Bartolomé), *La Europa del Renacimiento*, Madrid, Anaya, 1988.

celle de l'utilité et de l'efficacité. Dans un premier temps, on fixera les « repères » de la période envisagée : l'élargissement des horizons, « le beau XVIe siècle » et la « promotion de l'Occident ». Dans un deuxième temps, plus spécifiquement consacré à la période 1470-1527, on mettra en place quatre approches, étroitement complémentaires, de la notion de Renaissance : le rapport au politique, à l'art, à l'« humanisme » et au religieux. C'est d'ailleurs l'évolution religieuse, marquée par l'éclatement confessionnel, qui nous servira d'introduction à la dernière partie consacrée plus spécialement aux mutations qui s'accélèrent au cours de la deuxième décennie du XVIe siècle en matière religieuse, dans le domaine du pouvoir, de son exercice et de sa représentation, sur le terrain de l'« humanisme », des évolutions esthétiques et de l'affirmation des cultures « nationales ».

Un manuel n'est que le point de départ d'une bonne préparation. Il faut établir soi-même une ou plusieurs chronologies qui juxtaposent les espaces et les thématiques ; se constituer des dossiers par thèmes et par espaces et, chemin faisant, rassembler une « base de données » documentaire (textes, œuvres d'art, exemples musicaux), sans oublier un bon ensemble de cartes. La bibliographie peut y aider. Elle rappelle les instruments de travail qu'il faut utiliser en priorité et notamment les quatre dictionnaires qu'il faudrait avoir sous la main ou à proximité : les deux volumes de la collection « Bouquins » (*La France de la Renaissance*, sous la direction d'A. Jouanna, et *Érasme*), le recueil de l'*Encyclopaedia universalis*, *La Renaissance* et les six volumes de l'*Encyclopedia of the Renaissance* sous la direction de Paul Grendler. Les lectures ultérieures, intensives plutôt qu'extensives, dans le cadre éventuellement d'un groupe de travail, sont là pour élargir la réflexion, préciser ses connaissances et multiplier les exemples.

Cinq fils conducteurs peuvent aider : l'attention à la différentiation spatiale (en s'efforçant de n'être pas prisonnier des cadres nationaux traditionnellement adoptés) ; le souci des nuances sociales (moins sous la forme d'une approche stratigraphique que sous celle d'une analyse attentive aux recompositions, aux métissages, aux nouvelles « distinctions » qui se mettent en place à la Renaissance) ; la mise en place d'une chronologie (qui peut prendre pour repères quatre grandes dates : 1453, 1492/4, 1527, 1555/9/62/64) ; le rôle du « politique » et du rapport au pouvoir ; enfin, les modes de « représentation », aux trois sens du terme : celui du « discours » (l'idée que l'on se fait de quelque chose), de la « figuration » (la manière de le donner à lire, à voir, ou à entendre), de la « représentation » (la façon de rendre présent).

PREMIÈRE PARTIE

REPÈRES

Mettre en place les repères par rapport auxquels se situe notre étude sur la Renaissance des années 1470 aux années 1560 exige tout d'abord de s'interroger sur la relation que les hommes de la Renaissance entretiennent avec leur passé. Celui, immédiat, dont ils se veulent distants ; celui, lointain, dont ils se sentent proches : le Moyen Âge et l'Antiquité. D'analyser ensuite les raisons, les conditions, les étapes et les premières conséquences des voyages qui vont conduire de la quête des épices et de l'or dans les Indes orientales à la découverte et à la conquête des Indes occidentales. De présenter l'Europe de la Renaissance, tout à la fois unie et morcelée, partagée entre paix et guerre, et menacée par l'expansion ottomane.

C'est aussi étudier les conditions économiques, sociales et matérielles qui ont dominé la période. Pour s'interroger sur la réalité de la rupture annoncée avec le Moyen Âge et sur les caractéristiques spécifiques d'un siècle souvent qualifié de « beau » du point de vue démographique, économique et social.

C'est enfin étudier les conditions, les modalités et les conséquences des transformations réalisées sur le terrain des techniques, de l'imprimerie et des armes à feu, dont l'invention est traditionnellement associée à la Renaissance. En s'interrogeant à nouveau sur les rapports avec le Moyen Âge, mais aussi sur les conséquences économiques, sociales et politiques de ces transformations.

Chapitre 1

L'élargissement des horizons

Aucune des formules longtemps employées pour caractériser la Renaissance – « redécouverte de l'Antiquité », « grandes découvertes », « genèse de l'Europe moderne » – n'est juste. L'héritage antique n'a jamais été perdu et sa « redécouverte » est ambiguë. Le monde « découvert » existait avant l'arrivée des Européens. La « genèse de l'Europe moderne » – combinant sentiment d'appartenance à une même communauté de destin, fondée notamment sur une mémoire judéo-chrétienne et gréco-latine plus ou moins explicitement commune, et à de multiples groupes de solidarité, allant de l'enracinement familial à l'appartenance à une même communauté politique (commune, province ou royaume) – était déjà largement entamée dans les années 1470. Elles indiquent pourtant trois des problèmes qu'il nous faut poser d'emblée : celui du « sens du passé » qu'élabore la Renaissance, celui de l'élargissement des horizons tant à l'échelle du monde qu'à l'échelle de l'Europe, celui du développement des communications au sein d'un espace qui prend ainsi mieux conscience de son unité et de sa fragmentation.

Le « sens du passé »

De Pétrarque (1304-1374), distinguant l'« Antiquité » (*antiqua aetas*) de la période « moderne » (*nova aetas*), qu'il fait débuter avec la christianisation de l'Empire romain au IVe siècle, à Vasari (1511-1574), employant le terme « rinascità » dans les *Vies des grands peintres, sculpteurs et architectes*, publiées pour la première fois, à Florence, en 1550, et rééditées, largement augmentées, en 1568, pour désigner la période qui court de l'« enfance » de la renaissance de l'art, au milieu du XIIIe siècle (avec Giotto), jusqu'à sa « maturité », dans la première moitié du XVIe siècle (avec Léonard, Raphaël et Michel-Ange), en passant par sa « jeunesse », au XVe siècle (avec Masaccio), en passant par Flavio Bondo, qui invente la notion de Moyen Âge (« medium aevum ») pour désigner la période qui s'étend de la chute de l'Empire romain, au Ve siècle, jusqu'au renouveau des arts qui caractérise son temps, le fil conducteur qui unit les hommes de la Renaissance est cette volonté de se démarquer des siècles qui ont précédé, assimilés aux ténèbres, cette conviction de vivre une ère nouvelle, marquée par la lumière, et cette ambition de restaurer un âge perdu : l'Antiquité. Simultanément, donc, la prise de conscience d'une distance et la volonté d'une *imitatio*. Deux conditions inséparables d'une possible *restauratio*.

Effet de distanciation et conscience historique

En effet, en dépit de la fiction de la lettre envoyée par Pétrarque à Tite-Live, la Renaissance est bel et bien prise de conscience de la distance existant entre la période antique et l'ère nouvelle et du caractère nécessairement fictif, au sens propre du terme (qui apparaît d'ailleurs au XVe siècle), de la *restauratio*. Prolongeant Pétrarque, l'historien Flavio Bondo avait cherché à préciser la date à laquelle l'Antiquité avait sombré. Il avait retenu le sac de Rome par les Goths (410), qu'il datait de 412 (*Historiarum ab inclinatione Romanorum imperii decades*, 1483). Mais, à l'inverse de Pétrarque, il se refusait à prendre en bloc les siècles qui avaient suivi et à les juger de façon exclusivement négative. Il n'en partageait pas moins la conviction qu'une ère nouvelle avait commencé au XVe siècle, adoptant 1412 comme date charnière.

Mais pour lui, comme pour ses contemporains, cette histoire ne prenait pas sens uniquement par cette distinction établie entre les différentes périodes mais aussi par les leçons que l'on devait en tirer. Sur le modèle des historiens de l'Antiquité : Salluste (86-35 av. J.-C.) et Tite-Live (64/59 av. J.-C.-17/12 ap. J.-C.). En privilégiant donc la politique, les guerres et les batailles. En mêlant récit, sous la forme d'annales, et discours (fictifs), destinés à rendre le récit vivant et à édifier moralement et politiquement.

Critique, récit et collection

Quoi qu'il en soit, cette « promotion de l'histoire » (J. Delumeau) est un des traits marquants de notre période. République (Venise), souverains (Portugal, France, Aragon, Naples ; ducs de Milan) et pontifes se dotent d'historiographes officiels. Le souci documentaire et l'esprit critique s'affirment. En témoigne la démarche d'un Angelo Poliziano (Ange Politien, 1454-1494), poète et humaniste, tuteur des enfants de Laurent le Magnifique (1449-1592). Tirant profit des « trois changements capitaux » (A. Grafton) qui caractérisent son temps : les bibliothèques qui se mettent en place à Florence – il utilise notamment celle de l'humaniste Niccolò de' Niccoli – et à Rome (sous l'impulsion du pape Nicolas V, 1447-1455), la diffusion de l'imprimerie qui va rendre possible l'uniformisation du matériel sur lequel travaillent désormais les humanistes, et le sentiment d'être tributaire des travaux des humanistes des générations précédentes, il publie en 1489, ses *Miscellanea* qui fournissent les règles pour corriger et expliquer les textes, et ceci de façon très claire. À sa parfaite connaissance des sources grecques, il joignait de solides connaissances historiques et épigraphiques pour compléter et améliorer les textes latins qui en dérivaient. L'érudition devenait une fin en soi.

Parallèlement à cette approche écrite du passé, se développait une réappropriation archéologique de l'Antiquité, notamment à Rome. Les découvertes restaient le fait du « hasard ». Mais elles étaient appréciées comme témoignages du passé et prenaient place dans les collections d'antiques qui se constituaient. Le pape Sixte IV (1471-1484) avait fait don aux Romains de la statue équestre de Marc Aurèle et d'un ensemble de bronzes antiques (parmi lesquels la *Louve*). Le pape Jules II (1503-1513) rassembla à son tour un ensemble de marbres – le *Laocoon* (découvert le 14 janvier 1506 par l'œil averti de Francesco da Sangallo et immédiatement identifié par le père de ce dernier, l'architecte Giuliano da Sangallo (1445-1516), se référant à Pline et en particulier aux livres 34 à 36 de l'*Histoire naturelle* de celui-ci, qui traitent de ce que nous appellerions l'histoire de l'art, le tout en présence de son hôte, Michel-Ange), l'*Apollon du Belvédère* (découvert à la fin du XVe siècle), la *Cléopâtre* – dans une cour attenante à la villa du Belvédère, expressément aménagée par l'architecte Bramante (1444-1514). Chargé en 1504 de la direction des travaux de l'église Saint-Pierre et, l'année suivante, de celle des fouilles, Raphaël remit en 1519, au pape Léon X (1513-1521), un rapport dans lequel il préconisait une véritable politique de conservation patrimoniale.

Raphaël n'était pas le seul artiste à se soucier du passé et de sa recomposition historique. Un seul exemple suffira ici. Celui d'Andrea Mantegna (1430/31-1506). C'est sans doute pour Francesco Gonzaga (François Gonzague), marquis de Mantoue de 1484 à 1519, qu'il peint une série de neuf toiles – conservées aujourd'hui à Hampton Court Palace – représentant les *Triomphes de César*, figuré sur son char dans la dernière. La procession inclut des sacrifices d'animaux, la représentation de captifs, d'armement et de butins figurés avec un souci d'exactitude archéologique très neuf.

Au reste, cette distanciation et ce souci de l'exactitude historique n'étaient pas incompatibles avec un télescopage des époques à la manière de Pétrarque. Peignant dans les Chambres du Vatican la fresque représentant l'*Expulsion d'Héliodore du temple*, sujet biblique par excellence (II M. 3, 13-27), Raphaël y faisait figurer Jules II. De même, dans le *Refus d'Attila*, complété par Giulio Romano (Jules Romain, c. 1499-1546), le pape Léon Ier (440-461) était représenté sous les traits de Léon X. Et il n'est pas invraisemblable d'y voir une allusion à la défaite française devant Ravenne (1512). Les peintures n'étaient pas seulement des récits historiques mais aussi des panégyriques à la gloire de leur commanditaire. Tout comme ces fresques qui ornaient les demeures patriciennes de Naples – telle celle du Palazzo di Poggioreale, construit après 1483 – et représentaient des épisodes de la guerre de Ferrante (Ferdinand Ier, 1458-1498) avec les barons locaux.

Héritage commun et histoires « nationales »

La périodisation adoptée par les humanistes italiens fut reprise par ceux de l'Europe du Nord. Érasme (1466-1536) par exemple partageait la conviction que la bonne latinité s'était perdue au Ve siècle. Mais il menait un combat parallèle pour restaurer simultanément et la littérature classique, grecque et latine, et l'esprit de l'Église primitive. Accentuant bien plus que les humanistes italiens – nous aurons l'occasion d'y revenir – la dimension religieuse de cette *renovatio*.

L'histoire est rapidement enrôlée au service des papes, des princes et des cités. Dans le premier cas, elle présente une galerie de portraits, selon les règles rhétoriques du genre. En même temps qu'elle affirme une succession apostolique qui est légitimation. La plus connue est celle de Platina (Bartolomeo Sacchi, 1421-1481, *Liber de vita Christi ac omnium Pontificum*). Dans le deuxième cas, elle établit la généalogie (plus ou moins imaginaire) des dynasties (celle des Visconti et des Sforza, à Milan, avec Pier Candido Decembrio, 1392-1477, Giorgio Merula, 1430/31-

1494, et Giovanni Simonetta († 1491) ; celle des rois d'Aragon et de Naples, avec Lorenzo Valla, 1407-1457, Giovanni Pontano, 1426-1503, et Antonio Beccadelli, 1394-1471), mais raconte aussi l'histoire (plus ou moins légendaire) des peuples qui habitent les différentes contrées. Dès le début du XVe siècle, au Portugal, le roi Jean Ier établit une charge de chroniqueur. Les détenteurs de la charge mettent leur plume au service du pouvoir, tel Gomes Eanes de Zurara qui écrit une *Crónica do descobrimiento e conquista da Guiné* dans laquelle il exalte Henri le Navigateur et quelques familles de grands seigneurs, s'inscrivant ainsi dans la tradition des « livres de lignage » léguée par le siècle précédent. Quitte parfois, comme Rui de Pina (1440-1522), lui aussi détenteur de la charge, à prendre de la distance.

La péninsule Ibérique est d'ailleurs un bon exemple d'une historiographie qui doit peu encore au renouvellement humaniste, même si elle rompt avec les traditions vernaculaires et jette les fondements d'une histoire « nationale » qui intègre les importantes modifications de la vie politique espagnole (Alfonso de Cartagena, Rodrigo Sanchéz de Arévalo). Cependant, avec le cardinal Joan Margarit (1421-1484), évêque de Gérone et chancelier du roi d'Aragon à Naples, l'héritage humaniste est consciemment accepté et l'origine « gothique » de l'Espagne, encore soulignée par Sanchéz de Arevalo, mise sous le boisseau au profit de l'influence romaine (*Paralipomenon Hispaniae*). L'union des deux couronnes devait conduire – à la demande expresse de Ferdinand d'Aragon – à une nouvelle historiographie. Les tentatives ne manquèrent pas – notamment celle de l'humaniste italien Giovanni Nanni qui faisait descendre la dynastie espagnole de Noé – sans cependant aboutir à un discours historique cohérent.

La situation est quelque peu identique dans les Îles britanniques. En Écosse, plus que John Major (Mair, 1469-1550), dont l'*Historia majoris Britanniae,* publiée à Paris en 1521, ne sera reçue et appréciée que plus tard, c'est Hector Boece (c. 1465-1536) qui est la figure marquante. Dans ses *Scotorum historiae a prima gentis origine* (1526), il reprend largement les chroniques médiévales et notamment l'histoire légendaire de Fergus Mac Ferquhard, réputé avoir régné vers 330 avant l'ère chrétienne. En Angleterre, c'est l'humaniste Polydore Vergil, originaire d'Urbino, installé en Angleterre en 1502, qui se charge d'effectuer ce travail de relecture des chroniques médiévales tout en légitimant la nouvelle dynastie des Tudor. Son *Anglica historia* est publiée à Bâle en 1534. Il ne cache pas ses doutes sur l'existence réelle du roi Brutus le Troyen, chasseur de géants, et s'efforce de démythifier le roi Arthur. Non sans susciter irritation et répliques (John Bale, John Leland, John Price, Humphrey Llwyd).

En France, Robert Gaguin (c. 1433-1501) reprend largement l'héritage des *Grandes chroniques de France*, écrites à partir du XIIIe siècle par les moines de Saint-Denis, qu'il transcrit en latin classique. Et notamment l'origine troyenne de la « race française », descendant de Francus, rescapé de Troyes. C'est l'historiographe officiel, Paolo Emilio (Paul Émile, † 1529), qui commence à rompre avec cette tradition en insistant sur la perspective politique (*De rebus gestis Francorum*, 1517). Jean Lemaire de Belges, dans ses *Illustrations de Gaule et singularités de Troie* (1510-1513), s'efforce de présenter une nouvelle histoire des origines nationales. Il fallait en effet remplacer ou plutôt adapter le mythe des origines troyennes des Francs dont la formulation n'apparaissait plus satisfaisante. Il fallait par ailleurs faire place aux Gaulois désormais mieux connus. Il en fit les ancêtres des Troyens ! Enfin, il fallait donner au roi très chrétien des ancêtres plus conformes à cette pieuse titulature : il fit des Gaulois les fils de Noé, confirmant ainsi la filiation charnelle entre le roi de France et la race de David, et il exalta les mœurs des Gaulois dont la religion pure et élevée préfigurait ainsi le christianisme.

Dans le troisième cas, elle est récit des origines, présentation de son site et de ses avantages, description de son capital sacré et de ses institutions religieuses, histoire des combats pour la « liberté » de la cité et illustration des événements marquant. C'est le cas avec l'histoire de Venise rédigée par Sabellico (Marcantonio Coccio, 1436-1506). Ou encore avec les nombreuses chroniques urbaines qui fleurissent dans l'Empire (Augsbourg, Cologne, Nuremberg, Strasbourg...), s'inscrivant dans une longue tradition médiévale, avec laquelle elles ne rompent pas toujours.

Au total, l'histoire n'est plus le récit théologique médiéval qui cherchait à montrer l'intervention de Dieu dans l'histoire des hommes, ni non plus le discours moralisateur de la première Renaissance, celle de l'« humanisme civique ». Elle est désormais un champ d'expériences. Parfois très contemporaines : l'invasion française de 1494 va déclencher une intense réflexion historique (Benedetto, Malipiero, Machiavel, Guichardin) en même temps qu'elle pousse les acteurs à tenir au jour le jour, pour eux-mêmes mais en vue souvent d'une publication ultérieure, le récit des événements (tel le sénateur vénitien Mario Sanudo à partir de 1496). Expériences, dont il faut comprendre les lois afin, soi-même, de mieux en contrôler le cours. Comme y invite Machiavel (1469-1527) dans ses *Istorie fiorentine* (1525).

Le monde circonscrit

Pour Michelet, la Renaissance était d'abord le siècle des grandes découvertes et Christophe Colomb l'un des trois protagonistes de la modernisation de l'Occident. La date de 1492 est de fait aujourd'hui retenue pour marquer la césure entre Moyen Âge et Temps modernes. Il est cependant impossible d'isoler le voyage accompli par Colomb des expéditions entreprises, en particulier par les Portugais, depuis le début du XVe siècle, et il est nécessaire de s'interroger sur l'impact que ces « découvertes » ont eu sur les contemporains. Aussi bien les Européens que les Africains ou les Amérindiens.

Les voyages de découverte et d'exploration

Lorsque Bartolomeu Dias double le cap de Bonne-Espérance en 1487, il achève un demi-siècle d'explorations sur les côtes de l'Afrique occidentale et ouvre une nouvelle voie maritime en direction des Indes. Quelques années plus tard, en 1491, Pero de Covilha, parti d'Égypte, rejoint par la terre la côte orientale de l'Afrique, longe la côte occidentale de l'Inde et atteint Goa. C'est le résultat d'une politique consciemment et tenacement conduite par les souverains portugais depuis l'infant Henri le Navigateur (1394-1460). Quels en sont les moyens ? Quels en sont les buts ? Quelles en sont les orientations ? Quelles en sont les premières conséquences ?

Horizons géographiques et connaissances techniques

Lorsque débute l'aventure portugaise l'art nautique est fondé essentiellement sur l'expérience des marins. Des instruments rudimentaires – sonde, rose des vents et compas, portulan, sablier – leur permettent d'estimer la position et la vitesse des navires pour une navigation qui reste encore largement de cabotage. L'aventure hauturière va contraindre les marins à dépasser le cadre de leur expérience pour demander aux charpentiers de marine les bateaux et aux mathématiciens et aux astronomes les savoirs dont ils ont besoin.

Pour leurs premières expéditions, les Portugais avaient eu recours à de simples *barcas,* munies d'un seul mât, fragiles face au vent mais maniables. Dès les années 1440, ils les avaient abandonnées au profit des caravelles : des navires au faible tirant d'eau (une cinquantaine de tonneaux), équipées de deux mâts et gréées de voiles latines ou rectangulaires, munies d'un gouvernail d'étambot. Ils les adaptèrent à leurs besoins pour aboutir à la *caravela redonda,* légère, maniable, robuste et capable de résister à de fortes tempêtes. Avant de recourir à la caraque, plus ample (environ 200 tonneaux), encore mieux adaptée à la navigation hauturière.

Mais les instruments de navigation restèrent longtemps rudimentaires. La boussole, équipée d'une aiguille aimantée, était peu fiable et l'on ignorait la distinction entre nord géographique et nord magnétique, que Pedro Nuñes, professeur à Coimbra, devait précisément mettre en évidence au XVIe siècle. Pour le calcul de la latitude, on recourait au quadrant et à l'astrolabe – peu maniable sur le pont d'un navire – pour mesurer la hauteur du soleil à midi. L'arbalestrille, comprenant une échelle graduée et une tablette coulissante qui lui est perpendiculaire, permettait de calculer la latitude en visant l'astre polaire (ce qui dans les eaux équatoriales et dans l'hémisphère sud n'était plus possible). Le calcul de la longitude demeurait insoluble. Le compas de variation permettait tout juste d'améliorer les valeurs données par le compas de route. Et l'on mesurait la vitesse du navire à l'aide d'un loch, une pièce de bois attachée à une cordelette nouée à intervalles réguliers, la vitesse étant justement le nombre de nœuds qui passent entre les doigts d'un marin, en trente secondes, une fois la planchette jetée à la mer. Pour les vents et les courants, la connaissance restait essentiellement pragmatique. Les cartes étaient inexistantes ou peu fiables. Tout au plus disposait-on pour les côtes des portulans, souvent médiocres, dessinés et secrètement conservés et transmis depuis le XIIIe siècle.

Les raisons des expéditions

Il fallait donc de solides raisons pour embarquer. Celles-ci sont multiples et nullement exclusives les unes des autres, même si elles peuvent nous paraître aujourd'hui contradictoires. Le rôle joué par le pouvoir politique – des princes comme des républiques urbaines – rappelle la première des motivations : l'affirmation d'un pouvoir et la volonté de contrôler un espace. C'est le cas avec le Portugal de Jean Ier (1385-1433). La reconquête achevée, l'expansion du Portugal était limitée par la Castille. Le roi dériva l'énergie de la noblesse contre les musulmans du Maroc (conquête de Ceuta, 1415, que devait chanter Camoens dans le quatrième chant des *Lusiades*). Il s'agissait aussi d'assurer la liberté et la sécurité des mers en contrôlant le détroit de Gibraltar. C'était également, pour le roi, moyen de contrôler le débouché des caravanes qui apportaient du Soudan jusqu'aux bords de la Méditerranée l'or dont le manque se faisait sentir en Europe. Deuxième motivation. Qui devait aller croissant au fur et à mesure de l'essor démographique et économique de l'Europe, sensible à partir des années 1450, mais aussi de celui des États, réclamant toujours plus de moyens monétaires. Moyen de contrôler aussi le débouché des épices, un commerce contrôlé par les Génois, qui en avait fait leur objectif depuis la chute de Saint-Jean-d'Acre en 1291, et surtout les Vénitiens qui, à la fin du XVe siècle, en détiennent quasiment le monopole.

Mais une troisième motivation est présente dès le début des expéditions : celle de l'extension de la foi chrétienne. Elle s'exprime d'abord à travers le mythe du royaume du prêtre Jean, que l'on situe généralement en Éthiopie. Elle va connaître une transformation importante à partir de 1492 et la chute du royaume de Grenade, assignant à la monarchie espagnole une fonction messianique qu'elle accepte de fait volontiers.

Découvertes, conquêtes et partage du monde

La quête des routes de l'or et des épices, du royaume chrétien perdu et de l'annonce de Dieu par toute la terre est bientôt conquête de nouveaux espaces, mise en esclavage des populations et mainmise européenne sur le monde.

Afrique et quête de l'Orient

C'est en 1434 – l'année même où meurt Zheng He, le grand explorateur au service de la dynastie des Ming (1368-1644), marquant symboliquement le repliement de la Chine sur elle-même – qu'est franchi le cap Bojador, qui marquait les limites du monde antique. Les avancées se succèdent alors peu à peu, avant de s'accélérer dans le dernier quart du XVe siècle. L'équateur est atteint en 1475. La fondation de Saõ Jorge da Mina, en 1482, permet la capture du trafic de l'or qui jusque-là traversait le Sahara. En 1487, Bartolomeu Dias double le cap des Tempêtes que Jean II (1481-1495) rebaptise « cap de Bonne-Espérance ». C'est l'apogée du « cycle de l'or ». Mais déjà d'autres exploitations se mettent en place comme la canne à sucre (Madère), les céréales et le commerce des esclaves, déjà pratiqué par les Africains. Dès les années 1480, une *Casa dos Escravos* est mise en place à Lisbonne pour gérer ce trafic.

Sous les règnes de Jean II (1481-1495) et de Manuel Ier (1495-1521), les efforts se concentrent sur la recherche de la route maritime des Indes. Vasco da Gama inaugure les expéditions (1497-1499). L'expansion en Inde et en Extrême-Orient est l'œuvre d'Afonso de Albuquerque (1453 ?-1515), qui se rend maître d'Ormuz en 1506, de Goa en 1510 et de Malacca, l'ancienne base de Zheng He, en 1511, à l'issue d'un siège d'un mois. Une étape ultérieure les conduit au Japon en 1542 et en Chine, à Macao, en 1557.

Mais ils s'aventurent aussi vers l'ouest. En 1500, au cours de son deuxième voyage aux Indes, Pedro Alvares Cabral découvre le Brésil (Vera Cruz) – le pays où les arbres sont rouges comme de la braise –, dont les côtes étaient situées dans l'hémisphère réservé au roi du Portugal par le traité de Tordesillas (1494).

C'est le début du « cycle des épices » (poivre, cannelle, girofle, gingembre...) dont le Portugal contrôle le commerce, ruinant l'alliance économique de Venise et des Turcs. La conjoncture se retourne cependant à partir des années 1530, permettant aux Vénitiens de revenir sur le devant de la scène. Petit à petit, les Portugais concentrent alors tous leurs efforts sur le Brésil qui devient le grand producteur de sucre à partir des années 1570, inaugurant le troisième grand cycle commercial de l'expansion portugaise.

Atlantique et constitution des empires

C'est dans la ligne de ces expéditions et de la recherche d'une route maritime directe avec l'Orient que se situe l'expédition de Christophe Colomb (1451-1506), Génois passé au service de la Castille. Il mêle connaissances pragmatiques, acquises d'abord en Méditerranée puis dans l'Atlantique, et savoirs théoriques. Il connaît la *Géographie* de Ptolémée, publiée dès 1462 et de nouveau en 1475, l'*Imago mundi* de Pierre d'Ailly (1477), et l'*Historia rerum ubique gestarum* du pape Pie II (1458). C'est d'ailleurs sur la base des données erronées que contiennent ces ouvrages, qui sous-estiment la circonférence de la terre et surestiment la taille de l'Eurasie ainsi que la part des terres émergées par rapport aux océans, que Colomb établit son projet : atteindre les Indes en navigant vers l'ouest. Rejeté par les Portugais en 1484, il est finalement repris par les Espagnols, non sans hésitation, en 1492 (Capitulations de Santa Fé). Colomb reçoit le titre d'amiral de la mer Océane, la vice-royauté des terres à découvrir, un droit d'un huitième sur les gains commerciaux et un dixième des revenus coloniaux attendus. De leur côté, les souverains s'attribuent tous les droits régaliens sur les territoires découverts et un cinquième des produits rapportés en Europe. Sans pour autant prendre en charge le financement de l'expédition qui reste de la responsabilité de Christophe Colomb.

Le 3 août 1492, les trois caravelles – Pinta, Nina, Santa Maria – quittent Palos. Après une escale aux Canaries, elles atteignent un îlot des Bahamas le 12 octobre, croyant avoir abordé aux Indes ou au Japon. Mais l'exploration – qui conduit Colomb à Cuba et à Saint-Domingue – se révèle vite décevante : ni or, ni épices. Le 10 janvier, le voyage de retour commence. Le 15 mars, Colomb débarque triomphalement à Palos. Trois autres expéditions sont organisées. La présence de soldats atteste que la conquête est désormais à l'ordre du jour. Au cours de la première (1493-1495) sont explorées les Caraïbes (Guadeloupe, Jamaïque, Porto-Rico). Au cours de la deuxième (1498-1500) sont reconnues l'embouchure de l'Orénoque, la côte du Venezuela et l'île de la Trinité. Enfin, au cours de la troisième (1502-1504), Colomb découvre la Martinique et longe la côte de l'Amérique centrale. Il meurt le 20 mai 1506 à Valladolid, presque oublié. Et persuadé d'avoir atteint les Indes.

C'est avec Amerigo Vespucci (1454-1512), un florentin travaillant pour la banque Médicis, que les navigateurs prennent conscience qu'il s'agit d'un nouveau continent. Lui-même embarque au moins deux fois en 1499-1500 (au service de l'Espagne) et en 1501-1502 (au service du Portugal), avant d'entrer définitivement au service de l'Espagne en 1505. Il fait part de ses doutes à Lorenzo di Pier Francesco Médicis, ambassadeur de Florence à Paris. Sa lettre est traduite en latin en 1503 et imprimée à Strasbourg en 1505. C'est alors que le géographe Martin Waldseemüller (c. 1470-c. 1520) publie à Saint-Dié, en 1507, une *Cosmographiae universalis introductio* et, la même année, une carte du monde qui, au terme de longues hésitations dont témoignent ses rétractations ultérieures, mentionne l'« America » et en distingue clairement les frontières de celles du continent asiatique. Appellation et carte sont reprises dans l'édition strasbourgeoise de la *Géographie* de Ptolémée (1513). L'Amérique est née.

Le tour du monde

Sitôt reconnue l'existence d'une terre ferme séparant l'Europe de l'Asie se pose la question de son contournement. C'est l'œuvre – peut-être involontaire – de Magellan (c. 1480-1521). Il quitte Séville le 10 août 1519 avec cinq navires. À la fin de l'année 1520, il explore le détroit qui porte son nom. Au terme d'un voyage d'une centaine de jours, il atteint les Îles Mariannes en mars 1521 et bientôt les Philippines, où il est tué, sur l'île de Mactan, le 27 avril 1521. Les survivants atteignent les Moluques le 8 novembre 1521. Et, le 21 décembre, franchissant le cap de Bonne-Espérance, ils entament leur voyage de retour vers l'Espagne. L'un des deux bateaux est capturé par les Portugais et c'est le 6 septembre 1522, presque trois ans après le départ, que le *Victoria* piloté par le Basque Juan Sebastian de Elcano avec dix-sept hommes à bord et trois Indiens, accoste à Sanlúcar. Le tour du monde a été accompli.

Conquêtes et partage du monde[1]

Au temps des explorations succède celui de la conquête et de son aménagement, qui est achevé pour l'essentiel dès les années 1560 (le terme même étant interdit par Philippe II en 1556). On ne prendra ici que les deux exemples principaux. Celui d'abord d'Hernan Cortès (1485-1547) qui, après avoir participé à la conquête de Cuba, débarque au Mexique en 1519. S'appuyant sur les tribus soumises par les Aztèques, mettant à profit la supériorité de son armement et de sa cavalerie, mais aussi les faiblesses tactiques des Aztèques (qui cherchent à capturer leurs adversaires et non à les tuer, préfèrent le combat corps à corps plutôt que l'action collective et se rendent si leur chef est tué ou capturé), il s'empare définitivement de la capitale Tenochtitlán le 13 août 1521, après deux années de combats. En 1522, il est nommé gouverneur général de la Nouvelle-Espagne par Charles Quint. Il organise alors la conquête en distribuant des *encomiendas* à ses hommes, se réservant les plus importantes (pour s'y livrer à une lucrative exploitation de canne à sucre), et en faisant construire un port de commerce (avec l'Indonésie, puis, après la conquête, avec le Pérou) sur la côte Pacifique. Il dote ses enfants (dont celui qu'il a eu avec une sœur de l'empereur Montezuma), transmet son titre de marquis à son fils aîné et meurt non loin de Séville, en Espagne, en 1547.

1. En dépit du rôle prééminent joué par le Portugal et l'Espagne, il convient de ne pas oublier celui des Anglais et des Français en Amérique septentrionale, dès 1497 (Jean Cabot, navigant pour la compte d'Henri VII) et 1514 (installation de pêcheurs bretons et normands à Terre-Neuve), sans oublier les expéditions de Jacques Cartier dans la baie du Saint-Laurent (1534-1541).

À la différence de Cortès, originaire d'une famille noble d'Extremadure et frotté de culture universitaire (deux ans à Salamanque), Francisco Francisco Pizzaro (c. 1478-1541), fils illégitime d'un petit hidalgo de Trujillo (Extremadure), est pratiquement illettré. Dès 1502, il fait partie des expéditions qui cinglent régulièrement vers les terres nouvellement découvertes. Et il s'impose rapidement, devenant l'un des *encomenderos* les mieux dotés de Panama. En 1529 il se voit confier la conquête de l'empire inca, entraînant avec lui de nombreux membres de sa famille et de sa région natale. Il s'empare de la capitale, Cuzco, en 1533. Fait marquis, il est également nommé gouverneur du nouveau territoire. À la différence de Cortès également, il reste célibataire et c'est l'une de ses filles illégitimes (née d'une mère de la noblesse indienne) qui, mariée avec son oncle Hernando (un demi-frère de Francesco qui a participé à la conquête), récupère les nombreuses terres, mines et *encomiendas* rassemblées par Pizzaro.

Politiquement, la conquête repose d'abord sur le traité de Tordesillas (1494), garanti par la papauté, qui partage les terres entre Portugais et Espagnols selon une ligne imaginaire qui passe à 370 lieues des îles du Cap Vert, les terres situées à l'ouest ressortissant à l'Espagne, celles situées à l'est au Portugal. Celui-ci est complété par le traité de Saragosse (1529) qui reconnaît les droits du Portugal sur les îles Moluques mais laisse les Philippines, pourtant situées dans la « zone » portugaise, à l'Espagne. Ensuite, sur l'organisation que chacune des monarchies met en place. À l'exception du Brésil, l'empire portugais est fait d'une poussière d'implantations accrochées à la côte. Chaque année, une flotte de six ou sept navires de 450 tonneaux est envoyée qui maintient le contact. Et, en 1506, est installée à Lisbonne la *Casa de India* qui a pour tâche de gérer cette activité.

L'empire espagnol est monolithique. Insulaire avec Cuba, continental en Amérique centrale et en Amérique du Sud. Des vice-royautés sont installées à Mexico (Indes de Castille) et à Lima (Pérou). La vie politique s'organise sur le modèle castillan. À la base, la cité – c'est-à-dire la ville (*urbs*) et son territoire (*civitas*) – dirigée par les *corregidores*, On en compte environ 200 auxquelles s'ajoutent les communautés d'Indiens christianisés. Au-dessus, cinq systèmes d'organisation correspondant aux grandes fonctions : 30 à 40 « gouvernements » (*gobernadores*) pour l'administration ; 10 « audiences » (*audiencias*), pour la justice ; une capitainerie générale, pour les affaires militaires ; les *cajas reales* (« caisses royales »), pour l'administration fiscale et financière ; 30 à 40 diocèses, regroupés en cinq provinces ecclésiastiques, pour l'organisation de l'Église. Une *Casa de contratación* a été installée à Séville en 1503. Elle a le monopole de l'organisation et du contrôle du commerce avec les « Indes ».

Socialement, la conquête – espagnole essentiellement – repose sur une population immigrée – les *conquistadores* – issue pour une large partie d'entre eux de la petite noblesse (*hidalguia*), en particulier celle d'Extremadure, en quête de richesse et, plus encore, de considération. 300 000 personnes passent ainsi d'Espagne en Amérique au cours du XVIe siècle. Pour les communautés indigènes, elle représente toujours un choc dramatique. D'abord, on le sait aujourd'hui, pour des raisons démographiques dues à la faible défense immunitaire des populations qui, plus encore que les violences et les exactions – qui ne manquèrent pas – expliquent l'hécatombe des indigènes (entre 60 et 90 % de la population !), premier signe, tragique, d'un désenclavement réussi, qui se traduit en retour par la diffusion de la syphilis en Occident. Ensuite, pour des raisons sociales, en ruinant les formes de dépendance et de solidarité des autochthones, soumis directement ou indirectement aux formes d'organisation imposées par les *conquistadores*.

Économiquement, celle-ci repose notamment sur l'*encomendia*. Des Indiens sont confiés (*encomendados*) à un Espagnol auquel ils paient un tribut sous forme de prestation de travail. Le plus souvent forcé. Quitte à réduire en esclavage ceux qui s'opposent aux Européens (*bravos de guerra*). C'est sur cette base qu'est organisé le travail de la terre, mais aussi celui des mines (*mita*), qui se développe à partir des années 1540 (Potosi, 1545 ; Zacatecas, 1546), ainsi que le travail du textile. Dans l'empire portugais, les colons vont, de la même façon, développer les plantations sucrières – le premier moulin à sucre apparaît au Brésil en 1533, l'essor se faisant surtout dans la région de Pernambuco – et les épices, qui sont exportées vers Anvers, où les négociants étrangers – notamment les marchands d'Augsbourg – viennent les chercher avant de les commercialiser dans toute l'Europe, détournant ainsi pendant la première moitié du XVIe siècle un commerce contrôlé jusque-là par les Vénitiens. À quoi s'ajoute l'amorce d'un « commerce triangulaire » qui importe en Amérique des esclaves noirs, d'une part pour compenser les effondrements démographiques, d'autre part pour contourner la critique de l'*encomienda* et du traitement infligé aux Indiens qui se développe dans les années 1540.

Culturellement, le « choc des civilisations » a été terrible pour les populations américaines qui y perdent leurs repères et sont contraintes d'adopter croyances, langue et comportements des colonisateurs. Donnant cependant naissance à un métissage culturel original. Et permettant d'emblée, comme l'a souligné Alphonse Dupront, « dès les premiers développements, les "plans" de l'homme moderne. Sentiment de l'illimité de l'espace, volonté de possession et comportement de solitudes, telles les forces emmêlées ».

Unité et diversité de l'Europe

On aura l'occasion de revenir plus longuement dans les chapitres suivants aussi bien sur les formes d'organisation du pouvoir, sur son imaginaire et sur sa représentation que sur les pratiques culturelles dans l'Europe de la Renaissance. Dans le présent chapitre destiné à fixer les « repères », on se bornera à présenter l'Europe des années 1470-1519. En rappelant brièvement les aspects de son unité, en esquissant les formes de son morcellement politique, en présentant la réalité des relations entre les formations politiques d'une part, entre l'Europe et l'Empire ottoman d'autre part.

L'unité de l'Europe

La chute de Constantinople en 1453 avait révélé l'incapacité de la papauté à mobiliser les princes chrétiens contre les « Infidèles ». Élu pape en 1458, l'année même où pour la première fois il utilise l'adjectif « *europaeus* », l'humaniste Enea

Silvio Piccolomini (1405-1464) constatait lucidement : « Chaque État a son prince et chaque prince a ses intérêts particuliers. » C'était reconnaître l'importance des mutations européennes et l'effacement du vieil idéal de chrétienté au bénéfice des États et des nations. Effacement mais non disparition. Le premier point d'ancrage de l'unité européenne restait en effet son appartenance à la chrétienté latine. C'est-à-dire une même communauté de foi et de pratiques – même si les sensibilités religieuses variaient fortement d'une région à l'autre – et une même langue liturgique et de savoir, même si les humanistes en dénonçaient l'impureté. Un calendrier globalement similaire, une géographie sacrée (Jérusalem, Rome, Saint-Jacques-de-Compostelle, Canterbury) commune et le cas échéant partagée (pèlerinages, jubilés) en constituaient les repères, soulignés par la confection de guides.

Un second point d'ancrage était, plus encore qu'une même économie rurale, l'existence de relations commerciales qui étaient très loin d'intégrer tous les secteurs et tous les acteurs de la vie économique mais qui, en revanche, englobaient tous les espaces européens. Des relations que dessinent les grandes routes qui unissent les deux grands espaces maritimes : mer Noire et Méditerranée, ordonnées autour de l'axe italien (Venise, Milan, Gênes, Florence, Naples), mer du Nord et Baltique, polarisées autour d'Anvers d'un côté, des villes de la Hanse (Lübeck) et des débouchés des plaines polonaises (Dantzig) et des forêts russes (Narva et Riga) d'un autre côté. Ou encore les routes terrestres qui conduisent d'Anvers et de Dantzig à Augsbourg et, de là, à Milan et Gênes d'une part, à Venise d'autre part, de Vienne à Moscou en passant par Cracovie, Lublin, Minsk et Smolensk, de Gênes à Istanbul ou de Lübeck à Novgorod. On pourrait y ajouter le développement des services postaux, encouragés par le pouvoir politique (Louis XI, Ferdinand d'Aragon, Isabelle de Castille).

Les pratiques culturelles – réseau universitaire, circulation des livres, interpénétration des modèles esthétiques – constituent un troisième facteur d'unité, en même temps qu'elles soulignent la diversité. De nombreuses expositions ont montré par exemple l'importance des échanges – artistes, œuvres, modèles – entre les Flandres et la péninsule italienne ou également la péninsule Ibérique. En 1508, Philippe de Bourgogne, fils naturel du duc Philippe le Bon, emmène avec lui, à Rome, le peintre Jan Gossaert (Mabuse, c. 1478-1532), premier exemple d'un mécène de l'Europe du Nord conduisant personnellement un artiste en Italie pour lui permettre d'élargir ses horizons. De fait, sur place, Jan Gossaert exécute des dessins de trésors antiques, notamment une ancienne statuette de bronze conservée au Capitole depuis 1471. Il découvre d'autre part l'importance de la nudité et de l'érotisme dans l'art italien à travers notamment le mythe de Danaé. Lui-même reprend le thème dans une *Danaé* peinte en 1527, aujourd'hui conservée à l'Alte Pinakothek de Munich. L'influence de l'expérience romaine est sensible dans l'imitation de l'antique soulignée par une colonnade. Mais l'héritage flamand, notamment celui de van Eyck, est sensible à travers le traitement des étoffes, et la dimension religieuse présente, faisant de Danaé une sorte de princesse chrétienne (à l'image de sainte Barbe dans sa tour), mais dénudée : la leçon de l'érotisme n'a pas été perdue !

Un second exemple, emprunté cette fois à la littérature, pourrait être la diffusion mais aussi les multiples formes de réinterprétation du pétrarquisme tout au long de notre période. C'est Pietro Bembo (1470-1547) qui va faire connaître Pétrarque dans toute l'Europe et l'imposer comme modèle non seulement de style – les *canzonieri* se multiplient (Boiardo, Laurent le Magnifique, Jacopo Sannazaro) – mais aussi d'humanité. On va chercher dans l'œuvre de Pétrarque des exemples de métaphore, de situations, de thèmes. On lui emprunte techniques, mètres et rimes. Que ce soit pour versifier en latin, en italien ou, plus tard, dans les différentes langues vernaculaires européennes. Au demeurant, la « réception » de Pétrarque n'était pas univoque. Pour des poètes comme Angelo Poliziano (1454-1494) ou comme Jacopo Sannazaro (1457-1530), il représentait la continuité de la tradition vernaculaire ouverte par Dante et les interprètes du Dolce Stil Nuovo. Pour des poètes de cour comme Serafino Aquilano et Benedetto Gareth Cariteo, les *Canzionere* offraient avant tout un modèle de jeux rhétoriques. Et c'est avec Pietro Bembo que Pétrarque devait devenir le modèle du bon goût, à travers toute l'Europe, plus encore que celui de l'artifice.

Le morcellement politique

Dans ce kaléidoscope, forcément sommaire, de la diversité politique européenne, entre 1470 et 1519, trois fils conducteurs nous guideront : celui des réalités dynastiques, celui de la construction étatique et celui des particularités propres à chaque formation politique.

L'Empire

Si on laisse de côté le fait que l'Empire n'est pas à proprement parler une réalité territoriale, à la différence des autres formations politiques, quatre traits doivent être soulignés. Tout d'abord, l'importance de l'essor démographique et économique qui en fait l'une des régions les plus dynamiques de l'Europe du « beau XVIe siècle ». Ensuite, la spécificité politique de l'Empire fondée sur l'équilibre entre trois réalités : l'empereur, dignité élective (mais contrôlée par la famille Habsbourg depuis 1438), les territoires (ou les villes et les groupes sociaux, comme les chevaliers d'Empire), qui ressortissent à l'Empire, la Diète impériale, réorganisée en 1495, qui rassemble les ordres d'Empire (*Reichsstände*) en trois collèges (électeurs (7), princes et villes). La spécificité également de la notion de « réforme » qui, en raison de la place de l'Empire dans la chrétienté, associe indissolublement réforme politique et réforme religieuse et la vigueur des réformes entreprises au tournant du siècle par l'empereur Maximilien Ier (1493-1519) : établissement de la paix, réorganisation de la justice, création d'un impôt impérial et réforme administrative (cercles d'Empire). Enfin, l'inflexion nationale, sensible aussi bien dans la titulature de l'Empire : Saint Empire Romain de Nation Allemande (*deutscher Nation*, *germanicae nationis*, 1484), que dans le discours des humanistes (Conrad Celtis, 1459-1508, notamment)[1].

Du même coup, l'évolution politique, économique, sociale, culturelle et religieuse doit être analysée aussi bien à l'échelle de l'Empire qu'à celle des différentes

1. On notera l'émancipation des cantons de la Confédération helvétique qui obtiennent leur indépendance de fait à la fin du XVe siècle (traité de Bâle, 1499).

entités qui en font partie. On retrouvera ainsi le rôle joué par les grands États territoriaux comme le duché de Bavière ou les États saxons, divisés depuis 1485 en un électorat (branche ernestine) et un duché (branche albertine), ou encore l'électorat du Palatinat et le landgraviat de Hesse, mais aussi par les « républiques urbaines », qui bénéficient généralement du statut de ville libre d'Empire (*freie Reichsstadt*) : Augsbourg, Nuremberg, Francfort, Cologne. De même qu'on constatera, outre la politique impériale mise en œuvre par Maximilien, la politique dynastique visant par une habile stratégie matrimoniale à assurer l'avenir de ses enfants et petits-enfants (double mariage – Marguerite et Philippe – avec la dynastie de Castille, double mariage – Ferdinand et Marie – avec la dynastie des Jagellon) et par l'élection de son petit-fils Charles comme roi des Romains à conserver à ce dernier la dignité impériale (mais il meurt le 12 janvier 1519 sans avoir pu réaliser cette ambition).

La péninsule italienne

Le premier trait marquant de notre période est d'un côté le retour à la paix en 1454 (paix de Lodi), qui inaugure un « système d'équilibre » entre les différents États, et d'un autre côté la remise en cause du système par l'invasion française de 1494 qui va déclencher une succession de guerres et contribuer à la recomposition politique de la péninsule. On distingue traditionnellement cinq États importants : le royaume de Naples, les États de l'Église, la république de Florence, la république de Venise et le duché de Milan. Mais – et c'est le deuxième trait – l'approche culturelle qui est la nôtre nous rappelle constamment l'importance d'États, de principautés ou de seigneuries « secondaires » : les seigneuries citadines de Ferrare, Modène et Reggio (possédée par la famille d'Este), de Mantoue (Gonzaga), les seigneuries plus ou moins liées à un vicariat pontifical d'Urbino (Montefeltro), de Sinigagli (della Rovere), de Pesaro (Sforza), de Faenza (Manfredi) et, à Rome même, les seigneuries des Colonna, des Orsini ou des Farnese, sans oublier la république de Gênes ou le duché de Savoie, pour ne prendre que quelques exemples.

Un troisième trait – qui demande à être nuancé – est la tendance à la transformation des républiques urbaines en principautés (sur le modèle de Florence et de la mainmise des Médicis, menacée par la conjuration des Pazzi en 1478, ébranlée par le rétablissement de la République en 1494 et en 1527, et achevée en 1530/2 par l'établissement du duché de Toscane et la mise en place de nouvelles institutions) et la modernisation des États (quelle que soit la forme de gouvernement), dont Burckhardt faisait l'un des traits caractéristiques de la « civilisation de la Renaissance ». L'État pontifical pourrait servir de modèle. Qui hérite de la « modernisation » réalisée par la papauté avignonnaise (en matière fiscale, administrative et judiciaire), et entreprend la « reconstruction » de Rome (à la fois urbanistique et politique). Ou encore, montrée en exemple par Machiavel, au chapitre 7 du *Prince*, la politique suivie par Cesare Borgia (1475-1507) en Romagne, s'attaquant dans un premier temps et sans ménagement au pouvoir « des petits seigneurs, lesquels avaient plutôt dépouillé que gouverné leurs sujets », puis, dans un deuxième temps, mettant en place « un tribunal civil au milieu de la Province avec un sage Président, et où chaque ville avait son avocat » et n'hésitant pas à sacrifier celui auquel avait été confiée la tâche de ramener l'ordre : « La férocité de ce spectacle fit demeurer tout le peuple en même temps satisfait et stupide. »

Un dernier trait est le contraste entre l'éclatement politique de la péninsule italienne, qui n'est pas ressentie comme un déficit – même si face à l'invasion française il est déploré par un Machiavel (par ailleurs farouchement attaché aux libertés florentines) – et qui alimente un patriotisme local parfois exacerbé, et l'existence d'un sentiment « national » qui se définit largement par rapport aux « barbares », comme en témoigne le rappel des vers de Pétrarque avec lesquels Machiavel conclut *Le Prince* :

« Virtù contro a furore
Prender à l'arme ; e fia el combatter corto :
Ché l'antico valore
Nelli italici cor non è ancor morto[1] »

L'héritage bourguignon

Vers 1470, l'État bourguignon, héritier de la politique mise en place par Philippe le Hardi (1362-1404, duc en 1363), est en plein essor. Il est constitué de trois éléments : la Comté de Bourgogne (Franche-Comté), le duché de Bourgogne et les Pays-Bas (Artois, Brabant, Flandre, Hainaut, Limbourg, Luxembourg, Hollande, Zélande, comté de Namur, Anvers et Malines), qui conservent leurs institutions et leur autonomie. Philippe le Bon (1396-1467, duc en 1419) vient de le doter d'institutions modernes : Cour des comptes et Grand Conseil. L'échec de Charles le Téméraire (1433-1477, duc en 1467), symbolisé par sa mort devant Nancy le 5 janvier 1477, ne signifie pas la disparition du rêve bourguignon – un État intermédiaire entre France et Empire – même si d'un côté Louis XI en profite pour faire main basse sur le duché de Bourgogne et la Picardie et d'un autre côté la noblesse et les villes obtiennent la reconnaissance de leurs privilèges (« Grand Privilège », 1477). Le mariage de Marie de Bourgogne, fille unique du Téméraire, avec Maximilien d'Autriche, empereur en 1493, fait passer l'héritage bourguignon sous la tutelle des Habsbourg. D'autant que la mort prématurée de Marie, dans un accident de chasse, permet à Maximilien de s'instituer régent. Le nouveau duc de Bourgogne, Philippe le Beau (1478-1506, duc en 1482), majeur en 1493, relance la modernisation et l'unification (refusant de renouveler le Grand privilège de 1477) et esquisse une politique extérieure conforme aux intérêts de ses États (paix avec la France et traité de commerce avec l'Angleterre : Grand Intercourse). Son mariage avec Jeanne de Castille (1479-1555) s'inscrit néanmoins dans la politique d'alliance avec la Castille poursuivie par Maximilien. Sa mort en 1506 devait à nouveau bouleverser l'évolution. Maximilien se fit confier la régence qu'il transmit à sa fille Marguerite. À charge pour elle d'éduquer le prince héritier : Charles, né à Gand le 24 février 1500, émancipé le 5 janvier 1515.

Mais l'État de Bourgogne n'est pas important seulement d'un point de vue géopolitique. Il l'est aussi pour le rôle joué par la cour de Bourgogne, l'une des plus

1. Vertu contre fureur prendra les armes/et le combat sera bref/Car l'antique valeur/n'est pas morte encore au cœur des Italiens.

actives et la plus fastueuse de l'Europe du Nord. Appuyée, il est vrai, sur une région fortement urbanisée (34 % de la population dès 1470) et en pleine croissance économique (comme en témoigne l'essor d'Anvers qui passe de 15 000 habitants en 1437, à 39 000 en 1526 et 89 000 en 1566). On sait l'importance que lui accordait Johan Huizinga dans son analyse de l'*Automne du Moyen Âge* à la fois comme témoignage de l'« âpre saveur de la vie » et comme matrice d'une Renaissance sortie « de l'âme du Moyen Âge ».

Le royaume de France

Le royaume de France frappe par sa cohérence géographique et politique. Il a franchi la frontière rhodanienne en annexant le Dauphiné (1343) et la Provence (1481). Sur la frontière pyrénéenne, le Roussillon reste objet de litige avec l'Aragon et le royaume de Navarre reste indépendant. À l'ouest, la Bretagne constitue la dot de la duchesse Anne, fille du duc François II. Elle épouse successivement Charles VIII et Louis XII. À sa mort (1514), le duché passe aux mains de Claude, l'aînée de ses filles, puis au fils aîné de celle-ci, le dauphin François. Finalement, en 1532, les États de Bretagne proclament l'union perpétuelle de la Bretagne au royaume de France. Les frontières septentrionale et orientale sont plus indécises, en raison notamment de la constitution de l'État bourguignon.

Le règne de Louis XI (1423-1483, roi en 1461) est marqué par la lutte contre les princes (Ligue du Bien public) et contre le duc de Bourgogne. Le mariage de la fille de ce dernier est l'occasion d'un accord (1482) qui prévoit que le roi de France garde le duché de Bourgogne, tandis que la Comté et l'Artois reviendront à une princesse autrichienne promise au dauphin Charles, et que la Flandre, le Brabant, la Hollande, le Hainaut et le Luxembourg iront au fils de Maximilien et de Marie. Les fiançailles de Charles VIII furent cependant rompues pour permettre à ce dernier d'épouser Anne de Bretagne (1491). À la mort de Louis XI, le gouvernement fut assuré par Pierre de Beaujeu, marié à la sœur aînée de Charles VIII. En 1484 étaient réunis les États généraux. Ce fut la dernière fois jusqu'en 1560.

Les règnes de Charles VIII (1470-1498, roi en 1483) et de Louis XII (1462-1515, roi en 1498) sont marqués par l'importance des affaires extérieures. En vue de son expédition italienne, Charles VIII cède à Maximilien l'Aragon, l'Artois et la Franche-Comté. Mort sans héritier le 8 avril 1498, il a pour successeur son cousin, le duc d'Orléans. Ce dernier épouse la veuve de Charles VIII. Il continue l'aventure italienne, qui se finit par une débâcle (1513). Mais, à l'intérieur, il mène une politique de réduction des impôts, de réforme de la justice et de codification des coutumes qui lui valent le surnom de « père du peuple ». Sans héritier mâle, il laisse le trône à son gendre François d'Angoulême (1494-1547, roi en 1515).

Angleterre, Écosse, Pays de Galles, Irlande

Dans l'Europe à peu près ramenée à la paix dans les années 1470, l'Angleterre fait figure d'exception. Certes, le royaume bénéficie de la paix rétablie avec le royaume de France, au prix de larges pertes territoriales (l'Angleterre ne garde plus que Calais sur le continent), mais il s'enfonce dans une terrible guerre civile qui dure de 1455 à 1485 et oppose les familles de Lancastre et de York (guerre des Deux Roses). La famille de York s'impose en 1461 avec Edouard IV (mais il faut attendre 1471 pour que la victoire sur Henri VI (1422-1471) soit définitive). À la mort d'Edouard IV (1461-1483), son frère Richard (1483-1485) s'empare du pouvoir et fait égorger ses neveux. Il est lui-même vaincu par Henri VII (1485-1509), qui installe la famille Tudor sur le trône. Par sa mère, il descend des Lancastre. Mais son mariage, en 1486, avec Elizabeth, une fille d'Edouard IV, scelle la réconciliation des deux Roses.

Commence alors la répression des féodaux et la reconstruction de la monarchie qui doit tenir compte de la place qu'occupe le Parlement dans la vie politique anglaise (consentement des impôts et fonction législative). Même si Henri VII ne le réunit que six fois (dix sessions) durant les vingt-quatre années de son règne (essentiellement au début : de 1495 à 1497). Il réforme la justice en instituant la Chambre étoilée (*Star Chamber*) au sein du Conseil du roi, qui rassemble plus de 200 conseillers sous son règne. Il mène par ailleurs une politique extérieure pacifique. Il marie notamment sa fille Marguerite avec Jacques IV d'Écosse, qui règne sur un royaume où les solidarités clanesques restent fortes, préparant le rapprochement entre les deux couronnes.

Il en va autrement avec son fils Henri VIII (1491-1547, roi en 1509) qui se lance dans une politique guerrière qui l'oppose à la France de 1512 à 1514, avant de profiter de la position d'arbitre que lui donne rapidement le conflit qui se dessine entre François Ier et Charles Quint (1518), avant même l'élection de ce dernier à l'Empire.

La péninsule Ibérique

Dans la péninsule Ibérique, le trait le plus marquant est le mariage, en 1469, de Ferdinand d'Aragon et d'Isabelle de Castille qui rend possible, en 1479, l'union des deux royaumes. Une union qui ne signifie absolument pas l'unification de la monarchie, chaque couronne (et le royaume d'Aragon est lui-même l'héritier outre l'Aragon, de la Catalogne et du royaume de Valence) conservant son gouvernement et surtout ses organes représentatifs (*Cortes*). D'autant que les guerres civiles qui affectent la Castille (1464-1480) et la Catalogne (1462-1472) se soldent par une reconnaissance du rôle politique dévolu aux élites nobiliaires et urbaines (*Cortes* de Castille, 1480, et Sentences catalanes de Guadalupe, 1486), et de la place faite aux gradués (*letrados*) dans les différentes instances administratives, judiciaires ou politiques.

Un autre trait notable est l'importance du fait religieux comme ciment idéologique d'un ensemble par ailleurs très divers politiquement, démographiquement et culturellement, avec une très forte présence musulmane, unique en Europe. D'autant que le pouvoir monarchique exerce une tutelle très forte sur l'Église d'Espagne (C. Hermann). Après l'achèvement de la (re)conquête (prise de Grenade, 1492), il se traduit par l'expulsion des non chrétiens (Juifs, 1492), la traque obsessionnelle de la « pureté de sang » (*limpieza de sangre*) qui rend suspect tout *converso,* et la mise en place dès 1478 d'un tribunal de l'Inquisition.

La mort avait particulièrement frappé la famille d'Isabelle de Castille : le prince héritier Don Juan, marié avec Marguerite d'Autriche ; la fille aînée, Isabelle, mariée avec le roi du Portugal ; et finalement, le 20 juillet 1500, quelques mois après la naissance de Charles, son petit-fils Don Miguel, l'héritier d'Isabelle de Portugal. Quelques semaines après la mort de Ferdinand (23 janvier 1516, Isabelle est morte le 26 novembre 1504), Charles est proclamé roi de Castille et d'Aragon, conjointement avec sa mère. À la Couronne d'Aragon se rattachaient la Sardaigne, la Sicile et le royaume de Naples, nouvellement conquis (1504).

La précocité de l'Europe centrale

Souvent méconnue, l'Europe centrale – royaumes de Pologne, de Bohême et de Hongrie – devrait pourtant occuper une place importante dans notre réflexion. Tout d'abord, en raison de l'originalité de ses formes politiques. Des monarchies électives, marquées et par la capacité d'une famille à contrôler l'élection à son bénéfice (les Jagellon, dès 1386 en Pologne, à partir de 1490 et jusqu'en 1526 en Hongrie et en Bohême) et par la vitalité, d'une part des instances représentatives (notamment la Diète de Pologne, *sejm*), d'autre part de la noblesse de ces territoires, nombreuse mais divisée entre magnats et petite noblesse. En raison ensuite de la précocité des affirmations nationales qui s'expriment à travers une revendication linguistique et religieuse particulièrement sensible dans la réforme hussite qui secoue le royaume de Bohême au début du XVe siècle et dans les années 1419-1436 (guerres hussites) et reste présente dans les mémoires tout au long de notre période. En raison enfin de la politique culturelle mise en œuvre par les souverains dès la seconde moitié du XVe siècle. L'exemple le plus frappant étant assurément celui de Matthias Corvin (1440-1490, roi de Hongrie 1458, roi de Bohême 1469).

Descendant d'une famille de mercenaires, fils du héros national Johannes Hunyadi, Matthias est soutenu par la petite noblesse. Il lui doit son élection comme roi de Hongrie, en 1458, contre l'empereur Frédéric III qui finit par le reconnaître en 1463 (le couronnement a lieu le 29 mars 1454). Il est également élu roi de Bohême en 1469, en dépit de la candidature de Ladislas de Pologne, élu en 1471, avec lequel il trouve un compromis en 1479 (paix d'Olomouc), conservant la Silésie, la Moravie et la Lusace. Jusque dans les années 1460, il défend l'institution et le groupe social auxquels il doit son trône. Il se lance ensuite dans une politique de réformes (armée, gouvernement, justice). Après son deuxième mariage avec Béatrice de Naples (le premier avec Catherine de Podiebrad était resté sans enfant) sa politique se fait plus agressive en même temps qu'elle vise à assurer sa dynastie. Il conquiert Vienne et prend la Basse-Autriche, la Styrie et la Carinthie, laissant au sud le champ libre aux Turcs. Il ne parvient cependant pas à faire reconnaître son fils illégitime Johannes (1473-1504) et à sa mort, le 6 avril 1490, sa construction politique s'effondre, la famille des Jagellon s'emparant de la couronne.

Homme de guerre, souverain réformateur, Matthias Corvin est aussi un prince de la Renaissance. Il a reçu une éducation soignée avec Johannes Vitéz (1408-1472), l'évêque de Várad, et Gregor de Sanok (1406-1477), un humaniste polonais qui finit archevêque de Lwow. Il entreprend la reconstruction du château de Buda, confiée à l'architecte Chimenti di Leonardo Camicia, puis celle du château de Visegrád. La cour de Buda est réputée. Il y attire artistes et savants et y rassemble une prestigieuse bibliothèque qui compte près de 1 000 manuscrits. Il fonde par ailleurs l'université de Presbourg/Bratislava.

Pays scandinaves

L'Union de Kalmar (1397) qui avait regroupé les États scandinaves et la Finlande dans une lâche confédération s'était disloquée en 1448, donnant naissance à une lutte pour le pouvoir entre la Suède et le Danemark, qui domine notre période. Cette prédominance est cependant remise en cause à partir des années 1470 lorsque Sten Sture l'Ancien devient régent de Suède. Il exploite à son profit le sentiment national contre les Danois. La lutte est inévitable. Cependant à ce premier conflit « national » s'ajoutent deux autres tensions. La première oppose les habitants des villes aux Hanséates dont ils supportent les privilèges de plus en plus difficilement. La seconde oppose ces mêmes habitants, soutenus par le roi, à l'aristocratie que le souverain cherche précisément à affaiblir.

Le conflit éclate avec le nouveau souverain Christian II (1513-1523). En Norvège, il lutte contre les Hanséates en s'appuyant sur les Hollandais. Au Danemark, il s'oppose à la noblesse et refuse de tenir les promesses faites lors de son avènement. En Suède, il se heurte au régent Sten Sture le Jeune. Il le bat en 1520 mais la répression est si dure (bain de sang de Stockholm) qu'elle provoque un soulèvement en Dalécarlie qui se généralise sous la direction de Gustave Vasa, lequel reçoit le soutien de Lübeck. Ce dernier est élu roi par la Diète (*Riksdag*) suédoise. Au Danemark, la noblesse jutlandaise s'est pareillement soulevée. Elle chasse Christian II (1523) et appelle sur le trône Frédéric Ier qui est également reconnu roi en Norvège. La situation est d'autant plus inextricable que les problèmes religieux viennent désormais se surimposer aux conflits nationaux, sociaux et culturels.

Moscovie

Malgré des traits singuliers – au premier rang desquels il faut placer l'appartenance à l'orthodoxie – le grand-duché de Moscovie partage pour partie les évolutions européennes. On y retrouve la même volonté des princes d'assurer la continuité de leur dynastie, au détriment des autres familles de l'aristocratie. En témoigne le refus d'Ivan III (1440-1505) de partager les terres de son frère, Iouri, lorsque celui-ci meurt sans héritier, au grand dam des boiars. Le même souci de renforcer le pouvoir du prince, au détriment des boiars : sous le règne d'Ivan III, en s'affranchissant de la tutelle du khan de la Horde d'Or ; sous le règne de Basile II (1505-1533), en prenant le titre de souverain de toutes les Russies. La même soif de terres. Mais aussi la même attention à la légitimation sacrale du pouvoir qui, dans le cas de la Russie, est associée à la prétention que l'on voit apparaître dès 1492 (Canon pascal du métropolite Zosime), de revendiquer le titre de « troisième Rome ». À quoi l'on ajoutera la dimension culturelle dont témoigne l'appel à des architectes italiens pour les nouvelles constructions moscovites (cathédrale de la Dormition par Aristotele Fioravanti, 1475 ; cathédrale de l'archange Michel par Alevisio Novi, 1505). Sans que d'ailleurs cet apport extérieur prenne racine.

Paix et guerre

La période 1470-1519 est marquée dans un premier temps par un retour à la paix à peu près général dans les deux premières décennies, bientôt rompu par l'invasion française en Italie. Mais elle est aussi une étape importante de la poussée ottomane qui ne s'est pas relâchée après la chute de Constantinople et qui signe à Mohács (1526) une nouvelle et significative victoire.

Le retour à la paix

Outre la paix de Lodi dans la péninsule italienne, le retour à la paix était dû largement à la fin du conflit séculaire entre les deux royaumes de France et d'Angleterre. La reconquête du royaume entreprise par Charles VII s'était achevée par la victoire de Formigny en Normandie (avril 1450) et par celle de Castillon, en Guyenne (juillet 1452), suivie de la prise de Bordeaux. Les Anglais ne gardaient plus que Calais sur le continent. Il était dû également à l'échec de la tentative du Téméraire qui avait permis de trouver, à ses dépens, un terrain d'entente entre Louis XI et Maximilien.

Les guerres d'Italie

Quelles que soient les motivations qui ont poussé Charles VIII à entreprendre l'expédition italienne, qui n'était peut-être que la première étape d'une nouvelle croisade vers la Terre sainte, le « voyage d'Italie » fut d'une importance capitale, ruinant l'effort de paix, inaugurant un demi-siècle de conflits. Dans un premier temps, les revendications françaises portèrent sur le royaume de Naples dont les rois d'Aragon avaient pris possession aux dépens de la famille d'Anjou. À l'appel d'Innocent VIII (1484-1492), Charles VIII « descend » en Italie et, au terme d'une expédition triomphale, occupe Naples sans grande opposition (21 février 1495). Mais la situation se renverse aussitôt. Le pape constitue la Sainte Ligue (mars 1495), obligeant Charles VIII à prendre le chemin du retour. Non sans peine (bataille de Fornoue, juillet 1495) le roi rentre en France. Naples est reprise par les Aragonais dès 1497. Un armistice est conclu la même année.

À la mort de Charles VIII, Louis XII reprend les prétentions sur le royaume de Naples et y ajoute, comme descendant des Visconti, des prétentions sur le duché de Milan. Une alliance est nouée avec Venise et de nouveau Alexandre VI. Une armée française descend en Lombardie et occupe Milan et Gênes. Le duc de Milan, Ludovic le More, est fait prisonnier à Novare (1500). Il meurt emprisonné à Loches (1508). Louis XII entreprend alors la conquête de Naples et propose à Ferdinand d'Aragon, maître de la Sicile, de partager le butin : la Campanie et les Abruzzes à la France, les Pouilles et la Calabre à l'Espagne (traité de Grenade, novembre 1500). Vainqueurs de la dynastie napolitaine, les alliés se divisent. Malgré les exploits de Bayard sur le Garigliano, les troupes françaises capitulent à Gaëte (janvier 1504). L'armistice de Lyon, deux mois plus tard, abandonne Naples à Ferdinand, Louis XII gardant le Milanais.

Malgré cet échec, la France domine alors la politique italienne. L'arrivée sur le trône pontifical de Jules II (1503-1513) va entraîner une recomposition rapide des équilibres. Une ligue conclue à Cambrai rassemble le pape, Louis XII, Ferdinand, l'empereur Maximilien, Mantoue, Ferrare et la Savoie contre Venise (1508). La république vénitienne essuie une sévère défaite à Agnadello (mai 1509). Son expansion en Terre Ferme est définitivement stoppée. Un nouveau renversement des alliances, ourdi par Venise, va conduire à la formation d'une Sainte Ligue qui regroupe le pape, Venise, Ferdinand, les cantons suisses et, plus tard, le roi d'Angleterre. Gaston de Foix est vainqueur mais mortellement blessé à Ravenne (avril 1512). Les Français repassent les Alpes. Le traité de Dijon entérine l'abandon du Milanais par le roi de France (1513).

Louis XII meurt avant d'avoir pu « reconquérir » l'Italie. Sa politique est reprise par François Ier. Celui-ci remporte, essentiellement au détriment des cantons suisses, l'éclatante victoire de Marignan (13-14 septembre 1515), que Clément Janequin immortalise dans une chanson qui servira longtemps de « lieu de mémoire » à la noblesse française. Le traité de Noyon reconnaît la présence française en Milanais (1516). L'élection de Charles Quint au trône impérial va relancer le conflit en lui donnant un sens nouveau : celui de l'affrontement entre la maison des Valois et celle des Habsbourg (1519).

La présence ottomane

La prise de Constantinople le 29 mai 1453 n'avait nullement signifié la fin de l'expansion ottomane. Continuant leur progression, les Turcs s'étaient rendus maîtres de la Grèce (prise d'Athènes en 1458), de la Serbie (1459) de la Valachie (1462), de la Bosnie (1463) et de la Crimée (1479). Les comptoirs italiens de Phocée (1455), de Lesbos (1462), de Caffa (1475) tombèrent eux aussi. Et les Turcs firent même une incursion en Italie, à Otrante en 1480-1481. La mort de Mehmet II (1451-1481) devait apporter un léger répit. Mais l'expansion devait reprendre avec Soliman le Magnifique (1520-1566).

Cette poussée entretenait le vieux rêve de croisade qui avait traversé le monde médiéval. Il avait encore suscité une série de faux départs, notamment après 1453 (Alphonse V le Magnanime (1396-1458), roi d'Aragon et de Sicile ; Alphonse l'Africain (1431-1484), roi du Portugal). Il était à l'arrière-plan du congrès de Mantoue, rassemblé à l'initiative du Saint-Siège (1459). Il animait encore Charles VIII. C'est lui encore, mais cette fois dans une fiction littéraire, qui inspire les conseillers de Picrochole.

Chapitre 2

Un beau XVIe siècle ?

Loin des discussions soulevées par la thèse de Robert Lopez soulignant, en 1953, que la Renaissance – commencée selon lui à la mi-XIVe siècle et achevée à la fin du XVe siècle – coïncidait d'une part avec une période de récession économique d'autre part avec un « investissement » culturel, jouant précisément le rôle de compensation face aux difficultés, il est communément accepté que la période qui nous concerne coïncide avec ce qu'il est convenu d'appeler « le beau XVIe siècle ». Un siècle – commencé sans doute au milieu du XVe siècle et achevé vers 1560 – qui est d'abord rattrapage démographique, au lendemain de la grave crise du XIVe siècle, mais aussi essor économique, mobilité sociale, voire émergence d'une société de consommation avant la lettre.

Accroissement de la population

En l'absence de toute donnée statistique fiable, régulière et commune à l'ensemble des espaces européens, voire du monde avec lequel l'Europe est en contact, l'analyse démographique varie de l'approximation vraisemblable – ainsi pour l'Italie septentrionale forte de ses pratiques cadastrales (comme à Florence, 1427-30), de ses recensements (à finalité fiscale ou militaire), et de ses registres paroissiaux (qui enregistrent baptêmes, mariages et sépultures), à l'incertitude avoisinant l'ignorance pour le monde africain ou indien.

Pesée globale

À en croire les démographes, la population mondiale compte entre 380 et 450 millions d'habitants à la fin du XVe siècle. L'Europe en regrouperait près de 80 millions, soit environ 15 % du total. Partout, sauf en Amérique, c'est un temps de croissance. En Europe, en Chine, aux Indes, dans le monde musulman, la population augmente de 40 %, avec d'importantes nuances selon les cas (et selon les historiens).

La reprise est d'autant mieux perçue par les contemporains – notamment ceux qui, comme Claude de Seyssel[1], ont déjà pour mission d'évaluer les richesses en hommes, c'est-à-dire en foyers fiscaux et en soldats – qu'elle est récente. Elle ne commence pas

1. Claude de Seyssel, *La Grant Monarchie de France*, Paris, 1519 (éd. J. Poujol, Paris, 1961) : « Il ne fait à douter que la multitude du peuple ne soit estimable, et plus, sans comparaison que jamais ne fut. Et cela se peut évidemment connaître aux villes et aux champs, pour tant que aucunes et plusieurs grosses villes qui souloient être à demi vagues et vides, aujourd'hui sont si pleines qu'à peine y peut-on trouver lieux pour bâtir maisons neuves. Par les champs aussi, on connaît bien évidemment la cupiosité du populaire parce que plusieurs lieux et grandes contrées qui souloient être incultes ou en friches ou en bois, à présent sont tous cultivés et habités de villages et de maisons. »

Populations européennes (en millions d'habitants)

	1500	1550	1600
Pays scandinaves	3,9	4,9	6,2
Pays-Bas	2,2	2,9	2,8
Allemagne	12,0	14,0	16,0
France	16,4	19	20,0
Suisse	0,6	0,75	0,9
Italie	10,5	11,4	13,1
Pays-Bas	1	2	3
Espagne	6,8	7,4	8,1
Portugal	1,0	1,2	1,1
Autriche-Bohême	3,5	3,6	4,3
Pologne	2,5	3,0	3,4

Source : Jan De Vries, *Handbook of European History*, 1 (1994), 13.

avant le milieu du XVe siècle, notamment en Auvergne, en Bourgogne, en Lyonnais ou en Hainaut, et sans doute plus tardivement, vers 1490 – mais alors avec un dynamisme accru – en Angleterre, aux Pays-Bas (où la croissance est de l'ordre de 50 % dans la première moitié du XVIe siècle), en Toscane, en Haute-Provence ou en Catalogne. Vers 1560, l'Europe est revenue au niveau qu'elle avait en fait déjà atteint dans les années 1340. Encore cette récupération n'est-elle vraisemblablement accomplie que dans les années 1530. Elle s'essouffle dès les années 1560 et s'achève, avec quelques îlots d'une prospérité plus tardive, dans les années 1620. À lui seul, l'essor démographique, indéniable, ne suffit pas à expliquer le « miracle européen » et la réussite de la Renaissance.

Une inégale répartition

Cette population se répartit inégalement en Europe. On peut distinguer une Europe des densités fortes (30 à 40 habitants/km^2) : l'Italie septentrionale et centrale, les Pays-Bas, la France, l'Allemagne rhénane et danubienne et, dans une moindre mesure, l'Angleterre, et une Europe des faibles densités : le pourtour méditerranéen (notamment l'Espagne), l'Europe du Nord et l'Europe située à l'est de l'Elbe. Tout au long de cette période – et à la vérité jusqu'à la fin de l'Ancien Régime – on notera le poids de la France qui rassemble en gros un quart de la population européenne.

Elle est essentiellement rurale, sauf dans l'Italie septentrionale et centrale et les Pays-Bas, ainsi que dans l'axe rhénan qui relie les deux pôles. Il convient de noter d'ailleurs que les villes sont encore de dimensions modestes. Vers 1500, quatre villes dépassent la centaine de milliers d'habitants : Paris, Naples, Venise et Milan. Quelques villes tournent autour de 50 000 habitants : Florence, Rome, Gênes, Palerme,

Anvers et Londres. Mais la plupart se situent en dessous de ce seuil. Dans l'Empire, densément urbanisé dans sa partie occidentale et en Saxe, la ville la plus importante à l'aube du XVIe siècle est Cologne. Elle dépasse à peine les 40 000 habitants. Il reste cependant que l'on assiste à un phénomène général d'urbanisation qui est dû à un rythme de récupération plus rapide dans les villes que dans les campagnes. Anvers double sa population entre 1480 et 1560. Mais nombreuses sont les villes qui ont aussi une croissance remarquable, soit en raison de leur fonction politique (Paris, Londres, Lisbonne), soit en raison de leur dynamisme économique (Séville).

Structures démographiques

Trois éléments caractérisent les structures démographiques de la période qui ne diffèrent guère de celles de l'Ancien Régime démographique. Tout d'abord, la nuptialité. C'est en effet dans le « retard au mariage », des filles plus encore que des garçons, que l'on a voulu voir le secret de la « modernité » occidentale (Hajnal). C'est « la grande arme contraceptive de l'Europe du monde plein », qui y trouve le moyen de réguler les flux démographiques, sans porter atteinte à la vie d'un côté (infanticide ou abandon), en permettant un investissement affectif et éducatif, dans le cadre d'une famille étroite, d'un autre côté (P. Chaunu). On peut le déceler dès le XIIe siècle, mais il ne se précise qu'au XVIe siècle. De fait, notre période – et c'est ce qui explique pour une large part sa faculté de récupération – connaît des âges au mariage encore bas, de l'ordre de 16 à 20 ans pour les femmes en Île-de-France, 19 ans à Bourg-en-Bresse, autour de 21 ans en Normandie et en Bretagne. On notera également la faiblesse du célibat, que la Réformation contribue à dévaloriser, ainsi que celle des naissances hors mariage, avec cependant quelques îlots de résistance (comme dans les Pyrénées) et des formes archaïques (en Angleterre, le *kiltgang* de l'espace germanique).

En second lieu, une natalité élevée qui permet de compenser généralement la mortalité. Avec des taux de fertilité très variable selon les régions et les groupes sociaux, en raison des différents facteurs qui agissent sur la fertilité : fécondabilité, stérilité *post partum*, stérilité et mortalité intra-utérine. On constate généralement une première naissance rapide, puis un espacement des naissances de l'ordre de deux ans.

Enfin, la mortalité. Celle-ci reste élevée. Elle frappe d'abord nourrissons et nouveau-nés. Les données du siècle suivant valent aussi pour notre période : la moitié des enfants ne parviennent pas à l'âge adulte et un enfant sur quatre meurt au cours de la première année. Avec sans doute des nuances régionales et sociales qui tiennent justement aux soins dont on entoure le nourrisson. Mais deux facteurs ont pu contribuer à une légère baisse des taux. Au moins jusqu'aux années 1520, la reprise démographique se fait dans un environnement économique favorable : l'effondrement du XIVe siècle a détendu le rapport entre l'offre de produits agricoles et la demande des populations. Et le développement de la production agricole permet de faire face à l'augmentation de la population. La situation ne s'inverse sans doute – et de façon très variable selon les régions – que dans les années 1540-1560. On note par exemple dans le pays nantais des crises en 1500, 1521-1524, 1531-1532, 1544-1546 et 1554-1555, dont les causes sont sans doute tout autant les mauvaises récoltes de ces années que la reprise des épidémies. Par ailleurs, sans disparaître, la peste tend à passer de l'état épidémique à l'état endémique. Même si d'autres maladies apparaissent comme le typhus ramené d'Orient à la fin du XVe siècle, ou la syphilis probablement importée d'Amérique et rapidement répandue à partir de l'Italie dès la fin du XVe siècle.

Cette reprise s'appuie généralement sur la recomposition de la famille nucléaire et de la maison (*domus, oikos*) comme cellule de base (habitat, unité affective, cellule de production) et, à l'intérieur de celle-ci sur la recomposition des rôles (hommes/femmes, parents/enfants, lignage/domesticité). Mais dans le monde rural, et spécialement dans le monde méditerranéen, on constate la mise en place de formes familiales complexes, largement liées aux modes d'exploitation de la terre qui requièrent la présence en permanence et de façon stable d'une main d'œuvre capable de faire face aux besoins.

Villes et campagnes-Les cadres de la vie quotidienne

Analysant les règles des « jeux de l'échange », Fernand Braudel y distinguait trois cercles – le monde rural, l'espace urbain, le cercle des échanges – auxquels il proposait d'ajouter celui constitué par le « désenclavement du monde ».

Prépondérance du monde rural

La prépondérance du monde rural est largement due au poids démographique et économique qu'il conserve. Partout – quoique de façon inégale – s'effectue la reconquête des sols. À partir des années 1440, l'effort a porté surtout sur les sols capables d'accueillir des cultures rentables, notamment en Allemagne et en Italie (lin, vignes, fruits, oliviers). Au tournant des XVe et XVIe siècles, on récupère les parcelles vides et, à partir des années 1520, on remet en culture les terres abandonnées (*Wüstungen*) depuis le XIVe siècle.

Le développement profite moins aux cultures céréalières, dont les prix plafonnent dès 1470, qu'aux pratiques agricoles (culture ou élevage) spécialisées. Ainsi, l'élevage du mouton, fondé sur la transhumance se développe à grande échelle en Espagne, encouragé et organisé par le pouvoir royal depuis le XIIIe siècle (*El Honrado Concejo de la Mesta*, 1273). Il atteint son apogée sous le règne de Charles Quint. Il se développe pareillement en Angleterre mais y repose au contraire sur le système des *enclosures* qui se multiplient dans la seconde moitié du XVe siècle, concernant environ 2 000 terroirs, principalement dans les Midlands, la région de Leicester, de Lincoln et de Newcastle, transformant la campagne anglaise en bocage. Il suscite la résistance des paysans les plus pauvres, qui perdent l'usage des communaux, dont témoignent la grande pétition de 1489, l'enquête confiée au cardinal Wolsey en 1517 et, un an plus tôt, la féroce dénonciation de Thomas More dans son *Utopia*. Ainsi, l'exploitation des bois – une matière première indispensable (construction, navires, chauffage, mines...) dont la pénurie commence à se faire sentir – qui conduit à une limitation du droit de chasse, mal perçue par les populations, et un essor des pratiques de régénération des essences.

On peut ainsi, à la suite de Braudel, distinguer trois grandes aires agricoles. L'espace méditerranéen, où domine le système du métayage (sans que le fermage y soit ignoré) est marqué par les cultures sèches, l'assolement à rotation longue, l'usage de l'araire léger, avec des secteurs irrigués et des îlots dévolus à l'arboriculture intensive. L'espace de l'Europe du Nord et de l'Ouest, où le fermage est prépondérant (sans que le métayage y soit inconnu), est caractérisé par l'opposition entre les paysages de campagne, avec leurs parcelles en lanières, et, à l'ouest, les paysages bocagers. Subsiste enfin, dans l'Europe du Nord, un espace aux techniques archaïques, recourant encore aux cultures par le feu. Une carte qui révèle la diversité des paysages, suggère la faiblesse des rendements mais aussi, en raison du développement de l'économie de marché, la progressive hiérarchisation de ces différents espaces qui, sauf dans des cas particuliers, comme en Sardaigne, ne vivent nullement en autarcie même si la production reste largement auto-consommée.

Cette économie de subsistance repose en priorité sur la culture des céréales d'hiver (froment) et de printemps (avoine), qui restent la base de l'alimentation. Mais on remarque, notamment aux Pays-Bas et en Hongrie, un développement de l'élevage qui permet une augmentation de la consommation de viande (qui culmine sans doute au XVe siècle), une consommation accrue de fromages (notamment dans l'Europe du Nord), et une amélioration des rendements par l'utilisation du fumier animal. On constate également une extension des surfaces consacrée à la vigne, aux fruits et aux légumes (surtout à proximité des marchés urbains), ainsi qu'aux plantes tinctoriales (notamment le pastel), sans oublier le lin et le chanvre.

L'économie rurale n'ignore pas l'économie de marché. Celle-ci absorbe bien sûr les excédents. Mais elle suscite des cultures exclusivement orientées vers la commercialisation (vigne, plantes tinctoriales, plantes spéculatives). Sans doute d'ailleurs est-ce parce que l'Europe consacrait une large part de ses forces à produire ce qu'il lui fallait pour subsister qu'elle a cherché à économiser par ailleurs ses énergies. Et donc à faire appel aux techniques. Celles-ci pénètrent le monde rural par le développement d'un artisanat rural, souvent complémentaire de l'activité agricole, notamment dans le domaine de la fabrication des draps.

Dynamisme urbain

Même s'il ne concentre encore qu'une minorité de la population – 10 % au maximum –, le monde urbain pèse d'un poids déterminant, d'une part en raison de sa propre consommation, d'autre part en raison de son rôle dans le développement des échanges. Le dynamisme de la consommation urbaine ne doit pas être sous-estimé : F. Braudel rappelle qu'une ville de 3 000 habitants consomme annuellement environ 1 000 tonnes de céréales, soit l'équivalent de 1 500 hectares emblavés, autrement dit un terroir d'environ 3 à 4 000 hectares. Le bassin d'approvisionnement d'une ville de 10 à 20 000 habitants décrit un cercle d'une vingtaine à une cinquantaine de kilomètres.

Mais le dynamisme urbain – très variable selon les espaces, la conjoncture, mais aussi les fonctions remplies par les différentes villes, est sensible en particulier sur le terrain de la production. Trois secteurs sont notamment représentés : celui de l'alimentation, celui de l'habillement – qui se partage souvent entre villes et campagnes, sous la tutelle le cas échéant d'un même marchand – et celui de la construction. Mais de plus en plus le monde urbain est aussi celui du travail du fer et des métaux précieux ainsi que celui de l'imprimerie. C'est le cas tout particulièrement dans le monde germanique où l'exploitation des mines et la métallurgie connaissent un essor prodigieux qui provoque de grandes concentrations humaines (120 000 mineurs au total vers 1525), pour lesquelles des villes nouvelles sont édifiées (Annaberg) qui stimulent au plus haut point l'économie et leurs besoins en matière première (25 stères de bois pour 50 kg de fonte) et par les produits qu'elles permettent de réaliser et de mettre sur le marché.

Le travail s'y organise dans le cadre des ateliers, de taille généralement modestes. De grandes concentrations comme l'arsenal de Venise (2 000 personnes) ou l'exploitation des mines d'alun de Tolfa (500 personnes), que le pape a concédée aux Médicis en 1462, sont rares. En revanche, il n'est pas inhabituel qu'une ville rassemble de nombreux ateliers dans un même domaine

Le dynamisme économique

La croissance de la population signifiait une demande ainsi qu'une offre de main d'œuvre également en augmentation. Deux facteurs qui pouvaient se révéler aussi bien favorables, si le marché se montrait capable de répondre à la demande et de tirer avantage de cette main d'œuvre disponible, que négatifs, si, selon une analyse malthusienne, étayée naguère par E. Le Roy Ladurie, la stagnation de la production agricole ne permettait pas de répondre à la demande et débouchait sur une crise économique d'origine démographique. Il nous faut donc mesurer la production agricole, apprécier le dynamisme des échanges, en tenant compte des moyens techniques (monnaie, crédit) les favorisant (ou les freinant), et nous interroger sur les possibilités de différences régionales et sociales.

Stagnation ou essor de la production agricole ?

La Renaissance n'est pas un temps de révolution agricole. Tout au long de notre période, les rendements restent faibles : entre un pour trois et un pour cinq. Sauf dans quelques régions. Jan de Vries a mis ainsi en évidence les transformations qui ont lieu en Flandres dans le cadre d'une économie de marché dominante. Celle-ci est liée d'une part aux échanges avec la Baltique et, par Dantzig, avec la possibilité d'importer à bon prix le blé produit en Pologne, permettant à l'agriculture néerlandaise de réduire les emblavures et d'augmenter la part des terres consacrées à l'élevage, ce qui induit d'un côté une consommation accrue de viande et de laitages (fromage de Hollande) et d'un autre côté une amélioration des rendements grâce à l'utilisation du fumier. Elle est liée d'autre part à la densité des villes et des foires et à la facilité des transports (canaux), qui place tout paysan à moins d'une journée de marche d'un lieu d'échange. Elles se traduisent par une sensible augmentation des rendements (un pour sept, voire un pour onze), le passage à une culture intensive et spécialisée (Hollande, Zélande et Frise). Moins cohérentes mais significatives sont également les transformations des Midlands et de l'Angleterre méridionale, de Basse-Rhénanie et des régions proches des grandes villes (Paris, Barcelone, Milan et vallée du Pô).

Cette réserve faite, la période 1450-1560 est incontestablement un temps de croissance, si l'on en juge par le produit des dîmes. Les années 1560 marquent sans doute le tassement, voire la fin de cet essor. Une croissance qui s'accompagne d'évolutions sensibles, traduisant la part croissante de la production agricole destinée au marché. En Toscane, la céréaliculture fait place à la culture de la vigne et de l'olivier ; dans la vallée de la Loire et de la Seine, on constate pareillement une extension de la viticulture. Pourtant, à proximité des villes, les jardins potagers sont les lieux d'expériences, difficiles à mesurer, mais dont l'importance ne doit pas être sous-estimée. Le « second servage » lui-même, pour reprendre une expression très contestable, qui se développe à l'est de l'Elbe, est étroitement lié à cet essor de l'économie de marché.

Si, à l'ouest de l'Elbe, les propriétaires fonciers ne parvenaient pas à utiliser la force de travail paysanne de la même manière que dans l'Europe de l'Est, on constate cependant une tendance à la réduction de la durée des baux de fermage, destinée à adapter régulièrement les taux de fermage à celui de la hausse des prix.

Essor de la production artisanale

Difficile à mesurer, l'essor de la production artisanale – tant urbaine que rurale – ne fait aucun doute. Économiquement, elle est réponse à la demande accrue. Techniquement, elle résulte des transformations qui touchent les différents secteurs de l'artisanat. Et tout d'abord celui du textile. Qui ne cesse de se différencier (draperies, tissage du lin et du coton, soieries, y compris essor des velours et des brocards) et de se spécialiser (depuis la tonte des moutons et le lavage de la laine, jusqu'à la filature, au tissage, à la teinture, au foulage (près des cours d'eau) et au rebroussage en passant par le peignage et le cardage). Sans que cette diversification soit incompatible avec l'organisation des métiers et des corporations de façon unifiée, comme le rappelle l'exemple de l'*arte della lana* florentine au XVe siècle, étudié par Philippe Braunstein. L'artisanat profite des améliorations techniques : vers 1480, se répand l'usage du rouet à pédale qui permet d'activer la roue avec le pied tout en continuant le travail de filature. En ce qui concerne le tissage – souvent accompli par les femmes – l'amélioration vient du métier à tisser horizontal.

Mais l'on peut également parler de « boom architectural ». Bien analysé par Richard A. Goldthwaite pour Florence, il répond essentiellement à la demande des couches sociales favorisées, qui souhaitent des logements plus spacieux et plus confortables. C'est aussi le moment où se développe l'usage de la brique aux Pays-Bas, ainsi à Bruges. Les constructions civiles se multiplient également, comme, par exemple, les ponts qui font appel à une maîtrise des techniques de pompage pour la construction des piles.

Il faudrait évoquer également le travail du verre, mais aussi celui des métaux précieux qui se développe notamment à Bruges, Florence, Londres, Nuremberg et Venise, ou encore celui de la construction navale, dominée par l'organisation très exceptionnelle de Venise combinant chantier naval, base navale et armurerie.

Vitalité des échanges

Dans ce domaine également la Renaissance n'est pas synonyme de révolution. Ni sur terre, ni sur mer. Même si, nous l'avons vu, de multiples améliorations ont rendu possibles les voyages au long cours et les découvertes des XVe et XVIe siècles. Rien de comparable en volume avec les possibilités offertes par la révolution des transports. Il n'empêche. La croissance des échanges repose sur celle de la production et de la demande. Sur mer, elle s'ordonne autour des trois grands espaces maritimes qui enserrent l'Europe. La Méditerranée, qui demeure le plus actif en dépit de l'insécurité que font régner les Barbaresques. C'est lui qui continue d'assurer dans une large mesure – modérée par la politique territoriale (Terre ferme) conduite par Venise, ainsi que par le commerce avec l'Allemagne méridionale – la prospérité de Venise. Mais c'est aussi l'espace que fréquentent Génois et Catalans (même si ceux-ci sont affectés par la guerre civile qui perturbe leur activité entre 1462 et 1478). Le trafic porte essentiellement sur les épices, les cotons (en provenance de Syrie), les draperies. Il favorise en retour le développement de l'industrie de la futaine dans les villes de l'Allemagne du Sud (Ravensburg, Regensburg/Ratisbonne, Constance, Bâle, Augsbourg, Ulm).

La Baltique et la mer du Nord – les comptes du Sund permettant de mesurer l'importance des échanges – sont largement dominées par les marchands de la Hanse, organisée en quatre ligues régionales, s'appuyant sur quatre comptoirs (Londres, Novgorod, Bergen, Bruges), et encore très active entre 1470 et 1560, et ceux des Pays-Bas, notamment ceux d'Anvers qui connaît son apogée à l'époque qui nous intéresse. En témoignent le tableau qu'en brosse Guichardin dans les années 1560 – au moment même où l'essor du commerce anglais, à partir des années 1550 (création de la Muscovy Company en 1555), va concurrencer de plus en plus le commerce anversois, contribuant à son progressif déclin (au-delà de notre période) ainsi que, dans un moindre mesure, celui de Venise – et l'étude que lui a consacrée Hermann van der Wee. C'est qu'Anvers se heurte à partir des années 1550 à trois problèmes : le tassement puis le recul de la production minière d'Europe centrale (après 1540), la reprise de Venise, le déplacement de l'« étape » portugaise à Lisbonne (1548). Les deux défenses d'Anvers étant le maintien de la production textile (nouvelle draperie et sayetterie, notamment à Hondschoote) et le début des troubles politiques et religieux. La ville bénéficie en effet de la jonction entre commerce maritime et transports terrestres : elle est au débouché de la grande route nord-sud qui, par Lyon, rejoint la Méditerranée et Marseille. À la différence de l'espace méditerranéen, le trafic ne porte pas sur des objets de luxe (si l'on excepte le commerce des fourrures : zibeline, martre, castor), mais sur des matières premières (bois, poix, cire) exportées par les marchands russes et des produits finis (draperies, bière), mais aussi sel et hareng, exportés par ceux de Lübeck. Un commerce inégal qui s'accompagne d'importants transferts de numéraire, qui laissent aux opérations de change une grande importance dont témoignent les tableaux de Quentin Metsys (1466-1530 : *Le banquier et sa femme*, 1514, 74 x 68 cm, Paris, Louvre). Anvers est ainsi le point de rencontre entre laine anglaise, métaux de l'Allemagne méridionale et épices venues d'Asie par le truchement des Portugais.

L'Atlantique enfin, dont on mesure l'activité croissante dans celle des ports français (Nantes, Vannes, Saint-Malo) dès le dernier tiers du XVe siècle, bientôt suivis par celle de Bordeaux. Mais d'abord dans celle du Portugal qui sert de plaque tournante entre les espaces africains, asiatiques et américains (Brésil), mettant en œuvre un commerce rapidement intense : en provenance d'Afrique, d'or et d'esclaves ; en provenance du Brésil, de bois puis de sucre ; en provenance d'Asie, de poivre malaguette et d'ivoire. En 1501, les Portugais installent officiellement leur comptoir à Anvers. Mais ils vont perdre rapidement leur monopole sur le commerce des épices, doublement concurrencés par les marchands asiatiques et par les Vénitiens qui, au milieu du XVIe siècle, ont recouvré leurs marchés traditionnels. Plus tardivement que les Portugais, partis plus tôt, les Espagnols vont développer leur commerce avec les pays du Nouveau Monde à partir des années 1520 : cochenille (à partir de 1523), sucre et argent (seulement à partir des années 1545 après la mise en exploitation des mines du Potosi – dans la vice-royauté du Pérou, actuellement en Bolivie) et la découverte des techniques d'amalgame qui permettent d'exploiter le minerai.

Ce développement du commerce, aux échelles très diverses, correspondant aussi à de multiples catégories de marchands, conforte un groupe social qui cherche à être reconnu et à se doter de ses propres institutions (tribunaux, notaires...). C'est le temps des grandes compagnies commerciales. Les plus importantes sont en Allemagne (compagnie de Ravensburg). Mais elles ne font pas disparaître les grandes compagnies familiales : les Médicis à Florence (qui essaiment à Bruges, Londres, Genève, puis Lyon, Avignon, Milan, Rome, Naples, Venise, mais traversent une grave crise dans le dernier quart du XVe siècle conduisant aux faillites des comptoirs de Londres et Bruges en 1478, tandis que Lyon chancelle en 1488, et finalement à la faillite générale de 1494), les Affaitadi de Crémone (installés à Anvers, avec des filiales à Lisbonne, Londres, Rome, Séville, Medina del Campo, Valladolid), les Chigi de Sienne, les Fugger et les Welser à Augsbourg, les Ruiz à Medina del Campo, les Goldsalve à Londres. L'essor se double d'une diversification des activités qui entraînent les marchands au loin vers les activités financières (commerce de l'argent, avec apparition des intérêts servis sur les dépôts dès 1402 en Allemagne, vers 1450 en Italie), et l'assurance maritime.

L'essor du crédit

L'une des caractéristiques de la période est par ailleurs l'essor du crédit. Il repose sur deux techniques. L'activité bancaire et la lettre de change. L'activité bancaire recouvre aussi bien les dépôts que les transferts. C'est une activité essentiellement urbaine, longtemps dominée par les Lombards, les Génois et les Vénitiens, mais qui, à notre période, s'est élargie à la Catalogne, aux Flandres et à l'Allemagne. La lettre de change, dont la technique et l'essor ont été étudiés par Raymond de Roover, facilite les virements sans transferts de fonds. Elle repose sur une relation entre quatre parties : deux dans la ville ou les sommes sont avancées (une personne qui avance les fonds, un tireur qui en retour verse un « *cambium* ») et deux dans les villes où s'effectue le paiement (le « banquier » qui reçoit ordre de débiter son compte et le payé qui en retour verse un « *recambium* »). Elle contribue à contourner la prohibition de l'usure qui continue de gêner l'essor du crédit. Même si les théologiens s'efforcent de trouver des solutions, comme Johann Eck (1486-1543) à l'intention des Fugger. Elle est aussi utilisée par les Hanséates entre Bruges et Lübeck.

Un second instrument de crédit est la rente. À bail d'héritage, il s'agit de l'aliénation de la détention d'un immeuble moyennant le versement d'une rente. À prix d'argent, ou rente constituée, il s'agit de l'acquisition d'un droit sur les revenus d'un immeuble en contrepartie du versement d'un capital en argent. La rente à bail d'héritage assure des revenus réguliers, la rente à prix d'argent permet de faire face à un besoin de financement chez le détenteur de l'immeuble concerné. La papauté en a défini les limites : être assignée sur un immeuble, rachetable au gré du débiteur, productive d'un revenu ne dépassant pas 10 % (bulles de 1425 et de 1455). Les rentes constituées sont en plein essor tout au long de notre période. Si jusque dans les années 1520, elles restent bien encadrées, produisant un taux d'intérêt relativement bas (au denier 12, soit 8,33 %), elles vont bénéficier d'un assouplissement de la règle assignant la rente sur un immeuble précis. En France, l'évolution est marquée par l'arrêt du Parlement de Paris qui dispense les constituants de payer au seigneur les droits de lods et ventes. Même si, juridiquement il demeure impossible de les considérer comme de purs instruments de crédit. Une grande nouveauté est l'utilisation de cet instrument par le pouvoir royal pour se procurer les fonds dont il a besoin, en passant par le truchement des villes (rentes sur l'hôtel de ville de Paris, 1523). Pour le pouvoir, notamment celui de Charles Quint, elles vont correspondre souvent à la volonté de transformer en une sorte de prêt à long terme – la constitution de rente – mais avec un taux d'intérêt faible, un prêt à court terme, contracté dans l'urgence et à un taux très élevé.

Révolution des prix et inflation

Le « beau XVIe siècle » est aussi un moment de forte inflation. Dont on a longtemps fait l'un des indicateurs de la croissance, comme si une inflation signifiait nécessairement un essor économique. Que l'on a volontiers expliqué, à la suite des travaux de E.J. Hamilton, par les arrivées de métaux précieux en provenance d'Amérique. Deux points sont à noter. Tout d'abord, il semble qu'il faille distinguer entre la première moitié de notre période (des années 1440 aux années 1510/15) et la seconde moitié (des années 1510/15 aux années 1560). La première est encore une période de déflation, en France, en Italie et en Espagne, bien que celle-ci soit moins sévère que celle du siècle précédent et que l'accentuation de la déflation des années 1480-1490 soit interrompue par les guerres de la dernière décennie du siècle qui stimulent la demande. L'origine de cette déflation est sans doute monétaire : recul de la production des mines d'argent d'Europe centrale, réduction du stock monétaire, diminution des importations d'or africain et essor de l'utilisation de la monnaie de cuivre (billon) pour le commerce avec l'Asie (épices). Il est vraisemblable qu'une réduction de la vitesse de circulation des monnaies a dû également jouer, liée aux guerres qui gênent les échanges et incitent les princes territoriaux à interdire toute exportation de pièces suspectes. En second lieu, l'inflation monétaire qui se dessine à partir de la deuxième décennie du XVIe siècle est antérieure à l'arrivée massive des métaux précieux américains. L'explication de l'inflation – parfaitement perçue par les contemporains et analysée à la fin des années 1560 par M. de Malestroit et Jean Bodin – est donc certes monétaire, mais en liaison avec la production minière européenne, l'importation d'or africain et les politiques d'altération des monnaies (dont Malestroit faisait en 1566 l'explication principale). Mais l'inflation est aussi, comme l'avait perçu Bodin en 1568, liée à la croissance démographique, à l'urbanisation, au développement du marché et au recours accru au crédit.

Deux questions se posent alors : le « beau XVIe siècle le fut-il pour tout le monde ? Peut-on parler de « capitalisme marchand » ? Sur le premier point, la réponse est négative. La hausse des prix a partout été supérieure à la hausse des salaires quand, à partir des années 1520, l'offre de main d'œuvre tend à devenir supérieure aux capacités d'absorption ou en tout cas place les employeurs en position de force lors de négociations sur les salaires (par exemple au moment des grèves d'imprimeurs à Lyon et à Paris en 1539). L'inflation a entraîné une aggravation de la situation des artisans. Sur le second point, la réponse doit être nuancée. Le rôle joué par les marchands est indéniable. Mais en dépit de l'essor de l'économie de marché, celle-ci ne commande pas encore la totalité de l'économie.

Société

L'ambiguïté de la démographie ou de l'économie – sans rupture décisive avec la période qui précède mais avec des traits spécifiques – se retrouve dans l'analyse sociale.

L'imaginaire social d'une société d'Ancien Régime

L'imaginaire social de la Renaissance ne modifie pas fondamentalement un ordre social fondé depuis le XIe siècle sur la tripartition de la société partagée entre clercs (*oratores*), guerriers (*bellatores*), et paysans (*aratores*). Aucun de ces ordres ne correspond certes à un groupe social « réel ». L'ordre du clergé comme celui de la noblesse sont en fait composés d'individus aux ancrages et aux statuts socio-culturels très divers. Il en va de même pour le troisième ordre au sein duquel, depuis longtemps, marchands et gradués s'évertuent à obtenir un statut particulier.

Les trois ordres

Le clergé était d'un côté divisé entre séculiers (vivant dans le siècle) et réguliers (vivant selon une règle). Au sommet de l'ordre clérical (qui implique simplement que l'on ait reçu l'un des quatre ordres mineurs, mais nullement que l'on soit ordonné prêtre, le troisième des ordres majeurs), on trouvait les prélats – pape, cardinaux, patriarches et évêques –, dont la plupart était issue de la noblesse, quelques-uns des familles marchandes, peu d'humble origine, comme le pape Pie V (1566-1572), fils de paysan, entré dans l'ordre dominicain, docteur en théologie et peu à peu monté dans la hiérarchie. Il y avait loin par ailleurs des chanoines, titulaires d'une prébende dans un chapitre cathédral ou collégial, parfois de vieille noblesse (comme dans les chapitres cathédraux rhénans), jusqu'aux humbles prêtres, gagnant misérablement leur vie en célébrant des messes à la demande, en passant par les curés titulaires d'un bénéfice et les vicaires liés à une chapelle.

La définition de la noblesse par sa fonction militaire n'avait plus grand-chose à voir avec la réalité. En France, un quart peut-être seulement des nobles servait encore dans l'armée. Les privilèges attachés à la noblesse, notamment en matière judiciaire et en matière fiscale, n'étaient pas non plus toujours pertinents. En France, en pays de taille réelle (assise sur les biens et non sur les personnes), les nobles devaient payer l'impôt s'ils possédaient des terres roturières. En pays de taille personnelle, des roturiers pouvaient bénéficier eux aussi d'exemptions. Il en allait de même en Espagne. À l'inverse du *pechero* (roturier), le privilégié qui ne payait pas d'impôt était un *hidalgo* et tous les nobles étaient de ce point de vue des *hidalgos*. Mais l'inverse n'est pas vrai, puisque certaines fonctions publiques conféraient la *hidalguia* et que l'on pouvait même l'acheter. Même les avant-noms et épithètes d'honneurs variaient d'une région à l'autre. En Bretagne et en Normandie, l'expression « noble homme » était encore significative dans la première moitié du siècle. Elle avait cessé de l'être ailleurs.

Être noble était avant tout être reconnu tel. Cela passait par une façon de vivre qui reposait certes sur une généalogie, si possible ancienne et prestigieuse, mais aussi, comme le rappelle A. Jouanna, sur l'exercice de charges, sur un réseau de parenté, d'amis et d'obligés, la possession de seigneuries, des alliances honorables, ainsi que l'éventuelle participation à des guerres. Certes, l'on constate quelques efforts du pouvoir royal pour contrôler ces entrées dans le second ordre (précisions sur la noblesse de race dans des lettres patentes de 1484, mesures somptuaires, interdiction pour les roturiers d'utiliser des ornements héraldiques), mais l'ordonnance de 1561 se bornait encore à stigmatiser ceux qui usurpaient le titre de noblesse. Signe d'une porosité toujours grande. Même si, nous le verrons, une fermeture sociale semble se dessiner vers les années 1540.

Tout comme le clergé, c'est un ordre extrêmement divers allant de la haute noblesse (princes du sang français, pairs anglais, grands d'Espagne, magnats polonais) aux petits nobles ruraux (*gentry, szlachta*), même si l'un des éléments fondamentaux de la noblesse était le souci commun de défendre la prééminence reconnue à l'ensemble de l'ordre. Le rôle croissant joué par les cours, notamment en France, en Espagne, aux Pays-Bas, créait une nouvelle division entre les nobles admis à la cour et ceux qui vivaient en marge de la « curialisation ». Tandis que l'attitude plus (comme en France) ou moins (comme en Angleterre) intransigeante à l'égard de la dérogeance privait la noblesse d'une possibilité d'enrichissement ou la contraignait à des subterfuges. Le cas de l'Italie restait à part, en raison du rôle que la noblesse jouait dans les villes, de sa participation à des activités économiques qui ne soient pas liées à la terre, et du prestige qu'elle retirait du système politique vénitien.

Naissance, vertu, talent

L'évolution religieuse, le développement du service du prince, l'essor économique, et les recompositions socio-culturelles ont contribué à remodeler l'imaginaire social sans le modifier de fond en comble. Les troubles religieux du XVIe siècle entraînèrent dans l'Europe protestante sinon la disparition du clergé du moins l'effacement de sa légitimité sacrale, qui aboutit à la suppression de l'ordre du clergé dans les systèmes représentatifs des États protestants, ce qui ne signifie pas, tant s'en faut, la perte de son pouvoir dans la vie politique de l'État.

Bien avant, le discours humaniste avait posé la question de l'origine de la noblesse et du même coup la place des « lettrés » d'un côté, celle de l'« artiste » d'un autre côté. Pour les humanistes en effet, la noblesse ne peut être fondée ni sur la naissance ni sur la richesse. Pour Poggio Bracciolini (1380-1459), la noblesse découle de la vertu de chacun et, comme le précise Leon Battista Alberti (1404-1472), l'*onore* ne découle pas de la fonction, que l'on remplit, fût-ce une charge publique, mais des qualités propres à chaque homme. Lorsque Federico da Montefeltro (1422-1482), seigneur d'Urbino, élevé à la dignité ducale en 1474 se fait représenter, sans doute par Pedro Berruguete (c. 1450-1504), avec son fils – mise en scène de la succession héréditaire – il est certes cuirassé dans son armure de parade, l'épée au côté – rappelant son importante fonction militaire – mais il se présente aussi comme un humaniste témoignant avec solennité de son érudition.

Que la maîtrise du savoir soit un marqueur social n'est pas une nouveauté. Ce qui l'est, et c'est capital, est que cette maîtrise ne soit plus réservée à un groupe social spécifique – celui des « maîtres » (*magistri*) et des docteurs (*doctores*) du monde universitaire –, mais qu'elle traverse les ordres sociaux traditionnels, créant de nouvelles formes de sociabilité et de nouvelles pratiques sociales, à l'image de la bibliothèque de Federico da Montefeltro, largement ouverte aux érudits et lieu de rencontre actif. La situation des « artistes » était plus complexe – on y reviendra – car ils appartenaient explicitement aux « arts mécaniques ». On connaît les innombrables anecdotes qui révèlent le respect porté par le pape à Michel-Ange, le roi François Ier à Léonard de Vinci, l'empereur Charles Quint à Titien. Elles attestent une évolution qui bénéficie aux artistes travaillant directement pour le prince. Mais on peut multiplier à l'inverse les témoignages qui soulignent le caractère exceptionnel et toujours fragile de cette reconnaissance. Il n'y a pas eu de « révolution de l'élitisme humaniste ».

Renaissance et pauvreté

À l'autre bout des hiérarchies, sociales, le XVIe siècle se confond avec un accroissement certain de la pauvreté – 10 % en Castille vers 1530, 23 % en 1560 – consécutif à la hausse des prix, à la difficile intégration dans les circuits de production d'une population toujours plus nombreuse, et à l'urbanisation. Il correspond aussi à un nouveau regard porté sur les pauvres. Ceux-ci ne sont plus nécessairement les témoins privilégiés du Christ – même si cette image, altérée depuis le XIIIe siècle, demeure forte jusqu'en plein XVIIIe siècle, voire, plus marginalement, au-delà – mais tendent à être considérés – sauf les veuves, les orphelins, les personnes handicapées ou âgées – comme des oisifs qu'il faut remettre au travail. Les villes et les États, notamment dans le monde protestant qui considère avec suspicion le choix de la « pauvreté volontaire », mettent en place, dans la ligne de ce qu'a demandé Luther dès 1523, des formes d'assistance aux pauvres. Elles sont prises en charge par les autorités et administrées par elles, quitte à fonder le capital de départ sur la sécularisation des biens ecclésiastiques. Le monde catholique n'est pas nécessairement en reste. Il reprend à son compte les formes d'assistance – hôpitaux (comme le très réputé hôpital Santa Maria della Nuova à Florence, fondé à la fin du XIIIe siècle, ou le Savoy, plus récemment fondé à Londres par Henri VII), confréries (comme la Compagnie du Divin Amour de Gênes) – déjà existantes. Il en met en place de nouvelles comme l'Aumône générale de Lyon ou le Bureau des Pauvres de Rouen. Tantôt fortement centralisées comme à Venise, tantôt s'appuyant sur le réseau paroissial (*Armbrette*) comme à Cologne, tantôt fortement bureaucratisées comme à Ypres. Adressé au Magistrat de Bruges en 1526, le *De subventione pauperum* de l'humaniste Juan Luis Vives (1492-1540) en fonde la légitimité.

Mais la Renaissance est aussi contemporaine de la multiplication des pratiques de sociabilité. Celles marquées par la proximité dans l'espace (sociabilités de paroisse et de quartiers), ou celles des confréries, créatrices d'une « fraternité » spirituelle qui entend s'imposer aussi bien aux liens du sang qu'aux ancrages sociaux traditionnels. Même si, dans la réalité, les pratiques sociales – hiérarchisation au sein des confréries et contrôle par les « puissants », reproduction sociale, le cas échéant pratiques sélectives de recrutement – accommodent ce que le modèle confraternel peut avoir de subversif pour l'ordre social établi, celui des familles et des lignages, celui des Églises et des États. Ces formes de sociabilité peuvent concurrencer mais parfois aussi renforcer les pratiques sociales fondées sur l'appartenance à un ordre.

Par ailleurs, les formes de sociabilité propres aux « humanistes » – correspondance, *sodalitates* et académies – ainsi que la demande des États en gradués capables de faire face aux besoins en matière de justice mais aussi d'encadrement pastoral des populations – ont également contribué à la recomposition des imaginaires sociaux.

Les femmes ont-elles eu une Renaissance ?

Récemment posée, fréquemment réitérée sous l'influence de l'histoire féminine ou de la « gender history », la question réclame une réponse nuancée selon les groupes sociaux et les individus, selon les espaces et les moments. Plutôt que de la traiter de façon isolée, mieux vaut l'insérer comme un questionnement permanent tout au long de notre réflexion. Mais trois remarques peuvent être faites d'emblée. Tout d'abord, la vigueur de l'imaginaire social concernant les rôles masculins et féminins dans la société. Dans les représentations – à tous les sens du terme – de l'époque, la femme existe comme épouse et comme mère. Dans un rapport d'infériorité par rapport à son mari, comme le rappelle Juan Luis Vivès, traditionnellement présenté comme le défenseur des femmes : « Car si la femme était aussi robuste en corps et en esprit, comment se rendrait-elle en la subjection d'un pareil ou moindre que soi ? » (*De institutione feminae Christianae*, dédiée à Catherine d'Aragon, 1523). D'où le problème que posent les situations marginales : celle de la vierge consacrée, exaltée par l'Église, celle de la veuve, tout à la fois réalité constante (malgré une mortalité en couche par ailleurs importante) et mode de vie encadré par l'Église. Sans parler des femmes – il en existe et dans tous les groupes sociaux – qui pour une raison ou pour une autre, par choix ou par nécessité, vivent en marge des règles sociales.

Ensuite, la permanence du discours sur le corps de la femme, dont Évelyne Berriot-Salvadore a retracé le destin. Il est encore conçu, et ce jusqu'au milieu du XVIe siècle, comme l'envers de l'homme. Même la théorie des humeurs, fréquemment invoquée, qui fait de l'homme un être « chaud et sec » et de la femme une réalité « froide et humide », ne voit pas dans cette opposition le signe d'une complémentarité mais celui de la débilité et de la malfaisance de la femme. Un changement est cependant discernable. Socialement, il repose sur la reconnaissance du rôle de la femme dans le maintien de rapports familiaux, exalté par exemple dans le *De familia* de Leon Battista Alberti (1437, écrit en langue vernaculaire contrairement à ce que pourrait laisser penser le titre). Anthropologiquement, il bénéficie du regard – ambigu – posé sur le corps de la femme, reconnue apte à manifester un désir qui lui est propre et que le mari doit satisfaire, comme le réclame Ambroise Paré (1510-1590) : « Le cultivateur n'entrera pas dans le champ de nature à l'étourdie. » Mais cette exigence n'est pas sans risque. Insatiable, l'utérus féminin est aussi danger pour l'ordre de la cité. On pense en effet qu'un désir insatisfait produit un excès de semence qui se corrompt dans la matrice et, de là, risque d'infecter tout le corps, voire d'empoisonner tout le monde. Au reste, l'ambiguïté est fondamentale : le sang menstruel qui s'écoule, image par excellence de l'impureté, est aussi bénéfique. Il permet le renouvellement du sang et le libère de ses humeurs corrompues, dispensant ainsi la femme de la saignée à laquelle l'homme doit périodiquement s'astreindre.

Enfin, on aura l'occasion d'y revenir, l'importance de l'érotisme à la Renaissance, lié certainement, dans les milieux cultivés, à la vigueur des théories néo-platoniciennes sur le beau et l'amour, mais aussi sur une exaltation du corps humain, dans une perspective spirituelle qui côtoie aussi chansons gaillardes, poésies et récits pornographiques.

Renaissance et homosexualité

Cette exaltation érotique bénéficie aussi aux relations amoureuses « homosexuelles ». Les traces en subsistent – essentiellement pour les relations entre hommes – dans l'art (en particulier la représentation du mythe de Ganymède), la littérature, mais aussi les textes répressifs et les archives judiciaires, notamment celles de Florence et de Venise où la répression est très expressément organisée. Simultanément à cette « peccaminisation » (*ineffabile peccatum*) et à cette « criminalisation » (menée de façon très variable, comme en témoigne la grande enquête conduite par le Magistrat de Cologne en 1484, notamment auprès des curés et des confesseurs, plus ou moins prêts à collaborer en raison du secret de la pénitence mais aussi d'une analyse divergente, s'enlisant assez rapidement quand il s'avère qu'un membre du Conseil est compromis), l'homosexualité est exaltée, en référence parfois à l'idéal androgyne platonicien (par exemple, chez Marsile Ficin, 1433-1499) et aux réalités grecques. Comme en Grèce antique d'ailleurs, la pédérastie est largement associée à une forme de socialisation qui fait passer l'adolescent du statut passif (éromène) à celui d'adulte actif (éraste). C'est le cas à Florence ou à Cologne.

Mais l'analyse révèle qu'il s'agit bien souvent de pratiques bisexuelles qui renvoient à une non disqualification de l'amour homosexuel. Places publiques, parvis d'églises, tavernes, écoles, bains publics sont les lieux privilégiés de rendez-vous, qui concernent indistinctement tous les groupes sociaux de prédilection. Crime contre la cité – dans la mesure où la sexualité n'est pas directement ordonnée à la reproduction biologique et sociale – l'homosexualité va faire l'objet d'une répression accrue sous la pression des Réformes religieuses (consistoires, Inquisition), sans pour autant disparaître.

Les cadres de la vie quotidienne

En esquissant sommairement les cadres de la vie quotidienne, il s'agit de rappeler une fois encore que la civilisation de la Renaissance s'inscrit dans une société d'Ancien Régime dont les conditions de vie mais aussi les gestes, les discours sont très différents de ceux de nos sociétés occidentales contemporaines.

La violence au quotidien

Mise au service de la société (guerre et châtiment) ou condamnée (viol ou homicide), la violence est partout. Aussi en retrouve-t-on la trace dans les archives judiciaires, qui en attestent la répression, l'iconographie, qui en attestent la fascination, ou les témoignages littéraires, qui alternent entre exaltation et condamnation.

Omniprésente, la violence n'est ni aveugle ni irrationnelle. Le monde rural et plus encore celui des forêts se révèle plus dangereux que le monde urbain, protégé par ses murailles et surveillé par ses milices. Les jardins, les marchés, les auberges sont cependant des lieux où éclatent fréquemment querelles et rixes. Et le lien qui existe entre violence et boisson – qui sert aussi d'excuse devant les juges – y est évident. On ne part guère sans armes et il n'est pas prudent pour une femme de sortir sans protection.

Affirmation de soi, rite d'intégration à un groupe social – notamment pour les jeunes hommes célibataires (abbaye de jeunesse, corporation) – expression d'une solidarité, la violence peut être individuelle ou collective. Les vendettas familiales tendent à reculer devant l'action répressive des pouvoirs établis, aussi bien dans les villes (Venise dès la fin du XIIIe siècle) que dans les territoires et les royaumes (Angleterre du XVIe siècle). Même si elles résistent dans les zones montagneuses, les régions éloignées du pouvoir politique et les régions frontalières. Même si elles peuvent à l'occasion mettre en branle, autour des familles aristocratiques, des pans entiers de la société, comme lors de la révolte paysanne du Frioul, en 1511. Au reste, le bannissement et l'exil, largement utilisés par les pouvoirs urbains italiens pour juguler cette forme de violence, ne font bien souvent que la déplacer. Recréant aux frontières du territoire des foyers d'agitation d'autant plus menaçants que le banni veut obtenir sa réintégration.

En revanche, les formes de violence rituelles résistent longtemps : charivaris à l'égard d'un couple ou d'un individu qui ne respectent pas les règles collectives ; rencontres sportives – football en France, en Angleterre ou en Italie, courses de taureaux en Espagne et en Italie – qui donnent lieux à de fréquents affrontements ; tournois aristocratiques qui n'épargnent pas le cas échéant le souverain qui y participe (1559,

Henri II) ; voire pillages organisés à l'occasion d'une émeute urbaine (Cologne, 1525, « rebeyne » de Lyon, 1529), ou lors du décès d'un puissant.

De la simple injure (verbale ou gestuelle) jusqu'au viol (qui peut d'ailleurs prendre des formes collectives, comme dans la France du Sud-Est), en passant par les rixes ou les vols à main armée, les formes prises par la violence individuelle sont multiples et bénéficient de la faiblesse numérique de l'appareil répressif, de la tolérance des autorités (qui punissent plus sévèrement les crimes calculés que ceux commis sous l'emprise d'une passion) et d'un système de valeurs qui est loin d'avoir réprimé pulsions agressives et prôné conduites de non violence.

Entassement, hygiène et saleté

L'habitat – immobilier et mobilier – est l'un des lieux où les différences sociales sont les plus marquées. Dans la taille de l'habitat d'abord. Dans les palais et les demeures patriciennes qui se multiplient, les Médicis ou les Strozzi, à Florence, projettent la puissance de leur famille dans l'espace urbain. Quitte à faire sculpter sur la façade de leur demeure l'image qu'ils souhaitent donner, tel Cosme (1389-1464) représenté en cotte de maille. À l'intérieur sont aménagés des espaces intimes (cours), tandis que les logements s'individualisent et se spécialisent (chambre, alcôve, *studiolo* – qui devient pour Alberti un espace « sanctifié » – faisant pendant à la chapelle – privé et mâle) tout en continuant de communiquer les uns avec les autres. À l'inverse, les plus pauvres – l'immense majorité de la population en l'occurrence –, plus souvent locataires que propriétaires du logement qu'ils habitent, doivent se contenter de logements souvent composés d'une seule pièce ou, comme à Bordeaux, de maisons étroites à deux étages, rendues humides par l'absence de cave, avec un chai au rez-de-chaussée et le plus souvent deux pièces par étage, louées à des familles différentes. L'entassement est de règle, seul l'aménagement intérieur permettant le cas échéant de créer des espaces intimes.

Mais les inventaires après décès étudiés par Laurent Bourquin pour Paris et par Martin Dinges pour Bordeaux[1] ne laissent aucun doute : le mobilier est rare (souvent un lit unique) et archaïque, même chez les notables parisiens (table sur tréteaux et bancs, même si des tables à pied fixe et des chaises ne sont pas absentes, coffres, buffets). Dans ces demeures sombres et souvent humides, le foyer sert tout à la fois à éclairer, à chauffer et à cuire. Rares sont les éléments décoratifs, généralement limités à quelques gravures et tableaux dans le meilleur des cas, contrastant avec les intérieurs les plus huppés, où la magnificence est érigée en style de vie et où se multiplient les éléments décoratifs (meubles, tapisseries, tableaux mais aussi pièces d'orfèvrerie, vaisselle, tissus…). Dans les logements parisiens, Laurent Bourquin a pu ainsi distinguer les objets quotidiens (comme les coffres), dont la vertu première doit être la solidité et les objets d'ostentation (son enquête porte sur les officiers du Parlement et du Châtelet de Paris) : horloge, toile de Hollande, bijoux, qui font du beau la qualité recherchée. Ce qui l'amène à conclure : « La richesse ne se traduit donc pas par une banalisation du luxe mais par son cantonnement à un ensemble d'objets bien déterminés. »

1. Dinges (Martin), « Materielle Kultur und Alltag. Die Unterschichten in Bordeaux im 16./17. Jahrhundert », *Francia* 15 (1987), p. 257-279.

À côté du mobilier, l'habillement est aussi un marqueur social très important, comme en témoignent d'ailleurs les lois somptuaires qui moralement entendent limiter le développement du luxe et de l'ostentation, socialement soulignent les différences sociales mais aussi les transgressions perpétuelles. On notera l'extension de l'usage de la robe chez les femmes et le goût pour des vêtements soulignant la virilité chez les hommes, du moins dans les sociétés curiales. Le brassage des guerres d'Italie va favoriser les échanges entre France et Italie. Mais pour l'immense majorité de la population, le « conservatisme » reste de mise.

L'absence d'hygiène est généralisée, à de rares exceptions. Les odeurs sont fortes. Les pathologies associées au manque d'hygiène (caries dentaires, gale, poux) fréquentes. La distance aux autres (promiscuité) et aux objets (on mange avec ses doigts) faibles.

*« **Donne-nous aujourd'hui notre pain quotidien** »*

Condition de leur survie, l'alimentation des hommes de la Renaissance s'inscrit dans un cadre différent du nôtre. Par les rythmes tout d'abord. Avec l'importance accordée au jeûne (et à son contraire : le carnaval[1]) qui n'est pas simplement attitude pénitentielle mais une préfiguration de l'état paradisiaque restitué (d'où l'importance du jeûne dans les communautés religieuses « radicales » comme les Chartreux), volonté de ne se laisser nourrir que par l'eucharistie (d'où le modèle de la « sainteté anorexique » encore présent au XVe siècle). Par la situation générale de pénurie (ou de risque de pénurie) ensuite. Elle se traduit à l'inverse par une exaltation de la surabondance dont témoignent en peinture les « pays de cocagne » ou, en littérature, les géants capables, comme Gargantua ou Pantagruel d'engloutir des monceaux de nourriture. Une surabondance réalisée dans les banquets de cour, comme en témoigne le tableau de Christofori di Messiburgo, Bavarois au service de la cour de Ferrare : *Banchetti* (1549). Enfin, la théorie des humeurs est, dans les milieux cultivés, à la base de la « diététique ». Elle explique la répugnance à l'égard des végétaux humides, telles que les tomates.

Le pain reste la base de l'alimentation : blanc pour les groupes sociaux privilégiés, noir (avec ajout de son, d'orge, de seigle) pour les autres. S'y ajoute en Lombardie, le riz, mais aussi les légumes, dans les groupes sociaux les plus défavorisés (choux, pois, oignons, ail) et les fruits (pêche, melon). Le vin est la boisson la plus répandue, l'eau – fréquemment impure – étant à éviter. Soit produit sur place (et la vigne remonte alors jusqu'à Cologne), soit exporté (vins de Bordeaux et de Bourgogne, prisé par Érasme). Dans l'Europe du Nord et en pays germanique la bière est également répandue, le cidre en Normandie et l'hydromel en Europe orientale. L'huile d'olive est utilisée dans l'Europe du Sud, le beurre dans celle du Nord.

La période 1450-1560 est sans doute marquée par une augmentation de la consommation de produits animaux. Fromages de Hollande mais aussi de Plaisance (Piacenza), à proximité de Parme. Viande d'agneau, de mouton, de porc (saucisse, jambon), mais aussi poulets, oies, pigeons et produits de la chasse. Le poisson est un

1. On pensera au tableau de Pieter Brugel : *Le Combat de Carême et de Carnaval*, 1559, conservé au Kunsthistorisches Museum de Vienne.

aliment de base, notamment en période de jeûne (hareng et morue dans l'Europe du Nord, anchois et sardines dans celle du Sud, auxquels s'ajoutent les poissons de rivière et de lac). Les herbes (persil, basilic, origan, etc.) sont abondamment utilisées – ainsi que les épices, dont les prix en font autant un « marqueur social » qu'un condiment destiné à relever le goût des aliments (nullement, faut-il le rappeler, pour en masquer le mauvais goût et camoufler la consommation de viandes avariées). Pour le sucre, on utilise encore essentiellement le miel.

Avec la circulation des personnes, on voit apparaître la notion de « cuisine régionale », que favorise l'impression de livres de diététique et de recettes. Le *De honesta voluptate* de Bartolomeo Sacchi, de Platina, est traduit en italien, en allemand et en néerlandais, tandis qu'il bénéficie d'une adaptation en français. Partout les livres se multiplient : en Espagne, le *Libro de cucina* de Roberto da Nola, écrit à Naples (1525) ; en Allemagne, le *Kuchenmeystery* (1485) ; en Angleterre le *Boke of Cokery* (1500) et aux Pays-Bas le *Boexken van Cokereyn* (1510).

Inlassablement répétée par les populations chrétiennes, la prière du *Notre Père* rappelle que la nourriture et le partage de celle-ci se situent dans un univers qui ne peut se réduire au calcul des rations alimentaires – déficitaires – et à leur composition – carentielle. Analysant le tableau de Pieter Aertsen (1508-1575), *Le Christ chez Marthe et Marie*, daté de 1553 et conservé au Musée Boymans van Beuningen de Rotterdam, Olivier Christin a bien montré le danger qu'il y aurait à réduire ce tableau, centré autour de trois tables qui, au premier plan, sont encombrées de victuailles, tandis que trois groupes de personnages disposés pour l'un – autour du Christ – à l'arrière-plan, pour les deux autres de part et d'autre du tableau, à une simple scène de cuisine. Célébrant en quelque sorte l'opulence des élites urbaines auxquelles un tel tableau était destiné. Bien au contraire, véritable commentaire de l'Évangile de Luc (10, 36-42), relatant la visite que le Christ rend à Marthe et le message qu'il lui adresse en louant l'attitude de Marie, l'œuvre serait une « nature morte inversée », une exhortation à ne pas sacrifier l'*amor Dei* à l'*amor carnis*.

Plus que le désir de prendre sa revanche sur les épreuves que connaissait l'Europe depuis le XIVe siècle, c'est sans doute le retour à la paix, précisément à partir du milieu du XVe siècle, qui explique le développement des investissements réalisés dans les « biens culturels ». Un développement qui témoigne aussi d'un nouveau rapport à la richesse et à l'économie monétaire, qui tendent à devenir des valeurs reconnues – comme en témoigne, vers 1500, la présence de la « magnificence » et de la « splendeur » parmi les cinq vertus exaltées par l'humaniste napolitain Giovanni Pontano (1426-1503), soumises, il est vrai, à l'ordre d'une cité régie par la « prudence » – quitte à provoquer de vigoureuses dénonciations, comme celle de Savonarole à Florence, et de violentes réactions populaires – pas seulement des exclus de l'essor – contre le luxe.

Chapitre 3

La promotion de l'Occident ?

Si le rattrapage démographique, l'essor économique, la mobilité sociale ou la multiplication des objets offerts à la vue, sinon à l'utilisation des populations de l'Europe de la Renaissance, ne suffisent pas à expliquer celle-ci, faut-il chercher dans le développement des techniques l'*ultima ratio* d'une « promotion de l'Occident » (J. Delumeau) ? Et dans la multiplication des « esclaves mécaniques » (C. Clark) qui aurait donné à l'Europe un poids économique, incomparable à sa réalité démographique, sa capacité à contrebalancer le reste du monde ? Sans prétendre résoudre cette question qui semble quelque peu évoquer le « choc des civilisations », on se bornera ici à apporter trois éléments de réponse en s'intéressant tout d'abord au développement des techniques en général, puis en réduisant notre objectif aux deux grandes innovations traditionnellement associées à la Renaissance : l'invention et l'essor de l'imprimerie, le développement des armes à feu et les transformations de l'art de la guerre.

Le développement des techniques

Si l'histoire des sciences date traditionnellement la première révolution scientifique du XVIIe siècle avec Galilée, l'histoire des techniques attribue à la Renaissance la nouveauté d'un système technique dont Léonard de Vinci serait le démiurge. Comme en témoigne la lettre, souvent citée, qu'il aurait adressée à Ludovic Sforza à son arrivée à Milan, en 1482. S'y révèlent de fait la multiplicité des compétences et l'étroite imbrication d'un savoir expérimental et livresque (« ayant jusqu'ici suffisamment considéré et étudié les expériences de tous ceux qui se disent maîtres et inventeurs de machines de guerre... »). S'y révèlent aussi les traits caractéristiques du « savoir technique » et du statut de l'« ingénieur » de la Renaissance ! Il ne s'agit nullement d'une science socialement et intellectuellement autonome. Elle n'est pas faite pour être publiée et discutée par d'autres « savants », elle est « secrète » et c'est « dans [son] parc ou en tout autre lieu qu'il plaira à [son] Excellence », que Léonard, entré au service du duc, se déclare prêt à porter ce secret à la connaissance de son « illustrissime seigneur ».

Conditions générales

À première vue, rien de fondamental ne semble distinguer la Renaissance des siècles qui la précèdent : la domestication de l'énergie éolienne (voile, moulin à vent) et hydraulique (moulin à eau) d'un côté, l'amélioration de l'efficacité du moteur animal (collier d'attelage, charrue à roues...) sont déjà acquises. Les changements résultent de la conjonction de trois facteurs : les sollicitations toujours plus grandes des populations et avant tout des pouvoirs établis, les réponses apportées par des hommes aux talents multiples, la confrontation du savoir pratique et du savoir livresque.

L'augmentation de la population, la reconquête des sols, la volonté de se prémunir autant que faire se peut contre le retour de l'épidémie, le développement des cours où les princes se mettent en tête de collectionner des instruments scientifiques (comme le duc Federico da Montefeltro à Urbino, conseillé par Francesco di Giorgio Martini (1439-1501)), de rassembler manuscrits et ouvrages (auxquels ils accordent volontiers protection), et d'aider « savants » et « ingénieurs » (dont ils attendent qu'ils servent à leur gloire et qu'ils assurent la prospérité de leurs peuples), ne cessent de créer une demande, intense dans les cours et les cités, plus réduite mais pas inexistante dans les campagnes.

Les conditions mêmes dans lesquelles cette demande s'exerce contribuent à changer la position des « ingénieurs » et le statut même de leur « savoir ». Celui-ci relève en effet des « arts mécaniques », c'est-à-dire d'un savoir transmis par l'apprentissage et culminant dans la réalisation d'un chef-d'œuvre. Il s'oppose aussi au savoir des « arts libéraux », acquis sur la base de textes – en l'occurrence ceux qui constituent la « philosophie naturelle » – étudiés dans les universités. Au service du prince, le capitaine-ingénieur militaire ou le philosophe de cour vont accéder à un statut social spécifique. Qui renvoie à une pratique « scientifique » et « technique » originale, rapprochant précisément le savoir pratique acquis sur le chantier ou dans les ateliers et le savoir théorique acquis dans les livres ou sur les bancs de l'université. Et qui se traduit par deux traits caractéristiques : le recours constant à l'instrument (quitte à lui apporter les améliorations nécessaires par un incessant et fécond aller-retour entre « technique » et « science »), l'utilisation complexe de l'imprimerie.

Le livre – où les gravures jouent un rôle essentiel – va en effet contraindre à une formalisation des techniques en usage (et à un effort de rationalisation) et permettre une diffusion de celles-ci, bien au-delà du cadre de la transmission orale ou de l'imitation gestuelle. Même si l'importante mobilité des artisans, prompts à saisir les opportunités offertes par une demande soutenue, contribue également à cette dissémination rapide des techniques et des savoirs. Ces livres imprimés sont soit ceux des contemporains – le livre sur la machine du notaire siennois Mariano Taccola (1382-c. 1453), les traités de l'ingénieur et architecte Francesco di Giorgio Martini, ou encore le *De re aedificatoria* de Leon Battista Alberti, publié en 1485 (mais, on le notera, en latin et sans illustrations) –, soit l'édition d'ouvrages de l'Antiquité (Vitruve, par exemple, en 1487). Même si le statut de ces livres est complexe : ne faisant pas disparaître le rôle des manuscrits dans la transmission des techniques (ainsi les *Feurwehrbücher* des maîtres artilleurs allemands), témoignant de leur fonction symbolique (il s'agit de chercher la protection de celui auquel le livre est dédié et d'élever le savoir dont le livre est porteur au rang de « science », en l'expliquant et en le rationalisant), rappelant enfin l'importance des « sociabilités intellectuelles » qui gravitent autour des presses et assurent au livre un rayonnement qui dépasse celui que lui assure la lecture solitaire.

Léonard de Vinci est à cet égard une figure tout à la fois exemplaire et exceptionnelle. Exemplaire par sa formation. D'un côté, le savoir pratique appris dans l'atelier de Verrochio, où il a pu se familiariser avec les grues mises en œuvre par Brunelleschi (1377-1446) pour la construction du dôme de Florence (1420) et fréquenter l'astronome, mathématicien et cartographe florentin Paolo dal Pozzo Toscanelli (1397-1482) ou le savant grec Giovanni Argyropoulos (1415-1487). D'un autre côté, le savoir livresque comme celui transmis par les *Histoires naturelles* de Pline, qu'il connaît à travers la traduction réalisée par l'humaniste Cristoforo Landino (c. 1424-1498). Exemplaire aussi par ses ambitions encyclopédiques qui touchent à toutes les branches du savoir (et de l'art), mêlant réflexion théorique (une volonté de « mathématiser le réel »), expérimentation technique (une fascination pour la « machine ») et une observation précise de la nature (comme, par exemple, le vol des oiseaux). Exceptionnelle cependant, en raison et d'un génie qui le place assurément au-dessus du groupe auquel il appartient et d'une sorte d'« achèvement » de l'encyclopédisme qui ne lui survivra pas et fera place à une plus grande spécialisation.

L'exemple de la métallurgie

C'est le cas assurément avec Georg Agricola (1494-1555) en qui se résume le développement de la métallurgie, tant d'un point de vue technique que d'un point de vue économique et social.

L'exploitation des mines n'est assurément pas une nouveauté à la Renaissance. Mais durant cette période, cinq traits nouveaux sont observables : une intensification de l'exploitation à travers toute l'Europe (même si rapidement, une recomposition de la carte métallurgique s'effectue au bénéfice de l'Europe centrale et du vieux massif hercynien) ; le rôle plus grand joué par les investissements qui permettent la mise en œuvre de techniques plus élaborées ; une tendance à la spécialisation des tâches ; un effort pour allier pratiques sur le terrain, représentation figurée et présentation textuelle ; enfin l'impact croissant joué par les exploitations minières du Nouveau Monde. Le développement de l'armement, en particulier de l'artillerie, mais aussi les besoins quotidiens dans la vie domestique, dans l'architecture, les arts et le monde des artisans rendaient nécessaire une exploitation plus intensive des mines pour une production toujours plus soutenue des métaux (or, fer argent) et des alliages (plomb, laiton, cuivre, étain). Il fallait augmenter la production et améliorer la qualité du minerai tout en réduisant les coûts. Pour ce faire, il fallait pouvoir descendre plus profondément et donc ventiler les galeries et pomper les eaux d'infiltration, cribler et griller le minerai, améliorer les hauts fourneaux.

Cette exploitation n'était pas sans poser de sérieux problèmes. D'abord pour l'environnement. Le bois se faisait rare dans certaines régions. Aux Pays-Bas, on commença à exploiter le charbon, notamment dans la région de Liège. Ensuite pour l'organisation du travail. La diversification des tâches, leur organisation de façon massive conduisaient à une « légalisation » des rapports. Et ce n'est sans doute pas un hasard si Georg Agricola, qui publie en 1556 un *De re metallica* – dont le quatrième livre détaille avec précision la division du travail (il distingue 25 tâches) et l'organisation économique – prépare également un traité sur le droit des mines (*De jure et legibus metallis*) qui ne verra pas le jour.

Mais on mesure ici aussi combien l'invention de l'imprimerie a changé la situation et contribué non seulement à donner à un savoir expérimental la possibilité d'une réflexion intellectuelle mais aussi à diffuser largement ce « savoir ». Malgré son format peu maniable qui en faisait – volontairement – un ouvrage « scientifique » et non un manuel pratique, le *De re metallica* de Georg Agricola fut répandu dans toute l'Europe. Dès 1553, un privilège de six ans avait été accordé par Henri II au bénéfice de Hieronymus Froben et Nikolaus Bischof, « marchands, libraires et bourgeois de Bâle ». L'ouvrage ne parut en fait que trois ans plus tard, en 1556. Divisé en douze livres, il était accompagné de 292 bois gravés. Une seconde édition latine parut dès 1561. L'année suivante, il fut traduit en allemand. En 1563, une édition italienne était de nouveau imprimée à Bâle, ce qui permit d'ailleurs de corriger les fautes, comme celles de la gravure de la page 151 où manquaient toutes les lettres. En Italie déjà, le Siennois Vannoccio Biringuccio avait publié à Venise, en 1540, un traité en langue vernaculaire sur la pyrotechnie (*De la pirotechnia*) qui donnait des détails très précis sur les différentes techniques pour le travail du métal, la façon de fabriquer le verre, de purifier le salpêtre et de préparer la poudre. L'ouvrage était accompagné de 83 bois gravés.

Les progrès de l'industrie minière et de la métallurgie sous toutes ses formes sont un élément fondamental du développement technique et scientifique. Ils permettent en effet d'obtenir des instruments plus résistants et moins sensibles à l'usure que ceux fabriqués en bois. Dans un premier temps, on se borne à habiller les pièces en bois d'une protection de métal. Puis on substitue carrément le métal au bois. Ce changement est particulièrement sensible dans une industrie comme celle des horloges qui va connaître un développement caractérisé et par l'utilisation progressive des ressorts et par la miniaturisation – toute relative – des horloges puis des montres. C'est d'ailleurs à un serrurier de Nuremberg, Peter Heinlein (c. 1480-1542), que l'on doit en ce domaine les progrès les plus importants, dès le début du XVIe siècle. Mais il contribue aussi aux progrès décisifs accomplis en mécanique (arbre à came, système bielle/manivelle, échappement).

Une multitude d'innovations

Il serait vain de vouloir énumérer toutes les innovations des années 1470-1560, ni même de prétendre brosser domaine par domaine un tableau des changements technologiques. On se bornera à esquisser trois pistes de réflexion, choisies pour l'importance qu'elles ont dans la vie quotidienne des populations ou pour la signification qu'elles prennent dans le développement conjoint de l'« art » et des techniques, sans oublier le monde de la construction et du textile, déjà évoqué à propos de l'artisanat urbain.

Eau

La maîtrise de l'eau est un des domaines où s'est développée la virtuosité technique des hommes de la Renaissance.

Pour s'en protéger d'abord. Comme aux Pays-Bas, où l'on continue de construire et d'entretenir les digues qui protègent une grande partie du pays. Comme en Italie, où il s'agit de se défendre contre l'impétuosité des rivières, notamment en Lombardie, dans la seconde moitié du XVe siècle, sous l'impulsion des Sforza. Ce qui pose de délicats problèmes à surmonter, en raison des accidents de relief, problèmes que l'on résout grâce à un système d'écluses.

Pour s'en débarrasser ensuite. De nouveau aux Pays-Bas, où il s'agit d'assécher les polders, d'une part en construisant tout un réseau de canaux permettant de les isoler et de les drainer, d'autre part en pompant l'eau à l'aide de moulins à vent. Également en Italie où l'on rêve déjà de l'assèchement des Marais Pontins, une région où sévit la malaria. Léonard de Vinci est d'ailleurs associé à un projet qui propose de reprendre le canal romain qui courait parallèlement à la Voie Appienne et de construire un second canal à angles droits, de manière à amortir le flux des eaux descendues des Alpes lipontiennes. Le projet ne fut cependant pas mis à exécution avant Sixte Quint (1585-1590) et immédiatement abandonné après la mort de ce dernier.

Pour s'en procurer enfin. Et c'est, à côté des puits (réclamant parfois des techniques de forage ardues) et des porteurs d'eau (si importants dans les villes d'Ancien Régime, même si, on l'a vu, l'eau est utilisée avec parcimonie), le rôle dévolu aux fontaines : celles-ci exigent que soient résolus les problèmes d'hydraulique permettant d'acheminer l'eau jusqu'au point de distribution et sont l'occasion de réalisations sculpturales – qu'elles soient posées au sol et apposées sur le mur d'un édifice – prises en charge par le prince-évergète ou par la municipalité. Un bel exemple, au sortir de notre période, nous en est fourni par la fontaine de Neptune – le thème mythologique n'est évidemment pas choisi par hasard – sculptée par Giovanni da Bologna (Giambologna, 1529-1608) à Bologne (1563/7). Qui deviennent rapidement des lieux de sociabilité dans les cités. Fontaines et plans d'eau prennent un aspect spécifiquement ludique dans les jardins et les parcs des demeures patriciennes ou princières. Signes de richesse mais aussi évocation du caractère éphémère des choses. C'est dans ces demeures aussi – à Mantoue, à Fontainebleau – que l'eau commence à être domestiquée et à desservir une pièce particulièrement consacrée à son usage.

Céramique

Un deuxième exemple est l'art de la céramique, de la majolique et de la faïence. Il associe étroitement humbles potiers, spécialistes de la pyrotechnie et artistes. Il est répandu dans toute l'Europe, notamment en Espagne, en Italie, en France et en Allemagne et cette dispersion contribue à expliquer la formation précoce d'écoles régionales, caractérisées par la matière première utilisée, par la technique de cuisson mise en œuvre et, bien sûr, par la spécificité du décor. L'œuvre de Bernard Palissy (1510-1595), encouragé par Anne de Montmorency et Catherine de Médicis est connue pour ses « rustiques figulines ». En Allemagne, notamment dans la forêt du Westerwald et, à partir de là, en Rhénanie, se développe l'utilisation du grès. Toutes ces techniques sont consignées dans l'ouvrage de Cipriano Piccolpasso de Casteldurante, *Li tre libri dell'arte del vasaio,* écrit dans les années 1556-1559, mais demeuré manuscrit.

Mécanique

Le développement de la mécanique à la Renaissance résulte pareillement de ce va-et-vient entre savoir livresque – largement emprunté en l'occurrence aux œuvres d'Archimède, de Héron d'Alexandrie et de Pappus, que Federico Commendino (1509-1575) notamment devait rendre accessibles, ainsi qu'aux commentaires médiévaux de la *Physique* d'Aristote – et expériences. C'est d'ailleurs tout naturellement dans les milieux aristotéliciens de Padoue, avec Niccolò Leonico Tomeo (1456-1531) et Alessandro Piccolomini (1508-1578), qu'à partir de la relecture d'Aristote devait se développer toute une série de recherches sur la statique. Mais de façon significative, c'est dans le monde des « mathématiciens », étroitement liés aux besoins des marchands (comptabilité) et des militaires (balistique) que devaient se prolonger les recherches, avec Niccolò Tartaglia (1494-1575) et Francesco Maurolico (1494-1575). La cinétique et la dynamique restaient, elles, le domaine des philosophes et des théologiens : John Major à Paris (c. 1469-1550) et Domingo de Soto (1495-1560), formé à Paris, mais enseignant à Salamanque.

L'imprimerie

Que l'invention de l'imprimerie soit au cœur des évolutions qui caractérisent la Renaissance des années 1470-1560 est une évidence. Que cette invention soit une révolution reste une question. Dans un ouvrage qui a marqué l'historiographie, Elizabeth Eisenstein avait cru pouvoir répondre par l'affirmative. Resituant le livre et la lecture dans la longue durée, Roger Chartier a appelé à plus de prudence. Là encore, les deux grandes révolutions que sont, d'une part, le passage du codex au livre, autrement dit du rouleau à la succession de pages, d'autre part la pratique de la lecture solitaire et silencieuse, appartiennent aux siècles antérieurs. Une fois de plus, la Renaissance apparaît surtout comme un prodigieux multiplicateur. Sur cette question où la bibliographie est immense, car l'histoire du livre est une science en soi avec ses spécialisations (papier et filigrane, reliure et décoration, bibliographie matérielle et économie du livre), on se bornera à mettre en place la genèse et le développement d'une innovation, à s'interroger sur l'économie du livre, à analyser l'impact de l'imprimé dans les sociétés des années 1470-1560.

Genèse et développement d'une innovation

La période 1470-1560 est, dans l'histoire du livre, celle de la diffusion de l'innovation à travers toute l'Europe, dès les années 1470, celle de la transformation de la « mise en texte », quand le livre s'émancipe progressivement du manuscrit (avec lequel, notamment pour les utilisateurs, il ne devait jamais rompre), celle, déjà, des premiers bilans quand s'organise définitivement, notamment à Francfort, dans les années 1560, le marché du livre.

Genèse et évolution

On négligera le combat d'arrière-garde que livrent les partisans de Laurent de Coster qui permettrait de situer l'invention de l'imprimerie aux Pays-Bas, et l'on admettra sans peine que l'honneur en revient à Johann Gutenberg, avec la Bible à

42 lignes, commencée en 1452 et achevée en août 1454, qui compte 1 282 pages et a été tirée à environ 180 exemplaires (dont 48 sont conservés). C'est-à-dire à un homme issu du monde de l'orfèvrerie, rappelant que l'originalité de l'invention réside dans l'utilisation des caractères mobiles, apparue en Extrême-Orient dès le XIe siècle mais restée sans développement à cause de la complexité de l'écriture et de l'utilisation de la xylographie.

Trois conditions préalables avaient en effet été remplies. Celle du papier, parvenu en Europe dès le XIIe siècle (Espagne et Italie) et qui s'était largement diffusé à partir du XIVe siècle (France, Allemagne), permettant de faire l'économie – sans nullement y renoncer – du coûteux parchemin. Celle de l'encre grasse, un mélange de vernis à base de résines, d'huile de lin et de noir de fumée. Celle de l'utilisation de l'antimoine permettant de durcir le plomb utilisé dans la fabrication des caractères. L'invention se stabilise très vite. Elle repose sur un ensemble de techniques restreintes, qu'une équipe réduite peut aisément dominer, et qui nécessite un investissement modéré. Cette simplicité va faire la force de l'invention. Elle va favoriser sa rapide expansion, largement liée à la mobilité des artisans, issus de ce monde rhénan, densément urbanisé, vraisemblablement mieux alphabétisé, certainement demandeur en matière de lecture, qui n'hésitent cependant pas à s'expatrier. Ce sont trois Allemands – Michael Friburger, Ulrich Gering et Martin Crantz – qui impriment, à Paris, en 1470, le premier livre : les *Epistolae* de Gasparino Barzizza. La diffusion de l'imprimerie va cependant rapidement mettre fin à la circulation des typographes. On distinguera donc trois périodes : celle de la mise en place jusqu'aux années 1470, celle de la généralisation de l'imprimerie dans le demi-siècle qui suit, celle enfin des recompositions dues aussi bien aux évolutions internes (changement des livres, affirmation des auteurs, rôle joué par les imprimeurs) qu'à la volonté de contrôle des pouvoirs religieux et politiques et qu'aux répercussions de la fracture confessionnelle.

Vingt ans après la première impression de Gutenberg, la carte de l'imprimerie fait déjà apparaître la nouvelle répartition qui servira de trame jusqu'à la fin de notre période : au réseau rhénan – qui reste important, de Bâle (1468) à Anvers en passant par Strasbourg (dès 1459), Cologne (1466) et Spire (1471) – se sont ajoutés plusieurs pôles : l'Italie septentrionale d'abord, très vite dominée par Venise (mais où Florence et Rome occupent une place non négligeable) ; l'Allemagne méridionale avec les villes d'Augsbourg, de Nuremberg ; de Heidelberg et de Tübingen, ainsi que Leipzig, en Saxe ; le royaume de France, rapidement écrasé par le poids parisien que seule la ville de Lyon parvient, de très loin, à contrebalancer, mais qui compte néanmoins de multiples centres : Rouen, Caen, Toulouse, Troyes ; le royaume d'Angleterre, dominé par ses deux villes universitaires, Oxford et Cambridge, mais aussi Westminster, Londres et York ; les royaumes ibériques avec Séville, Ségovie, Valladolid et Barcelone.

Une nouvelle carte, au milieu du XVIe siècle, affine la précédente. Le maillage s'y fait plus dense. Mais les capitales du livre restent les mêmes : villes universitaires, villes épiscopales et sièges de grandes institutions judiciaires, villes commerçantes. Tout juste doit-on noter l'apparition de places neuves, largement liées soit au processus confessionnel (Wittenberg, Genève et, dans une moindre mesure, Rome), soit au développement des capitales politiques (Munich), soit au dynamisme des échanges (Francfort, Leipzig).

Mutations du livre

Chemin faisant toutefois, le livre s'est considérablement transformé. Né au contact du manuscrit, il en a gardé quelque temps les modes de présentation : entrée directe dans le texte (identifié en conséquence par son « incipit », c'est-à-dire les premiers mots du texte que l'on repère ainsi de mémoire), mise en texte sur double colonne, typographie visant à imiter l'écriture. On trouve quatre types d'écritures en 1450 : la gothique des écrits scolastiques, avec la « lettre de somme » ou *rotonda* ; la gothique plus grande, moins ronde, c'est la lettre de missel, avec des brisures dans les caractères ; la gothique bâtarde qui est l'écriture courante des manuscrits de luxe en langue vulgaire et enfin la *littera antiqua*, la future « romaine », inspirée de la minuscule caroline. Chacun de ces types présente de grandes nuances régionales et les caractères eux-mêmes sont choisis en fonction du texte à imprimer (comme les lettres de missel). L'évolution tend cependant à l'uniformisation. Uniformisation des types régionaux d'une part, liée au nomadisme des imprimeurs et des ateliers. Uniformisation des grandes catégories d'écriture ensuite, au bénéfice du caractère romain, progressivement adopté, sauf dans les pays germaniques, l'utilisation des caractères cyrilliques accentuant la marginalisation des pays slaves, à l'exception notable de la Pologne.

Le livre s'affranchit de cette similitude avec le manuscrit à partir des années 1470. Tout d'abord, par son écriture avec la substitution de l'écriture humaniste – dite romaine – à l'écriture gothique. Ensuite, par l'apparition, d'abord hésitante puis générale, de la page de titre. Jusqu'à nos jours elle sert désormais à identifier l'auteur, le titre de l'ouvrage – qui s'installe au centre de la page et s'allonge pour donner d'emblée une idée du contenu – le lieu d'impression, le nom de l'imprimeur et le plus souvent la date de l'impression. Mais il faut attendre 1473 pour que les imprimeurs parisiens de la Sorbonne datent leurs éditions et 45 % des incunables (les ouvrages imprimés avant 1501) ne sont pas « identifiables » au sens où nous l'entendons aujourd'hui. On notera aussi la mode des encadrements qui se prolonge en Allemagne et en Angleterre. Un troisième signe distinctif est l'ajout de pièces préliminaires – lettres dédicatoires, avis au lecteur, textes encomiastiques – qui indiquent dans quel cadre social (celui de la protection et du « don ») et dans quel environnement socio-culturel (inscription dans un réseau « intellectuel » et recherche du lecteur qui contribue de façon décisive à assurer la réussite de l'ouvrage) s'inscrit l'acte d'écriture. Il s'en distingue également par la multiplication des moyens permettant d'une part une plus grande lisibilité (typographie, répartition en chapitres et paragraphes clairement dégagés), d'autre part une meilleure possibilité de circulation à l'intérieur de l'ouvrage : table des matières (placée tantôt en tête tantôt à la fin), manchettes (à partir de la fin du XVe siècle, d'usage courant au XVIe), mention de la pagination (en 1499 dans la *Cornucopia* de Nicolo Perotti, publiée chez Alde Manuce[1]),

1. Mais la pagination demeure longtemps fautive et inégalement employée : l'imprimeur Josse Bade publie 800 éditions entre 1505 et 1535, 6 seulement sont paginées, la première seulement en 1529 : les *Commentarii linguae graecae* de Guillaume Budé. Elle ne s'impose définitivement, aux dépens de la foliotation, qu'au XVIIe siècle.

titre courant (à partir de 1480 en France). Des transformations qui facilitent aussi l'usage de la citation et donc l'intertextualité qui va rapidement se développer. Enfin, il va renoncer à la présentation mêlée du « texte » et de sa « glose » que le manuscrit avait développée, reflétant l'usage universitaire de la « lecture ». En revanche, il va créer la « note » – positionnée tantôt latéralement dans la marge, tantôt verticalement dans le bas de la page, voire rejetée à la fin du chapitre ou du livre – qui va rapidement devenir le lieu de la référence et le signe de la scientificité.

À titre d'exemples de ces améliorations de la lisibilité, on peut citer l'usage, que Robert Estienne va imposer, de présenter le texte biblique en versets (que l'on peut donc numéroter et auxquels on peut renvoyer), la division en chapitres numérotés des classiques latins, ou encore la codification par Étienne Dolet, en 1540, des trois pauses typographiques essentielles : la virgule, les deux points et le point final. C'est d'ailleurs sur cet horizon que Henri-Jean Martin place l'émancipation du livre par rapport au « simple enregistrement ou succédané de la parole » qui lui permet d'acquérir « une logique propre que doit donner à comprendre sa mise en page ».

À quoi il faut ajouter, menant sa propre existence ou la croisant avec le livre, le développement de la gravure sur bois (xylographie) ou sur plaque métallique (eau-forte ou taille douce), qui permet dans un cas d'illustrer un ouvrage (une illustration qui, on l'a vu, tient un rôle essentiel dans le livre « technique » ou « scientifique »), dans l'autre de multiplier, avec ou sans texte d'accompagnement, ces messages qui peuvent attirer plus facilement les analphabètes – l'immense majorité de la population – et qui constitue déjà autant une information qu'une possibilité de décoration.

Mesure d'une production

Le livre ne s'est pas simplement transformé matériellement, il s'est aussi diversifié. D'emblée, le livre s'était adressé à deux lectorats potentiels : celui des clercs, des universitaires et des lettrés d'un côté, celui – plus large – du public désireux d'informations pratiques, de supports maniables pour ses dévotions ou déjà des lectures correspondant à ses centres d'intérêt d'un autre côté. Dans les années 1480, il élargit encore son offre. Le domaine religieux – qui reste dominant et qui traite d'ailleurs de questions que nous considérons aujourd'hui comme autonomes par rapport à lui – fait une place plus grande aux textes de l'Antiquité classique (latine surtout, mais aussi grecque), aux écrits des auteurs contemporains et aux ouvrages pratiques (encyclopédies…). Les années 1520 provoquent un nouveau bouleversement, largement lié à l'éclatement de la foi, que nous reverrons plus tard.

Grâce aux catalogues des incunables – environ 27 000 éditions en Europe – il est possible d'avoir un aperçu des grands secteurs de l'édition. Elle fait apparaître une carte contrastée : le monde germanique et les Pays-Bas sont dominés par le livre religieux, le monde italien (dont fait partie de ce point de vue Lyon) accorde une place prépondérante au livre non religieux et notamment (à Bologne, à Milan) aux ouvrages de droit ; Paris et Londres se trouvent dans une situation intermédiaire. En revanche, la production du XVIe siècle – 200 à 300 000 éditions – défie l'analyse.

Mais l'explosion du chiffre (qui s'accompagne d'ailleurs d'une augmentation des tirages) est en elle-même significative de la démultiplication de l'imprimé.

Matérialité, économie et société du livre

L'importance de la « mise en texte » nous a rappelé que le livre est d'abord un objet matériel dont il nous faut à présent comprendre la fabrication, l'économie, mais aussi, sommairement, la société.

Fabrication du livre

La fabrication du livre est concentrée dans l'atelier centré autour de la presse. Il comprend le maître-imprimeur, le ou les compositeur(s), l'encreur et le tireur (qui travaillent directement à la presse) et, le cas échéant, un correcteur. Le travail s'accomplit en plusieurs étapes. Tout d'abord, la préparation du manuscrit en vue de son édition : c'est la tâche du maître, qui est en relation avec l'auteur et/ou le commanditaire, et qui va calibrer le texte. Ensuite, la composition : c'est le travail du compositeur qui prend les caractères (lettres, signes et cadrats) dans sa casse et les glisse dans le composteur, sorte de réglette sur laquelle se compose ainsi la ligne. Les composteurs sont eux-mêmes assemblés sur la galée, un plateau qui correspond à une page, elle-même placée dans la forme, un châssis rectangulaire aux dimensions de la feuille de papier à imprimer (et donc, en fonction du pliage de la page imprimée – une fois pour le folio, deux fois pour l'in-quarto et trois fois pour l'in-octavo – du nombre de pages voulues). C'est alors qu'interviennent les pressiers : l'encreur encre la forme ainsi préparée, le tireur fixe la feuille humidifiée sur le tympan, rabat sur elle la frisquette (papier ou parchemin ajouré destiné à protéger les marges), dépose la feuille sur la forme encrée, fait rouler le chariot à l'aide d'une manivelle pour amener la forme sous la platine, donne un coup de barreau pour faire descendre la platine et impressionner la forme avant de ramener le chariot à la position de départ et d'enlever la feuille imprimée pour la faire sécher. La première épreuve est relue par le correcteur afin de corriger les erreurs. Ce travail fait, l'impression définitive commence.

On estime que l'on peut imprimer environ 180 feuilles à l'heure, soit 1 300 à 1 500 feuilles recto verso chaque jour (en gros le tirage d'un livre). Deux choses doivent encore être précisées. La première, c'est que le nombre de caractères dont le compositeur dispose dans sa casse est limité : en gros l'équivalent de trois formes. Il faut donc au fur et à mesure de la fabrication « décomposer » la forme que l'on vient d'imprimer pour pouvoir en composer une autre. Une « édition » sera donc composée de tous les exemplaires imprimés – entre 800 et 1 500 pour la période qui nous concerne (parfois moins, rarement plus) – à partir d'une même composition. La deuxième, c'est qu'il est possible d'introduire des corrections à tout moment de l'impression, quoique ce soit compliqué (il est plus simple d'établir une liste d'errata !). On distinguera alors les « états » d'une même édition. Enfin, il arrive que l'imprimeur remplace la page de titre (en particulier pour « rafraîchir » la date d'édition : on parlera alors d'« émission »[1]).

1. La distinction entre « émission » et « édition » est fondamentale : seule la réédition est multiplicatrice. Mais la distinction n'est pas toujours faite dans les anciens catalogues, que l'on doit sur ce point utiliser avec prudence, en particulier pour mesurer le succès d'un livre.

Économie du livre

Le coût d'un livre est déterminé par plusieurs postes. D'abord les salaires à payer aux ouvriers. Salaires que l'on s'efforce de contenir, ce qui provoque de fréquentes tensions (à Paris et à Lyon notamment, 1539-1543, 1569-1572). Ensuite, l'achat de papier (de loin le poste le plus important : 40 à 50 % du coût final) et d'encre. Enfin, le matériel qui n'est pas très onéreux (20 à 40 livres tournois pour la presse, 250 à 600 livres tournois pour une fonte de caractères), mais qui exige des artisans spécialisés pour la fonte des caractères et la construction de la presse et qui s'use rapidement.

Les coûts sont pris en charge par l'auteur et l'imprimeur, selon des modalités extrêmement variables que précise un contrat passé devant notaire. Ceci explique d'une part la recherche de « protecteurs » – souverain, prince, dignitaire ecclésiastique, membre des élites politiques – susceptibles de donner une gratification à l'auteur, par une sorte de « contre-don » pour l'hommage rendu, et, par l'octroi d'un « privilège », de protéger l'imprimeur contre les plagiats. Ceci explique d'autre part le fait que le livre est un produit fortement lié au marché. Qui exerce rapidement sa tyrannie – à la fin de notre étude la foire de Francfort imposera ses rythmes – et qui condamne inexorablement l'imprimeur qui aura fait de mauvais choix ou qui n'aura pas su assurer ses arrières, s'il édite un ouvrage invendable.

Il existe donc une véritable hiérarchie des livres qu'expriment rapidement le choix du format, l'option linguistique, la présence d'illustrations. Mais aussi une hiérarchie des marchés qui va de l'ouvrage strictement local ou régional (impression d'un mandement, d'un texte liturgique limité à un diocèse...) au livre à vocation internationale, sachant que même les choix linguistiques en faveur des langues vernaculaires n'excluent pas une très importante circulation des livres (que l'on transporte généralement non reliés, les « cahiers » étant entassés dans des tonneaux et assemblés à l'arrivée), ce qui interdit de parler, en particulier pour notre période, d'un marché « national » du livre. On mesure ainsi l'importance du rôle joué par les libraires qui s'approvisionnent en fonction du marché qu'ils supputent (ou bien sur la demande de leurs clients), se chargeant fréquemment de faire relier (plus ou moins somptueusement) les exemplaires qu'on leur achète.

Société du livre

Le monde du livre n'est pas constitué seulement du maître et des ouvriers – dont N.Z. Davis a mis en évidence, dans le cas lyonnais, la spécificité sociale, intellectuelle et religieuse – présents dans l'atelier qui compte généralement une à deux presses mais peut aller jusqu'à dix presses, comme la firme Plantin, à Anvers, à partir des années 1560. Quitte pour les imprimeurs surchargés de travail à sous-traiter tout ou partie du texte qu'ils ont à imprimer. Sans parler, en amont du livre imprimé, des auteurs et des commanditaires, ou en aval, des relieurs, des libraires, des colporteurs et du monde infini des lecteurs (et des auditeurs), il faut rappeler que l'atelier est bien souvent un lieu de sociabilité où se rencontre le monde qui gravite autour du livre – auteurs et imprimeurs, mais aussi étudiants impécunieux, prêts à accepter un travail de correction et « polygraphes » qui pullulent dans les grandes capitales du livre. Ainsi l'atelier d'Alde Manuce à Venise est fréquenté aussi bien par Érasme que par Guillaume Budé, Lefèvre d'Étaples ou Jérôme Aléandre, aussi bien par Reuchlin que par Celtis ou Mutian, aussi bien par Grocyn, que par Linacre ou Latimer. Un cosmopolitisme que l'on retrouve dans le réseau de ses relations, qui l'oriente non seulement vers la France, l'Allemagne ou l'Italie, mais aussi vers l'Espagne, la Pologne et la Hongrie.

Quelques grands éditeurs imposent ainsi leur personnalité et fondent des dynasties : Johannes Froben (1460-1527) et Johann Amerbach (c. 1443-1513) à Bâle ; Henri I Estienne (c. 1470-1520), Josse Bade (1462-1535), Geoffroy Tory (c. 1480-c.1533), Simon de Colines (actif entre 1526 et 1550), Robert I Estienne, à Paris d'abord (de 1526 à 1550) puis à Genève (1550-1560) ; Christophe Plantin (c. 1520-1589) à Anvers, pour ne prendre que quelques exemples fameux qui ont fait l'objet d'études récentes. Des lignées qui indiquent l'importance des réseaux familiaux (endogamie) et des stratégies de reproduction sociale (éducation donnée aux enfants et initiation aux techniques spécifiques).

L'impact

Reste à s'interroger sur la « révolution du livre », le passage « du monde clos de la bibliothèque médiévale à l'univers infini du livre typographique » (E. Eisenstein). En posant, sans prétendre trancher, le problème de la lecture, de la conservation et de la censure.

Lire

Le livre n'existe pas sans ses lecteurs. Ceux-ci ne sont sans doute qu'un petit groupe de personnes. Qui vivent pour l'essentiel en villes (à Amiens, la muraille oppose nettement les forains exclus du livre et les citadins dont 20 % de ceux dont on dresse l'inventaire après décès possèdent au moins un livre), sont plutôt des hommes, et appartiennent aux groupes sociaux culturellement favorisés : médecins (98 % détiennent au moins un livre), robins (73 %) et nobles (72 %), laissant loin derrière les marchands (37 %) et les artisans (14 %), parmi lesquels, à en croire N.Z. Davis, les métiers des métaux, du textile ou de l'habillement seraient plus favorisés que ceux du bâtiment, de l'alimentation pour ne pas parler de ceux de la terre. Qui se disputent un nombre restreint d'exemplaires (même si les invendus existent déjà !).

Mais il existe plusieurs formes de lecture. Celle, oralisée, dans le cadre régulier de l'action liturgique ou des « cérémonies de l'information » (M. Fogel), assurées par le curé ou le crieur public. Ou, de façon plus aléatoire, dans le cadre des veillées, comme celle que nous relate Noël du Fail, dans ses *Propos rustiques* (1548), où un ancien maître d'école devenu vigneron ne cesse de reprendre ses vieux livres. Un jour de pluie de l'année 1554 qui pousse le sire de Gouberville – possesseur de quelques ouvrages comme le *Promptuaire des médailles*, l'*Amadis de Gaule* et les *Œuvres* de Nostradamus, à reprendre précisément l'*Amadis*. Ou encore à l'occasion de la discussion d'un de ces libelles qui déferlent sur l'Allemagne dans les années 1520. Celle, solennisée, de Machiavel qui, par la lecture, change de statut social et franchit la distance du temps : « Le soir tombé, je retourne au logis. Je pénètre dans mon cabinet et, dès le seuil, je me dépouille de la défroque de tous les jours, couverte de fange et de boue, pour revêtir des habits de cour royale et pontificale ; ainsi honorablement accoutré, j'entre dans les cours antiques des hommes de l'Antiquité. »

Au demeurant, le livre ne se réduit pas à la lecture que l'on peut en faire. Très vite, il est inséré dans une logique de dons : il fait partie des cadeaux ou des legs. Comme il est susceptible de pratiques variées. Ainsi dans l'Angleterre d'avant la Réformation, les « primers » étudiés par Eamon Duffy ne sont pas seulement des livres de prière, mais aussi des objets sacrés. Le fait même que ces textes étaient écrits en latin, loin de les disqualifier permettait au contraire une réappropriation par la population qui se haussait ainsi au niveau du prêtre, parlant elle aussi la langue de Dieu. Et par là même, se trouvant en droit d'espérer les indulgences que promettaient le cas échéant les images contenues dans ces ouvrages[1].

Conserver

Les inventaires après décès, les catalogues de bibliothèques, voire parfois le maintien en l'état d'une bibliothèque (conservée par une famille ou une institution) nous permettent d'avoir une idée de la conservation des livres. Une première approche permet ainsi de distinguer trois grands types de bibliothèques en fonction du propriétaire. Les institutions religieuses masculines bénéficient d'un capital accumulé parfois depuis plusieurs siècles qui font d'elles, et pas seulement en villes, des lieux de conservation et de consultation privilégiés. Mais les princes et les villes ont pris le relais. On a déjà noté l'importance de la bibliothèque de Federico da Montefeltro, mise à la disposition des érudits. C'est le moment où les papes entreprennent d'enrichir la bibliothèque du Vatican (Nicolas V, 1447-1455). La possession de manuscrits et de livres est désormais un élément de la politique princière. François Ier ne fait que prolonger la politique de ses prédécesseurs en réorganisant la bibliothèque royale et en l'installant à Fontainebleau. À Venise, la ville reçoit en legs l'inestimable bibliothèque du cardinal Bessarion, en 1468, à charge pour la ville de la rendre accessible au public.

Les possesseurs privés forment un troisième groupe très disparate. Mais l'analyse modèle d'André Labarre sur Amiens a bien montré et l'existence de tendances, opposant par exemple les propriétaires de bibliothèques abondantes et de ce fait diversifiées aux nombreux Amiénois (282 sur 877) ne possédant qu'un livre (et en ce cas presque toujours un livre d'heures), et les cas « aberrants », tel ce marchand brodeur, Pierre Valet, qui, en 1561, possède plus de 60 livres : des livres de piété traditionnels, des ouvrages d'histoire, notamment ecclésiastique, deux ouvrages de Pétrarque, le *Traité* de Dürer sur la perspective et, bien sûr, des modèles de broderie.

Au-delà des approches quantitatives, l'analyse des bibliothèques ou des exemplaires encore conservés fait apparaître la multiplicité des stratégies d'appropriation. Depuis la simple mention du nom (*ex-libris*) sur la page de titre, parfois accompagnée d'une date, du prix payé (ou du nom du donateur : *ex-dono*), jusqu'aux reliures frappées des armes du propriétaire pour souligner l'appartenance et, le cas échéant, reproduites à l'identique pour marquer l'existence d'une collection cohérente. Dès la

1. Duffy (Eamon), *The Stripping of the altars. Traditional Religion in England, c. 1400-c. 1580*, New Haven, 1992, p. 213-219.

Bible de Gutenberg, dont nombre d'exemplaires ont été imprimés sur vélin, le livre est un objet de prix qui suscite la bibliophilie. Ce qui n'empêche pas les corrections, les annotations, les soulignements qui dénotent une lecture active. Et parfois, exécutant les décisions des autorités, les ratures, voire les mutilations, qui suppriment un mot ou un passage condamné.

Surveiller

Car très vite, le livre fait l'objet d'un contrôle par les autorités ecclésiastiques, les autorités municipales et les autorités princières. Celui-ci se renforce au moment des troubles religieux et c'est dans ce cadre que nous le retrouverons.

Le livre imprimé n'est donc pas une « révolution » au sens où il surviendrait inopinément et modifierait sur le champ les pratiques de lecture. Tout au contraire, il prend place dans un ensemble d'attitudes mêlant oralité et « scripturalité », recours aux manuscrits et aux enluminures – qui connaissent une embellie dans les années 1440-1520 – et utilisation des imprimés, provoquant assurément des recompositions mais sans rupture avec les expériences acquises. En revanche, c'est le changement d'échelle qui est significatif : chaque lecteur peut désormais avoir accès à un plus grand nombre de livres (ce qui va d'ailleurs faire passer des lectures peu nombreuses, mais « ruminées », aux lectures multiples, mais uniques) et chaque livre peut avoir un plus grand nombre de lecteurs. C'est par ce biais que se constitue à notre époque une véritable « civilisation de l'écrit ».

Les arts de la guerre

« Comment donc trouvas-tu, invention scélérate et affreuse,
Une place dans le cœur humain ?
La gloire militaire est détruite par toi.
Par toi le métier des armes a perdu son honneur
Par toi la valeur et le courage sont abolis. »

L'Arioste (1474-1533) est loin d'être le seul à dénoncer la « révolution » que l'« invention » des armes à feu et de l'artillerie a provoquée. Mais il rappelle avec véhémence qu'au nombre des innovations de la Renaissance, il faut aussi compter l'art de la guerre, c'est-à-dire précisément la diffusion de l'artillerie, le renouvellement de l'art de défendre les cités, le développement de la construction navale et l'accroissement des effectifs.

Une série de problèmes techniques

Les mutations techniques sont de quatre ordres : le rôle dévolu aux armes à feu et à l'artillerie, la construction de fortifications basses et embastionnées, l'utilisation de troupes nombreuses, la construction de navires de haut-bord.

L'utilisation des armes à feu et de l'artillerie

Le premier volet de ces mutations, peut-être le plus spectaculaire, est le développement de l'artillerie. Non seulement par le nombre mais surtout par la qualité. Les pièces – serpentines ou couleuvrines – sont en bronze. Lourdes – le double canon pèse par exemple 25 tonnes et il faut 25 chevaux pour le tirer – elles sont difficiles à manier, longues à charger (le boulet en fonte a remplacé le boulet en pierre), encore imprécises dans leur tir (les progrès seront sensibles à partir des années 1530). On les emploie surtout comme armes défensives ou pour le siège des places fortes. L'armée française a ainsi entre 40 et 50 canons à sa disposition en 1494. La construction des canons ne cesse de bénéficier d'améliorations liées à la maîtrise des techniques de fonte (Biringuccio, *Pirotechnia*, 1540) et surtout à l'utilisation des mathématiques pour la balistique (Tartaglia, *Quesiti et inventioni diverse*, 1546).

Le second volet, sans doute le plus efficace, est le passage de l'arme de l'arme de trait (arcs et arbalètes) à l'arme à feu (arquebuses, remplacées plus tard par le mousquet, et pistolets), bien que les avantages – sauf l'effet vulnérant des balles – fussent peu visibles. Le plus important étant peut-être qu'on forme plus rapidement un arquebusier qu'un arbalétrier. Les armes sont en effet longues à charger – ce qui rend les arquebusiers plus vulnérables que les autres combattants – peu précises et de faible portée. Ces inconvénients suffisent à expliquer le maintien de l'épée, de la hallebarde et de la pique, longue de 3 à 4 mètres, pourtant lourde et difficile à manier. Cette révolution technique impliquait en outre une réelle discipline et un long entraînement.

La fortification bastionnée

Face à l'augmentation de la puissance de feu, la seule solution fut d'abaisser les fortifications et de rompre la ligne défensive : Partout où le relief le permettait, le tracé pentagonal accompagné de remparts de terre enrobés dans une maçonnerie peu épaisse de bastions en forme d'as de pique et mis au point par Giovanni et Antonio da Sangallo est adopté. Mais déjà la forteresse de Salces, construite entre 1497 et 1503 par l'Espagnol Ramirez, s'était enterrée pour dissimuler ses maçonneries aux coups de l'assaillant.

Les ingénieurs militaires italiens bénéficiaient d'une longueur d'avance. Ils s'imposèrent durant toute la première moitié du XVIe siècle. Dès le XVe siècle, ils dominent la réflexion à travers l'œuvre d'un Francesco di Georgio Martini (*Trattato di Archittura, ingegneria e arte militare*, écrit à l'intention de Federico da Montefeltro) ; celle des Sangallo qui travaillent à Florence, Rome, Civitavecchia et Ancône, ou encore celle de Michele Sanmicheli à Venise et à Vérone. Au milieu du XVIe siècle, c'est à Fusto Castriotto (1510-1563) que l'on doit le *Della Fortificatione della Città*. D'abord au service du duc d'Urbino, il passe à celui du vice-roi de Naples, puis construit pour la cour pontificale des remparts embastionnés et mène le siège de La Mirandole au nom de Jules III (1552), avant finalement de passer au service du roi de France Henri II, comme ingénieur général des armées françaises, bel exemple des migrations de ces professionnels qui passent au plus offrant.

La « trace italienne » s'impose rapidement, notamment en Flandres à la mi-XVIe et pour les villes servant à la défense contre les Turcs (Palerme, Messine, Lecce). Encore fallait-il disposer des ressources nécessaires. Rome dut renoncer à son enceinte en 1542. Sienne ne put achever son projet. L'Angleterre tirait bénéfice de son insularité qui l'incitait à consacrer l'essentiel de son effort à sa marine. Néanmoins Henri VIII fit construire, à partir de 1539, sur les côtes orientales et méridionales, de coûteuses et médiocres fortifications.

En Europe orientale, et notamment en Moscovie, les contraintes physiques d'un côté – la steppe, l'absence de frontières « naturelles », la rareté des villes –, la permanence de la guérilla – les Tatars poussèrent des incursions en 1507, 1512, 1521, 1531 et 1541 – ainsi que la politique de conquête des tsars, en particulier au nord et à l'ouest aux dépens des Lithuaniens, conduisirent à d'autres choix : d'une part, l'édification d'une ligne de défense continue, que l'on réédifiait au gré des progressions territoriales et que l'on consolidait dès que possible ; d'autre part, l'institution précoce d'un service militaire effectif. D'abord limité à la noblesse, il concerna tous les propriétaires de terres à partir de 1556. Un règlement de 1571 organisa dans le détail la rotation des effectifs mobilisés sur la frontière contre les Tatars : la moitié du contingent servait d'avril à juin, l'autre de juillet aux premières neiges[1].

La croissance des effectifs

Sans égaler les armées japonaises, les armées des guerres du premier XVIe siècle témoignent de la capacité des États à mobiliser des effectifs importants. L'armée de Charles Quint, en 1552, aurait ainsi atteint 148 000 hommes, répartis sur les différents fronts : en Allemagne et aux Pays-Bas, 109 000, en Lombardie, 24 000, à Naples, en Sicile, en Afrique du Nord et en Espagne, 15 000. Le roi de France de son côté disposait en 1544 de 70 000 combattants, garnisons comprises. L'impression du nombre était d'ailleurs accrue par le fait que ces armées étaient accompagnées de femmes – épouses légitimes, concubines ou prostituées – et d'enfants, mais aussi de tout ce qui était nécessaire à la vie de la troupe.

Cette croissance des effectifs poussait les États à s'adresser à des « capitaines de guerre » (*condottiere*) capables de leur fournir les troupes (bandes, enseignes, compagnies) dont ils avaient besoin et d'assurer la logistique. On assiste du coup à une bureaucratisation de la guerre. C'est le cas notamment en Italie, à Milan, à Venise et, dans une moindre mesure à Florence. D'autant que les *Rittermeister* allemands, tel Georg von Frundsberg entré au service du duc de Milan Francisco Sforza en 1522, vont s'efforcer, à la différence des *condottiere*, d'employer une main d'œuvre qu'ils n'hésiteront pas à aller chercher en pays étranger.

Dans ce monde de mercenaires, les Suisses se taillèrent une réputation solide, due en grande partie à leur victoire sur Charles le Téméraire en 1477. Ils apparurent dès lors indispensables, cette victoire ayant montré l'importance d'une infanterie équipée de piques et de hallebardes. Cette réputation était due également à l'importance des effectifs mobilisables, ce qui n'était d'ailleurs pas sans conséquences à terme sur l'évolution démographique des cantons – notamment alpins – pourvoyeurs d'hommes et privés ainsi de leur population masculine en âge de se reproduire. Les *Landesknechte* allemands leur firent bientôt concurrence. Pour arrêter en 1544 la progression des Impériaux en Champagne, François Ier fit ainsi appel à 16 000 hommes. Les risques étaient grands. Le plus important était assurément de ne pas pouvoir payer la solde des troupes et de provoquer ainsi leur révolte (ainsi à Rome en 1527). Le risque

1. Chagniot (Jean), *Guerre et société à l'époque moderne*, Paris, 2001, p. 32.

d'une surenchère n'était pas non plus à exclure, incitant les mercenaires à choisir le maître le plus généreux. Ou le plus fiable.

Cette utilisation des mercenaires n'exclut cependant pas le recours aux ressources « locales ». L'arrière-ban français connaît un regain d'activité sous François Ier. Mais la multiplication des réformes portant tantôt sur le seuil de revenus à partir duquel il fallait fournir un homme d'armes, tantôt sur le service qu'il fallait rendre, témoigne des difficultés que la monarchie rencontrait à faire respecter cette obligation traditionnelle. S'il payait sa cotisation, quand on la lui réclamait, le sire de Gouberville, comme nombre de ses pairs fortunés du Cotentin, s'abstenait de paraître aux convocations.

L'institution d'un service imposé à l'ensemble de la population et régulièrement organisé peine à s'implanter, malgré la demande de chefs militaires tels que Gonzalve de Cordoue, le « grand capitaine » (*De re militari*, 1546 : « No se puede usar mas provechosa milicia que la de sus proprios subditos »). Même là où la tradition existe depuis longtemps, elle résiste mal à la sourde hostilité des populations et à l'incapacité des princes à la faire appliquer. La milice paysanne de Hongrie (*militia portalis, telekkatonasag*), créée en 1391 au lendemain du désastre de la croisade de Nicopolis, présente lors du siège de Belgrade en 1456, s'efface sans disparaître face à l'armée hongroise constituée, sous le règne de Matthias Corvin, de contingents féodaux et de troupes réglées[1]. Nulle part, sauf peut-être en Suède, au lendemain de la Diète (*Riksdag*) de 1544, la mise en place d'une conscription (*utskrivning*) ne s'imposa. On notera à l'inverse que les institutions défensives des cités résistaient d'autant mieux qu'elles pouvaient s'appuyer sur une conscience civique claire. Le bourgeois Hermann Weinsberg note ainsi scrupuleusement dans son Journal les gardes qu'il effectue sur les remparts de Cologne et souligne son assiduité.

Autant que la croissance des effectifs, ce qu'il faut également retenir, c'est le changement de la manière de combattre et de la composition des armées. Dès la bataille de Cerignola, le 28 avril 1503, la nouvelle tactique est utilisée : l'artillerie remplace les arcs, la cavalerie est utilisée plus en contre-attaque qu'au moment de l'attaque elle-même, et c'est aux piquiers suisses que revient la responsabilité de tirer et de provoquer la débandade. Les Français attaquent avec leur cavalerie lourde suivie par les Suisses. Les Espagnols résistent avec leurs piquiers, flanqués d'arquebusiers, tandis que les cavaliers sont gardés en réserve. La bataille de Pavie, le 24 février 1525, est pareillement exemplaire. Face aux Français – 8 000 cavaliers, 23 000 fantassins – qui assiègent la ville, les troupes impériales, commandées par le marquis de Pescara, comptent 5 000 cavaliers et 20 000 fantassins. Lors de l'attaque du camp français, les 7 000 arquebusiers sèment la panique dans la cavalerie française mais aussi au sein des piquiers suisses.

Après la bataille de Pavie, la proportion de cavaliers diminua dans toutes les armées d'Europe occidentale, au bénéfice des fantassins. Plus précisément, on constate un recul de la cavalerie lourde – encore présente cependant dans les armées polonaises ou dans les compagnies d'ordonnance des armées françaises engagées en Italie – au bénéfice de la cavalerie légère (chevau-léger) qui est de plus en plus

1. Chagniot (Jean), *Guerre et société*, *op. cit.*, p. 61.

engagée dans les combats d'escarmouche. Par ailleurs, on note, parmi les fantassins, le maintien des archers, qui vont disposer de pistolets à partir du milieu du XVIe siècle, tandis que les arbalétriers tendent à disparaître, victimes du combat inégal avec les armes à feu. Durant toute la première moitié du XVIe siècle, les champs de bataille vont ainsi être dominés par les armées espagnoles, réorganisées au début du siècle et combinant, notamment grâce au système des *tercios* (piquiers, spadassins, arquebusiers), cavaliers (et notamment des cavaliers légers équipés de boucliers ronds et d'épées courtes), fantassins, équipés d'épées et recrutés dans les milieux urbains des *Hermandades*, et arquebusiers, le tout appuyé sur l'artillerie, souvent confiée à des Allemands.

La construction navale

Elle est dominée par la construction de navires capables d'un côté de transporter des centaines d'hommes armés, d'un autre côté d'embarquer des canons assurant leur défense. L'embarquement d'une puissante artillerie va se traduire d'une part par l'apparition des sabords au début du XVIe siècle permettant de tirer de flanc, d'autre part – si l'on en juge par les explorations des épaves qui nous ont été conservées (ainsi celle du Mary Rose, coulée près de l'île de Wight) – par la réduction des affûts (flancs en retrait, roues plus petites), permettant une plus grande mobilité. Les transformations ont été, semble-t-il, plus rapides dans la marine anglaise que dans la marine espagnole.

Les galères restent importantes en Méditerranée. Leur grande force découle de leur utilisation indépendamment du vent. Mais elles ont contre elles leur faible capacité d'embarquement, d'autant qu'une place importante est réservée à l'équipage de rameurs. À partir des années 1540, les galéasses construites à Venise, plus longues et plus larges que la galère, permettent d'embarquer des batteries de lourdes pièces d'artillerie à l'avant et à l'arrière ainsi que des pièces plus légères sur les flancs. Dans l'espace atlantique, la caraque s'est imposée dès le début du XVe siècle, combinant voile carrée sur le mât de misaine et le mât principal et voile latine sur le mât d'artimon. Issu de la caraque apparaît le galion avec ses quatre mâts, ses dimensions beaucoup plus importantes et son équipement en canons. On connaît par ailleurs le rôle joué par la caravelle, portant trois ou quatre mâts.

Les conséquences économiques et sociales

Les conséquences de ces mutations techniques étaient tout autant économiques que sociales. Économiquement, elles restreignaient l'art de la guerre aux puissances capables de financer un tel effort, soit en raison de l'importance des populations sur lesquelles pouvait peser l'impôt, soit en raison de leurs revenus. Partout l'effort fiscal est sensible, direct ou indirect. Il pèse notamment sur les populations urbaines, qui ne restent pas sans réaction (France, Pays-Bas). Partout le prince doit recourir au crédit. Henri II, finance ainsi, en 1551, son « voyage d'Allemagne » en empruntant à des banquiers suisses, allemands, florentins et lucquois. Charles Quint fait de même en 1552, en se tournant vers Anton Fugger.

Socialement, elles tendaient à restreindre la place dévolue à la chevalerie, donnant au contraire plus d'importance à l'infanterie d'un côté et aux « ingénieurs militaires », capables aussi bien d'assurer la défense d'une cité que de mener le siège d'une ville d'un autre côté. On sait la répugnance manifestée par Bayard, en 1509, lors de l'assaut de Padoue, à descendre de cheval et à côtoyer les lansquenets de l'armée impériale, qui n'étaient à ses yeux que des « gens mécaniques ». Elles posaient du même coup la question du recrutement militaire. Les États de la Renaissance font en effet massivement appel, on l'a vu, aux mercenaires, comme ils confient volontiers la conduite des opérations à des *condottiere*. Parce qu'ils ne disposent pas des moyens de leur politique et qu'il leur faut sous-traiter recrutement et logistique. Au risque cependant de disposer d'armées privées de ce patriotisme qui, à en croire Machiavel – prompt à idéaliser les réalités germaniques – anime les citoyens des villes libres d'Empire.

Elles réclamaient par ailleurs une grande technicité dans le maniement. Ici encore, l'imprimerie va jouer un rôle essentiel en introduisant, à côté d'une tradition orale et fondée sur l'exemple (qui ne cesse absolument pas et qui reste même la voie essentielle de transmission), une autre façon de transmettre l'art militaire – le terme même de « maître d'armes » évoque les ambitions sociales de ce groupe – et de le mettre en scène. Étudiant les arts martiaux, Sydney Anglo a ainsi montré que si la représentation figurée aide à transmettre un savoir, la spécificité de ce qui doit être figuré – la vitesse d'exécution – réclame un dessin apte à mettre en évidence et le mouvement et la coordination du mouvement des bras et des jambes. Les artistes ont alors recours aux formes géométriques et aux diagrammes pour figurer angles d'attaque, déplacement ou encore maniement des armes. Mais ils peinent à représenter la réaction de l'adversaire.

Culturellement, elles ébranlent le système de valeurs qui avait dominé jusqu'au début du XVIe siècle et dont *La Très joyeuse, plaisante et récréative histoire du gentil seigneur de Bayart composée par le Loyal Serviteur*, daté sans doute de 1524, donne une image fidèle. En même temps que le combat réclame une grande discipline pour employer à bon escient la violence ou contrôler sa monture pour le cavalier, il est désormais sans pitié : l'arme à la main, c'est la mort qui est recherchée. Par tous les moyens. Et Brantôme, relatant le combat qui oppose Bayard à l'Espagnol Sotto-Mayor, en 1503, ne s'offusque pas que ce dernier a choisi de combattre à pied pensant que le « chevalier sans peur et sans reproche » pourrait être désavantagé en raison de la fièvre qui le minait. Des valeurs encore à l'œuvre assurément chez les mémorialistes contemporains des guerres de religion – Monluc, Brantôme – même si le genre littéraire choisi suggère précisément la louange d'un temps passé et la construction littéraire d'une mémoire qui a cessé d'être acquise par la seule gloire militaire. Des valeurs sans doute mieux reconnues dans une Espagne longtemps imprégnée des idéaux de la Reconquête et abritant une noblesse plus nombreuse.

Aussi bien ces évolutions techniques, ces exigences financières et ces mutations sociales sont-elles largement associées à la notion de « révolution militaire » – revue et corrigée par Geoffrey Parker l'associant à la « trace italienne » et à la « forteresse d'artillerie » – et à la « genèse de l'État moderne ». Ici encore, à en croire Jean Chagniot, il n'y a pas de solution de continuité, mais de lentes mutations, la révolution de l'infanterie et de l'artillerie datant même selon certains spécialistes pour l'une du

XIVe, pour l'autre du XVe siècle. Ainsi, quel que soit l'angle d'attaque par lequel on choisit d'étudier la Renaissance, la continuité entre Moyen Âge et Renaissance apparaît clairement, celle-ci étant moins « révolution » que démultiplication. Reste que les hommes de la Renaissance se sont consciemment posés en rupture avec ces siècles qui précèdent. Et ce sont les éléments constitutifs de cet « imaginaire de rupture » qu'il nous faut à présent étudier.

DEUXIÈME PARTIE

TRIOMPHE DE LA RENAISSANCE ?

S'interroger sur le « triomphe de la Renaissance » ne signifie pas considérer qu'il existerait une naissance, une maturité et un déclin de la Renaissance, la période 1470-1520 correspondant en gros à celle de l'apogée. C'est admettre en revanche qu'il existe une périodisation à l'intérieur même du mouvement qui s'étend « de Pétrarque à Descartes ». La période 1450-1520/30 correspond à un nouvel essor démographique et économique de l'Europe, à la progressive « découverte » du monde, à une « européanisation » de la Renaissance (qui est loin d'être la simple diffusion d'un modèle italien, unique et hégémonique), à une évolution des codes esthétiques, à une diffusion et à un renouvellement de l'humanisme, lié à un nouvel environnement politique (affirmation des princes et des États), technique (essor de l'imprimerie) et intellectuel (diffusion du platonisme).

C'est à l'examen critique de cette définition du « triomphe de la Renaissance » qu'il faut se livrer, en étudiant la nature du politique (valorisation et mise en œuvre de l'action politique ; théorie politique ; mise en scène du pouvoir), la Renaissance réduite à sa dimension artistique ainsi que l'humanisme.

Présentée naguère comme une réaction contre l'« esprit théologique et autoritaire du Moyen Âge » ou comme « l'éclosion d'un individualisme libre, critique et souvent paganisant », la Renaissance pose assurément la question de la place du religieux dans les sociétés européennes du XVe siècle finissant, des rapports existant entre l'humanisme et la Renaissance d'un côté, les expressions de la foi chrétienne d'un autre côté, et de la Réforme de l'Église.

Chapitre 4

Pouvoirs

Si la notion d'« humanisme civique » forgée par Hans Baron est aujourd'hui soumise à révision, elle conserve trois mérites : celui d'avoir rappelé l'importance du débat récurrent, tout au long de la Renaissance entre engagement dans la cité (*negotium*) et vie active (*via activa*) d'une part, vie contemplative (*via contemplativa*) et retrait du monde (*otium*) d'autre part, que celui-ci prenne la forme traditionnelle du retrait monastique, que celui-ci de façon plus neuve soit vécu au cœur même de la cité, sur ses marges ou par un va et vient constant entre la demeure urbaine et la « retraite » ; celui ensuite d'avoir souligné l'importance politique de la rhétorique ; celui enfin d'avoir détourné l'attention de la seule construction étatique.

On sait en effet que Jacob Burckhardt faisait de la construction de l'État semblable à une œuvre d'art l'un des traits significatifs de la Renaissance au même titre que l'individualisme ou l'émancipation de l'Église. Le renouvellement de l'historiographie – en particulier dans le cadre de la grande enquête européenne sur « la genèse de l'État moderne » en a relativisé la chronologie, élargi le champ géographique et modifié la problématique. Mais elle a confirmé l'importance d'une réflexion sur la croissance de l'État à la Renaissance, inscrite dans la longue durée et conservant ses interrogations propres.

Un troisième fil conducteur doit être bien évidemment une analyse des « représentations » du pouvoir, que ce soit le discours tenu sur le pouvoir, que ce soit la « mise en scène » de celui-ci (de l'urbanisme à l'organisation des fêtes et des cérémonies), que ce soit les formes représentatives développées à la Renaissance (des Parlements et des Diètes aux ambassadeurs et aux nonces).

Pouvoir et action

Reprenant les divers héritages historiographiques qui s'entremêlent autour de la notion d'État, nous étudierons tout d'abord les formes de gouvernement, l'exercice du pouvoir, les formes représentatives et l'action diplomatique.

Le pouvoir en action

« Tous les États et gouvernements ont été ou sont soit des républiques, soit des principats. » L'abrupte formule de Machiavel, marqué lui-même par l'expérience républicaine, nous indique très clairement la voie à suivre.

L'héritage républicain

C'est sans aucun doute en Italie qu'à la fin du XVe siècle les traditions républicaines demeurent les plus fortes ou du moins les mieux élaborées. Elles y sont les héritières des « communes » médiévales et cet héritage a été repris à leur compte par les humanistes, substituant la notion de « république » à celle de « commune ». Le modèle en demeurait **Florence**. Certes, depuis 1434 la famille des Médicis y avait fait main basse sur le pouvoir mais elle n'avait jamais remis en question les fondements républicains. À la tête du gouvernement se trouvait toujours la Seigneurie, composée du gonfalonier de justice et de huit prieurs, tous membres des Arts majeurs. En dessous, deux organismes fonctionnaient parallèlement : d'une part, l'ancienne Commune dirigée par un podestat, noble et étranger, flanqué du Conseil large ; d'autre part, le Peuple (*Popolo*) commandé par un capitaine, également étranger, flanqué d'un Conseil étroit, élu dans le cadre des Arts. C'est lui qui détenait pour l'essentiel le pouvoir législatif.

Les Médicis s'étaient contentés de peupler les Conseils de partisans et de créer des institutions parallèles qui leur fussent acquises. En 1458, Cosme de Médicis avait ainsi institué un Conseil des Cent qui fonctionnait parallèlement à la Commune et au *Popolo*. En 1470, au lendemain de la révolte de Prato qui avait montré la fragilité du pouvoir, Laurent de Médicis – qui venait de prendre la succession de son père, Pierre le Goûteux († 1469), avec son frère Julien – fit créer un Grand Conseil étroit chargé de contrôler le Conseil des Cent, accentuant la politique de son grand-père. La conjuration de 1478, conduite par des membres des familles Pazzi et Salviati, en concurrence commerciale avec les Médicis et en lutte politique pour le pouvoir, et soutenue par le pape Sixte IV, provoqua un durcissement de la politique médicéenne. La mort de Julien, tué par les conjurés (26 avril 1478), laissait Laurent seul. Il créa un Conseil de Soixante-Dix membres, recruté par lui, auquel il confia l'élection des Prieurs (1480). En 1490, il mit en place un Conseil encore plus réduit de Dix-sept membres et pour faire bonne mesure il se fit lui-même élire membre des Soixante-Dix et des Dix-Sept. Ce qui lui permettait d'intervenir directement dans le gouvernement de la cité, ce dont Cosme s'était bien gardé qui n'avait été élu que trois fois gonfalonier.

Qu'en dépit de cette dérive vers le principat – dénoncée en 1479 par Alamanno Rinuccini dans son dialogue intitulé *De libertate* – l'esprit républicain ne soit pas mort à Florence, c'est ce dont témoignent les événements des années 1490-1530. En 1494, l'invasion française avait été fatale à Pierre le Malchanceux qui avait succédé à Laurent en 1492. Il fut chassé de la cité le 9 novembre 1494. En dépit du modèle aristocratique vénitien qui séduisait nombre de familles appartenant aux *ottimati*, autrement dit à l'élite, le prédicateur Savonarole parvint à convaincre les Florentins de mettre en place un Grand Conseil, aux pouvoirs élargis en matière politique et financière (23 décembre 1494). Certes, selon nos critères, ce Conseil n'avait rien de démocratique et les femmes en étaient totalement exclues. Mais il était accessible à 3 200 personnes, ce qui représentait un élargissement considérable. En 1498, dans son *Trattato circa il reggimento e governo della città di Firenze*, qui reprenait ses prédications, il exhortait les Florentins à protéger leur nouvelle constitution contre les dangers de la « tyrannie », celle des Médicis et des familles exilés.

S'inspirant du dogat vénitien, un gonfalonériat à vie fut institué en 1502 et confié à Pierre Soderini. Ce ne fut pas assez pour protéger la cité contre ses ennemis – le pape et le roi d'Aragon – après que Louis XII eut quitté l'Italie après la bataille de Ravenne (avril 1512). Les institutions du temps de Laurent furent rétablies et une Commission exceptionnelle et permanente, dirigée par le cardinal Jean, prit en main le gouvernement nommant elle-même tous les détenteurs de charge. Un échec pour la République qui devait inspirer Machiavel, déchargé de toute fonction et libre pour une réflexion politique et historique « engagée ». Au reste, c'est encore au nom de la République que les Florentins se soulèvent contre les Médicis en 1527. Et c'est la prédication de Savonarole qu'ils accomplissent lorsque Niccolò Capponi, élu gonfalonier pour un an, leur fait élire Jésus-Christ roi de Florence. Ce ne fut de nouveau pas assez pour pouvoir résister aux armées impériale et pontificale réunies : au terme d'un siège de onze mois, la ville capitula le 12 août 1530. De nouvelles institutions furent mises en place en 1532. Les Arts n'y étaient plus représentés et le pouvoir était étroitement contrôlé par le duc Alexandre. C'en était fait de la Commune, de la République et des Libertés de Florence.

Le **modèle vénitien** qui, territorialement, depuis le XVe siècle, recouvrait non seulement la cité mais aussi le territoire (*Terra ferma*), qui s'étendait depuis la plaine du Pô jusqu'à Brescia et Bergame, ne cachait pas son caractère aristocratique. Au sommet de la Sérénissime République se trouvait le doge, élu à vie. Il était assisté d'un Grand Conseil qui détenait le pouvoir et avait arrêté en 1287 son renouvellement (*serrata*). Le Livre d'Or contenait ainsi la liste de tous ceux auxquels Venise reconnaissait la dignité patricienne. C'est lui qui désignait les conseils et les magistrats les plus importants, contrôlait l'action de ces derniers et sanctionnait les lois. Deux institutions préparaient les textes législatifs et conduisaient la vie politique. D'une part, la Seigneurie (*Serenissima Signoria*), composée de dix membres : le doge, six conseillers désignés par le Grand Conseil et les trois chefs (*Capi*) de la *Quarantia*. C'est elle qui reçoit les ambassadeurs étrangers, dépouille le courrier diplomatique et prépare les projets soumis au Grand Conseil et au Sénat. D'autre part, la *Consulta*, composée de trois commissions permanentes et spécialisées, chargées de traiter respectivement de la politique générale (six Sages Grands, *savi grandi*), des règlements maritimes (cinq Sages aux Ordres, *savi agli ordini*), des questions concernant les conquêtes continentales (cinq Sages de Terre ferme, *savi di terra ferma*). Par ailleurs, deux assemblées plus restreintes permettaient d'échapper à la lenteur des délibérations du Grand Conseil : la *Quarantia*, chargée essentiellement des questions judiciaires et le Sénat, prestigieuse assemblée de trois cents membres – comme le Sénat romain – désignés par le Grand Conseil, où l'on discute des questions de politique extérieure et des affaires politiques en présence du doge. Venise était une aristocratie héréditaire dont les revenus n'étaient pas fonciers mais commerciaux.

Elle bénéficie pourtant d'un prestige très grand tout au long de notre période (et pratiquement jusqu'à sa disparition en 1797), due certainement à l'apparente stabilité de ses institutions (le doge Foscari est le dernier à être déposé en 1457) et à l'efficace mise en texte, en scène et en cérémonie du « mythe vénitien », patiemment construit dès le XIIIe siècle dans les lettres et les chroniques de la cité et tout aussi patiemment « déconstruit » par ses adversaires forgeant à leur tour un « contre-mythe ». Dès 1463, Giovanni Caldiera (c. 1400-1474) publiait le *De praestantia Venetiae politiae*, dans lequel il exaltait la « vertu » dont devaient faire preuve les citoyens, tandis que Lauro Quirini (c. 1420-c. 1475) faisait explicitement l'éloge du système aristocratique. Paradoxalement, les revers militaires de 1509 (désastre d'Agnadello) contribuèrent largement au développement du mythe de la cité des doges.

Pourtant, les études prosopographiques de Margaret L. King étudiant les 92 membres de l'élite vénitienne au XVe siècle mettent parfaitement en évidence les luttes de pouvoir qui existaient au sein du patriciat en deçà de l'image d'unanimité que ces mêmes familles entendaient donner.

Les **villes libres d'Empire** (*freie Reichsstädte*) constituaient elles aussi des exemples de « républiques urbaines » tenacement accrochées à leurs privilèges. L'Empire en comptait 85 à l'aube du XVIe siècle, d'origine (villes royales et villes épiscopales plus ou moins affranchies de la tutelle de l'évêque étant les deux modèles dominants), de taille et d'importance très variable. Leur force à toutes résidait dans la protection que leur accordait l'empereur, dans le statut politique dont elles bénéficiaient dans l'Empire, formant l'un des trois collèges de la Diète d'Empire, et des institutions ou des pratiques dont elles s'étaient dotées ou qu'elles mettaient en œuvre (Diète des villes, correspondance, Ligues). Quelques-unes d'entre elles joignaient à l'originalité de leur statut politique, que la plupart devait garder jusqu'à la fin du Saint Empire en 1806, une puissance économique à laquelle Machiavel avait rendu hommage au début du XVIe siècle dans ses « Relations sur les affaires d'Allemagne ». Et comme la plupart était située dans la partie romanisée de l'Empire, on invoquait volontiers les origines et romaines pour légitimer les « libertés » de la ville face à l'extérieur et patriciennes pour conforter le pouvoir que détenaient les « patriciens », comme à Nuremberg ou à Strasbourg (où ces derniers avaient dû cependant céder du terrain), ou les « sénateurs », comme à Cologne (où l'oligarchie au pouvoir avait à justifier tout à la fois l'éviction du « patriciat » au XIVe siècle et sa propre mainmise sur les institutions).

En effet, tout comme les républiques italiennes, les républiques germaniques étaient des oligarchies, ébranlées parfois par les luttes de factions qui opposaient les familles admises au Conseil (*ratsfähig*), promptes à exploiter le cas échéant les mécontentements sociaux qui ne manquaient pas dans ces villes emportées par l'essor démographique et économique des années 1450-1560, où la richesse la plus extrême – que l'on pense aux Fugger d'Augsbourg – voisinait avec des formes de pauvreté exacerbée par la hausse des prix, même si ces mêmes Fugger prenaient soin de construire tout un ensemble de bâtiments à l'intention de ces populations fragiles (*Fuggerei*). Les exemples de Nuremberg et d'Augsbourg sont les plus connus et les mieux documentés. On s'arrêtera sur celui de Cologne. Les bourgeois y étaient regroupés en vingt-deux corporations (*Gaffeln*) qui, selon un système compliqué et inégalitaire, constituaient un Conseil de quarante-neuf personnes – élues pour un an, avec renouvellement du Conseil par moitié tous les six mois – qui concentrait le pouvoir législatif et exécutif (par le biais notamment de commissions). Le texte qui fondait le fonctionnement de la vie politique colonaise prévoyait qu'un conseiller ne pouvait pas être réélu durant deux ans : les familles au pouvoir adoptèrent la règle tacite qui renvoyait au Conseil tous les trois ans les mêmes conseillers. Une règle que l'on retrouve pour les six fonctions principales (dont celle des deux bourgmestres, choisis alternativement pour six mois). Entre 1475/6 et 1500/1, vingt-deux bourgmestres occupèrent la fonction (soit cinquante magistratures), représentant dix-neuf familles et tous issus de la *Gaffel* Windeck, celle qui rassemblait les marchands les plus riches.

Les Pays-Bas et la **Confédération helvétique** pourraient contribuer à alimenter notre réflexion sur les « républiques urbaines ». On retrouvera le cas néerlandais : bornons-nous à celui de la Suisse. Et à trois traits principaux. Pour souligner tout d'abord l'originalité même du système politique fondé sur la confédération de treize cantons, au sein desquels les villes elles-mêmes disposent d'une large autonomie que soulignent les hôtels de ville construits précisément au XVIe siècle (Berne, Bâle, Lucerne) ou les politiques religieuses que nous reverrons. Pour prendre en compte ensuite l'impact de l'humanisme qui « restaure » les appellations géographiques de l'Antiquité et contribue ainsi aux revendications d'autonomie politique par rapport au Saint Empire (satisfaites en 1499) et aux affirmations identitaires de la Confédération : en 1478, Albrecht von Bonstetten (c. 1445-1509) publiait une *Superioris Germaniae Confoederationis Descriptio*, suivi, en 1514, par l'humaniste Glareanus : *Helvetiae Descriptio*, et, en 1538 par la *De prisca ac vera Alpina Rhaetia*. Pour rappeler enfin la place importante que la Confédération tenait dans l'imaginaire politique des années qui nous concernent, en raison de ses victoires militaires sur le Téméraire (1477) ou à Marignan (1515), de sa place centrale sur le « marché international des mercenaires » (D. Potter), de son rôle dans les grandes assemblées conciliaires du « temps des Réformes » (Constance, 1414-1418 ; Bâle, 1431-1437/48), et finalement de son exemplarité militaire et politique, si l'on suit Machiavel : « Rome et Sparte sont restées armées et libres pendant plusieurs siècles ; les Suisses sont les plus armés et de ce fait ce sont les plus libres. »

La croissance des monarchies

L'importance de cet héritage républicain n'est nullement contradictoire avec la croissance, bien connue, de vastes monarchies centralisées, où cependant, compte tenu des moyens de transport et de communication dont on dispose, les « centres », nullement fixés, se trouvent toujours à plusieurs jours de cheval des « périphéries ». Elles présentent des traits particuliers : les unes sont héréditaires (avec des différences concernant ou non l'exclusion des femmes de la succession, comme en France), comme l'Écosse des Stuart (depuis 1390), l'Angleterre des Tudor (à partir de 1485) ou la France des Valois (depuis 1380) ; les autres sont électives, comme la Pologne, la Hongrie, la Bohême, sans oublier la dignité impériale et la charge pontificale, même si dans tous ces cas on constate un effort pour créer une dynastie soit directe : les Jagellon ou les Habsbourg, soit « népotique » : les Borgia ou les Médicis. Dans tous les cas, elles rappellent que les « États modernes » sont aussi des « États dynastiques » et que ces deux logiques sont à prendre en considération pour en faire l'analyse.

En dépit du « centralisme », toutes sont fondées sur la diversité. Politique, dans la mesure où elles sont le résultat de conquêtes, de legs, d'achats qui ne suppriment pas les institutions existant antérieurement, se bornant dans le meilleur des cas à mettre en place des institutions doublant les institutions locales (par exemple dans l'État de Bourgogne), mais continuant le plus souvent à n'être que des unions dynastiques (Espagne), sauf dans le cas spécifique des unions politiques (Pologne et Lithuanie d'une part, Danemark, Suède et Norvège d'autre part). Culturelle, dans la mesure où elles rassemblent des peuples différents par la langue (en France, en Espagne) ou la religion (en Espagne, en Pologne). L'unité de ces monarchies relevant plus d'un « imaginaire » politique (très réel !) que d'une réalité institutionnelle, économique ou culturelle. Un imaginaire que l'« humanisme » et la « Renaissance » devaient précisément renouveler et nourrir.

Le temps des principautés

L'essor des grandes monarchies ne doit pas faire oublier cependant que la Renaissance est aussi le temps des « principautés », ces territoires plus modestes géographiquement, tantôt souverains, tantôt obligés de composer avec un territoire voisin plus puissant. C'est le cas notamment dans l'Empire, que ces principautés soient ecclésiastiques : électorats (Trèves, Mayence, Cologne), principautés épiscopales (Liège, Würzburg), principautés abbatiales (Fulda), ou qu'elles soient laïques : électorats (Brandebourg, Palatinat, Saxe), duchés (Bavière, Saxe, Wurtemberg, Juliers-Clèves), landgraviat (Hesse), comtés (Nassau), voire territoires plus modestes encore. Presque partout les princes sont engagés dans un processus de « modernisation » – militaire, administratif, judiciaire, fiscal, mais aussi souvent religieux (politique de réforme) – qui se traduit aussi par une politique « culturelle » particulièrement dynamique dans le monde italien, nullement inexistante dans le monde germanique.

On se bornera à deux exemples dans le cas de l'Italie où pourtant presque chaque principauté mériterait analyse. Le premier est celui de l'un des cinq « grands » : le **duché de Milan**. La « modernisation » y est sensible dès la première moitié du XVe siècle et le règne du duc Francesco I Sforza (1401-1466). C'est lui qui est à l'origine de la puissance militaire du duché ; de sa place dans l'échiquier politique italien (à commencer par le rôle moteur joué lors de la négociation de la paix de Lodi, en 1454) et international (mariant notamment son fils aîné Galeazzo Maria (1444-1476), qui devait lui succéder en 1466[1], avec la belle-sœur de Louis XI, Bonne de Savoie) ; du développement administratif confié à de nouvelles familles, comme celle des Simonetta, originaire de Calabre, appelée à exercer la fonction de secrétaire-chancelier. Un développement qui se fait au détriment aussi bien des idéaux républicains, qui s'étaient encore exprimés en 1447 à la mort du duc Filippo Maria, que des grands féodaux toujours présents dans la ville comme dans le territoire. Mais

1. Une des originalités du règne de Galeazzo Maria est sa politique religieuse qui vise notamment à contrôler les ordres mendiants.

c'est lui surtout qui est à l'origine du développement culturel du duché qui accueille imprimeurs (1469), humanistes – comme Francesco Filelfo (1398-1481), qui se charge d'écrire la vie de Francesco, artistes et musiciens.

La vie de la cour – à laquelle, bien plus tard, Baldassare Castiglione rendra hommage – se fait encore plus active sous ses successeurs : Giangaleazzo (1469-1494, duc en 1476 après l'assassinat de Galeazzo Maria) et Ludovic le More, qui exerce le pouvoir au nom de son neveu (le partageant avec Bonne de Savoie) avant de l'exercer directement après 1494. L'activité est importante dans le domaine architectural, avec la présence de Filarete et de Bramante mais aussi de Léonard de Vinci qui, venu pour y fondre la statue de Francesco (ce qu'il ne fera pas) y peint la fresque représentant la Cène et travaille comme « ingénieur » et comme architecte. Elle est très novatrice dans le domaine de la musique, la cour accueillant plusieurs musiciens de renom (Josquin Des Prez (c. 1450-1521), Gaspar van Weerbecke (c. 1425-1514), Alexandre Agricola (1446-1506) et Loyset Compere († 1518), qui donnent naissance à une forme musicale particulière, les *motetti missales*, mêlant musique sacrée et musique profane et substituant des motets aux parties chantées de la messe (*Kyrie, Gloria, Credo, Sanctus, Agnus Dei*).

Un coup d'arrêt est porté par l'invasion française. On sait qu'après l'échec de Charles VIII à Naples, Louis XII reporte ses espoirs sur le duché de Milan, invoquant les droits de la fille de Giangaleazzo Visconti (1351-1402), mariée au duc d'Orléans (1372-1407). Fait prisonnier, Ludovic meurt en captivité en 1508.

Le second est celui du territoire d'**Urbino**. C'est un comté d'Empire, devenu vicariat pontifical et finalement, à notre époque, élevé au rang de duché pontifical. Lorsque Federico da Montefeltro accède au pouvoir en 1444, à la suite du meurtre de son demi-frère Oddantonio (1427-1444), pris par Burckhardt comme modèle de débauche et de violence, il trouve une ville et un État florissants grâce à la politique mise en œuvre depuis le dernier quart du XIVe siècle par sa famille et en particulier par son père Guidantonio (1378-1443). C'est le modèle même du *condottiere*. C'est-à-dire un guerrier avisé, apte à faire fortune, prince réformateur, humaniste éclairé et pieux chrétien (c'est lui qui prend en charge le tableau du maître autel réalisé par Juste de Gand pour la confrérie du Saint-Sacrement, 1473-1474). En 1474, il est fait duc, en récompense des services rendus à la papauté. Durant son règne, la ville est largement remaniée à la fois sous l'impulsion de Federico mais aussi avec l'active participation des familles fortunées qui rénovent leurs demeures à l'image du prince remaniant le palais ducal. Il est aussi à l'origine de la prise en charge par la ville du salaire d'un maître d'école chargé d'assurer l'éducation des jeunes gens de la cité. Et l'on connaît son rôle dans le développement de la bibliothèque ducale. L'activité du vacariat retient en ville une population de juristes, nombreuse, et, sous le règne de son successeur, une école de droit est mise en place. Mais la dynastie s'éteint avec son successeur Guidobaldo (1472-1508), qui souffre d'une forme d'hydropisie : il cesse de paraître à la cour (comme on peut le constater dans l'ouvrage de Castiglione qui se déroule, on le sait, de manière fictive, précisément à la cour de Guidobaldo, un avant la mort de celui-ci) et son mariage avec Elisabeth Gonzaga de Mantoue reste stérile.

Parmi les territoires allemands qui bénéficient tous d'une conjoncture économique favorable et des efforts en faveur de la paix conduits par l'empereur, l'un des exemples les plus intéressants est peut-être celui de la Saxe. Il est dominé par la famille des Wettin depuis le XIIIe siècle. En 1423, la dignité électorale est attribuée au duché de Saxe-Wittenberg. La seconde moitié du XVe siècle est ici, comme en Wurtemberg ou en Bavière, un moment privilégié dans la consolidation de l'État territorial que n'affecte que partiellement la partition de 1485 en deux branches (ernestine avec la dignité électorale, albertine avec la dignité ducale), qui démultiplie l'essor. Stimulées par la croissance démographique, la création de villes minières (Annaberg) et le développement des capitales (Wittenberg pour l'électorat, Dresde pour le duché), les constructions se développent. L'effort princier est particulièrement net sur le terrain religieux, largement contrôlé par eux (en 1476, l'Électeur de Saxe reçoit le siège archiépiscopal de Magdeburg et en 1479 le siège d'Halberstadt) et orienté dans le sens des réformes (en particulier monastiques). Significative est à cet égard la création en 1502, par l'électeur Frédéric III le Sage (règne de 1486 à 1525), de l'Université de Wittenberg, qui affranchit ce territoire de la tutelle exercée par l'Université de Leipzig, située dans la Saxe du duc Georges le Barbu (duc de 1488 à 1539).

État moderne et État renaissant

En dépit de quelques divergences selon les auteurs, la notion d'« État moderne » renvoie à cinq notions essentielles : le monopole de la violence à l'intérieur (liée à l'exercice de la justice) et à l'extérieur (liée à l'essor du pouvoir militaire) du territoire, l'organisation bureaucratique (liée chez Max Weber à la rationalisation de cette organisation), l'organisation du territoire dans un ensemble politiquement cohérent, une volonté de domination idéologique et, couronnant le tout, le développement d'un système, le plus souvent fiscal, permettant de financer l'effort de « modernisation ».

« Quod principi placuit legis habet vigorem »

C'est sans doute comme législateur et comme juge que le rôle du prince est reconnu et clairement affirmé depuis longtemps. L'action des juristes – que rappelle la maxime empruntée au *Digeste* et aux *Institutes* : « ce qui a été agréé par le prince a force de loi » – d'un côté, le rôle des juges de l'autre a été déterminante. Elle est d'ailleurs largement antérieure à la construction étatique. Cinq traits caractérisent notre période, que nous retrouverons en partie lorsque nous étudierons le développement universitaire des études juridiques. Le premier est l'influence croissante du droit romain, antérieure à la Renaissance, mais qui trouve évidemment avec celle-ci un terrain de prédilection. À deux réserves près : l'une, géographique, qui est la résistance de l'Angleterre ; l'autre, politique, qui est la réticence des princes – comme le roi de France – peu enclins à voir se développer un enseignement qui leur paraît faire la part trop belle aux prétentions impériales. Le second est lié pour partie au premier, la codification des coutumes dans les pays de droit coutumier. En France, par exemple, celle-ci est lancée dès 1454 (ordonnance de Montils-les-Tours) et réactivée par Louis XI. Mais il faut attendre Charles VIII pour qu'elle prenne véritablement forme (1494-1498). Elle conduit tout naturellement, dans la logique d'un État qui entend contrôler l'ensemble du territoire où s'exerce sa compétence, à une « réformation » qui, en France toujours, ne débute qu'au milieu du XVIe siècle.

Le troisième est celui de l'action législative et des procédures d'élaboration et de ratification de la loi. Le pouvoir princier doit alors composer avec les cours de justice et les institutions représentatives. En France, par exemple, les parlements ont entre autres la charge d'« enregistrer » – le terme est significatif d'une pratique scripturale, très soigneusement archivée – les actes royaux qui se présentent sous la forme de lettres patentes. S'ils estiment que ces lettres sont contraires à l'intérêt du royaume ou contradictoires avec la législation antérieure, ils peuvent y apporter des modifications (un même texte initial peut ainsi varier d'un enregistrement à un autre), voire, si les réserves portent sur le fond, exprimer des « remontrances ». Le roi peut alors en tenir compte ou imposer l'enregistrement par des « lettres de jussion ». Si l'opposition perdure, le roi se rend au parlement (« séance royale », « lit de justice »), reprend la justice qu'il a déléguée et fait enregistrer le texte.

Dans l'Empire – mais on se souvient que l'action politique et législative se développe aussi et bien plus à l'échelle du territoire ou de la ville – c'est au terme d'une procédure extrêmement complexe que l'on arrive au « recès d'Empire » (*Reichsabschied*) qui a force de loi. On peut distinguer sept étapes depuis l'initiative qui appartient à l'empereur jusqu'à la promulgation récapitulative prise par la Diète. Dès la deuxième étape – celle de la *Diktatur* (le texte est « dicté » à la Diète) et de l'*Ansage* (le texte est mis en débat) – contrôlée par l'archichancellerie de l'Empire (dirigée par l'archevêque de Mayence), interviennent les opérations de contrôle (comme le Parlement, l'archichancellerie peut censurer le texte impérial) et de discussion qui, à partir de la troisième étape, concernent les différents collèges de la Diète.

Le quatrième est celui de la mise en application de la loi qui révèle souvent des conflits de compétence – notamment entre justice royale et justice locale[1] – et est l'objet de pratiques jurisprudentielles extrêmement diverses. Au-delà bien sûr de la personnalité du praticien (juge, notaire), elles dénotent la permanence de traditions juridiques qui résistent aux innovations princières ou composent avec elles. Elles obligent à tempérer un discours qui se placerait uniquement du côté du pouvoir princier et de son abondante production textuelle et à prendre en compte les pratiques locales, dont la trace subsiste dans les commentaires des juristes et surtout dans les innombrables liasses des archives judiciaires.

Le cinquième enfin est l'utilisation du droit – pénal notamment – pour renforcer le contrôle des populations. Il passe par la multiplication des textes (ainsi les lois de 1505 qui, en Espagne, récapitulent les textes antérieurs ; les ordonnances alphonsines au Portugal, 1521 ; la *Lex carolina* dans l'Empire de Charles Quint, 1532) mais aussi par l'intensification des châtiments corporels publics – fortement symboliques (essoreillement, mutilation de la main, abcission de la langue) – qui tendent à remplacer les règlements pécuniaires, considérés comme moins « exemplaires ». Là aussi, il faut compter avec la résistance passive des populations qui persistent à régler une

1. En Angleterre par exemple, c'est précisément au milieu du XVe siècle que le monopole de la justice royale est acquis au détriment des justices locales en matière de félonie, à suivre J.-B. Post, « Local juridictions and judgment of death in later medieval England », *Criminal justice history* 4 (1983), p. 1-21.

part importante des conflits – de personnes ou de biens – par des pratiques « infrajudiciaires » (« pactes de paix ») qui laissent peu de traces mais que l'on ne doit pas sous-estimer. Une résistance due en partie au coût de la justice, si l'on en croit Alfred Soman.

Administrer

S'interrogeant en 1956 sur les caractéristiques de l'État renaissant, Federico Chabod, avait souligné l'importance de la formation d'une bureaucratie qui lui en paraissait même l'unique spécificité. Et il complétait ce constat avec trois observations. Prenant l'exemple de Milan dans la seconde moitié du XVe siècle, il faisait remarquer la continuité entre les familles se mettant au service du nouveau pouvoir et celles ayant servi la Commune dans siècles antérieurs. Il observait d'autre part que ce développement s'était accompagné de celui de la vénalité des offices, esquissant à cette occasion une comparaison avec le système du mercenariat et suggérant que la vénalité permettait l'accès aux offices à de nouveaux groupes sociaux, réduisant d'autant le pouvoir de la noblesse, tout comme, selon lui, le mercenariat aurait permis de limiter le pouvoir de la chevalerie. Enfin, liant cette évolution à la vénalité, il suggérait que le rapport de fidélité, qui caractérisait les siècles antérieurs, s'était précisément effacé sous l'effet de l'attitude nouvelle des officiers propriétaires de leur office et, à ce titre ne redevant rien au prince.

De cette bureaucratisation, le premier trait marquant est sans aucun doute la trace archivistique, qui traduit quantitativement tout d'abord le poids croissant de la « scripturalisation » (*Verschriftlichung*) dans la gestion de l'État et qualitativement le souci d'une meilleure gestion et d'une continuité dans celle-ci, passant précisément par la conservation des documents. Le second trait, déjà évoqué par F. Chabod et largement approfondi par les enquêtes prosopographiques sur les « administrateurs », c'est la formation de groupes sociaux homogènes (phénomènes d'endogamie), cherchant autant à assurer une ascension sociale – dont les contemporains, comme Philippe de Commynes étaient parfaitement conscients : « les [les offices] font valoir ce qu'ils pevent, et non pas ce qu'ils doivent ; y a office [...] où il y a gaiges bien petiz qui se vendent plus que leurs gaiges ne sauroient valoir en quinze ans » – qu'à permettre la formation de liens de solidarité spécifique (F. Chabod parlait de « parentèle »), qui distingue fondamentalement la construction étatique de la première modernité de celle que nous connaissons aujourd'hui.

La péninsule Ibérique est sans doute un cas particulier qui exalte la compétence « professionnelle » du *letrado*, dont la légitimité est explicitement fondée sur le savoir qu'il détient et que garantit l'instance universitaire. Issus des grandes universités de droit (Valladolid, Salamanque, Bologne), ils peuplent aussi bien l'administration royale (conseils, chancellerie) que le gouvernement des cités (*corregidores*), les cours de justice (*audiencias* et tribunaux de l'Inquisition) que la hiérarchie ecclésiastique.

Financer

Pour financer la « modernisation », le prince dispose de deux moyens essentiels qui renvoient à l'ambiguïté de son pouvoir. D'un côté, il dispose de son domaine, en principe inaliénable, qui renvoie à l'aspect personnel de son pouvoir ; d'un autre côté, il peut faire appel à l'impôt, qui ressortit à la dimension « étatique ». D'une manière générale, on constate un effort pour une exploitation plus rigoureuse du domaine.

L'impôt est étroitement lié à l'effort de guerre. Or celle-ci – c'est ce qui caractérise l'Europe depuis la fin du XIIIe siècle – est devenue permanente, fait appel à des effectifs de plus en plus nombreux et à une technicité de plus en plus coûteuse, et est le privilège du prince. D'extraordinaire qu'il était à ses origines – et il le reste largement dans les mentalités des hommes de la Renaissance (en France au moins jusqu'en 1542) – l'impôt est donc lui aussi devenu permanent. À la différence du prélèvement féodal, il ne pèse pas sur les seuls hommes du roi mais sur l'ensemble de ses sujets (même si certains groupes sociaux bénéficient de privilèges fiscaux). La différence est fondamentale, même si, dans les faits, subsistent des formes d'aide féodales. En effet, pour être légitime, l'impôt doit être consenti. D'autre part, il n'est pas dû à une personne mais à cette réalité collective qui transcende le prince d'un côté les sujets de l'autre : l'État.

On se doute que cette évolution ne s'est pas faite sans soubresauts. Le prélèvement fiscal pèse essentiellement sur les paysans : on ne s'étonnera pas qu'ils soient le fer de lance des « révoltes populaires », qui s'accentueront après les années 1540 et dont la dimension antifiscale a été maintes fois rappelée. D'autre part, il concurrence les autres formes de prélèvement : seigneuriaux et ecclésiaux : ce qui implique des solutions diverses allant de l'imposition forcée comme en Angleterre à l'exemption fiscale comme en France. À l'inverse, il bénéficie à tous ceux qui, de près ou de loin, sont liés à cette croissance de l'État : hommes de guerre, officiers, administrateurs et gens de justice, gens de finance. Qui peuvent ainsi soutenir l'action de l'État tout en développant des stratégies défendant leurs intérêts propres ou ceux de leur famille (sans oublier que le prince soi-même – l'exemple de la papauté est éclatant – est le premier à mettre les biens de l'État ou de l'Église au service de sa famille).

Les traits de la fiscalité mise en place par les grandes monarchies (France, Angleterre) se retrouvent à notre période dans les territoires plus modestes ainsi que dans les républiques urbaines. Partout, le consentement est réclamé. Partout, et de façon quasiment permanente dans les villes où l'exigence d'équité est particulièrement vive – le prélèvement est l'objet de tensions en raison de la partialité dont les asséeurs et les collecteurs sont fréquemment accusés. Tensions qui alimentent les luttes de factions. En Espagne, les villes réclament de collecter elles-mêmes l'impôt. Ce que les États de Bavière ont obtenu depuis le XIVe siècle.

Entré dans les faits sinon dans les esprits, le prélèvement fiscal se heurte à notre période à trois problèmes. Il est fréquemment insuffisant, en dépit d'une pression fiscale accrue : dans les Flandres, Wim Blockmans a calculé qu'entre 1430/50 et 1530/50 l'impôt avait augmenté de 163 % alors que dans le même temps les salaires augmentaient de 20 %. L'État est donc obligé de recourir à des apports complémentaires, sollicités souvent dans l'urgence : nouveaux impôts « exceptionnels », « don » imposé aux privilégiés (en numéraire ou par remise dans les circuits économiques des objets précieux thésaurisés), ventes d'offices, emprunts (consentis à des taux qui témoignent souvent de la suspicion du prêteur et que l'État s'efforce de transformer en rentes ou en *juros*), sans exclure la banqueroute.

D'autre part, sauf dans les territoires moyens et les villes, le prince des grandes monarchies est incapable d'assurer lui-même la collecte des impôts, du moins à l'échelon le plus bas qui est confié à des particuliers. Par ailleurs, sauf cas exceptionnel, les pouvoirs ne cherchent pas à mettre en place une gestion rigoureuse fondée sur une connaissance exacte du capital détenu et *a fortiori* des revenus et sur une distinction précise des « postes budgétaires », une notion totalement anachronique.

Négociations et instances représentatives

Le pouvoir est donc constamment obligé de négocier, tantôt directement tantôt par l'intermédiaire des instances représentatives, l'usage de la force – que le pouvoir entend se réserver – n'étant que l'un des arguments possibles, pas nécessairement en dernier recours. Avec la noblesse, que les ordres nobiliaires – comme celui de la Toison d'or – s'efforcent précisément d'intégrer dans l'État – en l'occurrence bourguignon – en train de se constituer. Avec l'Église, c'est-à-dire d'une part avec la papauté avec laquelle des « concordats » (Vienne, 1448 ; Bologne, 1516 : qui permet à la royauté française de contrôler la richesse du clergé, de s'assurer de la loyauté de celui-ci, et de distribuer des bénéfices notamment à la noblesse) ou des accords (Isabelle et Ferdinand qui obtiennent de nommer aux postes les plus importants de façon presque indépendante de Rome[1]) sont passés. Avec les villes, qui bénéficient d'un traitement politique particulier (« bonnes villes » en France, « villes libres » dans l'Empire, *villa* en Espagne), de privilèges fiscaux, en contrepartie du soutien essentiellement financier que celles-ci sont régulièrement appelées à apporter.

John Russel Major faisait même de l'existence d'instances représentatives l'un des traits caractéristiques de l'État renaissant, notamment en France. À dire le vrai, celles-ci ne sont nullement une création de la Renaissance qui se borne à conserver des institutions médiévales que l'on retrouve dans les grandes monarchies, dans les principautés et dans les républiques urbaines, avec des modalités de fonctionnement très variables. Celles-ci s'appuient généralement sur la tripartition de la société et ignorent presque toujours la paysannerie. Dans les grandes monarchies, ce sont : en France, les États généraux – qui cessent cependant d'être réunis entre 1484 et 1560 (ce qui n'empêche pas le pouvoir monarchique de devoir discuter avec les États des pays d'États : Normandie, Bretagne, Languedoc, Dauphine, Bourgogne, Provence) – ; en Espagne, les *Cortes* (organisés dans le cadre de chaque couronne avec des modalités de fonctionnement et des traditions propres à chacune d'entre elles, interdisant les généralisations) ; en Angleterre, le Parlement, qui tient par exemple vingt sessions entre 1485 et 1529 ; en Pologne, la Diète (*sejm*) qui obtient en 1505 que son consentement soit requis pour tout changement administratif (statut *Nil novi*).

Le cas polonais, qui tient largement à la vigueur de la petite noblesse (*szlachta*), est exceptionnel. Ni au Parlement anglais, ni aux *Cortes* de Castille les instances représentatives ne votent l'impôt. Le Parlement ne fait qu'agréer la légitimité de la

1. Dans ses possessions italiennes, Ferdinand prétendait même exercer le droit de contrôler la publication des bulles pontificales, n'hésitant pas à menacer Jules II de s'affranchir de toute obéissance à l'égard de la papauté si cela lui était refusé.

demande royale. Une instance représentative porte cependant longtemps les espoirs des populations européennes : le concile. Surgie dans une situation de crise (Grand Schisme), la question du concile et de son institutionnalisation se pose tout au long de notre période. Les conciles du XVe siècle ne s'étaient pas bornés à apporter une solution, ils avaient revendiqué une régularité (décret *Haec frequens*) et une représentativité (par « nations ») que la papauté avait été bien obligée de reconnaître. La question resurgit au début du XVIe siècle à l'occasion du concile que le roi de France voulait voir se réunir à Pise (mai-novembre 1511) malgré l'opposition de Jules II qui dénonça le *concilabulum* pisan et convoqua le concile à Rome (Ve concile de Latran, 1512). Elle devait quelques années plus tard devenir l'enjeu d'un affrontement plus vaste.

L'action diplomatique

Notre période est historiographiquement associée à l'effacement (très relatif) de l'imaginaire de chrétienté, conçue tout à la fois comme l'expression d'une unité mystique et un mode de relation entre États, à l'émergence de la notion d'« équilibre » dans les relations entre États, que l'on date traditionnellement (mais de façon un peu mythique) de la paix de Lodi (1454) et à la transformation des relations diplomatiques. Trois traits caractérisent ces dernières : la mise en place de relations permanentes, l'organisation méthodique de la fonction d'ambassadeur et l'importance des formes de représentation.

Ambassadeurs permanents, légats et rencontres princières

Les pratiques diplomatiques de la Renaissance s'appuient sur une longue expérience qui avait multiplié les « nonces » (à l'origine un messager chargé de porter un message), les « procurateurs » (une personne habilitée à traiter au nom de celle qui l'a mandaté), les « ambassadeurs (le terme apparaissant au XIIIe siècle) et les « légats » (ces deux derniers termes désignant les émissaires des princes importants, habilités à parler et à négocier au nom de ceux-ci). Les humanistes préféraient eux le terme d'« orator ». La papauté réservait elle le terme de légat à ses envoyés ayant le rang de cardinal et celui de nonce à ses autres diplomates.

C'est la République de Venise qui, dès le XIIIe siècle, établit des ambassadeurs permanents. Le système des ligues et des confédérations urbaines qui, en l'absence d'un pouvoir central fort, se développent notamment en Italie et dans l'Empire, réclame un échange régulier d'information. Les ducs de Milan reprirent l'innovation à leur compte, notamment au lendemain de la paix de Lodi qui supposait que les négociations fussent continues. Des ambassadeurs permanents furent ainsi envoyés à Gênes, Rome et Venise. À partir de 1463, ils eurent également un ambassadeur permanent auprès de la cour du roi de France. Ce dernier fut rejoint en 1474 par un Florentin et en 1479 par un Vénitien. Les royaumes de l'Europe du Nord emboîtèrent le pas à partir des années 1480. De leur côté, Ferdinand et Isabelle établirent des ambassadeurs permanents aux Pays-Bas, en Bretagne et en Angleterre. En 1515, François Ier n'avait cependant encore qu'un ambassadeur résident. La Pologne et la Lithuanie, la Russie, l'Empire ottoman et les pays scandinaves se tenaient à l'écart de ce jeu diplomatique devenu permanent. Ce qui n'excluait pas en revanche des ambassades ponctuelles, parfois réitérées : Sigismund von Herberstein (1486-1566) se rendit 54 fois en Europe orientale pour le compte des Habsbourg, notamment entre 1515 et 1533.

En devenant permanente la fonction de l'ambassadeur prenait un autre sens. Ce dernier n'était pas envoyé pour résoudre un problème mais pour représenter le pouvoir qui l'avait mandaté et pour l'informer. Un travail de collecte de l'information qui pouvait s'apparenter à l'espionnage, malgré les réserves que Bernard du Rosier avait formulées en 1436. Philippe de Commynes estimait pour cette raison qu'il ne fallait pas accréditer longtemps les ambassadeurs étrangers. Ce changement de regard est sensible également dans le statut même de l'ambassadeur : jusqu'à la fin du XVe siècle, celui-ci est encore généralement l'hôte de celui auprès duquel il est envoyé ; un siècle plus tard, c'est le prince qui l'emploie qui prend à sa charge ses frais de résidence. Les souverains s'efforcèrent de détenir le monopole de cette représentation. Louis XI lutta ainsi contre la prétention des ducs d'Orléans, de Bourgogne ou de Bretagne d'avoir leurs propres ambassadeurs et, à l'inverse, d'en recevoir.

Le passage à la permanence n'impliquait pas l'abandon des missions ponctuelles. C'est même sur ces ambassades spécifiques que se concentrait l'effort de mise en scène. Par le choix des dignitaires, le plus souvent nobles. Par l'organisation de la suite (habillement, chevaux...). Et encore moins les rencontres directes entre princes qui pouvaient, comme par exemple celle qui réunit Henri VIII et François Ier au Camp du drap d'or du 7 au 24 juin 1520, donner lieu à des festivités à proprement parler mémorables[1].

Organisation

Sans que la fonction d'ambassadeur devienne un « métier » et une « carrière », elle exige la maîtrise de la rhétorique et de l'écriture. Par son maintien, par son élocution, si possible par la qualité de son latin, l'ambassadeur doit dignement représenter son prince. Par l'exactitude de ses relations il doit « rapidement et de façon détaillée » – « *diligentissimi in scribendo et minutissimi omnia occurentia de die in diem* » (Venise, 1498) – informer de « tout ce qui se passe au jour le jour ». Venise a très tôt fixé les règles selon lesquelles l'ambassadeur doit construire ses dépêches et, en fin de mission, sa relation. Rapidement suivie, à partir de 1513, par la papauté. Les relations des ambassadeurs vénitiens comme celles des nonces pontificaux constituant ainsi des séries régulières et homogènes. Ceux-ci sont aidés pour ce travail régulier par des secrétaires, officiers dans les États italiens, « domestiques » dans les ambassades de l'Europe du Nord.

Cette bureaucratisation se retrouve à l'échelon central. On y prépare la correspondance et les instructions. On y supervise les négociations. Ceci suppose un service de dépêches bien organisé, vitesse et sécurité étant les deux impératifs. Ce dernier point conduit au chiffrage de la correspondance, lequel correspond par ailleurs et au goût des nombres d'un côté et à celui de l'hermétisme d'un autre côté. Johann von Trittenheim rédige en 1518 ses *Polygraphiae libri sex*, qui constituent le

1. Giry-Deloison (Charles), « La Naissance de la diplomatie moderne en France et en Angleterre au XVIe siècle (1475-1520) », *Nouvelle Revue du XVIe siècle* 5 (1987), p. 41-58.

premier traité de cryptographie, suivi bien plus tardivement par Giovanni Battista Della Porta (*De furtivis litterarum notis*, 1563) et surtout Blaise de Vigenère dont le *Traité des chiffres* s'impose à la fin du siècle (1587). Les Gonzague de Mantoue sont parmi les premiers à développer un service de dépêches. Mais il faut évoquer aussi la famille des Taxis (anoblie en 1615 sous le nom Thurn und Taxis), originaire de Lombardie, qui met en place en 1451 un service postal à l'intention de l'empereur. Le monopole est confirmé en 1505 : le réseau fonctionne alors régulièrement entre Innsbruck, Augsbourg, Venise, Rome, Malines, Bruxelles et, plus tard, Madrid. En France, Louis XI a organisé le service des « chevaucheurs de l'écurie du roi », perfectionné par l'établissement de relais ou maisons de postes, tenus par des maîtres de postes, qui fournissent les montures nécessaires au courrier royal.

Représenter

Ange déchu ou ange secret – pour reprendre les suggestives images de Daniel Ménager replaçant la fonction de l'ambassadeur dans celle plus large de l'Annonce – l'ambassadeur exerce un rôle de représentation évident. La notion d'étiquette y est primordiale. Et d'abord celle qui établit la hiérarchie des ambassadeurs entre eux : les ambassadeurs de la curie romaine réclament la préséance et le pape Jules II prétend établir cette hiérarchie, plaçant l'empereur au sommet. Mais aussi celle qui règle leurs rapports avec le prince ou l'État auprès duquel ils sont envoyés. Dans le cycle consacré à la « Légende de sainte Ursule » et le tableau représentant *Le départ des ambassadeurs* (2,80 x 2,53 m), aujourd'hui conservé à la Galleria dell'Accademia de Venise (1495-1498), Vittore Carpaccio (c. 1465-1523) a parfaitement représenté, le situant dans le cadre vénitien, le rapport hiérarchique qui s'établit entre les ambassadeurs prenant congé, agenouillés, et le pouvoir qu'ils quittent, situé au haut de l'estrade.

Un débat s'instaure vite sur la créance que l'on peut accorder aux paroles et aux gestes de l'ambassadeur. Dans le *De officio legati*, qu'il fait paraître en 1490, Ermolao Barbaro est le premier à prendre acte de la permanence des ambassades. S'il estime que l'ambassadeur doit être « honnête » et éviter tout mensonge, il reconnaît que son but est de contribuer à la préservation et à l'agrandissement de l'État qu'il sert. Le danger d'une magnificence qui n'a pas d'autre fin qu'elle-même ou, pire, qui ne correspond pas à la réalité, n'échappe pas à Thomas More. Dans l'*Utopie*, les Anémoliens – un peuple éloigné des Utopiens, modèles de simplicité – envoient une ambassade magnifique. Qui les rend ridicules. Parce qu'ils ont voulu apparaître comme des dieux (*deos quosdam repraesentare*).

Pouvoir et discours

La figure du *Prince* de Machiavel domine notre période (1513). Œuvre d'un homme politique, chargé de missions par la République florentine, condamné à l'oisiveté par le retour au pouvoir des Médicis – auxquels l'ouvrage est dédié – *Le Prince* ne fut publié qu'en 1533, six ans après la mort de son auteur. Un bref rappel qui nous oblige dans un premier temps à préciser dans quelles conditions – lieux, acteurs, modalités – s'élabore ce que nous appelons aujourd'hui la « pensée politique ». À examiner dans quel contexte se situe la réflexion de Machiavel. Avant d'en venir au « diplomate, conseiller des princes et philosophe de la liberté » (Q. Skinner) que fut Machiavel.

Lieux et acteurs

Trois traits caractérisent l'élaboration de « la pensée politique » à la Renaissance. Le premier, c'est que ni la notion ni le lieu institutionnel (faculté ou école des sciences politiques, ouvrage de sciences politiques) n'existent. D'un point de vue « théorique », ce sont essentiellement les théologiens, dans leur réflexion sur l'autorité et ses origines, et les juristes, dans leur analyse du pouvoir et de ses extensions, qui sont les penseurs du politique. Le deuxième, c'est qu'à côté (ou en liaison, car théologiens et juristes, entendus au sens universitaire du terme, interviennent aussi, le cas échéant, dans la sphère gouvernementale) de cette réflexion théorique, la pensée politique est aussi le fait des « praticiens » du politique : princes rédigeant (ou faisant rédiger) leur vision des choses à l'intention de leur successeur ou de la personne à laquelle il confie temporairement la régence en cas d'absence, secrétaires de chancellerie – notamment (mais pas seulement) à Florence ou à Venise – consignant leur expérience, serviteurs de l'État entreprenant de rédiger, tel Commynes, leurs *Mémoires*. La troisième, c'est que cette théorie et cette pratique du pouvoir sont inséparables de sa « mise en scène », dans le cadre quotidien de la cour, dans celui épisodique, soit sous une forme récurrente – plus ou moins ritualisée – soit sous une forme extraordinaire – plus ou moins festive – des « événements » mémorables : naissances, mariages, funérailles, entrées dans une ville, réception d'un hôte…

D'un point de vue théorique, les penseurs du politique étaient largement tributaires d'Aristote et de Thomas d'Aquin et pour ceux, frottés d'humanisme, de Cicéron. Au premier – connu sur ce terrain par la traduction que Guillaume de Moerbeke avait donnée vers 1250 de la *Politique* ainsi que de l'*Éthique à Nicomaque*, traduite quelques années plus tôt de façon partielle par Hermannus Alemanus – ils devaient la conviction que la vie politique – de l'individu intégré dans un groupe plus large – était un fait « naturel » (l'homme étant un « animal politique »). Même si ce caractère « naturel » excluait presque toujours les femmes, les esclaves, les enfants et dans une large mesure tous ceux qui n'étaient pas financièrement maîtres de leur destin. L'immense majorité de la population ! Ils lui devaient ensuite le cadre dans lequel penser les formes de gouvernement : la monarchie, l'oligarchie et la démocratie et les déformations possibles de ces formes, notamment la tyrannie. Au deuxième, ils devaient le rappel que l'origine du pouvoir est divine, l'idée que cette origine divine n'est pas incompatible avec une médiation humaine, en l'occurrence celle du « peuple », tout en précisant que ce consentement populaire est une « aliénation » et non une simple délégation. Au troisième, surtout depuis le *Cicero novus* de Bruni (1415), ils devaient la certitude que la rhétorique permettait d'allier l'éloquence et la sagesse pour le meilleur bien de la cité.

D'un point de vue pratique, la « pensée politique » du XVe siècle était largement héritière des deux problèmes étroitement liés qui s'étaient posés aux siècles précédents : celui de l'émancipation du pouvoir souverain à l'égard de l'empire, celui de la limitation du droit de la papauté en matière ecclésiale et spirituelle. Dans le monde italien, un troisième héritage était sensible : celui des communes et de leur revendication de liberté. Hans Baron a souligné l'importance de cet « humanisme civique », élaboré à Florence dans la première moitié du XVe siècle. Même si on considère aujourd'hui que l'exemple florentin n'est ni isolé ni exclusivement lié à une réaction de défense contre l'agression politique du duc de Milan, et que l'humanisme civique est l'expression du groupe social détenant le pouvoir. Il en résultait la conviction que la paix et la concorde (*pax et concordia*) étaient les deux valeurs les plus importantes de la vie politique. C'était largement réponse aux problèmes concrets que les cités avaient à surmonter : celui des factions politiques comme celui des luttes sociales.

Chrétienté, Empire, souverains et territoire : réalité et imaginaire

L'Europe des années 1470 était encore confondue avec la Chrétienté. Une chrétienté amputée depuis 1054 de sa partie orientale. Une chrétienté divisée en « nations ». Mais une chrétienté ordonnée encore autour de ses deux pôles : la papauté et son autorité spirituelle, l'Empire et son pouvoir temporel. Ce schéma était cependant triplement remis en cause. Tout d'abord, les souverains et leurs juristes étaient enclins à ne reconnaître ni l'autorité du pape (« le duc de Clèves est pape dans son territoire »), ni la puissance de l'empereur (« le roi de France est empereur en son royaume ») dans leurs territoires. La politique des rois de France était à cet égard, depuis le début du XIVe siècle tout à fait exemplaire. Ensuite, parce que la Papauté était elle-même entraînée dans un processus de « modernisation » dont Romano Prodi a parfaitement souligné le principe : celui qui réunit « en un seul corps » (celui du souverain pontife, élu par le Sacré Collège, autrement dit une assemblée de cardinaux nommés à vie et à la discrétion du pape) « deux âmes », l'âme temporelle et l'âme spirituelle.

L'Empire lui aussi était entraîné dans une évolution qui tendait à gommer sa prétention universelle (au demeurant bornée dans les faits au continent européen) au bénéfice d'une affirmation « nationale » qui le réduisait à la seule Allemagne. Le prestige de la dignité impériale n'en était pas moins intact, comme devait le souligner la multiplicité des candidatures en 1519, à commencer par celle du roi de France. Le poids de l'histoire restait fort comme en témoignait le *Roland furieux* (*Orlando furioso*) de l'Arioste, commencé en 1503. Et l'imaginaire de l'unité – « un seul troupeau » – hantait toujours les esprits. L'élection de 1519 fit naître une grande espérance.

Du « Miroir des princes » à l'« Utopie »

Outre l'affirmation d'une pensée politique qui n'était pas élaborée dans le cadre universitaire, ni en ce qui concerne les auteurs ni en ce qui relève des genres littéraires, deux traits caractérisent notre période. Premièrement, la formation d'un public qui allait des princes et des détenteurs du pouvoir politique, convaincus que le savoir livresque était un élément du pouvoir (mais bien avant la Renaissance on savait qu'un *rex illiteratus est quasi asinus coronatus*[1]) aux nombreux et divers lecteurs

1. « Un roi sans lettres est comme un âne couronné. »

des œuvres d'Érasme. Deuxièmement, l'adaptation des humanistes aux nouvelles exigences des princes, de la restauration platonicienne entreprise à Florence à l'ombre (mais pas seulement !) du pouvoir médicéen aux *Miroirs et aux Institutions* des princes, si possible chrétiens, qui se multiplient dans le dernier tiers du XVe siècle :

— dans les années 1470 *Du royaume et l'éducation du roi* (*De regno et regis institutione*), de Francesco Patrizi (1412-1494), dédié à Sixte IV ; en 1471, *Le Prince*, de Bartolomeo Sacchi (1421-1481), à l'intention des ducs de Mantoue ;

— vers 1480, *La fonction du bon prince* (*De regis officio et boni principis*), de Diomède Carafa (1407-1487), destiné à Ferdinand de Naples (1458-1494) (pour lequel Giovanni Pontano (c. 1426-1503), qui en était le secrétaire, avait déjà écrit, en 1468, *Le Prince,* soulignant les vertus du prince : libéralité, modération, contrôle de soi, courtoisie, humanité et majesté).

Le Miroir des princes

S'il n'y a pas rupture entre ce nouveau genre littéraire et les écrits des humanistes de la génération précédente, en ce sens que le prince est pour eux l'incarnation du *vir virtutis* qu'exaltait la pensée républicaine, il n'en reste pas moins que l'on décèle une inflexion sensible. Le but du gouvernement est moins la liberté que la paix et la sécurité. Et le prix à payer est l'obéissance. Comme le regrette bientôt Castiglione dans le IVe *Livre du Courtisan* (1528) : « Et à moi il me semble que, puisque la liberté a été concédée par Dieu comme don suprême, il n'est pas raisonnable qu'elle nous soit ôtée, ni qu'un homme y ait davantage part qu'un autre, ce qui advient sous le pouvoir des princes, qui, pour la plupart, tiennent leurs sujets en une étroite servitude. »

D'Antonio de Guevara (c. 1481-1545) à Guillaume Budé (1467-1540), en passant par Érasme (c. 1466-1536), les *Miroirs* et les *Institutions* se multiplient. Écrit par Érasme en 1516 à l'intention du futur Charles Quint mais destinée à un large public, l'*Institutio principis christiani* développe en neuf chapitres les savoirs qui lui paraissent indispensables au futur prince, dont il veut faire avant tout « un homme de bien ». Développant la péricope évangélique : « celui qui voudra devenir grand parmi vous se fera votre serviteur et celui qui voudra être le premier parmi vous se fera votre esclave… » (Matt. 20, 25-28), il rejette le modèle chevaleresque et condamne la guerre. Pour lui, la politique doit servir à l'harmonie de la cité. Elle repose sur l'amour et la paix et rejette les luttes et la ruse. Elle demeure une branche de l'éthique.

Politique et Utopie

Que cet idéal fût aux limites de ce qui était acceptable, c'est ce qu'exprime en un sens l'*Utopie* (1516) de Thomas More, si proche dans ses conceptions et dans ses pratiques – y compris l'ironie avec laquelle l'ouvrage, un jeu littéraire qui n'est pas plaisanterie, doit être lu – de son ami Érasme. Située hors de tout lieu, *Utopie* porte en elle-même l'ambiguïté de la Renaissance, partagée entre engagement dans la cité (on sait que More sera chancelier d'Angleterre en 1529) et retrait du monde (on sait aussi que More fréquentait assidûment les Chartreux de Londres), effort de rationalisation et conviction que Dieu seul est la vie, prise de conscience des bouleversements économiques et sociaux (on a vu que More était sensible à la dégradation des conditions de vie de la paysannerie) et goût pour les jeux de langage et d'esprit (que pourrait bien être l'abolition de la propriété privée).

Politique et traditions nationales

Se plaçant sur un autre registre, nombre de praticiens s'efforçaient au tournant des XVe et XVIe siècles de penser la monarchie, en tenant compte des traditions propres à chaque pays. C'est le cas en France avec Claude de Seyssel (c. 1450-1520) qui, dans sa *Grant monarchie de France* (1519), défend l'idée que celle-ci est un régime mixte, dans lequel le pouvoir du roi (monarchie) est tempéré par l'action des cours souveraines et « freinée » par la religion, la justice et la police. C'est le cas en Angleterre avec sir John Fortescue (c. 1494-1476) qui, dans le *De laudibus Legum Angliae* contribue à l'ébauche d'une analyse politique systématique, favorisée il est vrai par le fait que le droit romain n'y avait pratiquement pas pénétré et que les prétentions de la papauté et des canonistes s'y heurtaient aux exigences du « droit commun » (*common law*) et du Parlement.

Machiavel

Né le 3 mai 1469, fils du juriste Bernardo Machiavelli et de Bartolomea de' Nelli, Machiavel a reçu dans la Florence de Laurent le Magnifique une éducation humaniste. Il est possible que, grâce à l'amitié que son père entretenait avec le chancelier Bartolomeo Scala il ait eu accès aux cercles humanistes de la cité. Mais on ne sait pas grand-chose de la vie de Machiavel avant 1498, l'année de la chute de Savonarole, qui est aussi celle de son entrée en politique. Peu de temps après, il épouse Marietta Corsini, avec laquelle il a sept enfants. On lui confie rapidement des ambassades, notamment auprès de Cesare Borgia, à Imola et Cesena (1502), dont la personnalité l'impressionne, auprès de Louis XII (1500, 1504 et 1510) ou dans l'Empire (1507-1508, 1509). Mais le retour des Médicis lui est fatal. Le 7 novembre 1512, il perd ses charges et est assigné à résidence. En 1513, il est même arrêté et torturé. Bénéficiant d'une amnistie, il se retire sur ses terres, à San Casciano, à quelques lieux de Florence, et sans jamais perdre tout espoir de revenir sur la scène politique, se livre à des lectures (Tite-Live) et à des travaux d'écriture. Réconcilié avec les Médicis, il retrouve quelques fonctions subalternes en 1525. Il meurt le 21 juin 1527 au moment même où la République est rétablie à Florence.

Quelle que soit l'interprétation – et elles abondent – que l'on donne du *Prince*, il est acquis que l'objectif de l'ouvrage est de fournir au prince le meilleur moyen d'établir et de conserver le pouvoir en dépit des aléas et de la nécessité – qu'il faut accepter – et des hasards de la « fortune », qu'il faut dominer par la *virtù*. Avec pour corollaire la nécessité de ne pas s'en tenir aux lois de la morale ordinaire si celle-ci doit mettre en péril la survie politique ; la capacité à régner par la crainte plutôt que par l'amour (en s'interdisant tout excès qui menacerait les intérêts économiques et privés des sujets) ; la détermination à ne mener la guerre qu'en faisant appel à des citoyens-soldats plutôt qu'à des mercenaires. Un point quelque peu anachronique de la pensée de Machiavel qui dénote la part de républicanisme qui anime sa pensée. Les *Discorsi sopra la prima deca di Tito Livio*, rédigés entre 1513 et 1519 mais demeurés inachevés, témoignent que sa croyance en une république capable de surmonter l'instabilité du monde reste intacte. Une république qui d'ailleurs dépend sans doute moins des institutions que d'un certain équilibre entre les diverses forces sociales à même d'assurer la liberté de tous en empêchant la domination d'un seul. Et qui, en dernière instance, reste tributaire des aléas de l'histoire. Comme Polybe en effet, Machiavel est convaincu que l'histoire humaine se déroule selon un cycle, que la *virtù* civique peut certes stabiliser mais non indéfiniment interrompre.

Chemin faisant Machiavel invoquait l'histoire pour légitimer l'action du prince, parce qu'elle contient déjà toutes les expériences possibles et que la politique ne se comprend que dans l'histoire : « Quiconque compare le passé et le présent comprendra que toutes les Cités, tous les peuples, ont toujours été animés des mêmes désirs, des mêmes passions. Ainsi est-il facile par une étude exacte et bien réfléchie du passé, de prévoir dans une république ce qui doit arriver, et alors il faut se servir des moyens mis en usage par les anciens, ou, n'en trouvant pas d'usités, en imaginer de nouveaux, d'après la ressemblance des événements. » Et il soulignait l'importance de la représentation : « Il n'est pas nécessaire à un Prince d'avoir toutes les qualités dessus nommées, mais bien il faut qu'il paraisse les avoir. Et même j'oserai bien dire que, s'il les a et qu'il les observe toujours, elles lui portent dommage ; mais faisant beau semblant de les avoir, alors elles sont profitables : comme de sembler être pitoyable, fidèle, humain, intègre, religieux – et de l'être – mais arrêtant alors ton esprit à cela que s'il faut ne l'être point, tu puisses et saches user du contraire[1]. »

Pouvoir et représentation

Soulignée par Machiavel, la mise en scène du pouvoir est de fait au cœur de la civilisation de la Renaissance. On en découvre l'importance dans toutes les régions d'Europe, sauf peut-être en Scandinavie. Quel que soit le pouvoir, elle prend des formes multiples, s'inscrivant dans la pierre des cités, se manifestant dans les cérémonies et les liturgies religieuses et/ou civiques rituellement réitérées ou s'épuisant dans les fêtes.

Maîtrise de l'espace, monumentalité, quête de gloire et d'éternité

Sur son lit de mort, le 24 mars 1455, le pape Nicolas V revint une dernière fois sur l'image qu'il avait entrepris de redonner de Rome, centre spirituel de la Chrétienté, siège de la Papauté et ancienne capitale de l'Empire romain. Il avait voulu, confiait-il à son secrétaire Giannozzo Manetti, en faire la préfiguration de l'Église triomphante, la réalisation ici-bas de la Cité céleste, une Nouvelle Jérusalem, en relevant les murs de la cité et les églises servant de stations, en reconstruisant le Borgo de la Cité léonine, en bâtissant le palais du Vatican et sa bibliothèque, en entreprenant la construction d'une nouvelle basilique dédiée à saint Pierre. Plus encore en effet que l'urbanisme de Pienza, fondée par la volonté de Pie II, c'est la transformation de Rome qui témoigne de façon exemplaire à la fois de la complexité de la Renaissance – qui est d'abord urbanisme et architecture avant d'être peinture et décoration – et de son profond renouvellement entre 1470 et 1560.

1. *Le Prince*, chap. XVIII, Bibliothèque de la Pléiade, 1952, p. 342.

Maîtrise de l'espace et monumentalité

Continuée sous le pontificat de Sixte IV (1471-1484) – que l'on songe à la Chapelle Sixtine ou au Ponte Sixto –, c'est avec Jules II que le chantier romain atteint son premier apogée. Le pape fait venir l'architecte Bramante (1444-1514) de Milan et réclame la présence de Raphaël et de Michel-Ange, rejoints par Léonard de Vinci, de 1513 à 1517. Les plans de Saint-Pierre sont établis, le tombeau de Jules II dessiné, les fresques de la Chapelle Sixtine ainsi que les tapisseries destinées à y être accrochées réalisées, et l'aménagement des chambres du Vatican entrepris. Peruzzi dessine la villa Farnese que Sebastiano del Piombo, Raphaël, Sodome et Peruzzi soi-même ornent de fresques. Progressivement, une esthétique nouvelle se constitue – qu'André Chastel a qualifié de « premier maniérisme romain » – que n'interrompt pas la mort de Raphaël en 1520, avant que le sac de Rome ne vienne disperser les artistes et briser ce premier élan.

Exemplaire, Rome n'est pas unique. Nombre de cités sont engagées dans de vastes programmes urbanistiques, liés peu ou prou à l'affermissement des pouvoirs « princiers ». Signe de cette évolution, à Milan, c'est à l'extérieur de la ville qu'est édifiée la citadelle du nouveau pouvoir, celui de Francesco Sforza (1401-1466), un condottiere qui s'est emparé de la ville en 1449. Mais son fils Galeazzo (1446-1476) fait appel à l'architecte Bramante (1444-1514), qui arrive en 1474, suivi en 1482 par Léonard de Vinci, alors que le duché est administré par Bonne de Savoie et Ludovic le More au nom de Giangaleazzo, leur fils et neveu. Les traditions locales, fortement marquées par l'esthétique gothique, évoluent sous l'influence des deux artistes, avant que la chute des Sforza en 1499 ne vienne interrompre l'élan. À Ferrare – pour ne pas parler d'Urbino déjà évoqué – Hercule Ier fait réaliser par l'architecte Biagio Rossetti, à partir de 1491, un nouveau quartier conçu dès le départ comme en ensemble homogène.

Ce désir de projeter sur la cité l'image du pouvoir princier est également présent à l'autre bout de l'Europe. À Moscou, la résidence du Kremlin est transformée en un ensemble architectural de type renaissant, avec notamment le palais à Facettes (1487-1491), réalisé par Marco Ruffo et Pietro Solari, destiné à loger le grand-père d'Ivan III. Ces constructions s'intègrent dans tout un cérémonial, largement emprunté à la symbolique byzantine dont Ivan III se veut l'héritier (trône, couronne, sceptre et manteau de pourpre), visant à rehausser sa dignité.

Message adressé à la ville et au territoire, l'architecture est aussi moyen à l'intérieur même des bâtiments d'aménager l'espace en y distinguant d'une part espaces publics et espaces privés, d'autre part pièces destinées à être vues et pièces cachées. La distinction peut s'établir par une distinction géographique et fonctionnelle : c'est le cas avec la villa du Belvédère construite par Innocent VIII à l'écart du Vatican. Mais elle peut aussi se faire plus subtilement à l'intérieur même du palais, comme celui de Richmond, aujourd'hui disparu, bâti par Henri VII. Une flexibilité d'autant plus grande que ces bâtiments sont souvent susceptibles de profonds remaniements, soit par un renouvellement du programme iconographique, soit par l'usage changeant qui est fait des pièces.

Quête de gloire et d'éternité

Ces constructions sont inséparables des sculptures qui les ornent et des décorations (peintures, tapisseries, mobiliers, vaisselles…) qui les accompagnent. Les programmes évoquent alors les héros ou les modèles dont le prince se veut l'héritier. Au palais ducal de Mantoue, les fresques d'Antonio Pisanello (c. 1395-1455) représentent la légende arthurienne. À Urbino, l'iconographie du duc représente dans son ambiguïté celle du *condottiere* qui se veut chevalier en armure mais aussi héros romain.

Le programme iconographique des Chambres du Vatican exprime parfaitement et l'image que la papauté entendait donner d'elle et les solutions esthétiques que les artistes – à commencer par Raphaël et son atelier – apportaient. Dans la Chambre de la Signature, sans doute destinée à devenir le cabinet et la bibliothèque privée de Jules II, quatre fresques – qui chacune mériterait un long commentaire, tout comme les voûtes et les soubassements – représentent *Le Triomphe de l'Église ou la Dispute du Saint-Sacrement ;* l'*École d'Athènes*, une assemblée de savants de philosophes et de savants de l'Antiquité présidée par Platon et Aristote ; *Le Parnasse* ; la paroi de la Justice, où sont représentées les *Vertus cardinales et Théologales*, la *Remise des Décrétales* et celle des *Pandectes.* Commencée sous Jules II, achevée sous Léon X, la Chambre d'Héliodore, qui servait de chambre d'audience, montre la protection de Dieu accordée par Dieu à son Église en quatre épisodes historiques : *Héliodore chassé du temple, La messe de Bolsena, La libération de saint Pierre, La rencontre du pape Léon le Grand avec Attila.* La Chambre de l'Incendie, achevée en 1517, renferme l'*Incendie de Borgo, La bataille d'Ostie, Le couronnement de Charlemagne, Le serment de Léon III.* Enfin la Salle de Constantin, achevée par l'atelier de Raphaël après sa mort, qui révèle les recherches sur la perspective menées par le peintre et son entourage. Peintures d'histoire – le genre le plus prestigieux – qui toutes étaient aussi réponses aux sollicitations de l'actualité, comme l'attestent les nombreuses figures de contemporains, à commencer par les commanditaires, et les allusions aux événements du temps, et messages d'espérance concernant l'avenir de l'Église.

Les républiques urbaines n'étaient pas en reste et développaient leurs propres programmes iconographiques fondés sur l'histoire de la cité et le rappel des signes de ses libertés. Alors que Pierre Soderini venait d'être élu gonfalonier à vie à Florence, on fit appel à Michel-Ange pour y sculpter la statue de David, placée à la porte du palais de la Seigneurie. Et l'on confia à Michel-Ange et à Léonard le soin de peindre les fresques représentant les deux grandes batailles de Florence pour sa liberté : notamment celle d'Anghiari (1440). Des programmes qui étaient connus bien au-delà dans lesquels ils étaient présentés par les gravures qui en étaient réalisées.

Cérémonies, cours et étiquettes

Pour Paolo Giovio (1486-1552), la Renaissance avait commencé à la cour de Galeazzo II Visconti (1354-1378), à Milan. Quelque peu provocateur, l'apophtegme a le mérite de rappeler le rôle des cours dans la civilisation de la Renaissance, aussi bien du point de vue politique et social que du point de vue culturel.

À la cour du prince se rencontrent deux cercles concentriques : celui des conseillers et des officiers, au service du chef de l'État ; celui des serviteurs de la Maison du prince, à laquelle pouvait s'ajouter celle du conjoint. La cour réglait l'accès au prince, elle contribuait à manifester et à augmenter sa gloire, elle intégrait socialement les courtisans. De ce point de vue, elle était tout à la fois un lieu fondé sur l'image de l'unité donnée à l'extérieur et sur la réalité des clans et des cabales à l'intérieur. Lieu de brassage, la cour était aussi en effet un lieu de hiérarchisation. L'étiquette était là pour rappeler à chacun la place – ordonnée au prince et à sa chambre – qui est la sienne. Des groupes sociaux très divers s'y côtoient, sans nécessairement se rencontrer : courtisans, artistes, valets et domestiques. Elle attire à elle une multitude d'artisans qui travaillent pour elle et sont autant de relais qui contribuent à faire connaître, sinon à diffuser un art de vivre qu'ils entrevoient sans y avoir accès.

Les cours de la seconde moitié du XVe siècle profitent de l'embellie économique et traduisent les renouvellements politiques et en particulier l'arrivée au pouvoir de nouvelles dynasties qui s'empressent de faire oublier leur récente accession (Sforza à Milan, Tudor en Angleterre). Dans son traité sur le cardinalat (*De cardinalatu*, 1510), Paolo Cortesi (1465-1510), rappelle quelle doit être la suite d'un prince de l'Église : soixante gentilshommes et quatre-vingts serviteurs. Un apparat qui coûte cher, au prince comme au courtisan. Au milieu du XVe siècle, le système curial était dominé par le modèle bourguignon dont Olivier de la Marche nous a laissé la description. En 1474, elle réunissait plus de mille courtisans qui vivaient aux dépens du duc. Mais l'Italie était le terrain de prédilection. Les plus prestigieuses étaient assurément celle du pape, du roi de Naples et du duc de Milan. Mais nombre de cours plus modestes étaient cependant très actives, comme en témoigne *Le livre du courtisan* de Castiglione, se référant à la cour d'Urbino. Le développement des relations diplomatiques, la multiplication des accréditations, des audiences étaient autant d'occasion de fêtes dont les relations d'ambassadeurs, les récits plus ou moins complaisants, l'iconographie et les comptes nous ont gardé la trace.

Fêtes mémorables et temps éphémère

Rupture du temps cyclique et simultanément recharge sacrale, les fêtes s'inscrivent dans des pratiques rituelles qui scandent le temps, circonscrivent l'espace (ou l'intègrent), rassemblent et ordonnent la communauté, commémorent un acte fondateur. À ce titre, elles ne sont pas une invention de la Renaissance. Mais mêlant toutes les formes d'art – musique, peinture, architecture, danse, poésie – se fondant sur des programmes qui associaient éléments ésotériques, mythologiques, philosophiques et politiques, elles deviennent aussi parfois éphémère occasion de « recréer sur terre l'harmonie céleste » (Roy Strong).

Fêtes et rituels

Commémoration du saint patron de la ville, comme saint Marc à Venise (25 avril), ou saint Jean-Baptiste à Florence (24 juin), célébration de la Vierge, comme à Sienne (15 août), rappel d'une victoire fondatrice, les fêtes confraternelles, paroissiales ou civiques suivaient le calendrier de l'année liturgique et adoptaient les formes de célébration privilégiées par l'Église : processions (comme celle du Dimanche des Rameaux – l'entrée à Jérusalem ! – à Venise) et messes (qui accompagnaient pratiquement toutes les manifestations). Parcourant la cité, les processions étaient alors l'occasion de manifester l'unité de la communauté mais aussi ses hiérarchies. Circonscrivant la ville selon un parcours qui soulignait les lieux identitaires mais aussi l'évolution de son urbanisme, les processions marquaient le territoire à protéger et sur lequel devaient s'accumuler les bienfaits de Dieu. Là où, comme à Milan, la vie était organisée en quartiers (les cinq *seggi*), la procession veillait à respectait la spécificité de chaque composante, en marquant une station.

En marge du calendrier et des formes liturgiques chrétiennes, les humanistes se piquèrent de faire revivre des fêtes de l'Antiquité comme, à Rome, celle de la Palilia, vieille fête agraire, devenue dans la Rome classique occasion de célébrer les origines de la ville et la geste de Romulus. C'est dans le monde des étudiants que la fête reprit vie à la fin du XVe siècle. C'était l'occasion de banquets et de discours. À partir de 1501, on la célébra sur la Campidoglio, à l'emplacement de l'ancien forum. Y participaient déjà des représentants du pouvoir pontifical et des représentants de la ville. Mais c'est surtout la magnificence de la fête organisée par le pape Léon X, en 1513, qui devait marquer les mémoires. Seule une messe rappelait l'enracinement chrétien de la communauté. Toute la fête était exaltation de la Rome païenne.

Événements, mémoire et fuite du temps

Mais la fête est aussi célébration de l'imprévu qui devient ainsi événement digne de mémoire, comme le soulignent l'impression de libelles et d'occasionnels la relatant, de livrets en comprenant le programme, ou encore la frappe de médailles inscrivant dans le métal et la durée l'éphémère et l'insaisissable. L'événementiel était alors étroitement lié à la vie du prince : naissance, mariage, le cas échéant couronnement et sacre, funérailles. L'« école cérémonialiste », issue de la tradition historiographique fondée par le livre d'Ernst Kantorowicz sur *Les Deux corps du roi* (1957) a largement insisté sur ces cérémonies fondatrices des « religions politiques modernes », cherchant à détourner à leur profit l'efficacité des liturgies jusque-là contrôlées par l'Église. C'est précisément à notre période que se met en place, en France, le cérémonial des funérailles royales (1498). La confection d'une effigie souligne la distinction entre le corps physique du roi – la dépouille – et le corps symbolique – représenté notamment par l'effigie – qui ne meurt pas.

Comme les processions urbaines, les fêtes qui accompagnent les déplacements du prince dans son territoire, et notamment les entrées dans les villes, soulignent l'unité du territoire sur lequel s'exerce l'autorité, ainsi reconnue, du prince. Elles peuvent être très ritualisées lorsque l'entrée accompagne la cérémonie du sacre, comme à Rome où le nouveau pape se rend d'abord à la basilique Saint-Pierre pour y être consacré avant d'aller prendre possession de la cathédrale de Saint-Jean-de-Latran, ou à Paris, où la Joyeuse Entrée du roi, au lendemain du sacre rémois, conduit celui-ci de la porte Saint-Denis jusqu'à Notre-Dame. Elles peuvent au contraire donner libre cours à l'imagination des artistes et des « auteurs », le plus souvent humanistes, lorsqu'il s'agit d'une entrée ponctuelle. Avec la participation des populations, c'est alors multiplication des tableaux vivants, des scènes de rues. Les décors abondent et le talent des « ingénieurs » se déploie pour construire des machines, comme les automates, notamment celui en forme de lion, que Léonard passe pour avoir fait construire pour l'entrée de Louis XII à Milan, en 1507. À notre période, l'influence des thèmes antiques se fait plus grande. C'est alors le thème du triomphe romain, avec construction d'arcs sur lesquels figurent des inscriptions tantôt en latin tantôt en langue vernaculaire, qui tend à s'imposer. En témoignent le *Triomphe* de Federico da Montefeltro, peint vers 1472 par Piero della Francesca, la série des dessins de Mantegna consacrés au *Triomphe de César*, (aujourd'hui à Hampton Court), ou encore celle gravée notamment par Dürer à la demande de l'empereur Maximilien. C'est d'ailleurs en César que Louis XII se fait représenter, notamment lors de l'entrée milanaise de 1509, refusant toutefois de monter sur le char qui a été préparé.

L'exemple de Louis XII nous rappelle d'ailleurs que la participation des populations n'implique pas nécessairement leur adhésion. Totale et définitive. Quelques années auparavant, l'expédition de Charles VIII avait donné lieu à une succession d'entrées triomphales, que textes et images se chargèrent d'immortaliser. L'échec fut pourtant patent[1].

En deçà de ces fêtes solennelles, la vie de cour était faite d'une succession de fêtes, organisées à l'occasion d'une visite, d'un événement heureux, ou tout simplement d'une volonté de plaisir. Pour reproduire l'harmonie céleste dans les cas les plus élaborés, pour briser de manière éphémère la fuite du temps. Et nous rappeler l'importance de la notion de représentation.

1. Denis (Anne), *Charles VIII et les Italiens, Histoire et Mythe*, Genève, 1979.

Chapitre 5

Renaissance artistique

Au cœur de toute réflexion sur la Renaissance, l'analyse de la production artistique réclame trois approches : sociale qui permette de comprendre le statut même de l'« artiste » et de l'« œuvre d'art », quand, pour reprendre une expression de Hans Belting, « l'art n'est pas encore l'art » (*Kunst vor der Kunst*), ou, plus précisément, ce qui complique encore notre tâche, quand il est en passe de devenir ce que nous appelons l'« art » ; culturelle qui aide à déchiffrer la grammaire et le vocabulaire mis en œuvre dans ce système de représentation éclaté en de multiples techniques – allant de l'architecture à la poterie, en passant par la peinture et la musique – parfois encore maîtrisées, au moins pour plusieurs d'entre elles, par un même homme ; esthétique, qui vise à analyser la stylistique utilisée par les artistes, par définition diverse et changeante. Autrement dit l'étude du « champ artistique » en train de se constituer, celle de ses techniques en train d'évoluer, celle de ses réalisations en train de se multiplier.

Les cadres de la vie artistique

Sans prétendre analyser de manière approfondie la « genèse du champ artistique » à la Renaissance, même chronologiquement réduite, deux éléments sont à prendre en considération : le statut de l'« artiste », étroitement lié à celui de ses commanditaires et à la circulation des « œuvres d'art » ; le statut de l'« œuvre d'art », largement associée à sa fonction religieuse et à sa progressive constitution comme « objet d'art ».

Commanditaires, artistes et échanges

Pour comprendre l'apparition de l'« artiste », qui est une des caractéristiques de notre période, on distinguera les conditions dans lesquelles une œuvre d'art est produite, le rôle des commanditaires et les formes d'organisation du monde très divers des « artistes ».

De la commande au marché en passant par le don

Trois logiques commandent les rapports entre « artiste » et bénéficiaire – institution ou individu – de l'œuvre, qui s'entremêlent bien plus qu'elles ne se succèdent durant toute notre période. Celle tout d'abord de la commande. Elle s'inscrit dans le cadre d'un contrat passé entre le commanditaire et l'artiste – mine d'information pour l'historien – qui précise toujours le thème du tableau, les délais d'exécution et les conditions du paiement et mentionne souvent l'obligation pour le peintre d'utiliser des couleurs de bonne qualité. Une clause qui va tendre à laisser la place à celle précisant le degré d'implication de l'artiste. Dans cette logique, qui est encore celle dans laquelle s'inscrit toute la production de Titien, l'initiative revient largement au commanditaire et l'on attend avant tout de l'artiste qu'il fasse la preuve de sa technicité en réalisant l'œuvre préalablement décrite.

Celle ensuite du marché, plus difficile à saisir mais dont on trouve des traces dès le début du XIVe siècle. Il est déjà très développé à notre période. Il résulte d'un élargissement social de la demande qui concerne de nouveaux acheteurs, notamment au sein des populations citadines, mais aussi d'un changement d'attitude de la part des commanditaires traditionnels qui, sans renoncer au principe de la commande, n'hésitent pas à s'adresser au marché par l'intermédiaire de négociants. Il est rendu possible par l'existence des grands réseaux commerciaux et bancaires qui, comme les Médicis, en font l'une de leurs activités. Mais la grande nouveauté est le développement de la gravure qui va permettre aux artistes d'une part de faire connaître leurs œuvres bien au-delà du lieu où celles-ci ont été produites et sont conservées (et ceci vaut autant pour l'architecture que pour la peinture), d'autre part de se livrer eux-mêmes à une activité lucrative, tel Albrecht Dürer qui reste largement dans le cadre de la logique de commande pour sa production picturale et adopte en revanche la logique de marché pour sa production graphique, estampillant – label d'authenticité – ses œuvres du fameux monogramme AD, et veillant jalousement à rester maître de la commercialisation de sa production.

La première conséquence en est que le prix des œuvres est déterminé désormais par le marché. La deuxième que l'artiste est maître de définir lui-même le thème, le support, les dimensions, et ce pour un acheteur anonyme qu'il ne connaît pas encore. À charge pour lui de respecter les règles du marché et d'abord de répondre à la demande des acheteurs. Les œuvres se négocient alors dans l'atelier de l'artiste, mais aussi sur les marchés et dans les foires, comme celles qui se développent à Bruges et à Anvers, dans les cloîtres des couvents ou dans la halle construite à Anvers, en 1460, près de l'église Onser Lieber Vrouwen Pand. Les artistes eux-mêmes peuvent se livrer au commerce des œuvres d'art, comme le sculpteur Guy de Beaugrant, installé à Bilbao, qui importe massivement les œuvres – répétitives – du peintre brugeois Adriaen Provost. Car une autre conséquence de cette mercantilisation est de contribuer à la spécialisation des ateliers, les incitant à pratiquer une production de routine. Mais aussi à leur hiérarchisation, car dès le XVe siècle, les œuvres vendues sur les foires tendent à être des tableaux de moindre qualité et des copies. Rappelant au passage que la focalisation sur les « grands » artistes, à laquelle nous n'échappons pas, travestit largement la réalité qui est faite, au contraire, de l'existence d'une multitude de « petits » ou « moyens » ateliers qui satisfont les besoins locaux, notamment ruraux, et vivent à un rythme autre, mais pas totalement décroché, que celui communément retenu dans les ouvrages d'histoire de l'art, sauf dans le cas des monographies régionales.

Isabelle de Castille se place dans cette logique quand elle décide d'accorder une exonération fiscale aux artistes étrangers qui viendraient s'installer en Espagne. Où, très rapidement, la foire de Medina del Campo devient un lieu d'approvisionnement pour les tapisseries et les sculptures des Pays-Bas, les gravures sur bois, les toiles et les panneaux d'Allemagne. C'est la même logique, mais cette fois dans un sens protectionniste, qui pousse le roi d'Angleterre Richard III, sous la pression des corporations anglaises, à interdire aux marchands étrangers d'introduire vitraux, miniatures, images et toiles peintes (1483/4).

La relative autonomie de l'artiste et sa progressive reconnaissance sociale vont favoriser une troisième logique, commune aux sociétés d'Ancien Régime : celle du « don » qui place l'artiste sous la protection d'un mécène auquel il « donne » son œuvre. De façon négative, cette logique se traduit par une diminution des contrats (prix-faits) qui nous sont conservés.

Commanditaires et amateurs

Le monde des commanditaires, comme celui des amateurs et des mécènes, est extrêmement varié. Papes, empereurs, souverains, princes et potentats, mais aussi communautés religieuses et confréries, magistratures urbaines et confréries, patriciens, et, de plus en plus, bourgeois enrichis, tandis que le développement du marché permet de toucher plus aisément des personnes plus modestes qui se contentent d'un portrait, voire d'une simple gravure. La demande des institutions religieuses est particulièrement intense à la fin du XVe siècle. Et si elle est affectée par la crise religieuse dans l'Europe du Nord des années 1530 – provoquant l'effondrement du marché des retables à volets, fabriqués conjointement par plusieurs ateliers, dont Anvers s'était fait une spécialité – elle se maintient dans l'Europe de la Contre-Réforme, comme en témoigne la demande toujours soutenue des confréries (*scuole*) vénitiennes.

L'essor de la demande s'accompagne d'une part du renouvellement des thématiques, sous l'influence notamment du goût pour l'Antiquité (allégorie, mythologie, peinture historique), qui pousse humanistes et lettrés à jouer le rôle indispensable de conseillers, d'autre part d'un goût souvent plus affirmé de la part des amateurs et des mécènes qui font valoir leurs désirs. Tel Federico da Montefeltro pour l'aménagement de son palais d'Urbino, confié à Luciano Laurana (c. 1430-c. 1500/2), originaire de Dalmatie, puis de Francesco di Georgio Martini (1439-1502), originaire de Sienne. Ou encore, le duc de Ferrare, Borso d'Este, demandant en 1469 à Cosmè Tura (c. 1430-1495), peintre de la cour, d'aller voir les fresques de Gentile da Fabriano (c. 1370-1427) dans l'oratoire du Broletto, à Brescia, avant de commencer à décorer la chapelle de sa villa de Belriguardo. Des princes qui n'hésitent pas à juger, comme, encore une fois, le duc d'Urbino faisant appel à Juste de Gand pour la décoration de son *studiolo*, aussi bien au palais ducal qu'à Gubbio, faute de trouver un artiste local à la hauteur de ses exigences. Un goût affiné que partagent les princes qui, dans le reste de l'Europe, s'inspirent des expériences italiennes, tel le duc Ludwig de Bavière qui écrit à Federico Gonzaga, en septembre 1534, pour lui demander de recevoir son peintre de cour, pour qu'il puisse apprendre à Mantoue, sans doute auprès de Giulio Romano, « la manière et la science de la peinture italienne ».

Corporation, atelier, affirmation de l'artiste

Les « artistes » appartenaient aux arts mécaniques. Ils étaient regroupés en **corporations**. Rarement cependant, comme à Venise qui faisait figure d'exception et ce depuis longtemps – au sein d'une corporation qui leur fût propre. Ils étaient généralement associés aux doreurs et aux enlumineurs, ou encore aux fabricants de cartes à jouer et de masques, voire, comme à Florence, aux médecins et aux apothicaires. En 1506 cependant, en France, les orfèvres obtiennent la création de corporations à Paris, Bordeaux, Marseille, Montpellier, Rouen, Toulouse et Troyes et une jurande à Angers.

Fondées sur la hiérarchie entre maîtres et compagnons, les corporations avaient pour but d'intégrer les « artistes » dans une commune sociabilité religieuse, de maintenir les équilibres entre les différents ateliers et de veiller à la qualité de la production. C'étaient à elles qu'il appartenait de décider combien d'apprentis un atelier pouvait accueillir et pour quelle durée. Tandis qu'elles interdisaient à un apprenti de changer de maître ou de vendre lui-même ses propres œuvres. De nombreux contrats d'apprentissage nous permettent d'en connaître le fonctionnement avec précision. Dans le Nord de l'Europe, l'apprenti – qui était logé, nourri et habillé – recevait en outre un salaire. Il semble qu'en Italie, la situation ait été plus diverse, suggérant un recrutement socialement plus diversifié, des apprentissages plus complexes (avec des apprentis entrant avec une certaine expérience, si l'on en juge par la durée très variable des temps d'apprentissage prévus dans les contrats). À l'issue de cet apprentissage, après avoir accompli son chef-d'œuvre (dans l'Europe du Nord) et payé ses droits (réduits s'il était fils ou gendre de maître), le nouveau maître pouvait ouvrir son propre atelier et accueillir à son tour des apprentis. S'il n'avait pas les moyens de s'installer à son compte, il pouvait continuer de travailler comme assistant.

Les devoirs des maîtres étaient rarement précisés. Dans un contrat – sans doute peu représentatif – du milieu du XVe siècle, le Padouan Francesco Squarcione s'engageait à enseigner la perspective, l'art des proportions, le dessin en raccourci et à mettre ses collections de dessins à disposition de ses élèves. Léonard, qui avait été lui-même l'élève de Verrochio (1436-1488), esquissa à la fin du XVe siècle un traité sur la formation dans lequel il insistait sur l'apprentissage de la perspective et de la proportion, tout en mettant au premier rang le dessin (d'abord en deux dimensions, puis en trois et enfin selon nature). Il continuait de compter essentiellement sur la mémoire de l'apprenti.

Malgré ce dernier trait, la rédaction même d'ouvrages concernant la formation des artistes montrait que ceux-ci s'employaient à passer d'une conception « mécanique » de leur art – reposant sur un savoir-faire – à une conception « libérale », fondée sur un savoir livresque. Dans tous les cas, l'accent était mis sur l'apprentissage de la perspective et le savoir géométrique qu'elle réclamait, du *Traité de la peinture* (1435) de Leon Battista Alberti au manuel de Jean Pélerin Viateur, *De artificiali perspectiva*, publié à Toul en 1505, en passant par le *De prospectiva pingendi* de Piero della Francesca (c. 1415-1492). Dürer leur fit encore écho en 1525 et 1528 avec les deux traités publiés en allemand à Nuremberg, respectivement sur l'art de mesurer et sur les proportions humaines : « Jusqu'à présent, beaucoup d'enfants, dans nos terres d'Allemagne, ont été mis en apprentissage chez un peintre, pour y apprendre leur art, sans que cependant ils y reçoivent le moindre principe rationnel n'étant formé que selon l'usage courant. Aussi grandissaient-ils dans l'ignorance, tel un arbre sauvage et sans fruit… »

Le travail de l'artiste se faisait dans le cadre de l'**atelier** (*bottega*), à la fois lieu d'apprentissage et de travail, d'atelier et de boutique. Comme le demande explicitement Léonard, il permet de libérer l'artiste des tâches secondaires, accomplies par ses assistants, et de se concentrer ainsi sur l'« invention », qui devient le signe distinctif de l'artiste. Il favorise la spécialisation au sein même de l'atelier, optimisant le savoir-faire de chaque membre et permettant de répondre à la demande croissante. Dans le même temps, sans aucun paradoxe, il contribue à mieux faire ressortir le génie du maître, qui se distingue ainsi de ceux qui n'ont que leur talent. Rares sont désormais les artistes qui travaillent seuls ou avec un nombre d'assistants réduits, comme Corrège (1494-1534) ou Pontormo (1494-1557). À l'inverse, la rivalité est grande pour attirer à soi les meilleurs des assistants, alors même que la main d'œuvre qualifiée est rare. On comprend ainsi l'hostilité de Mantegna à l'égard du peintre mantouan Andrea Bugatti après que celui-ci lui a débauché un de ses aides, le graveur Simone Ardizzoni, en 1475.

La formation en atelier contribuait à la constitution de dynasties, comme à Venise celle des Bellini. Après avoir formé deux de ses fils, Gentile (1429-1507) et Giovanni (1432-1516), Jacopo Bellini (1396 ?-1470 ?) continua de travailler avec eux, même après que ceux-ci furent devenus maîtres dans les années 1460. On décèle d'ailleurs son influence sur Gentile pour la maîtrise de la peinture narrative, et sur Giovanni pour sa capacité à rendre les paysages et les effets de lumière. Mais c'est à sa rencontre avec Mantegna, qui devint son beau-frère en épousant sa sœur Nicolosia, en 1453, que ce dernier dut sa familiarité avec les idéaux humanistes. Il sut d'ailleurs parfaitement organiser son propre atelier pour répondre à la forte demande de peinture de dévotion à la fin du XVe siècle. Et beaucoup de peintres vénitiens y furent formés. Dans quelques rares exceptions, cette organisation familiale pouvait également profiter aux filles ou à l'épouse du peintre, comme Levina Teerlinc (c. 1520-1576), formée par son père et qui accompagne son mari à la cour d'Angleterre où elle bénéficie en 1546 du titre de peintre du roi (*King's paintrix*). Mais elles restaient souvent confinées dans des genres jugés mineurs comme les portraits ou les natures mortes. On notera toutefois que dans l'œuvre de Castiglione, la « dame du palais » doit aussi avoir « connaissance de lettres, de la musique et de la peinture ».

C'est dans ce contexte qu'émerge la reconnaissance de l'**artiste**, au sens où nous l'entendons aujourd'hui : créateur et non plus, ou pas seulement, excellent artisan. Deux traits la soulignent. Tout d'abord, la conscience que les artistes ont pris d'eux-mêmes. Celle-ci s'exprime en premier lieu par l'apparition même d'une histoire de l'art ayant sa temporalité propre. La publication des *Vite de' piu eccelenti pittori, scultori e architetti*, à Florence, en 1550, par Giorgio Vasari, en est l'acte de naissance. L'idée était dans l'air à Florence (l'anonyme Magliabecchiano), à Venise (Michiel), à Rome (Paolo Giovio) ; le genre littéraire – celui de la galerie de portraits, que Vasari sut habilement combiner avec celui du catalogue des œuvres présentées sous la forme de recueils topographiques ainsi que celui des récits anecdotiques – était connu. Vasari prit tout le monde de vitesse. Et imposa d'emblée une interprétation qui fut reprise dans une seconde édition, considérablement augmentée et corrigée, en trois volumes, en 1568. Il fondait d'un coup – et c'est pour notre réflexion fondamental – l'histoire de l'art, la notion de Renaissance (*rinascità*) et, nous y reviendrons, la notion de « manière » (*maniera*). Et il donnait aux artistes une existence propre.

Par le souci, en second lieu, que les artistes avaient d'affirmer la singularité de leur activité et la dignité de leur statut. Lorsque Carpaccio choisit de signer sa *Vision de saint Augustin* (Venise, entre 1502 et 1507) avec la formule « *Victor Carpathius fingebat* », il entend monter que le peintre (*pictor*) n'est pas un simple artisan manuel mais un véritable inventeur (*fictor*). Quand Léonard s'interroge, dans un texte demeuré manuscrit, sur le rapport – *Paragone* – entre les arts, défendant la peinture contre la poésie, la musique, les arts mécaniques et la sculpture, c'est le statut de la peinture comme art libéral qu'il entend affirmer. Lorsque Raphaël et Parmigiano prennent soin de choisir des habits de soie et des fourrures ils prétendent s'élever au statut de courtisan. Et quand Mantegna, Dürer ou Giorgione, pour ne prendre que quelques exemples, réalisent leur propre portrait, ils se font les égaux de leurs commanditaires.

C'est aussi, en troisième lieu, dans la revendication d'un « tempérament mélancolique », propre au « génie » de l'artiste que s'exprime la naissance de l'artiste moderne. C'est en tout cas l'interprétation qu'Erwin Panofsky donne de la gravure de Dürer *Melencolia I*, gravée en 1514, objet d'une chaîne explicative qui court d'Aby Warburg et Carl Giehlow à Fritz Saxl, Raymond Klibansky et Erwin Panofsky. Que montre la gravure ? Un ange ailé, un putto en train d'écrire, un chien endormi et une chauve-souris ainsi que toute une série d'objets, dont l'interprétation reste aujourd'hui problématique, à l'exception peut-être de l'ustensile à moitié recouvert par la robe et qui pourrait être le bout d'un soufflet : sur le bord gauche de la gravure, derrière la boule, un encrier et de quoi écrire ; derrière le rhomboèdre, un creuset. Les deux objets géométriques d'une part et les outils d'autre part ressortissent symboliquement ou emblématiquement pour les premiers, pratiquement pour les seconds, au monde des architectes et des charpentiers. Pour Panofsky, Dürer mêlait ainsi deux traditions : la représentation de la géométrie et celle de la mélancolie. La première dérivait de la personnification des arts et pouvait représenter tout simplement les arts mécaniques et libéraux ; la seconde appartenait à la théorie des quatre tempéraments – sanguin, flegmatique, colérique et mélancolique – au sein desquels, depuis l'Antiquité, le mélancolique passait pour être grevé des pires caractéristiques. Or, depuis Marsile Ficin, la mélancolie bénéficiait d'une revalorisation. Sans perdre tous ses aspects négatifs, elle était devenue la marque du « génie », autrement dit de l'homme créateur. C'est ce qui expliquait le lien avec la géométrie. On croyait en effet que le tempérament mélancolique était sous l'influence de la planète Saturne, lequel – en qualité de dieu de la terre – avait un lien étroit avec la mesure du sol, autrement dit, au sens propre du terme, la géométrie. Par ailleurs, un autre lien existait, développé notamment par Agrippa de Nettesheim, prolongeant Ficin, suggérant que le « *furor melancholicus* » pouvait engendrer trois sortes de génies : l'artiste, le savant, le théologien. Panofksy s'efforçait alors – sans à la vérité convaincre totalement – que Dürer avait connu Agrippa. Pour lui, le magique carré de chiffres est un talisman contre l'influence de Saturne, tandis que la présence des animaux, le poing serré de la personnification, la couleur sombre de son visage, ainsi que les plantes qui composent sa couronne trouvent leur raison d'être dans les représentations contemporaines de la mélancolie. Les attributs traditionnels de Saturne et du mélancolique qui lui étaient associés devenaient pour Dürer la récompense de l'artiste reconnu. Lui-même se considérait comme un mélancolique. Longtemps, il avait cherché à atteindre la beauté par la mesure, avant tout les proportions du corps humain. Il reconnaissait ainsi son échec. La gravure n'était rien d'autre qu'un autoportrait spiritualisé de l'artiste.

Le deuxième trait de la reconnaissance des artistes était à l'inverse le regard porté sur eux. La lettre que Federico da Montefeltro adresse à l'architecte Luciano Laurana (1420-1479), lorsqu'il lui confie la coordination des travaux du palais d'Urbino, témoigne du changement de statut en train de se produire en le liant très précisément aux savoirs dont sont maîtres les artistes : « il faut honorer et encourager de tels hommes qui se distinguent par leur esprit et leur vertu, surtout s'il s'agit de celle que les antiques et les modernes ont portée si haut, la vertu de l'architecture qui est fondée sur l'arithmétique et la géométrie, qui font partie des sept arts libéraux ». Et en 1539 un bref du pape Paul III distingue artistes et artisans.

Mais l'exemple même du duc d'Urbino confirme ce que Martin Warnke avait naguère suggéré, à savoir que la « genèse de l'artiste moderne » est étroitement associée à l'affirmation des cours. C'est en effet la faveur – le terme est choisi à dessein – qui élève l'artiste à un rang qu'il prétend n'être dû qu'à lui. Lorsque Botticelli (c. 1444-1510) et Gozzoli (1420-1497) se font représenter sur leurs tableaux de l'*Adoration des Mages* (conservés respectivement aux Offices et au Palazzo Medici), ils cherchent certes une reconnaissance publique, mais ils le font précisément à travers leur association avec la famille des Médicis alors toute-puissante. Et c'est dans le cadre curial que les artistes vont se lier aux humanistes, bénéficiant du savoir et le cas échéant du soutien de ces derniers. Il suffit de penser au lien qui existe entre Pietro Aretino (1492-1556) et Titien (c. 1488-1576), le peintre quasi officiel, à partir de 1530, de Charles Quint qui l'anoblit en 1533, établissant clairement le lien qui existe entre l'artiste et le prince : « Vos dons et votre génie pour rendre la vie des personnes que vous peignez sont si grands que vous méritez d'être appelé l'Apelle de ce temps. Suivant l'exemple de nos prédécesseurs, Alexandre le Grand et Octave Auguste, l'un qui ne fut peint que par Apelle l'autre qui ne le fut que par les plus excellents maîtres, nous avons nous-même été peint par vous et avons si bien apprécié votre habileté et votre réussite qu'il nous a semblé bon de vous distinguer avec des marques d'honneur impériales, en signe de notre bonne opinion sur vous et pour en garder mémoire dans la postérité. » Mais l'exemple de Titien, minutieusement analysé pour les premières années (jusqu'en 1518), bien antérieures aux liens avec la cour impériale, souligne justement le rôle propre à l'artiste dans les choix artistiques d'une individualité, il est vrai exceptionnellement ambitieuse, dynamique et intelligente. Disposant rapidement d'un atelier qui rassemble deux assistants. Et servie par l'habile prise en compte des possibilités offertes par les nouveaux rapports entre artistes, commanditaires et amateurs de reproduire ou de varier plusieurs fois un même thème[1]. À l'inverse, le courtisan de Castiglione ne doit pas seulement savoir dessiner mais aussi peindre.

Et pourtant, il convient de nuancer cette image trop simple. Tout d'abord, en même temps qu'elle a permis l'émancipation des « génies », la « genèse de l'artiste moderne » a accentué les hiérarchies existant au sein d'un groupe social extrêmement divers. D'autre part, les évolutions concernent essentiellement l'Italie et l'on sait, à travers la correspondance que Dürer entretenait avec le patricien de Nuremberg, Willibald Pirckheimer – « À Venise, je suis devenu gentilhomme » (18 août 1506) –, combien la situation vénitienne lui paraissait contraster avec celle qu'il connaissait en Franconie. Enfin, même en Italie cette genèse était loin d'être parvenue à son terme. Analysant le cas vénitien, Michel Hochmann met en évidence que dans cette cité clairement hiérarchisée, les artistes sont sur le même rang que les plus honorables des artisans (orfèvres, joailliers...) et que seuls les plus grands s'élèvent jusqu'à hauteur du groupe des *cittadini*, des marchands, secrétaires ou médecins.

Image de dévotion et dévotion de l'image

Le statut de l'image est lui aussi profondément renouvelé à la Renaissance. D'abord en raison de l'évolution de l'image religieuse, au fondement encore de la notion de représentation. En raison ensuite de nouvelles pratiques culturelles tendant à constituer d'un côté un espace autonome et spécifique pour abriter les images (collections), d'un autre côté un nouveau rapport à l'image (plaisir esthétique).

L'image religieuse

La peinture de la Renaissance était sur le terrain des images religieuses l'héritière de deux mutations. La première datait des débuts du XIIIe siècle. Deux changements étaient alors survenus : d'une part l'affirmation de la présence réelle du Christ dans l'eucharistie (IVe concile du Latran, 1214), d'autre part un changement du statut de l'image, dont témoignait le fait que le culte de la « vraie image » du Christ, conservée à Rome en l'église Sainte-Croix de Jérusalem, était désormais accompagné de l'octroi d'indulgences (1216). Ce qui revenait à accorder aux images un statut – celui de rendre présent le divin – qui était jusque-là réservé aux sacrements et aux reliques. La seconde datait du XIVe siècle. Largement liée à l'intériorisation de la vie religieuse, la fonction dévolue aux images avait évolué au sein de l'Église catholique latine. Traditionnellement, comme le rappelle encore le *Catholicon* de Jean de Gênes (1497), analysé par Dominique Rigaux, les images avaient pour fonction d'instruire les ignorants des préceptes de la foi, de rappeler les vérités de la foi et d'émouvoir la compassion par les souffrances des martyrs ou la joie par la gloire des bienheureux. Désormais la troisième fonction prend le pas sur les deux autres : « Pour l'instruction des gens simples incapables de lire, pour que le mystère de l'incarnation et l'exemple des saints puissent mieux agir dans leur mémoire en étant exposés quotidiennement à notre regard... pour susciter un sentiment de dévotion, qui est plus efficacement excité au moyen de choses vues que de choses entendues. »

1. Joannides (Paul), *Titian to 1518. The assumption of genius*, New Haven, 2001.

De cette double mutation résultent trois faits observables dans la période 1470-1520. Le premier était la charge sacrale des images toujours prêtes à accomplir des miracles, comme cette Madonne sculptée par Jacopo Sansovino, en 1505, dans l'église Sant'Agostino, à Rome, qui guérissait de la peste et promettait la fertilité à qui l'implorait. Le deuxième était l'évolution du tableau d'autel repérable en Italie dès la première moitié du siècle. Étroitement associé au rite de l'élévation, ce tableau souligne l'affirmation de la présence réelle dans l'eucharistie, associée au pouvoir du prêtre qui prononce les paroles consécratoires, et soutient les dévotions du fidèle. Au retable, composé d'un panneau central et de volets mobiles, en nombre variable (deux, parfois quatre), auxquels s'ajoute la prédelle qui forme le socle du retable et qui peut elle aussi être constituée de plusieurs éléments, se substitue le tableau unique (la *pala*). Simultanément à cette simplification, mise en place à Florence dès les années 1430-1440, apparaît une nouvelle iconographie tendant à privilégier la représentation d'une madone entourée de saints (*Sacra Conversazione*). Le troisième était la multiplication – essentiellement dans l'Europe du Nord, en liaison avec le mouvement de la *devotio moderna*, mais pas exclusivement comme le montrent les exemples d'Antonello de Messine (c. 1430-1479, *Vierge annoncée*, Palerme) et de Giovanni Bellini (*Madone*, Venise), au tournant des XVe et XVIe siècles – de l'« image de dévotion » qui « permet à la conscience individuelle des spectateurs une immersion contemplative dans le contenu médité et laisse en quelque sorte l'âme du sujet s'identifier avec l'objet » (Panofsky). Erwin Panofsky a montré comment ces images, aux dimensions réduites, permettant une utilisation « privée », étaient intégrées dans des pratiques d'oraison mentale auxquelles le dévot était appelé. Elles l'aidaient à fixer son imagination – le terme est évidemment révélateur – et à atteindre ainsi le but souhaité : la contemplation, à défaut d'une impossible vision, de Dieu.

Collections et plaisir esthétique

Indépendamment de l'image religieuse, qui représentait encore une large part de la production artistique, s'était développée l'image profane caractérisée non seulement par la « sécularisation » des thèmes iconographiques (M. North), sur laquelle nous reviendrons, mais aussi par les conditions même de sa conservation. L'une des grandes nouveautés de la Renaissance, qui se constitue et se développe précisément à notre période, est en effet la constitution d'espaces « privés » étroitement associés à la présence d'œuvres d'art, la formation de « collections » et l'évolution qui ne s'achève qu'au XVIIe siècle vers la notion de « musée ». D'abord lieu d'étude et de travail, le *studiolo* va rapidement devenir un espace où le prince manifeste ses goûts. Il dénote un désir d'intimité et de secret, un goût pour la méditation et l'étude. L'un des exemples les plus connus et les mieux conservés est le *studiolo* que Federico da Montefeltro fit aménager en 1476 dans le palais ducal d'Urbino. Sa décoration comprenait un plafond à caissons, des panneaux incrustés, représentant avec un illusionnisme remarquable l'intérieur d'un *studiolo* et une frise peinte composée de vingt-huit portraits d'hommes illustres, peints par Juste de Gand (actif de 1460 à 1475) et Pedro Berruguete (1450-1505), qui reflètent tout à la fois les préférences de Federico mais aussi les thèmes et les idéaux humanistes. Il fit également aménager un *studiolo* dans le château de Gubbio, où le programme iconographique était celui des Arts libéraux.

Un autre exemple est celui d'Isabelle d'Este (1474-1539) dont le *studiolo*, installé dans le palais ducal de Mantoue, recréait l'univers raffiné qu'elle avait connu à Ferrare. Déjà s'y amorce l'évolution vers le cabinet de curiosités, qui traduit précisément une curiosité sans bornes : statues, bas-reliefs antiques, mais aussi agates, jaspes, sardoines, bijoux, camées, ivoires, médailles, cristaux, objets rares comme la corne de narval, vases de toute sorte, salières, encriers... que traquent fidèles et correspondants, comme Sabba de Castiglione ou Lorenzo da Pavia. Les tableaux de Mantegna, aujourd'hui au Louvre, en résument parfaitement le programme iconographique : d'un côté, l'exaltation conjointe de Mars et de Vénus (*Le Parnasse*, 1497), célébrant l'union de Gian Francesco Gonzaga et d'Isabelle d'Este ; d'un autre côté le programme extrêmement complexe – dont Mantegna semble avoir été entièrement responsable – de *Minerve chassant les Vices du Jardin de la Vertu* (1501-1502). C'est l'exaltation de l'amour pur, de la connaissance et de la musique, mais aussi la représentation du mal. Si le cours des destinées est réglé par les astres, c'est cependant par sa volonté et sa création que l'homme parvient à l'équilibre et à la vertu, grâce aux arts et notamment à la musique et malgré ses passions et ses erreurs.

Dès le milieu du XVe siècle s'était manifesté ce goût nouveau pour les collections. La collection des Médicis, qui avaient en partie récupéré des pièces provenant du trésor impérial, dispersé après la chute de Constantinople, était célèbre. Dans la collection de Marguerite d'Autriche, rassemblée au palais de Malines, on trouve déjà ce goût pour les objets les plus hétéroclites, mais aussi des collections de tableaux et une galerie de portraits d'ancêtres. L'intérêt porté à l'Antiquité se manifestait par la présence de fragments lapidaires et de monnaies. Les marchands d'Augsbourg et de Nuremberg s'approvisionnaient sur le marché italien par l'intermédiaire des Vénitiens. Les artistes participaient à l'engouement. Mantegna, qui avait sa propre collection, était consulté par les Gonzague à propos de pierres précieuses. De la même façon, Léonard conseillait Isabelle sur l'achat de vases classiques.

L'une des conséquences les plus importantes était l'apparition de tableaux directement conçus pour la collection qu'ils devaient enrichir. Et du même coup conçus en fonction des goûts et du programme iconographique établi par le commanditaire pour sa jouissance personnelle. C'est le cas déjà avec les tableaux de Giorgione : *La Tempête*, les *Trois Philosophes*, dont l'iconographie complexe traduit justement cette « privatisation » de l'iconographie ou, pour parler comme Salvatore Settis, de « l'invention du tableau ». Simultanément cependant, ces diverses collections, pontificales, cardinalices, princières, s'ouvrent pour partie et plus ou moins largement au public et en tout cas aux artistes qui venaient ainsi s'y former, dans une attitude qui est en un sens déjà celle du « musée ».

Techniques, grammaire et vocabulaire des images

À la différence des hommes de la Renaissance, il apparaît aujourd'hui difficile de maîtriser simultanément les différents éléments composant l'activité artistique. On se concentrera ici sur la peinture. En étant bien conscient d'un gauchissement qui ne correspond pas aux goûts diversifiés de la période qui nous concerne.

Techniques

Dans l'histoire de la peinture à la Renaissance deux problèmes se dégagent. Celui du support et de la technique picturale. Celui de la perspective. En Europe et plus spécialement dans l'Italie de la Renaissance, durant toute la période qui nous concerne, la **peinture à fresque** demeure un moyen de décoration très répandu, que l'on ne doit absolument pas négliger au bénéfice de la seule peinture de chevalet, sachant qu'une bonne partie des fresques des XVe et XVIe siècles ont aujourd'hui disparu. Procédé de peinture murale qui consiste à utiliser des couleurs délayées à l'eau sur un enduit de mortier frais, la fresque réclame une organisation très précise. Après avoir préparé le mur, il faut en effet appliquer sur un enduit frais (*a fresco*), les pigments de couleur. Un dessin préparatoire (*sinopia*) est esquissé et les couleurs sont ensuite appliquées. C'est une technique contraignante qui ne permet guère l'innovation.

La légende propagée par Vasari dans les *Vite* selon laquelle Jan van Eyck aurait inventé la **peinture à l'huile** est sans doute l'une de celle qui a le mieux résisté. Elle a sa part de vérité. Au début de notre période les artistes flamands passent pour posséder un savoir-faire inégalé. Ce qui avait poussé Federico da Montefeltro à faire appel à Juste de Gand et les cours de Milan et de Naples à envoyer respectivement Giovanni di Giusto et Zanetto Bugetto se former sur place. À la différence de la peinture à fresque, la peinture à l'huile de lin, qui a remplacé le blanc d'œuf comme liant des pigments colorés, sèche rapidement. Ce qui autorise les retouches et favorise le travail sur l'éclat des couleurs. En Italie, c'est Antonello de Messine qui développe l'emploi de cette technique picturale, même si, contrairement à ce que rapporte Vasari, il n'est sans doute jamais allé en Flandres et n'a certainement pas rencontré Jan van Eyck. Il doit à cette technique le goût pour le détail infime qui donne à ses tableaux – comme le *Saint Jérôme dans son cabinet d'étude*, peint vers 1470/75, et conservé à la National Gallery – réalisme et sensualité. Le travail sur la lumière participe aussi à l'animation de l'espace, transforme la représentation de l'objet, fait émerger les figures par la technique du *sfumato* (clair/obscur) mise au point par Léonard et permettant de passer d'un ton à un autre.

Traduction par le peintre d'une façon d'expérimenter le monde commune à tout un chacun (Gombrich) ou construction sociale et « forme symbolique » (Panofsky), l'utilisation des lois de la **perspective** est incontestablement une des caractéristiques de la Renaissance, aussi bien en architecture qu'en peinture. C'est le moyen utilisé par l'artiste pour suggérer sur un espace en deux dimensions une troisième dimension : celle de la profondeur. Qui ne peut donc être qu'une illusion. Deux techniques peuvent être mises en œuvre. Celle de la perspective linéaire qui ordonne le tableau géométriquement en fonction d'un point de fuite. Celle du chromatisme, de l'intensité et du clair-obscur. La première va largement servir d'argument aux peintres pour revendiquer un statut différent de celui des artisans. La deuxième va tirer profit des avantages de la peinture à l'huile : l'effet de transparence, de profondeur et de détail et mettre en avant la virtuosité et la minutie de l'artiste. Mais en même temps qu'elle fait du peintre le constructeur du tableau, elle assigne une place fixe au spectateur afin de créer l'effet d'illusion.

Dans l'*Annonciation* du *Polyptyque* de Pérouse (1460-1470), Piero della Francesca figure ainsi une loggia, dans laquelle s'inscrit la scène du message transcrit par l'ange, qu'il construit de façon mathématique. Cette perspective dévoile que ce que l'œil voit, ce n'est pas ce qui est véritablement peint. Le spectateur peut voir en effet, grâce au plan au sol de la loggia, que la Vierge est invisible pour l'ange parce qu'elle est masquée par une colonne. D'autre part, la construction perspective fait apparaître que le Christ, figuré par la colonne, n'est pas visible pour les yeux de chair des hommes. Et que c'est à l'œil spirituel – « l'œil du quattrocento » (M. Baxandall) – de le découvrir.

La grammaire des images

En simplifiant à l'extrême, on peut dire que la « grammaire des images » à la Renaissance repose sur trois éléments : l'imitation de la Nature, l'inspiration de l'Antiquité, l'inspiration rhétorique et l'influence néo-platonicienne.

Imitation de la Nature

Pour les théoriciens de l'Antiquité, l'art devait se proposer l'imitation de la nature. Les hommes de la Renaissance reprirent l'idée. Mais de même que le retour à l'Antiquité était prise de conscience de la distance existant entre Antiquité et temps présent, autrement dit construction de l'histoire, de même la volonté d'imiter était reconnaissance de la différence existant entre la nature et son imitation, autrement dit construction de l'illusion. Ce à quoi servait la construction perspective. Un illusionnisme qui peut être extrêmement sophistiqué comme dans la *Chambre des époux*, peinte par Mantegna, en 1473-1474, dans le palais ducal de Mantoue. La partie centrale du plafond donne en effet l'illusion de trouer les murs de la salle avec des figures féminines et des putti regardant vers le bas, disposés autour d'une balustrade s'ouvrant vers le ciel.

Au reste l'imitation de la nature n'interdisait pas l'imagination et la fantaisie, comme en témoigne par exemple le goût des « grotesques » (*grottesche*), que les artistes découvraient dans les ruines romaines, notamment celle de la Domus Aurea, construite par Néron à proximité du Colisée (64), que l'on venait de redécouvrir et que l'on croyait être les thermes de Titus. La redécouverte des fresques romaines, aux formes géométriques, influença immédiatement deux artistes qui devaient travailler au Vatican : Pinturrichio (pour les appartements des Borgia, 1491-1495) et Raphaël (pour ceux de Léon X, 1513-1521). Les emprunts étaient directs pour la salle de bains (*stuffetta*) du cardinal Bernardo Dovizi da Bibbiena, dont Raphaël dessina les plans en 1514. Non sans y surajouter une relecture chrétienne, sensible dans la *Loggeta* qui lui était adjointe. L'atelier de Raphaël était ainsi devenu l'un des lieux où l'on était le plus sensible à cette esthétique : le miniaturiste Giovanni da Udine, qui travailla lui aussi aux *Logge* du Vatican, en fit sa spécialité, en particulier lorsqu'il collabora à la Villa Madama, à la demande du cardinal Jules de Médicis.

Inspiration de l'Antiquité

Dans le domaine de l'art, outre la collecte des traces antiques, leur conservation et/ou leur commercialisation, l'inspiration de l'Antiquité était d'abord copie de l'art antique : architecture, sculpture, monnaies et médailles. La construction du temple Malatesta (Tempio Malatestiano), à Rimini, par Alberti, à la demande de Sigismondo Malatesta (1417-1468), fut le premier exemple de reprise d'un plan circulaire, en rupture avec le plan traditionnel des églises. Il fut d'ailleurs orné dans les années 1450, par Agostino di Duccio, de bas-reliefs astrologiques et profanes qui venaient se mêler assez librement aux sujets sacrés. L'histoire ancienne fournissait de nombreux thèmes d'inspiration et l'on a vu la reprise du « triomphe de César » dans les entrées de ville ou par Mantegna.

De façon très sophistiquée, l'inspiration pouvait être aussi reconstruction consciente d'une œuvre antique disparue (la *Galatea* de Raphaël, dans la Galerie Farnèse, inspirée des *Imagines* de Philostrate l'Ancien ; *La Calomnie d'Apelle*, de Botticelli, qui recrée une peinture d'Apelle décrite par Lucien) : une *ekphrasis*. Par la force de son génie, le peintre est ainsi invité à faire renaître des peintures antiques disparues. C'est ce que demande le duc de Ferrare, Alphonse d'Este, pour son *camerino* où il cherche à recréer une galerie de tableaux de l'Antiquité, en partant de la description qu'en avait donnée le rhéteur Philostrate dans ses *Images*. Seuls Giovanni Bellini et Titien, aidé peut-être par l'Arioste, y réussirent.

Rhétorique et néo-platonisme

La volonté de faire de la peinture – *ut pictura poesis* (« la poésie est semblable à la peinture », Horace, *L'Art poétique*) – l'équivalent de la poésie devait influencer fortement l'évolution de la peinture. Elle impliquait en effet une conception rhétorique de la peinture. Qui instruit plus qu'elle ne divertit, en représentant les actions et les passions humaines. Celle-ci est résumée dans l'œuvre de Leon Battista Alberti (1403-1472) et en particulier dans le *Della pittura* (1436). Pour lui, la peinture est avant tout une « histoire » (*storia*). Et le peintre, comme l'orateur, doit donc choisir son sujet (*inventio*), le composer (*dispositio*) et le mener à bien (*elocutio*). Tout en préservant l'unité de sa démarche : « [le peintre] doit par-dessus tout s'efforcer de faire que toutes les parties s'accordent l'une à l'autre ; et elles le feront si, en quantité, en fonction, en genre, en couleur et à tous les autres points de vue elles s'harmonisent en une seule beauté. »

L'un des exemples les plus manifestes des idées d'Alberti est l'œuvre de Vittore Carpaccio (c. 1465-1525/6), qui travaille à Venise, essentiellement pour les *scuole* et y développe de grands cycles picturaux : l'histoire de sainte Ursule pour la *scuola* dédiée à la sainte, celle de la Vierge pour la *scuola* di Santa Maria degli Albanesi, celle de saint Étienne pour la *scuola* dédiée au saint. Mais il existe des foyers de résistance à cette prédominance de la peinture humaniste. Un bon exemple en est fourni par Cosmè Tura (c. 1430-1495), peintre de la cour de Ferrare. Il ne vise pas à rendre une nature réaliste « mais une humanité transfigurée par le divin » (Guillaume Cassegrain).

Au reste, Alberti était conscient du risque de transformer l'art en un terrain d'application des théories humanistes. Pour lui, la « science » de l'artiste devait rester limitée : « Je souhaite que le peintre soit savant autant que possible dans tous les arts libéraux mais je désire surtout qu'il soit versé dans la géométrie » (*Traité de la peinture*, 1435). Il se démarquait ainsi de ceux qui, comme Lorenzo Ghiberti (1378/81-1455), lui-même critique d'art, sculpteur, orfèvre, architecte et peintre, réclamaient plus. Dans le *De re aedificatoria*, écrit vers 1460-1470, il précisait qu'il suffisait que l'artiste fût maître en dessin et en mathématiques : « Pour le reste, peu m'importe qu'il soit aussi savant ou non, et je n'ajoute aucune foi à qui prétend que l'architecte doit être docteur en droit. Je me soucie peu qu'il soit bon astronome [...][1]. »

Réalisant le portrait de Baldassare Castiglione, Raphaël confia à ce dernier que le peintre était, selon lui, celui qui découvre la beauté dans la réalité des corps et des visages. Une telle formulation reflète les influences néo-platoniciennes qui marquent la peinture italienne de la seconde moitié du XVe siècle : à Florence, celle de Léonard de Vinci, de Raphaël, de Michel-Ange, de Botticelli, mais aussi d'Andrea Mantegna à Mantoue, ou de Giovanni Bellini à Venise, voire de Titien. À l'inverse de la conception rhétorique, la pensée imageante, pour reprendre les analyses d'Erwin Panofsky dans ses *Essais d'iconologie*, prédomine sur la pensée discursive. Le monde matériel lui-même n'est qu'image. Une image du Beau et du Bien, situés dans le monde des idées, jusqu'auquel cependant, par l'amour, qui est « un désir de jouir de la beauté » (Marsile Ficin) l'homme, véritable microcosme, peut s'élever. Et que l'artiste peut dévoiler, notamment par sa maîtrise de l'allégorie, qui lui permet de rendre le sens caché des choses, à l'instar du déchiffrement des hiéroglyphes qui permet d'accéder à la religion secrète des Égyptiens (*Hieroglyphica* d'Horapollon, édité par Alde Manuce, 1505).

Cette importance du vocabulaire humaniste explique pour une large part la méthode d'analyse mise au point par Erwin Panofsky dans ses *Essais sur l'iconologie. Les thèmes humanistes dans l'art de la Renaissance*, publiés à Oxford – Panofsky a dû fuir l'Allemagne nazie – en 1939. Il y propose une analyse en trois étapes – sur laquelle il reviendra bien souvent – et qui s'appuie en l'occurrence sur la fresque de Léonard, *La Cène* (14945-1497/8). Dans la première étape, « pré-iconographique », on se bornera à décrire ce que, sans aucune connaissance préalable, l'on peut voir : treize hommes attablés ; dans un second temps, l'image est déchiffrée en partant d'une part de sa contextualisation (ici le récit évangélique), d'autre part de la tradition iconographique dans laquelle s'inscrit l'artiste ; enfin, est proposée l'« interprétation iconologique ». Ce qui suppose que l'historien interprète le document comme un document culturel – on retrouve les exigences d'Aby Warburg – c'est-à-dire les « tendances essentielles de l'esprit humain » – on retrouve les lectures de Cassirer – telles qu'elles se sont incarnées dans ce témoignage singulier, historiquement, personnellement et socialement identifiable. L'œuvre de Léonard n'est alors plus seulement l'expression des convictions de l'auteur mais un témoignage des idéaux religieux, philosophiques et intellectuels de la Renaissance.

Un autre exemple d'analyse est celui du *Printemps* de Botticelli (c. 1478), conservé à Florence, aux Offices. Formé par Filippo Lippi, auquel il doit sa palette, son goût

1. Chastel (André), « Léonard et la culture » (1953), *Fables, Formes, Figures*, Paris : Flammarion (Champs 644), 2000 (1978), p. 251-263.

pour la netteté des contours et son usage calligraphique des lignes, il est sans doute l'un de ceux qui expriment le mieux en peinture l'idéal platonicien qui domine la ville de Florence et les Médicis en particulier qui sont ses principaux commanditaires. Le *Printemps* est d'ailleurs peint pour Lorenzo di Pierfrancesco, un cousin de Laurent le Magnifique. Le thème en est l'amour. La scène se passe dans le jardin des Hespérides. Au centre du tableau se trouve Vénus, drapée de son manteau. Au-dessus d'elle, Cupidon, aveugle divinité de l'amour, tire une flèche enflammée en direction des trois Grâces qui dansent au premier plan sur la gauche. À leur gauche, Mercure disperse quelques nuages inquiétants de la main. À droite, Zéphyr étreint la nymphe Chloris, qui, devenue son épouse, se trouve transformée en Flora disséminant des fleurs sur la terre fertile. Cette allusion à la naissance de l'amour et à la transformation d'une nymphe, par la vertu du mariage, en déesse des fleurs peut faire de cette peinture une représentation du mariage. Le programme iconographique était l'œuvre de Poliziano qui empruntait ses motifs aussi bien aux poètes Lucrèce, Ovide et Horace, qu'au philosophe Sénèque et qu'à l'agronome Columelle. Sans doute était-il l'expression des valeurs néo-platoniciennes développées à la cour des Médicis. Sans d'ailleurs que cette lecture d'une œuvre complexe soit la seule possible.

Le vocabulaire des images

Nous retiendrons quatre thèmes dans cette présentation fatalement sommaire du vocabulaire de la peinture à la Renaissance.

L'iconographie religieuse

Après avoir rappelé qu'il importe toujours de replacer les œuvres religieuses dans leur contexte et en particulier dans l'usage liturgique et dévotionnel qui pouvait en être fait – et l'exemple du retable de Matthias Grünewald (c. 1475-1528) au couvent des Antonins d'Issenheim (1515), souvent cité, doit être effectivement connu – on se bornera à évoquer les trois grands thèmes dominant la production surabondante d'images religieuses, qui ne se réduisent pas au seul domaine de la peinture, comme en témoigne parfaitement l'art des retables associant sculpteurs, menuisiers, peintres et doreurs. Le premier est celui de la vie du Christ et en particulier de sa Passion, fréquemment traité dans les tableaux des maîtres-autels. Le deuxième est celui des intercesseurs : d'un côté la Vierge, dont la dévotion s'est considérablement développée à partir du XIVe siècle, d'un autre côté les saints qui sont implorés comme protecteurs mais aussi comme patrons. Le troisième est celui du rappel des fins dernières, de l'eschatologie, souligné par la multiplication des évocations de la mort mais aussi par le thème très présent du Jugement dernier.

Polysémie de la nudité

Inspirée des modèles antiques, traduction des théories néo-platoniciennes sur la beauté et sur l'amour, la représentation de la nudité se multiplie dans le dernier tiers du XVe siècle. Le nu a en effet d'abord une valeur morale et allégorique. Il est représentation de l'homme et de la femme tels qu'ils ont été créés par Dieu. Avant le péché. Le nu comporte en ce sens une dimension eschatologique : il est anticipation du paradis retrouvé. Une dimension qui est présente dans la *Galatea* de Raphaël, que lui commande le marchand Agostino Chigi. Comme il peut être dénonciation de la luxure (Jérôme Bosch : *Jardin des délices*, Madrid, Prado, 1503-1504), consécutive à la Chute. Il est également lié au souci humaniste de la connaissance « mesurée » et « proportionnée », de la réconciliation entre humanité et nature (Corrège : *Danaé*, 1531, Rome, galerie Borghese). Le nu s'intègre ensuite dans la dimension narrative des images, que celles-ci s'inspirent de la mythologie, ou qu'elles fassent référence à l'histoire biblique ou à l'histoire profane.

Mais le nu est aussi porteur d'une charge érotique évidente, de la *Judith* de Conrad Meit (1508, Munich, Bayerisches Nationalmuseum) et des nus de Cranach (1472-1553) jusqu'à la *Vénus endormie* de Giorgione et Titien (1508-1510, Dresde, Gemäldegalerie) et aux *Trois Grâces* de Raphaël (c. 1505, Chantilly, Musée Condé). Il est alors largement associé au regard que l'on porte sur la femme et sur les rapports entre les sexes. Dans une formule frappante, Maurice Daumas a opposé l'Italie, exaltant virilité et fécondité aux Pays-Bas « plus affectifs » : « Là où l'Italie voit le sexe, le Nord aperçoit le genre. » Le nu est enfin associé à la connaissance du corps humain et au développement de l'anatomie (Léonard).

L'invention du paysage

C'est dans le cadre de la peinture religieuse qu'apparaît le paysage (voir Konrad Witz, c. 1400-avant 1446 : *La Pêche miraculeuse*, 1444, Genève, Musée d'art et d'histoire, où sont représentés le lac Léman et le Mont-Blanc). Il est le lieu de la théophanie et du message allégorique. Ainsi dans la *Vierge à l'enfant bénissant* de Giovanni Bellini (1510), le berger endormi qui se tient derrière le groupe représente les dangers qui guettent le fidèle dans sa vie quotidienne. Mais c'est surtout dans la peinture du Nord que le thème va se développer : dans le monde flamand d'une part – Joachim Patinir (1475/1485-1524) et Jérôme Bosch (1453-1516) –, dans le monde allemand d'autre part – Albrecht Dürer (1471-1528) et Wolf Huber (c. 1485-1553) –, qui excelle à replacer les scènes religieuses dans de vastes paysages – Albrecht Altdorfer (c. 1480-1538) : *Saint Georges et le dragon*, 1510, Munich.

Mais le paysage va prendre son indépendance. Notamment en Italie, où la suprématie flamande est reconnue – par exemple, par le Florentin Francesco Lancillotti dans son *Tractato di pictura* (1509) – et, parfois, critiquée, notamment, semble-t-il, par Michel-Ange : « Ils [les Flamands] peignent des "trapos" [toiles] avec des maisons, de la végétation dans des prairies, des ombres projetées par des arbres, des ponts et des rivières, et ils appellent cela des paysages, avec ci et là, de nombreux petits personnages. Mais tout ceci, combien même certains pourraient trouver cela charmant, est produit sans raison ni intuition artistique, sans harmonie ni sens des proportions, sans discernement et sans audace, et, enfin, sans contenu et sans éloquence. » Dès 1473, Léonard avait dessiné une *Vue de l'Arno*. À Rome, Polidoro da Caravaggio (c. 1500-1543) lui donne une place importante dans la décoration de San Silvestro al Quirinal (c. 1525). Mais c'est surtout dans la peinture vénitienne qu'il prend toute son ampleur. En particulier chez Giorgione, Titien, Giulio Campagnola (c. 1482-c. 1516) et son fils Domenico (c. 1500-1564). Il va y devenir progressivement une mise en scène champêtre et bucolique, où la vie se déroule paisiblement, qui convient parfaitement aux attentes de l'aristocratie.

Le portrait

Qu'il soit en pied, dans la peinture narrative et historique, qu'il soit en buste, dans la peinture descriptive consacrée à un individu, le portrait est l'un des domaines où l'art de la Renaissance a excellé. Bien que, dans la hiérarchie des genres, le portrait, pauvre en « histoire », ne figurât pas au premier rang. Mais d'une part, il correspondait aux attentes des commanditaires, d'autre part il était partie prenante de cette « invention du corps » que Nadège Laneyrie-Dagen fait précisément débuter au XVe siècle. Le portrait participe en effet, à l'évidence, à l'affirmation de l'individu, dont on fait l'un des traits caractéristiques de la Renaissance.

Et notamment à celle du prince dont il exalte la magnificence. Le développement du portrait participe à cette mise en scène du pouvoir dès lors que celui-ci repose sur la personne du prince et de sa famille. Le modèle princier étant repris par les grands mais aussi par les riches, qui trouvent là le moyen de marquer leur importance. Le peintre, comme le poète, participe alors à ce pouvoir de rendre digne de mémoire – par sa gloire comme par son exemplarité – celui ou celle dont il brosse le portrait. C'est ainsi que Piero della Francesca fait de Federico da Montefeltro un héros. L'art du portrait est rapidement théorisé. Il rappelle la fonction de l'image : rendre présent une absence, servir d'exemple, mais aussi faire connaître. En particulier dans le cas de ces mariages conclus en l'absence des intéressés qui ne peuvent ainsi apprendre à se connaître que par l'intermédiaire d'un portrait. Ou dans le cas d'une absence : celle de Castiglione qui imagine sa femme contemplant le portrait que Raphaël a fait de lui et pensant : « Je m'en console ainsi et je passe les jours. » Mais il en marque aussi parfaitement les limites. S'il doit affirmer la singularité de la personne représentée et exprimer son caractère, il s'inscrit en même temps dans un système de représentation sociale que l'artiste doit respecter. Le portrait est un compromis entre idéalisation et réalisme, codes symboliques et expressivité. Ainsi qu'en témoigne par exemple l'œuvre de Jean Clouet (c. 1485-c. 1540), peintre officiel de François Ier.

Une civilisation de l'image

Prendre la mesure de cette « civilisation de l'image » que fut la Renaissance exigerait à présent de nuancer géographiquement une présentation qui a fait la part trop belle au monde italien (lui-même encore plus divers que ne le laisse penser la traditionnelle ordonnance autour des pôles florentin, vénitien et romain) et de préciser socialement les attitudes diverses des groupes sociaux et des individus, y compris les groupes les plus humbles qui, dans les églises, dans les rues, près des fontaines, sur les marchés, sont eux aussi acteurs, même s'ils ne sont pas protagonistes. On se bornera à rappeler succinctement la diversité des « arts » de la Renaissance.

Architecture

Parce qu'elle est réponse à une demande constante tant dans le domaine de l'architecture religieuse que dans celui de l'architecture civile, parce qu'elle est moyen pour l'architecte d'affirmer sa « science », fondée sur la connaissance des mathématiques, et par là même distincte du savoir pratique des maçons, parce qu'elle traduit l'évolution (et la permanence) des styles, leur diversité régionale (que l'on songe au style « platéresque » au Portugal) et sociale, l'architecture est au cœur des pratiques artistiques de la Renaissance et ce n'est pas hasard si, jusqu'aux premières décennies du XVIe siècle, les plus grands artistes furent entre autres architectes. Le recours livresque aux ouvrages de l'Antiquité (Vitruve, 1486), l'étude des monuments antiques qui, notamment en Italie, étaient encore densément présents, la multiplication des traités d'architecture (Alberti, *De re aedificatoria,* 1452) inscrivait l'architecture parmi les arts libéraux accordant une place principale à la composition, au calcul des proportions, à l'adoption de l'échelle humaine.

Conçue comme un « discours », l'architecture devait être plausible, substantielle (*gravitas*) et persuasive (*auctoritas*). C'est d'ailleurs à la notion d'échelle humaine qu'il faut pour partie rattacher l'importance accordée aux « ordres » (dorique, ionique, corinthien) chez Vitruve et, à travers lui, chez les théoriciens de l'architecture. Elle se rattachait également à la notion de « *genus* » (genre) qui, pour Cicéron comme pour Vitruve, permet d'ordonner aussi bien les types de discours (élevé, bas, narratif) et de musique (grâce à la théorie des modes) que les ordres des colonnes ou les genres poétiques (épique, élégiaque, lyrique).

En pratique, l'essor de l'architecture se traduisait d'abord par un renouveau de l'urbanisme qui résulte moins d'un goût invétéré de la géométrie que de la volonté d'offrir de grands espaces aux princes et aux oligarchies en rénovant les vieux centres urbains. Du point de vue stylistique, il est dénonciation du modèle « gothique » qui avait dominé l'Europe médiévale (et qui demeure vivant, notamment dans le domaine de l'architecture religieuse, au-delà même de notre période) comme en témoigne Francesco Filarete (1398-1481), un humaniste hellénisant, qui domine la scène milanaise pendant une quarantaine d'années après son installation comme poète de cour, en 1439, et dont la correspondance est éditée dans toute l'Europe au tournant du siècle (41 éditions en 1521), dans son *Trattato d'architettura* (c. 1460-1464) : « De même que les lettres déclinèrent en Italie, c'est-à-dire que les gens devinrent grossiers dans leur langage et dans leur [emploi du] latin, ce qui provoqua une grossièreté générale, de sorte que c'est seulement il y a cinquante ou peut-être soixante ans que les esprits s'affinèrent et s'éveillèrent de nouveau [...] de même déclina cet art [de l'architecture] et il resta ainsi à la suite des invasions qui ruinèrent l'Italie et les guerres de ces barbares qui la conquirent et la subjuguèrent plusieurs fois. [L'Italie fut inondée des] coutumes et traditions venues du nord des Alpes, importées non par de véritables architectes mais par des peintres, des maçons et, en particulier, des orfèvres qui mettaient en pratique ce qu'ils aimaient et comprenaient, de sorte que les grands édifices en arrivèrent à être façonnés à la manière des tabernacles et des encensoirs. » C'est alors, par exemple à Saint-Pierre-de-Rome, l'adoption par Bramante du plan central, c'est-à-dire quatre bras d'égale longueur inscrits dans un carré, de la parfaite symétrie des parties, le tout couronné par une coupole, paraissant représenter au mieux le cosmos.

Sculpture

La sculpture est pareillement marquée par la demande constante (retables, monuments funéraires qui sont l'un des modes de pénétration de l'art renaissant italien : celui des Fugger à Augsbourg à la fin des années 1500, celui de l'archevêque Bakócz à Esztergom, en 1506-1519), par l'influence croissante des modèles antiques, mais aussi par la grande diversité des expériences européennes. Les sculpteurs revendiquent leur place parmi les artistes, comme Adam Kraft qui, sculptant un tabernacle dans l'église Saint-Laurent de Nuremberg, à la demande du riche marchand Hans Imhoff, s'y fait figurer (c. 1493-1496). Pour le mausolée de Jules II, Michel-Ange avait ainsi imaginé de superposer dans un monument autonome trois étages de statues, chaque étage correspondant à une étape de la vie intérieure de l'âme en marche vers son salut : depuis les esclaves de l'étage inférieur, symboles de l'erreur païenne et de la prison où se débat le corps, jusqu'au pape et à la Vierge de l'étage supérieur, symbole de la libération spirituelle et de la paix éternelle, en passant par l'étage intermédiaire, avec Moïse (dont la statue est aujourd'hui conservée dans l'église San Pietro in Vincoli), – symbolisant le nouveau genre de vie inauguré sous le règne de la foi. Monument tout à la fois « catholique », exaltant la gloire de l'Église terrestre et céleste, et « platonicien », représentant les étapes de la libération de l'âme humaine.

L'influence antique est particulièrement nette dans le développement des statues équestres qui permettent de magnifier la valeur militaire du commanditaire, comme celle du condottiere Bartolomeo Colleoni, originaire de Bergame, entré au service de Venise, et dont le legs important permit la fonte de la statue en bronze, haute de 3,96 m, toujours présente sur le Campo Santi Giovanni e Paolo, et due à Andrea del Verrochio et à Alessandro Leopardi (1482-1489). Mais on la retrouve aussi dans le monumental *David* de Michel-Ange, haut de 4,10 m, commandé par la République de Florence, en 1501. Il incarne les vertus civiques que les Florentins entendaient exalter : le courage et la détermination. La glorification de la force physique et morale du héros biblique en fait cependant un témoignage exemplaire de la croyance en la grandeur et en la dignité de l'homme, un thème essentiel du discours humaniste. Michel-Ange s'inspirait de la statuaire antique, comme en témoigne la nudité de son héros, mais au calme du héros antique il substituait la mise en valeur de la force spirituelle qui anime David, maître de son propre destin.

L'importance des « arts décoratifs »

Dès 1436, un artiste avait su appliquer à la Sacristie des Messes de Santa Maria del Fiore, à Florence, la nouvelle perpective géométrique dans une **marqueterie**. À partir de là vont se développer des compositions en trompe l'œil extrêmement raffinées, représentant des natures mortes, des paysages et des vues urbaines en perspective, et ornant armoires, bibliothèques et autres meubles destinés à ranger objets du culte, instruments de musique ou de mathématiques. L'art de la marqueterie se répand dans toute l'Italie du Nord dans la seconde moitié du XVe siècle. Les stalles des églises et des couvents, les portes des palais (Urbino), les boiseries des *studioli*, voire les salles d'apparat, comme au Collegio del Cambio à Pérouse (1508) sont autant de lieux privilégiés. Mais on s'en sert aussi par exemple sur les coffres de mariage (*cassoni*), très répandus en Italie. La marqueterie gagne l'Allemagne au XVIe siècle (dès 1500, semble-t-il, à Nuremberg avec Hans Stengel). Au lieu d'être incrustés (*intersia*), les motifs sont le plus souvent plaqués.

Liée au goût des antiquités, la **médaille** est une véritable innovation de la Renaissance. Elle connaît un prodigieux essor au XVe siècle. Elle est objet de collection mais aussi terrain privilégié de rencontre entre artistes qui gravent le portrait du commanditaire sur une face et humanistes qui rédigent l'inscription ou la devise qui ornent l'autre face. D'Italie, l'art de la médaille se répand dans le reste de l'Europe dans les années 1500.

Dans le travail des métaux, il faut faire une place particulière à la fabrication des **armures**, répandue dans toute l'Europe, mais qui est longtemps dominée par la production milanaise, tandis que les centres allemands – Nuremberg, Augsbourg, Landshut, Innsbruck – se développent au tournant des XVe et XVIe siècles. La Renaissance se confond aussi avec l'essor du **petit bronze.** Là encore, l'imitation de l'Antiquité est très importante : le premier bronze signé et daté est une statue de Marc Aurèle (Filarete, 1465). Comme la gravure pour les peintres et les architectes, le petit bronze est moyen pour les sculpteurs de faire connaître leur production et de la démultiplier sous forme réduite. Cette miniaturisation est aussi témoignage de la « domestication » de la sculpture et du lien de plus en plus étroit que l'œuvre d'art entretient avec la sphère de l'intimité qu'elle contribue à constituer.

La **majolique** désigne la faïence italienne de la Renaissance. Les programmes décoratifs sont fortement influencés par les sujets mythologiques ou historiques : par ce biais, bien des thèmes de la Renaissance connaissent une large diffusion. Il en va de même pour les **vitraux** – une technique très coûteuse – qui peuvent être vus par tout le monde. Ils connaissent un nouvel essor dans la seconde moitié du XVe siècle et les premières décennies du XVIe siècle, notamment en France.

C'est avec la **tapisserie** que nous finirons ce trop rapide tour d'horizon. En raison de son rôle symbolique : le caractère précieux des matériaux employés (or, argent, soieries, laine). En raison aussi de la diversité des personnes qui travaillent à sa réalisation, depuis l'artiste qui dessine le motif jusqu'aux ouvriers – souvent des femmes – qui les réalisent, en passant par les maîtres liciers. En raison enfin de sa très grande souplesse dans l'utilisation : pour décorer à la demande un lieu fixe, mais aussi pour rendre plus acceptable le séjour sous une tente ou le voyage sur un bateau en recréant à peu de frais un espace intime. Les Pays-Bas concentrent les ateliers les plus réputés (Arras, Tournai, Bruges). Les thèmes peuvent y varier : sujets historiques (*Guerre de Troyes*, c. 1470-1490) ou scènes religieuses (*Couronnement de la Vierge*, cathédrale de Sens, c. 1480), pour ne prendre que deux exemples célèbres.

Musique, chant et danse

La **musique** doit être au cœur de nos réflexions. Tout d'abord, parce qu'elle relève aussi bien des arts libéraux, constituant un des quatre arts libéraux (*musica speculativa*), qu'en partie des arts mécaniques pour la fabrication des instruments et pour l'exécution (bien qu'un certain nombre de musiciens soient des clercs). Ensuite, parce qu'elle traverse tous les groupes sociaux, même si les pratiques musicales (genre et exécution) sont elles-mêmes des marqueurs sociaux. D'autre part, parce qu'elle est répandue dans toute l'Europe, combinant une intense circulation des hommes, des œuvres et des esthétiques, et une égale vitalité des traditions locales, qui se traduit aussi dans la manière de chanter ou d'interpréter. Parce qu'elle est par ailleurs à la frontière d'une part entre culture écrite (sous forme manuscrite, qui résiste particulièrement bien, ou sous forme imprimée, à partir de 1501) et culture orale (aussi bien en ce qui concerne les performances chantées qu'en ce qui concerne la transmission des savoirs), d'autre part entre savoir intellectuel (réflexion sur la musique) et savoir technique (construction des instruments). Enfin, parce qu'elle combine fixité des traditions (notamment dans le cas de la musique liturgique) et évolution des esthétiques, ici aussi sous l'influence de l'humanisme, à partir des années 1480, privilégiant la clarté du texte et de la phrase musicale, celle de Josquin Des Prez (c. 1440-1521) s'imposant au détriment de Johannes Ockeghem (c. 1420/30-1494).

La musique reste largement liée aux pratiques liturgiques. Et d'abord à la messe qui rythme la vie des populations. Deux traits caractérisent la période 1470-1520. En premier lieu, le principe établi par Guillaume Dufay (c. 1400-1474) de l'unité de la messe chantée. Celle-ci, on le sait, est composée de cinq éléments : le *Kyrie*, le *Gloria*, le *Credo*, le *Sanctus* et l'*Agnus Dei*. L'unité des cinq parties est désormais assurée par le *cantus firmus* qui est repris dans chacun des éléments et de façon identique par chaque partie. Ensuite, l'adoption de l'« imitation » (on parle parfois de messe-parodie) qui consiste à reprendre un thème mélodique connu (messe « L'homme armé » de Pierre de la Rue, c. 1460-1518). Ensuite, le motet – un chant de dimension moyenne auquel on adjoint le texte d'un sujet quelconque, mais le plus souvent religieux (selon la définition qu'en donne Johannes Tinctoris dans le *Terminorium musicae diffinitorum*, 1473) – qui peut reprendre soit des hymnes (le *Salve Regina*, par exemple) soit des pièces écrites pour la circonstance (par exemple, le *Virgo prudentissima* de Heinrich Isaac, c. 1445-1517). On notera par ailleurs deux évolutions : l'augmentation des effectifs, par exemple la Chapelle pontificale qui passe de dix chanteurs en 1422 à vingt-quatre en 1483 (et parfois plus) ; le passage à l'exécution *a capella* (sans instrument) dans la liturgie.

La musique profane se développe cependant considérablement. Incontestablement à l'ombre des cours qui, pratiquement toutes, comptent musiciens de chambre et chapelle. C'est le cas à Ferrare, à Mantoue, comme à Malines et à Vienne, ou encore à celle du roi d'Angleterre. Même si, comme à Vienne, en 1519, la mort du prince entraîne la dispersion des musiciens, témoignant du lien personnel qui existe entre « artistes » et pouvoir princier. Mais aussi dans le cadre des nombreuses fêtes, jusqu'aux simples mariages paysans, qui ne cessent de se dérouler. Elle est dominée par sa forme vocale. Les chansons – le plus souvent à quatre voix – se multiplient au cours de notre période : chansons gaillardes (Janequin, c. 1485-1558 : *Il estoit une fillette*, 1540), chansons à boire, chansons « historiques » (Janequin : *La bataille de Marignan*)…. En Italie, c'est depuis les années 1480, le triomphe des chansons de style populaire (*frottole*). Mais la composition se développe, largement fondée sur le contrepoint, combinaison de lignes mélodiques indépendantes mais conduites d'une manière cependant harmonique et consonante. La musique de luth se prête déjà au lien entre texte et musique – que l'on songe à Serafino Aquilano (1466-1500) qui adoptait l'écriture de la *frottola* pour chanter ses vers en s'accompagnant au luth – permettant une pratique solitaire ou en petites formations qui correspond au goût de l'intime que nous avons déjà noté.

Même si elle reste essentiellement pratique, la musique n'ignore pas la réflexion théorique. Les traités apparaissent à la fin du XVe siècle. Celui de Franchinus Gafarius (Gafario, 1451-1512), *Theoricum opus* (Naples, 1480), et surtout celui de Johannes Tinctoris (1474-1511 ?), *Liber de arte contrapuncti* (1477), suivi d'un « dictionnaire » (*Terminorum musicae diffinitorum*, rédigé en 1473 et publié à Trevise en 1495). Par ailleurs, l'impression musicale, d'abord des écrits théoriques (*Harmonice musices Odhecaton*, à Venise, chez Ottaviano dei Petrucci, 1501), puis de la musique « pratique », beaucoup plus rentable, contribue à marquer une nouvelle frontière au sein des praticiens en même temps qu'elle accélère la diffusion des œuvres. Une géographie des lieux d'impression se forme rapidement : Venise, Rome, Nuremberg, Anvers et Paris, mais aussi Lyon et Milan.

Même les populations qui ne savent pas jouer d'un instrument – mais qui ne peut tenir un tambourin ou souffler dans un chalumeau ? – participent à la vie musicale par le chant et par la **danse**. Celle-ci est pratiquée aussi bien par les femmes que par les hommes, par les jeunes que par les adultes et dans tous les groupes sociaux. Nous ne savons pas quelle musique accompagnait les danses paysannes et encore moins la façon dont elle était jouée, mais peintures et gravures ne laissent aucun doute sur leur popularité. On danse en plein air, généralement sous forme de rondes, souvent accompagnées par une cornemuse ou une flûte et un tambourin. En ville, la situation est déjà plus contrastée. Dans les villes patriciennes comme Nuremberg, la pratique commune de la danse sert à marquer les limites du groupe social, en l'occurrence celui du patriciat.

À la cour, les danses se pratiquent à l'intérieur, même si on trouve des exemples de danses dans les cours et les jardins. Pas de fêtes qui ne s'accompagnent de danses et de bals. Soigneusement chorégraphiées, les danses font intervenir les courtisans, hommes et femmes. Mais les maîtres de danse peuvent aussi intervenir en solistes, accompagnant leurs danses de mimes ou simulant des combats avec épées et boucliers. L'apparition de l'imprimerie va permettre aux maîtres de danse de revaloriser leur statut en répandant à travers toute l'Europe des danses spécifiques et en leur donnant un nom.

Susceptibles de formes d'appropriations variées allant de la pratique solitaire à la sociabilité élargie, danses, chansons et musiques ne doivent pas être isolées de pratiques festives qui englobent tous les arts, y compris la pyrotechnie. C'est ainsi que se développe la pratique des « intermèdes » que l'on joue au cours des représentations théâtrales, comme à Ferrare en 1499 pendant des représentations de Plaute (*Trinummus*) et de Térence (*Eunuque*).

Chapitre 6

Renaissance et humanisme

Quatre définitions au moins peuvent être données de l'humanisme, un terme qui n'apparaît qu'en 1808 sous la plume du pédagogue allemand F.J. Niethammer en vue de privilégier la formation classique dans les études secondaires et universitaires. Ce peut être un idéal de vie, ainsi qu'il a été défini par Térence, mettant l'homme au centre de ses préoccupations. C'est ainsi que l'entendent, au milieu du XIXᵉ siècle, les érudits allemands Karl Hagen et surtout Georg Voigt. Une école littéraire, c'est-à-dire l'étude du monde antique et l'analyse des civilisations et des langues classiques telles qu'elles ont été mises en œuvre aux XVᵉ et XVIᵉ siècles. Un mouvement historique qui s'étend de la fin du trecento au premier tiers du quattrocento, prenant tour à tour la forme de l'« humanisme civique » et de l'« humanisme littéraire ». Ou encore, plus simplement, à la suite de Paul Oskar Kristeller, l'étude des *studia humanitatis* : la grammaire, la rhétorique, la poésie, l'histoire et la morale, dérivée des pratiques notariales (*ars dictaminis*).

Privilégiant la définition stricte mais conforme aux réalités historiques de Kristeller, nous nous interrogerons sur les conditions sociales dans lesquelles se constitue un groupe que l'on qualifie le cas échéant – rarement – d'« humaniste », sur les « pratiques discursives » de ce groupe, enfin sur la diversité d'un mouvement tout à la fois commun à l'Europe, à l'époque qui nous concerne, et marqué par les spécificités socio-culturelles (royaumes, principautés, villes, réseaux monastiques…) dans lesquels il se constitue.

L'Université, le prince et l'humanisme

Né en Italie dans le cadre des pratiques notariales, l'humanisme est d'abord une technique d'écriture et un savoir scolaire. C'est à ce titre qu'il est concerné par les pratiques en usage dans le monde universitaire. Étroitement lié à l'expérience républicaine de Florence, il est, à la période qui nous occupe, confronté à Florence même avec l'affirmation du pouvoir des Médicis et, dans le reste de l'Europe, avec celui des princes mais aussi des élites « politiques ». Enfin, s'il ne constitue pas un réseau institutionnel au même titre que celui des universités, il est soudé par des formes de sociabilité qui contribuent à lui donner sinon une unité – de l'ordre du mythe – du moins une cohérence, traversée par des rivalités personnelles, des réactions de groupes et des sensibilités « nationales ».

Écoles, humanisme et universités

Paul Oskar Kristeller a mis en évidence deux phénomènes. D'une part, l'importance de la rhétorique. L'humanisme est l'héritier de l'art d'écrire les lettres (*dictamen*), tel qu'il est pratiqué par les notaires, les juristes, les chancelleries et les *dictatores* qui enseignent précisément cet art. D'autre part, l'enracinement médiéval de cette rhétorique. Ce n'est que progressivement que celle-ci va découvrir l'intérêt des textes classiques. Le terme « humaniste » désigne alors dans la langue des étudiants ces enseignants spécialistes des langues anciennes, de littérature et d'histoire : les *studia humanitatis*. Autrement dit la grammaire, la poésie, l'histoire et la philosophie morale.

Humanisme et écoles

Sur l'horizon 1470, l'Italie était forte d'une longue expérience en matière de pratiques pédagogiques, minutieusement étudiées par Eugenio Garin et récemment réexaminées par Anthony Grafton et Lisa Jardine. L'important n'était déjà plus les pratiques mises en œuvre par les notaires au XIIIe siècle, mais le développement qui avait été réalisé dans la première moitié du XVe siècle : redécouverte de Quintilien (1416), formulation de l'idéal humaniste (Pier Paolo Vergerio, 1370-1444, *De ingenuis moribus*, toujours lu au début du XVIe siècle), mise en place d'institutions éducatives, tantôt soutenues par le prince (Vittorino da Feltre, 1378-1446, à Mantoue, en 1423), tantôt encouragées par les villes (Guarino Guarini, c. 1374-1460, à Vérone), capables de former un « homme nouveau » dans le cadre d'institutions originales, accueillant les élèves en pension, leur donnant une éducation chrétienne (préparation à l'action liturgique par le chant des psaumes, la lecture de l'Ancien et du Nouveau Testament, parfois des Pères de l'Église latine), leur assurant un entraînement physique, et les formant à la grammaire, la rhétorique, la poésie et l'histoire. Même si ces projets portent les limites de leur temps, soulignées par A. Grafton et L. Jardine : plus ambitieux qu'approfondis, plus répétitifs qu'originaux, plus soucieux de rhétorique que d'idées, et paradoxalement plus contraignants que le système universitaire classique fondé lui sur la dispute. En dehors de ces écoles prestigieuses – et à Vérone, l'expérience était continuée par Battista Guarini (1435-1505), le propre fils de Guarino – nous connaissons mal comment les différentes écoles – cathédrales, paroissiales, voire privées – évoluaient mais, au total, le résultat n'était pas mince : on estimait qu'à Florence, vers 1480, un tiers des garçons était scolarisé.

Au début du XVIe siècle, un même effort animait le reste de l'Europe occidentale urbaine. Sans que l'on puisse mieux en mesurer les effets. Tout au plus peut-on qualitativement noter, à la suite d'E. Garin, le rôle joué par un Juan Luis Vivès (1492-1540), célèbre pour l'intérêt qu'il portait à la *Manière d'éduquer les enfants* (1523). Il apportait des vues neuves sur le rôle de la mère – la même année, on s'en souvient, il avait fait paraître son *Institution de la femme chrétienne* (1523) – sur l'organisation des études et des écoles, témoignant d'un réel effort pour adapter les exigences des *studia humanitatis* aux capacités réelles des enfants, en tenant compte de la psychologie de ceux-ci et du rôle de la mémoire.

Humanisme et universités

Vers 1500, le réseau universitaire comptait sûrement 61 universités, sans doute très inégales en importance (nombre d'enseignants et d'étudiants) et en qualité (résidence des enseignants, assiduité des étudiants, qualité des enseignements, valeur des diplômes). Le monde italien (12 universités), anciennement mis en place, était marqué par la relative faiblesse institutionnelle de la théologie dans les universités, où dominaient d'ailleurs les laïcs. À l'inverse, le monde germanique (15 universités, 2 sont créées en 1502 et 1507) devait à la création relativement tardive de ses institutions, sous l'impulsion de plus en plus des princes mais aussi des villes, la généralisation de l'organisation universitaire selon le système des quatre facultés apparu à la fin du XIVe siècle (Arts, Droit, Médecine, Théologie) et la puissance prise par les facultés de théologie. Dans les autres espaces, la situation variait beaucoup : l'Angleterre avait mis en place très tôt ses deux universités, mais le système n'avait plus bougé, tandis qu'en Écosse deux universités avaient été créées dans la deuxième moitié du XVe siècle ; en France, le réseau universitaire (12 universités plus celles d'Orange et d'Avignon), considérablement renforcé au XVe siècle sous l'impulsion des princes, était très divers, depuis l'Université de Paris (6/7 000 étudiants), organisée elle aussi selon le système des quatre facultés avec une puissante faculté de théologie (auquel l'un des collèges, créé par Robert de Sorbon, avait donné son nom), mais située dans une ville où s'entremêlaient les instances de pouvoir (politique, religieux, culturel, économique), jusqu'aux petits établissements qui témoignaient d'un passé révolu (Cahors), en passant par des universités reconnues (Toulouse pour le droit romain, Montpellier pour la médecine) ; en Espagne (11 universités – Alcalá est créée en 1499/1508 – plus Lisbonne au Portugal), les universités étaient elles aussi très dominées par les facultés de théologie, laissant peu de place aux renouvellements : en 1513, la chaire de grammaire de l'Université de Salamanque échappe à l'humaniste Nebrija malgré ses titres.

Cette mainmise croissante du pouvoir explique en partie la régression de la mobilité des étudiants et la régionalisation du recrutement, comme le suggèrent d'ailleurs le déclin du système des nations et la multiplication des incidents nationalistes, signalés par Jacques Verger. Ce qui subsistait de mobilité profitait au premier chef aux humanistes italiens prêts à venir enseigner en Allemagne, sans d'ailleurs y recevoir un accueil toujours chaleureux. On leur préférait les humanistes allemands qu'un séjour en Italie avait acquis aux formes nouvelles de savoir et d'enseignement, tel Peter Luder (c. 1415-1472) enseignant successivement à Heidelberg, Erfurt, Leipzig et Bâle. L'attrait que les universités italiennes, notamment celles de Bologne et de Padoue, avaient exercé sur les étudiants allemands (mais aussi sur ceux d'Angleterre et d'Écosse, de France et d'Espagne, de Pologne et de Hongrie), tendait à se restreindre, moins en valeur absolue qu'en valeur relative, compte tenu de l'augmentation des effectifs étudiants (la plupart ne fréquentant que les facultés des arts), qui contrastait avec une fermeture sociale de plus en plus accentuée.

Nous connaissons mal la situation universitaire des années 1470-1520. Elle n'est certainement pas aussi catastrophique qu'une légende noire, forgée par les humanistes dès le XVIe siècle et complaisamment reprise au XIXe siècle, a pu le laisser croire.

C'est à notre période que se constitue le patrimoine immobilier des universités, avec en particulier la construction de bibliothèques, qui sont l'un des lieux de pénétration des idées humanistes. Certes, l'enseignement y est largement routinier. Notamment dans le domaine du droit qui connaît du coup une situation paradoxale. C'est en France que l'influence de l'humanisme est la plus innovante : on y développe une approche historique du droit, tendant à « contextualiser » les textes juridiques (*mos gallicus*, Bourges, Orléans). Les *Annotationes in quattuor et viginti Pandectarum libros* de Guillaume Budé (1467-1540), parus en 1508, dans lesquelles le juriste français expliquait les vingt-quatre premiers livres du *Digeste* (appelés *Pandectes*), en était le modèle. En revanche, en Italie, appuyé sur une longue tradition qui repose sur l'étude des gloses accompagnant les grands textes et les éclairant, le *mos italicus* ne laisse guère de place aux influences humanistes. En témoignent les difficultés que rencontre Andrea Alciat (1492-1550) après la publication de ses *Annotationes in tres posteriores Codicis libros* (1513), dans lesquelles il insiste sur l'utilisation des sources littéraires et sur l'étude des institutions politiques. Même si par ailleurs, dans les faits et chez des juristes comme Johann Ulrich Zasius (1461-1535) à Fribourg, l'opposition apparaît moins tranchée.

Partout – à deux exceptions près[1] – on constate une progression du droit romain, c'est-à-dire l'étude des textes fondateurs compilés par Justinien et des commentaires que les juristes issus de Bologne – « bartolistes » ou « postglossateurs » – en ont donnés à partir du XIe siècle. Dans l'Empire, les réformes juridiques entreprises par le pouvoir impérial, comme la mise en place du *Reichskammergericht en* 1495, renforce ce rôle du droit romain. Mais il se heurte à la résistance des défenseurs du droit allemand qui reste largement utilisé en matière de commerce, de navigation, de droit des professions mais aussi de droit féodal (*Libri feudorum*), par définition étranger au droit romain. Une résistance qui trouve le soutien des princes, soucieux de défendre les spécificités territoriales et de s'opposer à une unification qui leur paraît faire le jeu de l'empereur. C'est le cas du duc de Saxe ou du duc de Lorraine qui entendent préserver les particularités du droit féodal. Plus tard, dans le traité de Nuremberg qui règle la place de la Lorraine dans l'Empire (1541), le duc de Lorraine tient d'ailleurs à faire inscrire que le duché est exempt de la juridiction du *Reichskammergericht.*

Sur le terrain de la théologie la situation était marquée par deux traits. Tout d'abord, dans le monde germanique notamment, le débat entre partisans de la *via antiqua* (les réalistes), qui dominent par exemple à Cologne, et défenseurs de la *via moderna* (les nominalistes), qui contrôlent par exemple l'université d'Erfurt. Sans que, comme l'ont montré les études récentes, il faille opposer trop radicalement les deux orientations qui, le plus souvent, sont en réalité étroitement imbriquées au sein d'une même faculté voire dans l'œuvre d'un même théologien. Sans que par ailleurs il faille exagérément insister sur « la faillite de la théologie universitaire », si l'on en juge du côté des « réalistes » par le renouveau des études thomistes, notamment à Paris, à Cologne, à Vienne et bientôt à Salamanque (pourtant influencée par le nominalisme), et du côté des « nominalistes » par l'influence d'un Gabriel Biel

1. L'Angleterre campée sur la *common law*, la Moscovie imprégnée de droit coutumier et où le droit écrit, selon la tradition byzantine, restait limité au domaine ecclésiastique.

(c. 1410-1495), le *doctor profundissimus*. D'autre part, l'existence de tensions perceptibles – notamment dans le monde germanique – entre les enseignants qui ont adopté les exigences humanistes, privilégiant dans leurs lectures de l'Écriture (*lectio divina*) l'analyse littérale au détriment des lectures allégorique, morale et anagogique qui avaient été formalisées au cours des deux siècles précédents, et ceux attachés aux méthodes traditionnelles qui avaient contribué à donner aux théologiens une identité socio-culturelle très forte à travers toute l'Europe.

Une tension qui pouvait s'exacerber quand elle recoupait une opposition institutionnelle entre « artistes », souvent plus réceptifs aux exigences nouvelles parce que les matières qu'ils enseignaient – notamment celles du *trivium* – étaient aussi celles que pratiquaient les humanistes. La situation, nullement homogène, variait d'une part en fonction de l'existence ou non de « collèges » (ou *bursae*, comme à Cologne), ayant peu ou prou pris en charge l'enseignement dispensé dans les facultés des arts, d'autre part en fonction de l'influence qu'exerçait l'humanisme sur les « artistes ». Dans le monde germanique, en 1500, seules les universités d'Ingolstadt, de Tübingen, de Fribourg et de Vienne avaient créé des chaires de poésie et de rhétorique. Aucune, même pas Vienne, malgré une tentative à la fin du XVe siècle, n'avait intégré cette formation dans leur cursus

L'affaire Reuchlin : un conflit exemplaire

La force institutionnelle des facultés de théologie explique sans doute que ce soit en Allemagne qu'éclata un conflit qui devenait rapidement devenir emblématique. Il opposa l'hébraïsant Reuchlin (1455-1522) aux théologiens de Cologne. Nous reviendrons sur l'enjeu concernant les études hébraïques et la Kabbale. Bornons nous dans l'immédiat à en rappeler les acteurs et le scénario. Longtemps présenté comme une simple opposition entre les « lumières » – celles de l'humanisme « et l'« obscurité », celle des théologiens, le conflit nous apparaît aujourd'hui bien plus complexe. C'est un classique conflit de « facultés » qui oppose les « artistes » aux théologiens, fiers de leur université (dont ils sont convaincus qu'elle a succédé à Paris pour la qualité de son enseignement théologique, ce qu'ils espèrent faire reconnaître à l'échelle de la chrétienté latine), et soucieux de défendre les méthodes en usage dans leur faculté. C'est aussi un conflit à résonance antisémite, dans une ville où l'éviction des Juifs – ancienne déjà (1424) – restait d'autant plus présente dans les mémoires que la chapelle du Conseil, dédiée à la Vierge Marie, avait été bâtie à l'emplacement même de la synagogue (1426). C'est enfin une véritable mise en scène des humanistes à travers les fameuses *Lettres des hommes obscurs* rédigées par Crotus Rubeanus (c. 1480-1545) et Ulrich von Hutten (1488-1523). Pastiches de lettres adressées par les théologiens à un certain Ortwin Gratius, qui attestaient la médiocrité du latin utilisé par les théologiens mais aussi la bassesse de leurs sentiments et de leurs mœurs et l'hypocrisie dont il faisait preuve. S'il contribua moins à accuser l'opposition entre humanistes et scolastiques, comme on le répète souvent, il fixa assurément l'image négative des théologiens.

Reflétant le glissement, continu depuis le XIVe siècle, de l'antijudaïsme à l'antisémitisme, partisan de la destruction radicale de tous les textes hébraïques, le théologien

Johann Pfefferkorn (1459-c. 1522) avait ouvert le feu, déclenchant une polémique qui mobilisa les pouvoirs ecclésiastiques (l'évêque de Spire et l'archevêque de Mayence), politique (l'empereur) et finalement, à la demande de Reuchlin, celui du pape. Léon X (1513-1521) renvoya prudemment les deux camps dos à dos. Plus tard, en 1520, mais dans un contexte devenu autre, le pape condamna l'*Augenspiegel* dans lequel Reuchlin avait répondu aux attaques de Pfefferkorn (1511).

Le conflit avait aussi révélé au grand jour la conscience que les humanistes avaient pris d'eux-mêmes. Souvent en butte à l'hostilité des théologiens, mais généralement soutenus par le pouvoir princier et municipal dont ils satisfaisaient les exigences en matière de rhétorique, les humanistes avaient développé de nouvelles formes de sociabilité, tantôt réelles tantôt virtuelles, s'appuyant sur une intense correspondance, volontiers rendue publique et sur une conscience identitaire qui s'exprime tout particulièrement dans les *sodalitates* qui font contrepoids aux solidarités universitaires, doublées chez les théologiens d'une commune appartenance aux ordres mendiants monopolisant les chaires de théologie. Nombreuses sont d'ailleurs les villes – universitaires ou non – qui se flattent ainsi de faire bonne place aux humanistes. De passage à Strasbourg, où il était venu rencontrer Schürer, l'imprimeur qui s'était spécialisé dans l'édition de ses ouvrages, Érasme fut reçu à l'hôtel de ville (1514).

Princes, villes et humanistes

Sous l'influence de Hans Baron et de la notion d'« humanisme civique », l'historiographie a traditionnellement jeté un regard suspicieux sur les humanistes de la seconde moitié du XVe siècle, volontiers accusés, en bons clercs, de « trahison ». Quelle était leur marge de manœuvre ? Que signifiait le service du prince ? Qu'en était-il dans les « républiques » ?

Une nécessaire dépendance

Hommes de parole, comme prédicateurs ou comme professeurs, hommes de plume, comme auteurs, les humanistes ne pouvaient vivre que de leurs traitements s'ils enseignaient, de leurs bénéfices s'ils étaient clercs, sauf à exercer une profession. En aucun cas ils ne pouvaient vivre du produit de leur travail intellectuel. Même Érasme, qui fait pourtant figure d'exception en ce domaine, n'y parvient qu'à partir de 1520. Les uns enseignent – et, hors d'Italie, le conflit n'est alors pas loin avec le monde universitaire – les autres doivent trouver un mécène, susceptible de leur assurer l'*otium* dont ils ont besoin pour écrire leurs livres, tout en mettant le cas échéant bibliothèque, réseau de relations et protection à leur disposition. Rassemblant un recueil de lettres-formulaires – *Formulario de epistole volgare* – publié à Bologne en 1485, Cristoforo Landino (c. 1424-1498), rallié aux Médicis, y insère justement des « lettres de recommandation ». On les retrouve dans le monde politique (conseillers, chanceliers, diplomates...), comme précepteurs ou comme professeurs dans les écoles mises en place par les communes, ou encore dans les institutions religieuses.

Humanisme civique et humanisme princier

On comprend dès lors que les humanistes aient adapté leur discours. À Milan, Giovanni Simonetta (1410-1480) se met au service des ducs de Milan, comme administrateur mais aussi comme apologiste. À Milan, Giovanni Pontano, secrétaire, diplomate, conseiller politique, écrit un traité au titre significatif : *De obedientia* (1470), entre deux révoltes de barons (celle qui suit la mort d'Alphonse le Magnanime, 1459-1463 ; celle qui suit le règne de Ferdinand, 1485-1487). Il légitime historiquement la monarchie (*De bello napolitano*, 1499). Il défend également les vertus du « siècle » dans *I trattati della virtù sociali* (c. 1490), largement fondé sur l'*Éthique à Nicomaque* d'Aristote. À Rome, l'humanisme de cour prend la forme d'un éloge du cardinalat sous la plume de Paolo Cortesi (*De cardinalatu*, 1510). Il y présente le cardinal comme le prince d'un état territorial, le défenseur et le protecteur d'une « famille », le superviseur spirituel de l'Occident chrétien et le propagateur de la culture humaniste.

La référence « familiale » est importante qui inscrit le ralliement de l'humaniste dans la mise en place d'un rapport au prince fondé non sur la soumission mais sur l'« amitié » – le terme est employé dans les formulaires de Landino – visant à créer une « civilisation du cœur » (J. Nagle). De façon significative, l'appellation de « maestro della bottega » tend à se répandre pour désigner le prince. On se gardera donc de faire de ces ralliements les signes d'une « trahison ». Si la construction de l'État était « œuvre d'art », alors l'humaniste travaillant aux côtés du prince, partageant ses secrets et conseillant sa politique, devenait un artiste. Un créateur. Plus fécond qu'un professeur de latin. Même universitaire.

Ni les débats historiographiques sur la notion d'« humanisme civique » défendue par Hans Baron, ni les problèmes de datation qui leur sont liés ne nous concernent directement. On se bornera à retenir les acquis qui jouent encore un rôle, et avant tout à Florence, berceau de cet humanisme, dans le dernier quart du XVe siècle : le fait que l'humanisme civique avait été moins cohérent que ne le pensait Baron, qu'il s'était trouvé des humanistes pour défendre la politique des princes, qu'à côté de la vision historique de la République que défendait Bruni existait une tradition providentialiste (dans laquelle s'inscrira l'œuvre d'un Savonarole), que la conception des juristes – prêts à justifier ce que réclamaient les circonstances (*necessitas non legem habet*) – ne doit pas être sous-estimée, enfin, et c'est pour nous le plus important, que l'humanisme civique était moins réponse à une crise diplomatique et militaire, déclenchée par Giangaleazzo Visconti, que la conséquence de la profonde transformation du système politique : celle qui voit une aristocratie s'emparer du pouvoir tout en restant dans le cadre républicain.

Au reste, s'attaquant dans le cadre de ses recherches sur le platonisme au XVe siècle, traditionnellement associé à l'humanisme princier, au mythe de la villa Careggi – ce havre de « paix » (*pax medicea*) que Cosme de Médicis met à la disposition de Marsile Ficin en 1459 – James Hankins a bien montré que les idées de Ficin et de Landino sont en place dès les années 1450 avant même l'intervention de Cosme. D'autre part, que celles-ci n'ont pas été forgées dans la quiétude de la villa

Careggi mais alors même que le parti médicéen était en difficulté. Il ne s'agissait donc pas de légitimer le pouvoir en place mais de penser le pouvoir à établir.

Même dans les cités où se maintenait l'idéal « républicain » et où les humanistes continuaient d'exercer des fonctions de chancelier, de secrétaire, de diplomate, comme à Gênes ou à Venise, mais aussi comme à Augsbourg ou à Nuremberg, à Anvers ou à Gand, ceux-ci étaient en fait au service de l'oligarchie qui contrôlait le pouvoir. Juriste, professeur de droit à l'université de Wittenberg, humaniste et diplomate, Christoph Scheurl (1481-1542) était entré au service de la ville de Nuremberg en 1512. Il donna sans doute satisfaction : son contrat quinquennal lui fut renouvelé jusqu'à sa mort. Il côtoyait au conseil de la cité d'autres humanistes comme Anton Tucher, Albrecht Dürer, Wolfgang Volprecht, Lazarus Spengler et Willibald Pirckheimer. Mais le nom même de ce dernier rappelle qu'il y servait une ville patricienne.

Des sociabilités propres

Si les humanistes s'efforçaient d'établir – avec un succès variable – les relations qu'ils entretenaient avec le pouvoir princier et urbain dans le cadre d'un rapport d'« amitié » ou de « patronage », ils avaient élaboré leurs propres formes de sociabilité, allant ici encore de l'« amitié » aux « *sodalitates* » en passant par la correspondance.

***Cercles et* sodalitates**

L'isolement de la cité, l'homogénéité du groupe, la cohérence de son projet intellectuel, la présence du protecteur, donnent à l'expérience conduite à la villa Careggi une tonalité particulière et, à dire le vrai, exceptionnelle, même si l'on doit mettre en place une chronologie fine et ne pas réduire l'activité de Ficin et de ses compagnons à une simple mise en pensée de la volonté de pouvoir médicéenne. À partir de 1462 s'y réunissent régulièrement des poètes, des juristes, des philosophes, des citadins cultivés, à commencer par les membres de la famille des Médicis : Cosme, Pierre et Laurent. Le programme est clair : rendre accessibles les œuvres de Platon. Marsile Ficin ne s'en contente pas. De la tradition platonicienne, il publie également les œuvres de Plotin, de Pimandre, du Pseudo-Denys et d'autres écrits mineurs de l'ésotérisme byzantin. Mieux, à partir de cette connaissance intime qu'il a de ce courant philosophique, il compose une œuvre originale : la *Theologia platonica*, le *Commentarium in convivium Platonis* (un commentaire du *Banquet*), le *De vita triplici* et une *Apologia*.

Le platonisme ficinien repose sur deux éléments. D'un côté, l'organisation hiérarchique de l'univers, fondée sur quatre niveaux : l'intellect cosmique (domaine de l'intelligibilité et du supracéleste), l'âme cosmique (réglée par les associations et les dissociations de la forme et de la matière), le règne de la matière (sans forme et sans vie). D'un autre côté, une vision analogique – le premier élément de l'« épistémè » de la Renaissance selon Michel Foucault – permettant de penser l'univers (matériel/immatériel) et l'homme (corps/âme, elle-même possédant cinq facultés, dont, la première, celle d'être capable de Dieu, à l'image duquel l'homme a été créé). Le platonisme ficinien permet ainsi d'associer une vision hiérarchique – qui pouvait légitimer le pouvoir princier – et une pensée « humaniste », qui attribuait à l'homme une place unique.

Mais Ficin n'est pas seul. Avec lui travaillent, au gré de leur présence à Florence, les humanistes Landino (c. 1424-1498) et Poliziano (1454-1494). D'origine modeste, le premier devait largement sa carrière de professeur à l'université de Florence, ainsi d'ailleurs que diverses charges publiques comme celle de secrétaire de la chancellerie (1483), au soutien dont il bénéficiait de la part des Médicis. Ses travaux – à côté de remarquables traductions (Pline, *Histoire naturelle*, 1476) ou commentaires (Horace, 1482 ; Virgile, 1488) – témoignaient de l'effort accompli par des humanistes tels que lui (alors même qu'il avait été probablement l'élève de Leonardo Bruni !) pour penser le passage de la cité-état républicaine au principat des Médicis (*Disputationes camaldulenses*, c. 1472).

Très proche de Laurent le Magnifique, dont il était devenu le secrétaire en 1475, helléniste hors pair, poète (*Stanze*), devenu professeur à l'université de Florence en 1480, le second était surtout un philologue remarquable qui, rompant avec les pratiques en usage, proposait les variantes des textes qu'il étudiait, au lieu de ne proposer qu'une « lecture » (*Miscellanea*, 1489). Ils sont rejoints, en 1484, par Giovanni Pico della Mirandola (Pic de la Mirandole). Issu d'une famille noble du nord de l'Italie, il a été formé à Padoue et s'efforce de concilier les théories platoniciennes et aristotéliciennes. Esprit encyclopédique et assoiffé de concorde, il publie à Rome ses 900 *conclusiones* dans lesquelles il prétendait résumer l'ensemble du savoir. Dans l'*Heptaplus*, il glorifie ainsi en l'homme la synthèse harmonieuse des mondes divin, céleste et sublunaire. C'est d'ailleurs cette insistance sur la dignité de l'homme – c'est le titre de l'un de ses ouvrages (*De hominis dignitate*) – qui fait de lui l'un des représentants les plus accomplis de ce nouvel avatar de l'humanisme florentin, mêlant une tradition patristique, tant bien que mal transmise par le Moyen Âge, et la tradition alexandrine (Hermès Trismégite).

D'autres académies – plus ou moins informelles – existent, comme celle de Naples rassemblée autour de Giovanni Pontano, dont plusieurs dialogues (*Antonius*, *Actius*, *Aegidius*) renvoient l'écho de ces assemblées. Plusieurs poètes y prennent part parmi lesquels Jacopo Sannazaro (1458-1530). Ou encore celle de Rome, rassemblée autour de Pomponio Leto (1428-1498), professeur de rhétorique. On y discute d'histoire ancienne, on y organise des sorties archéologiques, on y fait revivre la Palilia, on y joue des pièces de Plaute et de Térence et on y déclame ses productions latines. Mais surtout on y développe une sociabilité spécifique. Elle passe par l'adoption de noms latins, une sorte de renaissance patronymique qui substitue l'identité humaniste à l'identité biologique et sociale (c'est le cas avec Iulius Pomponius Letius soi-même, fils illégitime du comte Giovanni Sanseverino) ; par l'adoption d'une hiérarchie, soulignée par le titre de « *pontifex maximus* » donné à Pomponio Leto ; peut-être par des pratiques homosexuelles qui conduisent ce dernier en prison à Venise (1467) puis à Rome (avec Platina, autre membre du groupe). Soutenue par le pouvoir pontifical, l'Académie est refondée en 1479, donnant des gages de bonne vie chrétienne

C'est elle qui inspire Conrad Celtis (1459-1508). Il l'a découverte au cours de la *peregrinatio* qui le conduit en 1487 à Venise, Padoue, Ferrare, Bologne, Florence et Rome. S'il en revient convaincu de la rivalité essentielle entre Italie et Allemagne, qu'il exprime dans son *Oratio in gymnasio Ingolstadensi habita*, en 1492, lors de son entrée en fonction comme professeur de philosophie, il n'a de cesse de reproduire le modèle dans l'Empire. À Heidelberg, il peut compter sur le soutien de l'électeur Philippe l'Intègre (règne 1476-1508) et s'appuyer sur le groupe constitué autour de l'évêque de Worms, Johannes von Dalberg, chancelier de la cour, qui entretient de bonnes relations avec l'université, réunissant ainsi les trois forces vives de la cité : la cour, l'université, les humanistes. En 1495, Celtis y crée la *sodalitas litteraria rhenana*. On y trouve, entre autres, Reuchlin, Wimpheling, et Trithemius. Appelé à Vienne par l'empereur Maximilien, qui crée pour lui une chaire de poésie, il suggère la création du *Collegium poeticarum et mathematicarum* qui compte parmi ses membres Johannes Stabius († 1522) et le mathématicien, astronome et astrologue Georg Tannstetter (1482-1535). Et il fonde la *sodalitas litteraria danubiana* d'inspiration néoplatonicienne – mais un platonisme qui est ici l'héritier de Nicolas de Cuse (1401-1464) – et qui sert de lieu de rencontre – plus virtuelle que réelle – entre humanistes autrichiens, hongrois et polonais. Créant ainsi une communauté de pensée qui n'est pas nécessairement une communauté de vie. D'autres *sodalitates* surgissent à Augsbourg, à Ingolstadt, à Olomouc. Dans tous les cas, il s'agit de créer un nouveau cadre social, qui ne tienne pas compte du statut hérité à la naissance (d'où la latinisation généralisée des noms, parfois l'hellénisation, comme Melanchthon), et une nouvelle manière de travailler, fondée sur la coopération (en matière d'édition) et la critique mutuelle.

Correspondance

Né de l'art d'écrire des lettres, l'humanisme a gardé un goût invétéré pour la correspondance. Elle répond au besoin d'échanger des informations sur les recherches en cours, sur les livres publiés (dont on demande le cas échéant l'envoi ou le prêt), mais aussi sur les événements politiques ou sociaux susceptibles d'avoir des répercussions ou dignes d'être mentionnés et d'acquérir par là une importance dont l'auteur de la lettre est le seul juge. Elle est moyen d'apporter la preuve renouvelée de sa maîtrise du latin (que l'on peut le cas échéant truffer de mots grecs ou, plus rarement, hébreux) et de sa technique épistolaire (et à ce titre leur utilisation comme document réclame ce décodage rhétorique). Elle est aussi signe d'appartenance à une république des lettres, qui se manifeste par l'échange, la citation et la publication (sous la forme soit du manuscrit que l'on fait circuler soit de l'impression pure et simple). Elle peut ainsi être l'embryon d'une sorte d'« opinion lettrée », qui combine de façon tantôt homogène tantôt conflictuelle les échelles locales et régionales, « nationales » et européenne. Dans le conflit qui l'opposait aux théologiens de Cologne, Reuchlin n'avait pas hésité à publier les lettres de soutien – *Épîtres des hommes célèbres* – qui lui étaient parvenues (1514), créant ainsi une solidarité virtuelle opposable à celle, réelle, dont bénéficiaient les théologiens au sein de leur faculté (et par-delà de la chrétienté latine) et des ordres religieux (en particulier celui des dominicains) auxquels ils appartenaient.

Amitiés et conflits

Les humanistes n'avaient certes pas le privilège de l'« amitié ». Ils en connaissaient les sources littéraires – Cicéron (*De amicitia*) et Platon (*Le Banquet*) – mais ils en partageaient la pratique avec leurs contemporains qui y voyaient, implicitement ou explicitement, l'une des formes les plus solides de sociabilité, parce que fondée sur un amour partagé. Pour cette raison même, elle était pour eux l'un des moyens les plus sûrs de fonder une relation qui, entretenue on l'a vu par une régulière et intense correspondance – mais aussi par des échanges de service, des dons réitérés et, dans les meilleurs cas, une foi renouvelée –, leur permettait de constituer un groupe social relativement homogène, dès lors qu'on en acceptait les hiérarchies implicites (âge, renommée, puissance institutionnelle, influence auprès d'un imprimeur), dont il importait de faire partie pour ne pas dépendre des seules positions institutionnelles (clercs détenteurs d'un bénéfice, professeur, conseiller du prince), des seuls réseaux de patronage ou de clientèle, et pour bénéficier de la reconnaissance de ses pairs.

Érasme cultivait ainsi une amitié étroite avec le franciscain Jean Vitrier, le professeur d'Oxford John Colet et le chancelier Thomas More. La base en était les affinités intellectuelles et morales. Tous quatre partageaient une même façon de vivre leur foi chrétienne. Tous quatre avaient en commun le goût des études et de la latinité. Mais elle avait été vivifiée par les séjours qu'Érasme avait fait en Angleterre et, plus particulièrement lors du second, en 1505, par l'hospitalité dont il avait bénéficié au sein de la famille de More. En retour, Érasme avait accueilli More aux Pays-Bas en 1517. À cette occasion, Quinten Metsijs (Quentin Metsys, c. 1465-1530) avait fait le portrait et d'Érasme et de Peter Gillis (Pierre Giles, 1486-1533), secrétaire de la ville d'Anvers. Les deux humanistes avaient conjointement offert leur portrait respectif à More en signe d'amitié identiquement partagée. Vingt ans après la rencontre de 1505, ou un peu plus, en 1529, le souvenir en était intact et Érasme l'évoquait dans une lettre échangée avec Margaret Roper, la fille aînée du chancelier, l'une des deux seules véritables amies de l'humaniste.

Comme toutes les amitiés, elles étaient menacées. Par le temps bien sûr, mais aussi par les jalousies et les vanités d'auteur, fréquentes dans un monde qui repose précisément sur cette activité. Du « coup de foudre » (André Godin) que Jérôme Aléandre et Érasme avaient eu l'un pour l'autre en 1508 chez l'éditeur Alde Manuce, on était passé à l'inimitié totale, qui frisait chez Érasme la paranoïa. Les dissensions politiques et surtout les divisions religieuses des années 1520 pouvaient aussi contribuer à distendre les liens. Le soin que prit Philippe Melanchthon à témoigner jusqu'au bout son amitié à Érasme, alors même que Martin Luther dont il était aussi très proche avait rompu avec lui, n'en est que plus remarquable. Elle attestait en un sens les limites du processus confessionnel à la mort d'Érasme (1536).

Saint Jérôme

De même que les membres des corporations ou des confréries trouvaient leur unité dans le culte partagé d'un saint, de même les humanistes pouvaient trouver en la personne de Jérôme, plus encore que celle d'Augustin, une figure susceptible de résumer en quoi consistait leur activité – lire, écrire – et le rôle qu'elle jouait dans la société. Plus encore que des discours – mais on a vu l'importance, rappelée dans les pièces préliminaires, qu'Érasme ou qu'Alde Manuce accordaient à l'édition du traducteur de la Bible – c'est dans l'iconographie (relayée par les gravures : Dürer, *Saint Jérôme dans son atelier*, 1514) que se manifestait la signification de l'activité du saint. Et tout d'abord, les conditions mêmes de son travail qui requiert l'isolement, le silence et la tranquillité, mais aussi un minimum de confort (table, chaise, livres) ce que lui garantit le cabinet dont il dispose, comparable en un sens au *studiolo* du prince (Antonello da Messina, c. 1430-1479 : *Saint Jérôme*, 1460/70, bois, 45,7 x 36,2, Londres, National Gallery). Ensuite, la qualité littéraire de la traduction réalisée par Jérôme, fondée sur une compétence linguistique (latin, grec, hébreu) que les humanistes engagés dans l'enseignement, le cas échéant dans un collège trilingue, n'oublient pas. Enfin, la valeur de son travail de commentateur et d'exégète qui rappelle par analogie que le travail de l'humaniste ne peut s'arrêter à la simple édition d'un texte et fonde la légitimité de son activité face à celle du théologien au sein de la communauté chrétienne.

Les discours humanistes

À l'image de Cicéron, l'humaniste est un homme de « discours ». Un *orator*. Quels sont ses outils de travail ? Comment ordonne-t-il son propos ? Que dit-il ?

Les outils de la connaissance

Vers 1470, l'essentiel des textes de l'Antiquité a été recouvré. Le problème reste celui de l'édition. Par ailleurs, le développement de l'imprimerie et de l'institution scolaire d'une part, la constitution de l'humanisme comme mouvement d'autre part, contribuent à la mise en place d'instruments de travail spécifiques. Ce qui repose l'articulation entre oralité et écriture, mémoire et texte.

Collecte des textes et philologie

Dès le XIVe siècle, le mouvement humaniste s'était caractérisé par la collecte des manuscrits à travers les différentes bibliothèques européennes. Cicéron avait été ainsi progressivement « redécouvert » par Pétrarque, à Liège (*Pro Archia*, 1344), à Vérone (*Lettres à Atticus*, en 1345) et par Boccace (*Pro clementia*, 1355). L'enthousiasme avait connu un renouveau dans les premières décennies du XVe siècle, grâce à l'« ouverture » des bibliothèques au nord des Alpes que la tenue d'un concile à Constance avait favorisée (1414-1417). Puis, au milieu du XVe siècle, à la suite de l'arrivée des humanistes fuyant l'avance des Ottomans et faisant bénéficier l'Occident latin de leur profonde connaissance du grec.

À la fin du XVe siècle, le temps des « grandes découvertes » était passé. Était venu celui de l'érudition philologique : éditer, éventuellement traduire et commenter. Sur ce terrain, l'humaniste Lorenzo Valla (1407-1457) avait montré l'exemple par la qualité de son latin et par l'acribie de sa méthode. il montrait comment utiliser Tite-Live comme document historique, susceptible d'une lecture critique (*Emendationes Livianae*). Il démontrait – il n'était pas le seul – la fausseté de la « donation de Constantin » (1440). Angelo Poliziano, professeur à Florence, devait, lui, en formuler les règles dans ses *Miscellaneorum centuria prima*, publiés en septembre 1489 : nommer ses sources, déterminer la chaîne des manuscrits et choisir le meilleur, rétablir la bonne orthographe en utilisant d'anciennes inscriptions et rechercher les modèles grecs derrière les mots latins. Bref, étudier le texte pour lui-même et non, d'abord, pour sa portée morale.

Dictionnaires, encyclopédies, lieux communs

Pour les y aider, les humanistes disposaient d'instruments de travail. Le Moyen Âge avait multiplié les encyclopédies. Elles connurent, grâce à l'imprimerie, une nouvelle vie. Notamment dans le domaine de la théologie (Vincent de Beauvais : *Speculum majus*, c. 1220-1244 ; Bartholomaeus Anglicus : *De proprietatibus rerum*, mi-XIIe) et de l'homélitique (Jean de Galles : *Summa*, 3e quart du XIIIe siècle). Le chartreux Gregor de Reisch (c. 1470-1525), prieur de Fribourg/Brisgau, publia même en 1503 une *Margarita philosophica* qui empruntait largement à l'encyclopédie de Martianus Capella (Ve siècle), aux visées pédagogiques. On utilisait également – et jusqu'aux années 1520 – le *Catholicon* de Joannes Balbus († 1298), qui incluait une grammaire et donnait la définition des mots rangés alphabétiquement en fournissant des citations empruntées à la Bible latine et à d'autres textes religieux. Les éditeurs de notre époque se bornèrent à y ajouter des références classiques.

Les besoins spécifiques des humanistes exigeaient d'autres instruments. Lorenzo Valla y pourvut avec les *Elegantiae* (1444), où les mots n'étaient plus présentés par ordre alphabétique mais par champ sémantique. Héros éponyme, Ambrosius Calepinus (1435-1511) conservait l'ordre alphabétique, mais ses listes de mots étaient accompagnées de références classiques, accompagnées toutefois de citations bibliques et religieuses. Ses *Cornucopiae* (1502) restèrent utilisées tout au long du XVIe siècle, malgré la concurrence que lui fit en 1530 le *Thesaurus* de Robert Estienne (1503-1559), qui gagnait en clarté, empruntait largement aux textes juridiques et recourait le cas échéant à la langue vernaculaire. Pour les noms propres, on disposait du dictionnaire établi par Hermannus Torrentinus (*Elucidarius carminum*). Ces dictionnaires découlaient en effet souvent d'une édition de texte. Telle était l'origine des *Cornucopiae* de Niccolò Perotti (1429-1480), issue d'une édition critique de Martial.

Il y avait dans ce goût des *Miscellanea*, comme l'a fait remarquer l'historienne Ann Moss, une sorte de double de ce goût pour les « curiosités » que nous avons vu dans les collections princières. Un bon exemple en était la *Silva de varia lección* de Pedro Mexía (1496-1552). C'est elle également qui a attiré également l'attention sur les « lieux communs ». C'est-à-dire ces collections de sentences à utiliser dans la conversation ou dans les écrits. Rudolf Agricola devait en fournir la théorie (*De formando studio*, 1484) et Érasme, le modèle (*De copia verborum*, 1512). Chaque élève devait constituer le sien. Et rapidement apprendre à s'y retrouver (technique des « topiques » et des « lieux »). Puis le mémoriser. Au fur et à mesure de ses lectures – et ses recueils étaient évidemment sans fin – il pouvait les spécialiser : loi, médecine, théologie. À travers cet exercice, c'est une méthode de travail fondée sur le raisonnement (classement) qui se met en place. C'est aussi un code social, car il s'agit de se doter d'un ensemble de références partagées par un groupe qui se reconnaît précisément à travers celles-ci.

Mémoire et discours

Mémoire et art du classement se combinaient dans cet apprentissage. Frances A. Yates a jadis montré comment la Renaissance, et précisément celle qui nous occupe, contemporaine du recours à l'imprimé, a modifié le rapport à la mémoire d'une part, à l'imagination d'autre part. L'art de la mémoire, fondé en Grèce et transmis à Rome, qui visait à rendre possible la mémorisation grâce à une technique de « lieux » et d'« images » impressionnant la mémoire, profite lui aussi dans un premier temps de la diffusion imprimée : depuis l'*Oratoriae artis epitome* de Jacobus Publicius, publié à Venise en 1482, au *Congestiorum artificiosae memoriae*, de Johannes Romberch (1520), en passant par le *Phoenix sive artificiosa memoria* de Pierre de Ravenne, publié également à Venise en 1491. Dans un second temps, dans les deux premières décennies du XVIe siècle, il va cependant perdre du terrain, victime notamment du nouveau rapport à l'information que procurait l'imprimé et des nouvelles techniques de classement, de repérage et aussi d'utilisation de la mémoire qu'il réclamait.

Rhétorique et puissance de la langue

De l'*ars dictaminis,* l'humanisme avait conservé l'importance accordée à la rhétorique. Son évolution l'avait rendu attentif aux problèmes posés par la langue. Son engagement éducatif avait mis la philosophie morale au cœur de ses préoccupations. Et avec celle-ci l'interrogation sur le savoir caché et sa révélation.

La rhétorique

Des siècles antérieurs restait acquise l'importance accordée à la rhétorique, empruntée aux modèles antiques : Aristote (*Rhétorique*), connu au Moyen Âge, mais traduit à nouveaux frais par Georges de Trébizonde (1395-1486) en 1445, l'anonyme auteur de la *Rhetorica ad Herennium* (parfois attribué à Cicéron), Cicéron (*De inventione*) et Quintilien (*Institutio oratoria*) dont le texte intégral avait été retrouvé en 1416 par Bracciolini. L'exemple même de Cicéron (106-43 av. J.-C.) était là pour rappeler que la rhétorique ne devait pas être comprise simplement comme l'art du discours – *inventio*, *dispositio*, *elocutio* [les figures et le style], *memoria*, *pronuntiatio* – mais aussi comme l'art de persuader, ainsi que l'avait justement rappelé Gorges de Trébizonde dans l'un des premiers traités qui aient été publiés. Ce qui faisait d'elle une « science civique destinée à recueillir dans la mesure du possible l'assentiment des auditeurs » : *civilis scientia qua cum assensione auditorum quoad eius fieri potest in civilibus quaestionibus dicimus*, (*Rhetoricum libri* V, fin 1433-début 1434). Et qu'à ce titre, elle se trouvait au cœur de la vie politique, entendue comme l'art de gouverner (rhétorique politique, *genus deliberativum*) et d'assurer la justice (rhétorique judiciaire, *genus iudiciale*). Mais aussi la vie en société, qu'elle soit civile (rhétorique démonstrative, destinée à louer ou à blâmer les individus, *genus demonstrativum*) ou religieuse (*genus praedicandi*). Lui assignant une éminente fonction politique et rappelant le rôle de la « conversation » dans la prise de décision ainsi que l'importance de celui qui est dans le secret : le secrétaire.

Mais à notre période la rhétorique était aussi devenue une matière d'enseignement. Dans l'enseignement universitaire, la rhétorique faisait partie du *trivium*. Or, l'enseignement scolastique avait privilégié les deux autres disciplines : la grammaire et la dialectique, ne gardant de la rhétorique que les manières de prêcher (*ars praedicandi*), utiles aux clercs, l'art de la mémoire (*ars memoriae*), la poésie (*ars poetica*) et l'épistolographie (*ars dictaminis*). L'importance donnée à la rhétorique – outre qu'elle était l'un des possibles abcès de fixation en cas de conflit – obligeait à repenser les équilibres. Institutionnellement : elle fut de plus en plus enseignée dans les écoles et les collèges. Intellectuellement : c'est ce que firent Lorenzo Valla et Rodolphe Agricola. Dans le *De inventione dialecticae libri tres* – qui contrairement à ce que le titre indique est bien un livre de rhétorique – rédigé en 1479 et publié en 1515, ce dernier passait en revue dans le premier livre les différents *loci argumentorum* (il en retenait vingt-quatre), combinant les « lieux » grammaticaux et les « lieux » (ou topiques) rhétoriques. Il se concentrait dans le deuxième livre sur les différentes parties de la dialectique, traitant de la substance même de la rhétorique (la *quaestio* et ses subdivisions) et de son instrument (l'*oratio*). Il distinguait par ailleurs deux formes de raisonnement : l'*argumentatio* (destinée à un public à convaincre) et l'*expositio* (utilisée avec un public acquis). Et il y discutait du traitement des *loci*, autrement dit de la façon de les reconnaître dans un texte et de les utiliser pour trouver des arguments. Enfin, dans le troisième livre, Agricola discutait les techniques à utiliser pour entraîner son auditoire. Y ajoutant un chapitre sur la *dispositio* et insistant dans sa conclusion sur l'importance d'un entraînement régulier qui passe par l'écriture. L'ouvrage d'Agricola eut un grand retentissement notamment dans l'Europe du Nord et il resta d'un usage très fréquent jusqu'à la fin du XVIe siècle.

La nature du langage

On en arrivait à une véritable philosophie du langage. Déjà Leonardo Bruni (1370-1444) avait attiré l'attention sur l'importance des circonstances (*circumstantiae*) dans lesquelles les mots sont utilisés et leurs incessants changements de sens. C'était substituer à une vérité immuable, résultant de la possibilité de nommer les réalités, la reconnaissance d'une vérité jamais donnée, toujours en construction. Pour Érasme (*De recta imitatione*), « on ne connaît les choses qu'à travers les mots ; celui qui ne maîtrise pas la langue, sera nécessairement atteint de myopie, aveugle et insensé dans son jugement sur les choses ». Au même moment, Giovanni Pontano réclamait dans ses *Dialogues* une « philosophie latine », surmontant le dédain que les « rhétoriciens » avaient pu montrer pour la philosophie et, à l'inverse, l'ignorance que les philosophes avaient témoignée à l'égard de la rhétorique. Cette « rhétorisation » de la philosophie résulte de la volonté de promouvoir la « vie active ». Aussi bien les *bonae literae* sont-elles moyen de compenser la faiblesse de la vie humaine. Et ceci vaut particulièrement pour la rhétorique : « Par la préséance donnée à la dimension historique des mots sur leur dimension rationnelle, la tâche assignée à la rhétorique n'est plus celle de la *persuasio*, qui est au service d'une "vérité" logique, mais la rhétorique elle-même est l'expression de la pratique originelle de la philosophie[1]. »

Langage et langues

De cette importance du langage témoignent de nombreux mythes qui appartiennent à la culture de la Renaissance, depuis celui de Babel jusqu'à celui des paroles gelées en passant par l'Hercule gaulois, dont la langue est liée aux oreilles des auditeurs. C'est que l'orateur n'est pas seulement celui qui communique. Il est aussi un maître à penser et à agir. D'où l'importance du dialogue qui fait surgir la vérité de l'échange et non plus au terme d'une « somme ». Mais les humanistes butaient alors sur la multiplicité des langues. Le mythe de Babel révélait que cette multiplicité était encore perçue comme une faiblesse. Devait-on imaginer une langue originelle, perdue ? Ou bien pouvait-on admettre que la diversité linguistique est une donnée en soi. La question était posée. Elle ne trouva sa solution que plus tard.

La réflexion sur le langage était inséparable de celle sur les langues. Elle portait sur deux points. Le premier était celui du **statut des langues anciennes**. Le recours au latin classique était depuis les origines le signe distinctif des humanistes. Encore fallait-il s'entendre sur la définition de ce latin classique. Trois problèmes se posaient. Celui de la syntaxe : le latin classique, du premier siècle avant l'ère chrétienne au IIe siècle après, était loin d'être homogène et un certain nombre d'évolutions, comme l'usage de *quod* ou de *quia* pour introduire une complétive plutôt que l'accusatif et l'infinitif (condamné par les puristes), y était déjà présent. Celui du corpus des textes dignes d'être lus : Virgile et Ovide, les lettres et les discours de Cicéron, Lucien, Salluste, Térence, Tite-Live, Stace, Sénèque, Horace et Quintilien. Celui de l'auteur devant être imité : alors que Lorenzo Valla dans ses *Elegantiarum linguae latinae libri sex*, publiés en 1471, avait fait preuve d'éclectisme, un certain nombre d'humanistes à la fin du XVe siècle, notamment en Italie, réclamaient l'imitation exclusive de Cicéron. Soulignant l'évolution scolaire de l'humanisme et l'amorce d'un élitisme accru.

Pour satisfaire ces exigences, les humanistes avaient longtemps recouru à des instruments de travail hérités de la période médiévale et imprimés dans le dernier tiers du XVe siècle, notamment la grammaire de Donat (*Ars minor*), que l'on réimprima jusque dans les années 1525. Simultanément les efforts se multiplièrent pour fournir de nouveaux manuels : Niccolò Perotti (1429-1480) produisit les *Rudimenta grammatices* (Rome, 1473), Antonio de Nebrija (1441-1522), les *Introductiones latinae* (1481), dédiant la deuxième édition (1487) à Isabelle de Castille et mettant sur deux colonnes parallèles latin et castillan. La plus répandue était la grammaire de Johannes Despauterius, de Bois-le-Duc (1520), largement répandue en France, en Écosse et aux Pays-Bas. En Angleterre, on utilisait plutôt celle de William Lely, recteur de Saint-Paul de 1512 à 1522, qui avait également publié des *Rudimenta grammatices*.

Mais l'exaltation du latin classique n'avait pas que des aspects philologiques. Certes, dans un premier temps, il avait suffi de se démarquer du latin tel qu'il était

1. Grassi (Ernesto), « Rhetorischer Humanismus : Die Liebe zum Wort, Philologie », *in* : Schanze (H.) et Kopperschmidt (J.) (eds), *Rhetorik und Philosophie*, Munich, 1989, p. 159-168, voir p. 168.

utilisé par les clercs et par les universitaires et de trouver ainsi, dans une langue ressuscitée, le moyen d'affirmer la cohérence d'un groupe social et son identité. Mais les humanistes n'avaient pas tardé à prendre conscience de la tâche qui s'imposait à eux. Ceux du XVe siècle finissant étaient les héritiers de Lorenzo Valla qui, le premier, avait perçu et exposé les enjeux : celui de la communication entre les hommes (sans trop se poser la question de toutes celles et de tous ceux – nombreux ! – qui étaient d'emblée exclus), celui du lien entre l'Antiquité et le temps présent (par-delà les siècles de « mauvaise latinité ») mais aussi du présent et de l'avenir, celui enfin de la relation de l'homme à Dieu (dans la mesure où les textes de la Révélation – et leurs commentaires les plus usuels – étaient accessibles en latin).

Le problème posé était donc de savoir si le latin classique n'était qu'un instrument de communication ou s'il était aussi le signe d'une civilisation. En 1465, un premier échange à fleurets mouchetés avait opposé Lorenzo Guidetti, disciple et ami de Landino, et Buonaccorso Massari, élève de Pietro da Lucca, à propos de la correspondance de Cicéron (*Epistolae ad familiares*). Fallait-il les lire dans une perspective purement stylistique, le point de vue défendu par Landino ? Fallait-il s'efforcer de résoudre les problèmes historiques qu'elles contenaient, point de vue soutenu par Massari ? Un affrontement qui court tout au long de la Renaissance – et sans doute repris par ses interprètes – entre une lecture que l'on pourrait appeler « contextualisante » et une approche tendant à abstraire les faits culturels – en l'occurrence l'activité épistolaire de Cicéron – de leur environnement socio-culturel.

Le grec et l'hébreu ne posaient pas les mêmes problèmes. D'abord, ils ne concernaient qu'une faible partie des humanistes (et plus encore pour l'hébreu que pour le grec). À Venise, en 1587, on ne comptait que 3 % des élèves étudiant le grec. Ensuite, ils ne jouaient pas le rôle identitaire que le latin remplissait. Trois villes dominaient les études hélléniques. Florence, où Jean Argyropoulos (1415-1487), venu de Constantinople – la grande migration du milieu du XVe siècle – enseigna jusqu'en 1471. Il est largement à l'origine de l'évolution de l'humanisme florentin vers la métaphysique. Rome, où le cardinal Bessarion (1403/8-1472) était à l'origine de l'académie romaine réunissant Georges de Trébizonde (1396-c.1474) et Théodore Gaza (c. 1415-c.1476), les traducteurs respectifs d'Hermogènes (c. 160-c. 225) et d'Aristote. Venise et Padoue, où Ermolao Barbaro (1454-1493), qui avait étudié à Rome avec Gaza, s'efforçait de remplacer la tradition averroïste jusque-là dominante, par la tradition gréco-byzantine. En 1497, il parvint à faire nommer le Grec Nicholaus Leonicus Thomaeus : il enseignait Aristote directement dans le texte ! C'est dans cet environnement favorable qu'Alde Manuce, aidé du Grec Marcus Musurus, éditeur de Platon, et de Demetrios Doukas, éditeur des *Rhetores graeci*, se lança dans l'édition des auteurs grecs. Ce n'est qu'au début du XVIe siècle que l'étude du grec commença à se répandre à travers l'Europe, atteignant jusqu'à la lointaine Moscovie où Maxime le Grec (c. 1475-1556), un moine du Mont-Athos qui avait étudié à Florence, entreprit à partir de 1518 de corriger les textes religieux. Ses méthodes de travail, conformes aux exigences philologiques qui avaient cours en Italie, lui valurent jugement, torture et emprisonnement. Son influence ne fut cependant pas négligeable : l'étude du grec – dans un but purement religieux – reprit vie.

Les auteurs grecs que l'on étudiait étaient Ésope, Homère, Hésiode, Isocrate, Platon, Hérodote, Xénophon, Plutarque et Démosthène. Pas de Pères grecs, quoique saint Jean Chrysostome fût traditionnellement recommandé. Pour s'initier, on avait le choix entre la grammaire de Gaza (c. 1445), celle de Constantin Lascaris (c. 1460), ou encore celle plus ancienne de Manuel Chrysoloras (c. 1349-1415) dont les *Erotemata sive questiones,* publiés en 1476, furent réédités jusqu'en 1584. L'étude de l'hébreu était largement liée à la présence de communautés juives en Espagne (jusqu'en 1492), en Italie et en Europe centrale. Elles produisaient leurs propres textes. Par ailleurs, les contacts étaient fréquents avec les humanistes désireux d'apprendre l'hébreu. Dès le XVe siècle des grammaires et des traités étaient disponibles. Jusqu'à son départ en 1492, Isaac Abravanel (1437-1508), l'un des grands exégètes juifs, avait ainsi fréquenté le palais des Mendoza et en particulier le cardinal Pedro González de Mendoza. Réfugié en Italie, d'abord à Naples, il joua ce même rôle de « passeur culturel » auprès des humanistes italiens (Giovanni Pontano). L'enjeu du grec et de l'hébreu était circonscrit au domaine religieux. Il portait principalement sur l'étude du texte biblique à partir du grec, de l'hébreu et de l'araméen. Quelques chaires d'hébreu furent créées à Bologne (1460) et à Rome (1514). Des collèges trilingues (latin, grec, hébreu) furent créés à Alcalà, Oxford et surtout Louvain (1517). Plus problématique était en revanche l'utilisation de la tradition interprétative de la Kabbale. Le problème avait été posé clairement dès l'affaire Reuchlin. Il revint à l'ordre du jour dans les années 1520 quand, sous l'influence des Réformes religieuses on reprit les traductions de la Bible en langue vernaculaire et que se posa la question du texte à traduire.

La deuxième question est celui du rapport entre les langues anciennes et les **langues vernaculaires**. Dès Pétrarque, les humanistes avaient pour nombre d'entre eux – mais un Érasme n'écrivait qu'en latin – usé tantôt du latin tantôt de la langue vernaculaire, en fonction du texte qu'ils écrivaient et du public auquel ils s'adressaient. Même si, à en juger d'après les chiffres de production du livre, le latin restait prédominant. Jusqu'au début des années 1520, qui marquent une césure importante sous l'influence des problèmes religieux. Dans les performances orales – sauf dans les écoles et à l'Université, dans les relations diplomatiques, à la Curie et dans les chapitres généraux des ordres centralisés comme les Chartreux – on recourait à la langue vernaculaire. Le latin était essentiellement une langue écrite, même si Érasme avait fourni des exemples de dialogues et un manuel de prononciation (*De recte Latini Graecique sermonis pronuntiatione*, 1528). De nombreux arguments plaidaient en sa faveur. Il permettait d'accéder à un marché plus large (même si on constate de nombreuses traductions pour les ouvrages publiés en langue vernaculaire). Il bénéficiait d'un statut symbolique auquel les humanistes n'étaient évidemment pas insensibles. Il fournissait un outillage conceptuel dont il était difficile de se passer, notamment dans les disciplines universitaires qui s'étaient développées dans ce cadre (droit, théologie), et qui étaient précisément celles qui continuaient d'utiliser un latin « médiéval ». Il offrait l'avantage d'être fixé alors que les langues vernaculaires étaient en pleine évolution.

Aristote et Platon : une question mal posée ?

Traditionnellement, l'historiographie de la Renaissance s'appuie sur deux postulats simples. Et faux. Le premier que l'on serait passé de l'aristotélisme au platonisme, sous l'influence de Marsile Ficin et accessoirement de Nicolas de Cues. Le second, lié au premier, que l'aristotélisme se confondrait avec une scolastique sclérosée, pratiquée dans les universités, tandis que le platonisme serait l'expression des humanistes, désormais passés au service des princes et prêts à jouer le rôle du philosophe dans la Cité, tout en étant vaille que vaille hommes de progrès. La situation est plus complexe : l'évolution chronologique est, en bien des lieux, infirmée, la répartition des rôles révèle bien des transgressions et bien des métissages, et le « progrès » n'est pas toujours là où l'on pense.

Aristote

La pensée d'Aristote était connue de tous ceux qui avaient fréquenté l'Université. Ce qui change au XVe siècle, c'est tout d'abord une nouvelle génération de traductions. On dépendait jusqu'alors des traductions, au demeurant remarquables, de Guillaume de Moerbeke, réalisées au XIIIe siècle. L'arrivée de savants byzantins, l'essor de la connaissance du grec vont favoriser ce premier retour au texte : Bruni, Georges de Trabezonde, Argyropoulos, Filelfo, Gaza et le cardinal Bessarion en sont les artisans. C'est ensuite la volonté, à Venise, à la fin du XVe siècle, sous l'impulsion d'Alde Manuce de procurer une édition princeps (1495-1498). Simultanément, en divers endroits, plusieurs humanistes reprennent les textes d'Aristote en leur appliquant les méthodes humanistes : Poliziano, Nifo (c. 1470-1538), Lefèvre d'Étaples. C'est enfin le développement d'une tradition aristotélicienne à l'université de Padoue qui s'appuie d'une part sur l'interprétation qu'en avait donnée Averroës, d'autre part sur la traduction latine. Une chaire est spécialement créée en 1497. La figure la plus connue est celle de Pietro Pomponazzi (1462-1525), qui insiste sur la séparation de la foi et de la raison. Alors qu'au même moment, en France, Jacques Lefèvre d'Étaples propose une lecture christianisée, appuyée sur un gros travail éditorial (1490-1515).

Platon

Lire Platon avait été le rêve de Pétrarque. Mais il fallut attendre l'arrivée de manuscrits grecs en nombre suffisant, au XVe siècle, pour que l'étude de Platon – dont l'édition en grec ne date que de 1513 – pût véritablement commencer. Dominée par la personnalité de Marsile Ficin et par le « mythe » de la villa Careggi, le néo-platonisme ne se réduit pourtant pas à l'expérience florentine. Un premier jalon avait été posé à l'occasion du concile de Florence, avec l'arrivée parmi les membres de la délégation byzantine de Gémisthe Pléthon (1439-1440). Simultanément, de façon quelque peu isolée en dépit de sa position institutionnelle – il est nommé cardinal en 1450 – Nicolas de Cues (1401-1464) menait une réflexion originale, comme philosophe, comme théologien et comme mathématicien sur ce que l'on pourrait appeler un « christianisme dialectique ». Pourtant, l'importance de Marsile Ficin ne fait pas de doute. En raison de la qualité de sa pensée. En raison aussi de la réception européenne qu'elle connut rapidement.

C'est à l'initiative de Cosme de Médicis, en 1462, que Marsile Ficin (1433-1499) entreprend la traduction latine des *Œuvres* de Platon. Le travail ne fut achevé qu'en 1484 (*Platonis Opera omnia*), suivi de son Commentaire (*Commentarium in Platonem*) en 1496. Il édite également les *Ennéades* de Plotin (1492), un commentateur de Platon, les œuvres de Proclus, de Porphyre et de textes sans doute du Pseudo-Denys, que les hommes de la Renaissance assimilaient à Denys l'Aréopagite, cité dans les Actes des Apôtres (17, 34), et qui est en fait sans doute un continuateur de Proclus, et dans lequel ils allaient chercher à la fois une vision hiérarchique de l'univers et une « théologie négative » de Dieu. C'est aussi à lui que l'on doit la traduction des œuvres d'Hermès Trismégite, d'une grande importance pour la tradition de l'hermétisme. Platonicien, Ficin est incontestablement un humaniste chrétien. Dans l'*École d'Athènes* de Raphaël, il est d'ailleurs représenté tenant d'une part le *Timée*, sans doute l'œuvre la plus systématique de Platon et à ce titre la plus proche des habitudes de pensée des aristotéliciens, et d'autre part l'*Éthique à Nicomaque*, c'est-à-dire l'œuvre d'Aristote la plus platonicienne !

Au reste, Florence ne se limitait pas à son Académie. On y trouvait aussi des défenseurs de la philosophie aristotélicienne à Florence comme les disciples d'Argyropoulos : Donato Accaiuoli (1428-1478) et Alamanno Rinuccini (1419-1499), et de la théologie thomiste, notamment parmi les dominicains du couvent Santa Maria Novella et de San Marco, comme Savonarole saura s'en souvenir. Et l'on a vu à travers les personnalités de Poliziano et de Landino la vitalité des traditions humanistes, complétées sur le terrain « littéraire » par Laurent de Médicis soi-même.

Renaissance, magie et astrologie

L'œuvre d'un Ficin ou d'un Pic de la Mirandole suffit à rappeler l'importance du savoir magique – le terme « savoir occulte » date du XIXe siècle –- non seulement dans la pensée de la Renaissance – du moins de certains courants – mais aussi dans les pratiques quotidiennes, au vrai très différentiées, que partagent savants patentés et humbles paysans. C'est que, loin d'être la trace d'une pensée « pré-rationnelle », plus ou moins « résiduelle », la magie est une façon d'interpréter le monde. Et de le transformer.

En traduisant en latin, en 1463, le *Corpus Hermeticum,* Marsile Ficin redonnait ainsi vie à cette tradition. Il s'agissait d'un ensemble de textes, attribués à un sage légendaire : Hermès Trismégite, que Ficin tenait pour le fondateur de la théologie. Ce qui était moyen de prendre les théologiens universitaires à contre-pied. On y trouvait quatre éléments. Des textes datant du IIe siècle de notre ère, où se mêlaient mystique pythagoricienne, platonisme et stoïcisme vulgarisé, ainsi que des éléments empruntés à des cultes orientaux. Des hymnes dits orphiques, attribués au légendaire Orphée, mais datant également de notre ère. Les textes des prophètes chaldéens, attribués à Zoroastre. Enfin, des enseignements mystiques juifs, autrement dit la Kabbale, dont on croyait qu'elle avait mis par écrit, à la fin du XIIIe siècle, un savoir transmis depuis Moïse. Son intérêt pour la tradition hermétique était partagé, en France, par Jacques Lefèvre d'Étaples, qui édite les textes du Pseudo-Denys en 1499 et des fragments du *Corpus Hermeticum* en 1505. Contribuant à l'essor d'un courant ésotérique qui est continué par son disciple Charles de Bovelles (1479-1567).

Humanisme italien et sensibilités « nationales »

Humanisme civique ou humanisme princier, le rôle joué par l'Italie, et notamment par Florence, est indéniable. Le développement de l'humanisme en Europe, qui caractérise la deuxième moitié du XVe siècle et le XVIe siècle, est donc inextricablement mêlé à celui d'une réception et à celui de l'affirmation de formes originales qui résultent des conditions politiques et socio-culturelles propres aux différentes aires culturelles et aux différentes entités politiques. Car les pratiques humanistes développées dans la péninsule italienne, dont on a vu la diversité et perçu les évolutions, vont se diffuser dans toute l'Europe, à l'occasion du déplacement des enseignants italiens, de la venue en Italie d'étudiants originaires des différentes régions d'Europe ou encore en raison de la diffusion des modèles italiens. Une expansion – « une sorte d'empire intellectuel qui s'est étendu de Lisbonne à Uppsala et d'Edimbourg à Cracovie » (Kristeller, *Studies in Renaissance Thought and Letters*, vol. 2, p. 8) – qui va, à l'occasion, comme en Allemagne ou en France, provoquer des conflits avec le monde universitaire et plus particulièrement celui des théologiens. Qui va également encourager un phénomène de rejet à l'égard de l'Italie.

Un humanisme princier : la France

Trois traits caractérisent l'humanisme français : sa précocité (bien antérieure aux guerres d'Italie !) – qui le place d'emblée dans une relation conflictuelle avec les pratiques humanistes italiennes –, le rôle de la cour royale et la relation ambiguë que les humanistes entretiennent avec l'Université de Paris. C'est en effet au cours du XIVe siècle que l'humanisme se développe en France, se démarquant déjà de l'humanisme italien, relayé par la cour pontificale d'Avignon, et contribuant à « la naissance de la nation France » (C. Beaune). Et c'est dans le cadre universitaire qu'il prend racine avec le théologien Jean de Gerson (1363-1429) et le chancelier royal Jean de Montreuil (1354-1418), auxquels il faut adjoindre le prédicateur Nicolas de Clamanges (c. 1463-1437).

Un siècle plus tard, alors que la paix est rétablie, c'est à Guillaume Fichet, qui unit sans difficulté apparente l'enseignement de la logique et de la théologie selon les usages scolastiques et le recours aux auteurs classiques, que l'on doit l'introduction de l'imprimerie, en 1470, en collaboration avec Jean Heylin (1425 ?-1496). Et de fait il imprime indistinctement textes et traductions d'auteurs classiques, écrits d'humanistes italiens, et ouvrages de philosophie scolastique. Sans oublier son propre ouvrage de rhétorique, « le premier pas de la culture française dans la Renaissance » (F. Simone). Parmi les disciples de Fichet, on trouve le professeur de rhétorique Robert Gaguin (c. 1433-1501), auquel Érasme ne manque pas d'envoyer une lettre à son arrivée à Paris, en 1495. Et, plus près de l'humanisme italien qu'il contribue à faire connaître par ses traductions de Lorenzo Valla et de Poggio Bracciolini : Guillaume Tardif.

Au tournant du siècle et durant les trois premières décennies du XVIe siècle, deux figures dominent la scène qui résument parfaitement les problèmes auxquels les humanistes français sont confrontés. Celle de Lefèvre d'Étaples (1455-1536), passé de la traduction et du commentaire de la philosophie morale d'Aristote à la traduction de la Bible, inséparable du rôle qu'il joue aux côtés de l'évêque de Meaux Guillaume Briçonnet. Ce qui lui vaut les attaques de la Faculté de théologie et le soutien de Marguerite d'Angoulême, reine de Navarre et sœur du roi. Celle, tout aussi exemplaire, de Guillaume Budé (1468-1540), à l'origine de la « révolution culturelle » (F. Gadoffre) accomplie durant le règne de François Ier. Appartenant à une famille d'officiers royaux, il entre tout naturellement au service du roi remplissant des missions de diplomate et de conseiller sans pour autant interrompre son activité intellectuelle qu'il mène, dit-il, « comme un bœuf de labour ». Il ouvre quatre sillons : celui de l'étude du droit civil romain (*Annotationes in... Pandectarum*, 1508), celui de l'analyse – très historicisante, comme son approche du droit – des monnaies romaines (*De asse et partibus ejus*, 1515), celui de l'introduction au grec, qu'il a lui-même appris pratiquement seul (*Commentarii linguae graecae*, 1529), celui enfin *De l'institution du prince*, écrit de façon significative en langue vernaculaire et publié en 1519.

Humanisme biblique et esprit chevaleresque : l'Espagne

Dans la seconde moitié du XVe siècle, l'humanisme se développe en Espagne, comme en témoignent les œuvres d'Alfonso de Palencia (1423-1490) et Juan de Lucena (1430-1505 ?), avec d'emblée des traits très caractéristiques : le rôle de la cour et en particulier celui d'Isabelle de Castille, qui fait venir Pietro Martire d'Anghiera (1447 ?-1526) et Lucio Marineo Siculo (1444 ?-1536), ouvrant deux classes de latin dans le palais royal que fréquentent les enfants des familles aristocratiques ; le choix de la langue vernaculaire (le castillan) ainsi que l'intérêt porté à l'histoire « nationale » et, dans l'histoire antique, aux auteurs nés dans la péninsule Ibérique. Mais à la différence des humanistes italiens, les humanistes espagnols témoignent peu d'intérêt pour les problèmes philologiques ou pour les questions linguistiques.

Une inflexion sensible allait être donnée au tournant du siècle sous l'impulsion d'Antonio de Nebrija (1441-1522), formé en Espagne et en Italie. Trois points sont à retenir. L'intérêt constant pour les réformes universitaires et pédagogiques qui trouve un écho très favorable auprès du cardinal Jiménez de Cisneros (1436-1517), fondateur de l'université d'Alcalá (1508) ; la production régulière d'ouvrages de philologie et de grammaire (qui est pour lui la discipline essentielle), notamment les *Introductiones Latinae* (1481), plusieurs fois rééditées (à Barcelone, Venise, Lyon et dans d'autres villes), et sa *Grámatica de la lengua castellana* (1492) qui lie étroitement langue et pouvoir ; à l'Université d'Alcalá, la mise en place d'un collège trilingue et la publication d'une Bible polyglotte (1514-1517). Mais la diffusion de l'humanisme doit beaucoup également à l'essor de l'alphabétisation dans la noblesse, à la demande du pouvoir qui assure des débouchés aux *letrados*, au développement de l'imprimerie en Castille (vers 1472) et en Aragon (vers 1473). La reine Isabelle donne d'ailleurs l'exemple qui se met à l'étude du latin à 31 ans et fonde une école pour les jeunes nobles à la cour.

Un dernier point, nullement contradictoire, est le maintien d'un idéal chevaleresque qui s'exprime notamment à travers les œuvres littéraires. *L'Amadis de Gaule* de Garcia Ordonez de Montalvo (1508) est traduit en français, en italien et en anglais : histoire nostalgique d'enchanteurs, de demoiselles et de chevaliers à l'armure étincelante. On mesure ainsi l'importance du legs médiéval et de l'esprit chevaleresque propre aux *hidalgos*, tel Jorge Manrique, neveu du marquis de Santillana, membre de l'ordre des chevaliers de Saint-Jacques, tué au combat à l'âge de 39 ans.

Un humanisme sans racine : le Portugal

La position géographique du Portugal et ses entreprises maritimes donnent à l'humanisme portugais ses traits propres. D'un côté, un certain isolement par rapport aux grands courants de pensée qui favorise l'emprise de la pensée scolastique. D'un autre côté, des découvertes incessantes sur le terrain de la navigation, de la cosmographie, de la botanique qui suscitent, plus implicitement qu'explicitement, la remise en cause des connaissances héritées de l'Antiquité grecque et latine. Jusqu'au début du XVIe siècle, la présence humaniste semble être surtout le fait des étrangers présents dans le royaume : les Italiens Matteo Pisano et Giusto Baldini, accueillis à la cour du roi Alphonse V (1438-1481), le Castillan Vasco Fernández de Lucena (1410 ?-1495), également au service du roi, et sous le successeur Jean II (1481-1495), le Sicilien Cataldo Parisio. À l'inverse – mais ceci corrobore le sentiment d'une implantation difficile –, la plupart des humanistes d'origine portugaise séjournent à l'étranger : à Gênes, Léon l'Hébreu (1465 ?-1521 ?) ; à Ferrare, Henrique Caiado ; à Salamanque, Aire Barbosa (1546-1530), qui ne revient au Portugal qu'en 1520.

Les Îles britanniques et l'humanisme universitaire

Si l'on excepte l'Irlande, encore privée d'université, deux traits sont communs aux royaumes d'Angleterre et d'Écosse : le rôle des élites politiques, sinon du roi, l'importance du système universitaire. En Angleterre, l'humanisme fut incorporé dans la tradition scolastique. Le duc Humphrey de Gloucester, le frère du roi Henri V, employait des secrétaires italiens et appelait à des réformes humanistes à l'université d'Oxford. L'évêque d'Ely, William Grey, avait étudié chez Guarino et était lié d'amitié avec Poggio et Bessarion. À Oxford, le développement de l'humanisme était dû à Thomas Linacre (c. 1460-1524), William Grocyn (c. 1466-1519) et William Latimer (c. 1460-1543). Grocyn avait eu pour élève John Colet, Thomas More et Érasme. De retour d'Italie, en 1496, John Colet avait commencé sa lecture de la lettre de Paul aux Romains, soulignant le caractère pécheur de l'homme et la grandeur de la grâce divine. Sur le modèle des écoles italiennes, il fonda l'école Saint-Paul à Londres, tandis que John Fisher était à l'origine de Saint John's College à Cambridge et Lady Margaret Beaufort, à celle de Christ's College également à Cambridge. Mais un agent de diffusion important est le gentleman orateur qui écrit en anglais mais dont l'inspiration est latine.

En Écosse, c'est sous le règne de Jacques IV (1488-1513), marié à une sœur d'Henri VIII, Margaret Tudor, que l'humanisme se développe. Aux deux universités déjà existantes (Saint Andrews et Glasgow), il ajoute celle d'Aberdeen (1495). Une ordonnance de 1496 stipule que les fils aînés de tous les propriétaires fonciers importants doivent étudier le latin, le droit et les arts libéraux ! Mais il semble bien que ces intentions soient restées lettre morte.

Une réception contrariée : l'Europe centrale

À en croire l'historien Josef Macek, le poids de la Réforme tchèque conduite par Jan Hus (1369-1415) a freiné la pénétration des idéaux de l'humanisme et de la Renaissance, bien au-delà de sa mort. Elle a en effet conduit à un isolement de la **Bohême**, soumise à un véritable blocus qui n'est levé qu'en 1495 par le pape Alexandre VI, et tendant elle-même à vivre repliée sur elle-même. Il faut attendre la montée sur le trône d'un Jagellon, au lendemain de la paix d'Olomouc (1479) pour voir le fossé se combler peu à peu. À la fois en raison du retour à la paix, de l'ouverture de la Bohême à l'Europe occidentale et de la reconquête catholique. Un humanisme latin se développe qui se distingue de la tradition tchèque. Au premier courant ressortit Bohuslav Hasistejnsky de Lobkovice (1461-1510), converti au catholicisme. Il étudie à Bologne et à Ferrare, écrit en latin, essaye d'apprendre le grec, rassemble des livres d'auteurs classiques. Il est lui-même l'auteur du *De veterum philosophis* dans lequel il exprime sa méfiance à l'égard de l'antiquité païenne et exalte la chrétienté. Ou encore Augustin Käsenbrod (1467-1513), hostile aux Vaudois et aux Frères. Et Racek de Doubrava († 1547), formé à Bologne et à Padoue, hostile à Luther. Ou encore Jan Dubravius, évêque d'Olomouc (c. 1486-1553).

Le développement de la langue tchèque datait des réformes hussites. Le développement de la seconde moitié du XVe siècle est donc réponse à la progression du latin, comme en témoigne l'œuvre d'un Viktorin Kornel de Vsehrdy (c. 1460-1520). Lui-même connaît les auteurs classiques et l'œuvre de Dante. Mais il écrit en tchèque (*Hnihy devatery*), évite les citations des auteurs classiques (Pline, Homère, Plaute et même Platon), ne citant que des auteurs chrétiens et la Bible. Pour lui, le sommet de la latinité, c'est la République et son César c'est l'empereur.

Une certaine méfiance existe à l'égard de la culture latine. Pour l'évêque de l'*Unitas fratrum*, Jan Blahoslav (1523-1571), Ovide est un serviteur de Satan. Et il faut attendre 1555 pour que les théologiens de l'*Unitas fratrum* se mettent au latin. Mais Platon est traduit en tchèque entre 1484 et 1494 sans doute à partir de l'édition latine de Ficin. Un bon témoin de ces progrès de l'humanisme est Rehor Hruby de Jeleni († 1514). C'est lui qui traduit l'*Éloge de la folie* d'Érasme en tchèque (1513). Il cherche également à défendre l'utraquisme. Ou encore Vaclav Písecky (1482-1511) qui étudie en Italie.

La Renaissance en **Hongrie** atteint son apogée sous le règne de Matthias Hunyadi (Matthias Corvin, † 1490), le fils de János Hunyadi, vainqueur des Turcs à Belgrade en 1456. Il a reçu une éducation humaniste (Johannes Vitez (1408-1472), le premier humaniste hongrois, auquel on doit le premier cénacle humaniste à Buda dans les années 1450, lui-même disciple de P. Vergerio), et fit de son précepteur son chancelier. Il fait venir nombre d'humanistes italiens, fonde la Bibliotheca Corviana sur le modèle de l'Académie de Laurent de Médicis et de Marsile Ficin, dont la mise en place est d'ailleurs confiée à Francesco Bandini, compagnon de Ficin. L'influence italienne se renforce avec le mariage du roi, en 1476, avec Béatrice d'Aragon, la fille du roi de Naples. Chimenti Camicia est chargé de remanier le château de Buda et d'y ajouter une aile renaissante. Il construit des jardins suspendus sur le modèle d'Urbino. De nombreux artistes travaillent alors en Hongrie. Le roi fait construire son château à Visegrad. Mais le temps lui manque pour remanier Buda. Célébré comme le nouvel Hercule, Matthias l'est tout uniment par la noblesse comme le nouvel Attila.

La politique de Matthias est continuée par Wladislas II (1490-1516) et Louis II (1516-1526), tous deux également rois de Bohême. Un rééquilibrage se fait qui rapproche la Hongrie de la Bohême et de l'Autriche. C'est le moment où Celtis constitue la *sodalitas litteraria Danubiana.* La défaite de Mohács (19 août 1526) scelle le destin d'un pays désormais divisé, largement soumis à la tutelle ottomane qui occupe Buda à partir de 1541.

Un humanisme « militant » et national : l'Allemagne

Trois traits caractérisent l'humanisme allemand entre 1470 et 1520 : l'environnement socio-culturel qui repose sur trois éléments : la multiplicité des cours et le dynamisme urbain, un tissu universitaire dense et actif, le lien immédiat avec le monde de l'imprimerie, né en Allemagne et rapidement diffusé dans l'ensemble des pays d'Empire ; la dimension religieuse due au caractère messianique de l'Empire qui donnait à l'idéal de Réforme une dimension politique et religieuse propre à la « nation allemande », à la puissance de l'Église (*Reichskirche*), à la vitalité du sentiment religieux ; le caractère très rapidement militant que prit cet humanisme dans ses conflits avec les théologiens et dans ses aspirations nationales.

On trouve parmi ces humanistes des fils de paysans, comme Celtis et Bebel, d'artisans, comme Wimpheling, de nobles, comme Eyb, Ulrich von Hutten, Hermann van dem Busche, des prêtres comme Rodolphe Agricola, des patriciens comme Pirckheimer et Mutianus Rufus. Peu, comme Willibald Pirckheimer peuvent vivre de leurs propres revenus. On les retrouve comme maîtres d'école, comme médecins (Steinhöwel, Luder), juristes (Reuchlin, Brant, Eyb), ou comme clercs attachés à un bénéfice (Wimpheling, Mutianus Rufus). En marge d'une université qui tarde à leur faire place, les humanistes se regroupent en *sodalitates,* plus virtuelles sans doute que réelles. Conrad Celtis (1459-1508) joue sur ce terrain, on l'a vu, un rôle moteur.

Humanistes et imprimeurs allemands partagent avec le reste de l'Europe l'intérêt pour l'édition des « auteurs » de l'Antiquité latine et grecque. Mais ils sont aussi attentifs à la production des auteurs contemporains qu'ils traduisent rapidement. C'est le cas avec Niklas van Wyle (c. 1410-1478), maître d'école d'Esslingen, qui traduit en allemand des traités latins de Bracciolini, de Bruni, de Boccace (notamment le *Décaméron* en 1472) et de Pétrarque. Ou encore avec Albrecht von Eyb (1420-1475), traducteur de Plaute, qui compile dans sa *Margarita poetica* aussi bien des auteurs latins de l'Antiquité classique, des Pères de l'Église que des auteurs italiens contemporains (1459). Ils adaptent aussi leurs modèles, comme Heinrich Steinhöwel (1412-1482) qui imite dans son *Von den synnrichen erluchten wyben* (1473) le Boccace du *De claris mulieribus*, ou encore les œuvres de Pietro Aretino et les *Fables* d'Ésope (1477).

Mais les humanistes allemands trouvent aussi leur inspiration dans les formes d'expression populaires qu'ils contribuent à fixer par écrit. C'est le cas des facéties en prose ou en vers (*Schwänke*), comme le très fameux *Till Eulenspiegel*, sans doute dû à Hermann Bote (c. 1460-c. 1520), mais aussi des jeux de carnaval et des satires populaires, directement issues des sermons de carême (*Bußpredigt*). La *Nef des fous* (*Narrenschiff*) de Sebastian Brant qui se présente sous la forme de courtes fables en vers – d'autant plus faciles à mémoriser qu'elles sont en langue allemande – accompagnées de gravures, précède ainsi d'une quinzaine d'années (1494) le texte latin de l'*Éloge de la Folie* d'Érasme. Mais tandis que la folie d'Érasme se change ironiquement en sagesse, celle de l'humaniste alsacien est encore signe de péché et les malheureux qui en sont atteints risquent leur salut éternel.

L'humanisme allemand est cependant marqué par sa dimension religieuse et nationale. Un bon exemple nous en est fourni par l'humanisme alsacien tout à la fois fortement tourné contre la France et favorable aux réformes : Jakob Wimpfeling (1450-1528), Sebastian Brant et Johann Geiler de Kaysersberg (1445-1510), prédicateur de la cathédrale, en sont les trois protagonistes. Celle-ci est évidemment liée à l'évolution de l'Empire dont la vocation est, à l'origine et par définition, universelle tandis que la précision nationale – *Heiliges Römisches Reich deutscher Nation* – apparaît précisément à la fin du XVe siècle. En un sens, elle confirme la prétention de l'Empire à se présenter comme l'héritier légitime de l'Empire romain, au nom d'une *translatio imperii*. Mais elle est aussi réaction contre l'attitude des humanistes italiens qui tiennent volontiers le reste du monde pour des « barbares » (*Italia Germaniam docet*). Dans un premier temps, les humanistes allemands multiplient les écrits « géographiques » comme la *Brevis descriptio* rédigée par Cochlaeus, ou historique comme la *Germania illustrata* que Conrad Celtis entreprend, sans d'ailleurs mener le projet à terme, sur le modèle de l'*Italia illustrata* de Flavio Biondo, tout en éditant la *Germania* de Tacite, tandis qu'Ulrich von Hutten exalte dans son *Arminius* la résistance allemande à Rome, qu'il a dénoncée dans les dialogues publiés au retour d'Italie (*Febris primus, Febris secundus, Vadiscus sive Tria Romana et Incipientes*). Ce « patriotisme réactionnel », pour reprendre l'expression de Jacques Ridé, conduit à l'établissement des « preuves » des réussites allemandes (l'*Epitome rerum Germanicarum*, établie par Jakob Wimpheling, originaire de Sélestat), tandis que le bénédictin Trithemius donne, lui, la première « histoire littéraire » de l'Allemagne qu'il fait commencer avec Charlemagne (1495) et que Willibald Pirckheimer publie à son tour une *Brevis explicatio Germaniae*. Une dimension nationale que l'on retrouve tout au long du processus réformateur, comme en témoigne, en 1520, l'*Appel à la noblesse chrétienne de la nation allemande*, lancé par Martin Luther.

Chapitre 7

Renaissance-humanisme-réformes

La période que nous avons à étudier se situe entre deux grandes déchirures de la « tunique sans couture » : en 1449 prend fin le Grand Schisme qui avait divisé l'Église d'Occident en deux obédiences, en 1517 débute l'aventure d'un théologien qui allait conduire à l'éclatement confessionnel de cette même chrétienté latine, pour ne pas parler du rêve toujours caressé par la Papauté d'un retour à l'unité avec une Église d'Orient, elle-même en proie à des divisions entre patriarcat de Constantinople et Église grecque, patriarcat de Moscou (qui se déclare la « troisième Rome ») et Église slave.

Par ailleurs, pour Burckhardt, qui lui consacre la sixième section de sa *Civilisation de la Renaissance,* comme pour Michelet, qui fait de Luther l'un des trois héros fondateurs de la modernité, celle-ci – dont la Renaissance est porteuse – n'est possible qu'en rupture avec l'Église médiévale, celle de la Papauté romaine. Face à la corruption de l'Église et à l'anarchisme moral, puisé aux sources de l'Antiquité, un paganisme rénovateur.

Image séduisante, qui traîne encore ici et là, mais image fausse. Parce que le religieux est au cœur du XVIe siècle, comme l'a rappelé Lucien Febvre. Et c'est ce qu'il nous faut brièvement rappeler. Non sans évoquer, aux marges – parfois intérieures – des sociétés chrétiennes, engagées dans un processus missionnaire aux résonances eschatologiques, les présences du Judaïsme et de l'Islam. Parce que la Renaissance – et la place qu'y occupe la notion de représentation, si proche, on l'a vu de la théologie (et de la pratique) eucharistique – et l'humanisme sont au cœur du « christianisme flamboyant » (J. Chiffoleau) qui caractérise notre période. Parce que l'appel à la Réforme retentit sous des formes variées et trouve des échos multiples au sein de la société chrétienne.

Un christianisme flamboyant

Dominantes, même si elles ne sont pas exclusives, croyances et pratiques chrétiennes sont unanimement partagées. Ce qui signifie qu'elles sont tout à la fois communes aux populations de l'Europe occidentale et le lieu où se tracent les différences – entre sexes, entre groupes sociaux, entre communautés politiques – à travers des usages différents des mêmes paroles, des mêmes gestes, des mêmes images ou des mêmes textes.

Omniprésence du religieux

Donner sens

Le christianisme est omniprésent parce que c'est lui qui donne sens – repère dans l'espace, dans le temps et signification – à l'histoire humaine, à l'histoire de chaque individu et au temps quotidien. L'histoire humaine est ainsi intégrée, comme le rappellent les fresques de Michel-Ange à la Chapelle Sixtine, dans l'histoire du salut : celui d'une humanité créée par Dieu, déchue à la suite du péché originel, rachetée par la mort et la résurrection du Christ, vivant dans l'attente du Retour, que d'aucuns, tel Luther, espèrent proche.

L'histoire de chaque individu, dont la vie ici-bas n'est que l'un des éléments, sans commune mesure avec celle promise dans l'au-delà aux rachetés, est jalonnée par des sacrements – signes visibles d'une présence invisible – contrôlés par l'Église et dispensés par ses clercs. Le baptême marque l'entrée dans la communauté chrétienne, comme l'extrême-onction (à l'origine sacrement des malades) en marque la fin. Les sacrements du mariage et de l'ordination (pour les prêtres, administrés par un évêque) marquent une étape importante dans la vie des individus, qui se confond souvent avec l'entrée dans la vie adulte (aux frontières très mouvantes). Les sacrements de la pénitence et de l'eucharistie, dont la régularité annuelle est fixée depuis le XIIIe siècle, rythment la vie des gens, même si l'assistance à la messe (pas unanime, susceptible de conduites « désordonnées »), ne s'accompagne pas de la réception du sacrement mais toujours de sa vision, ce que rappellent à l'envie l'iconographie de la messe de saint Grégoire ou la multiplication des monstrances. Exclusivement administré par l'évêque, le sacrement de confirmation est très irrégulièrement reçu, en particulier dans le monde rural, et ne joue absolument pas le rôle de rite de passage (et d'affirmation du pouvoir épiscopal) qu'il a pris par la suite.

Une vie qui s'insère tout au long de l'année, de la semaine et de la journée dans une série de rites et de discours qui donnent sens à la vie quotidienne. Le calendrier de l'année liturgique est ainsi ordonné autour de la fête pascale (qui peut encore marquer le début de l'année, notamment en Flandres et en France), réitérant la vie du Sauveur, de sa nativité (cycle de Noël) à l'envoi de l'Esprit (Temps après la Pentecôte), en passant par sa mort et sa résurrection (cycle de Pâques incluant le long jeûne quadragésimal inauguré par un rite d'abondance et d'inversion). Un calendrier densément occupé pendant les mois d'hiver, plus lâche pendant les mois d'été, soulignant l'alternance des rythmes agraires. Il est aussi ordonné, pour le déroulement de l'année, autour des fêtes des saints (sanctoral) et, le cas échéant des fêtes commémoratives (anniversaire de la dédicace d'une église) qui contribuent à forger l'identité des communautés s'identifiant à tel ou tel saint, à telle ou telle mémoire partagée. Il est rythmé chaque semaine, dans le cadre paroissial (fortement concurrencé en villes par les ordres religieux), par la célébration de la messe. Et si chaque chrétien est loin de réciter ses « heures » au fil de la journée, comme l'y aident livres d'heures et bréviaires, plus ou moins richement illustrés selon l'utilisateur, il entend sonner les cloches qui lui rappellent qu'il vit dans le cadre d'un Message sans cesse redit (et peint par les artistes) : celui de l'annonce faite à Marie « qu'elle serait la mère du Sauveur ».

Fonder l'ordre social

Cette vie religieuse est le fondement de l'ordre social. Dans sa forme la plus englobante – l'Église universelle – comme dans ses formes les plus réduites : la paroisse, voire la confrérie ou la communauté religieuse. La vie en société – même dans ses expressions « politiques » est celle d'un corps mystique, fondé sur une foi et une eucharistie partagées. Processions, si possible avec les reliques du saint (Marc à Venise), des saints (les Rois mages, saint Maurice et sainte Ursule, voire les Onze Mille Vierges à Cologne !) ou des saintes (Geneviève à Paris), cultes civiques ou confraternels, rassemblent cités ou confréries et recréent le lien fondateur. Peintures et gravures en gardent aussi mémoire.

L'Église est en effet la seule institution quadrillant intégralement l'Europe chrétienne avec son réseau de diocèses et de paroisses qui sont aussi les cadres de sa hiérarchie (évêques et chapitres cathédraux ; curés et desservants). Même si ce réseau est concurrencé, de l'intérieur par des clercs échappant à l'autorité de l'évêque, de l'extérieur par l'existence de chapelles, de lieux de culte qui répondent aux attentes (ou les suscitent) des populations, échappant eux aussi plus ou moins (mais la célébration eucharistique rend toujours obligatoire la présence d'un prêtre) au contrôle de l'Église. Réseau que l'Église anime par ses liturgies multiples et ses rituels et qu'elle active, faisant passer d'un lieu à un autre, par ses pèlerinages.

Hégémonie cléricale et anticléricalisme

Au XVe siècle, la vie religieuse dépend ainsi largement des clercs, et notamment des prêtres, seuls capables par les paroles consécratoires de transformer le pain et le vin en corps et en sang du Christ. Leur nombre a fortement augmenté. Sans nécessairement être titulaires d'un bénéfice (curés et chapelains sont la minorité), ils répondent à l'attente des laïcs et notamment à la forte demande de messes votives ou commémoratives qui assurent le salut des âmes vivantes mais aussi celles des trépassés, depuis qu'en 1476 il a été décidé que les indulgences peuvent aussi valoir pour les âmes du purgatoire : cette « comptabilité de l'au-delà » (J. Chiffoleau), dont les prêtres sont ainsi en quelque sorte les changeurs. Au risque de concentrer sur eux les insatisfactions des populations sous la forme d'un anticléricalisme, signe de vigueur plus qu'indicateur d'un déclin.

Demeures de Dieu, maisons communes et salut individuel

À la fin du XVe siècle, l'Europe chrétienne était couverte d'un manteau de cathédrales, de basiliques, d'églises et de chapelles, d'ampleur variable, dont l'état reflétait souvent la conjoncture et en particulier le poids des guerres, comme dans « le Rouergue flamboyant » de l'évêque Guillaume de la Tour (N. Lemaître). Le capital immobilier était sans cesse à entretenir et à rénover. Ce qui favorisait, quand les fonds le permettaient, les réaménagements rendus nécessaires par les évolutions liturgiques (construction de jubés), l'accroissement de la population et ses demandes en chapelles familiales, le désir de modifier les éclairages (verrières aux riches programmes iconographiques), les changements du goût (placages de façade Renaissance sur des édifices gothiques, comme à Tours), voire des constructions nouvelles, souvent traditionnelles, parfois

« révolutionnaires » (le « Tempietto », chapelle commémorative de la crucifixion de saint Pierre construite par Bramante à Rome en 1501).

L'effort porte essentiellement sur la reprise des programmes sculpturaux et architecturaux. Ceux-ci traduisent tout d'abord les stratégies commémoratives des familles (mais aussi des confréries) qui envahissent les églises paroissiales et conventuelles pour y placer une pierre tombale, un monument funéraire ou, dans le meilleur des cas, y faire construire une chapelle « privée ». Ils reflètent également la volonté, au même titre que la fondation d'une prédication ou d'une messe chantée, de faire de la demeure commune un lieu de dévotion et de prière, conformément aux aspirations du temps.

Cette profusion de verrières, de statues, d'autels, de retables et de tableaux – à Zurich les fondations d'images sacrées sont multipliées par 100 entre 1 500 et 1518 –, sans parler des cierges qui brûlent ou des ex-voto qui sont accrochés ici et là, a deux conséquences. Elle fait éclater l'unité de l'espace architectural, traduisant ces appropriations multiples de l'espace commun, en même temps qu'elle le hiérarchise (pas nécessairement autour du maître-autel). En ville – il en va tout autrement dans les campagnes où l'offre liturgique est plus réduite – les églises sont ainsi le lieu d'actions liturgiques qui peuvent se dérouler simultanément sans lien les unes avec les autres. Du coup, cette profusion peut être créatrice de tensions à l'intérieur de la communauté, en raison de la contradiction entre le rappel de l'importance de celle-ci et la mise en évidence des distinctions sociales. C'est bien au sein de cette communauté que se situe celui (et/ou celle) qui a tant fait pour y figurer à part. Soulignant d'un côté son statut de privilégié, contribuant d'un autre côté à embellir l'espace religieux commun et attendant en contrepartie la prière des autres fidèles.

Racheter, rassurer et protéger

Multiplication et diversification des édifices, des « images », des gestes, des paroles ne laissent guère de doutes sur l'extensivité et vraisemblablement l'intensivité des sentiments et des pratiques religieuses dans les années 1470-1520. Outre le cadre paroissial, ces sentiments s'expriment notamment au sein des confréries – à la Vierge, au Saint Sacrement, à tel ou tel saint – qui peuvent (c'est un trait de l'époque) se constituer en réseau, avec échange réciproque de prières, comme pour les confréries du Rosaire (fondées par les dominicains) ou l'Oratoire du Divin Amour, né en 1497 dans l'entourage de Catherine de Gênes (1447-1510), avec pour but le renouveau des membres (par des exercices religieux, des prières en commun, la réception fréquente de l'eucharistie) et une action caritative. Approuvé par Léon X le 24 mars 1514, il se répand dans toute l'Italie (Milan, Florence, Venise, Lucques, Vicence, Brescia, Padoue, Rome, Naples).

À en juger par l'iconographie, mais aussi par les ouvrages et les images de piété qui se multiplient, ou encore par les intentions manifestées dans les testaments, la piété est d'abord christocentrique, partout orientée vers le thème de la Passion. Elle prend des formes particulièrement doloristes dans l'Europe du Nord, l'Europe du Sud étant plus sensible au thème de la Rédemption. La représentation des cinq plaies du Christ – qui ont leurs confréries – devient l'un des thèmes les plus traités, notamment dans les images de dévotion et les gravures, tandis que se développe le culte au sang du Christ (thème du pressoir mystique, pèlerinage de Wilsnack). Elle est aussi mariale, rappelant l'élection de Marie (Annonciation), son rôle de Mère du Sauveur (Vierge à l'Enfant), sa place au moment de la Passion (Marie au pied de la croix, Pietà). Soulignant également le rôle d'intercession – « *advocata nostra* » – joué par celle-ci et sa place dans la cour céleste (Assomption, Couronnement). Elle bénéficie également aux saints et aux saintes, « fondateurs » de l'institution ecclésiale (Pères de l'Église) ou d'un ordre religieux, thaumaturges et protecteurs (Sébastien) ou, tout simplement, « patrons ». Répondant ainsi aux attentes des populations, comme en témoigne par exemple le développement du culte de sainte Anne à la fin du XVe siècle (J. Wirth). Des pratiques cultuelles en plein essor, comme l'attestent notamment images et livres de dévotion, même si elles suscitent ici et là, par exemple sous la plume d'Érasme, des critiques.

« Devotio moderna »

Au reste, en marge des liturgies et des rites accomplis dans les églises, en groupe (messes, célébrations confraternelles) ou individuellement (prières), se sont développées, notamment dans l'Europe du Nord, des formes de prière individuelle ou réduite à l'espace domestique, soutenues ou non par une image de dévotion. Les impasses de la théologie scolastique, l'émergence dans les villes de groupes et d'individus capables d'accéder à la lecture, le désir de mettre sa foi en « pratique », la multiplication des expériences mystiques, fondées sur la conviction que Dieu est toujours accessible à l'âme qui le cherche, avaient favorisé le développement de courants spirituels auxquels Johannes Busch (1399-1479/80) donna le nom de *devotio moderna.*

Il faisait naître le mouvement avec la prédication de Gert Groote au XIVe siècle (1340-1384). Fortement influencé par les chartreux de Monnikhuizen, installés près de Arnheim, celui-ci s'était efforcé, tout en restant dans le siècle, de développer un mode de vie communautaire faisant une large place à la prière. Il s'était finalement installé à Deventer. Au même moment, et en relation avec le groupe de Deventer, une expérience similaire se développait à Zwolle, autour du prêtre Florens Radewijns (1350-1400). Un siècle plus tard, le mouvement s'était considérablement modifié. Tout d'abord, il avait crû en nombre et s'était structuré d'une part en une branche masculine – les Frères de la vie commune – et une branche féminine (aux archives moins bien conservées et donc moins bien connue) – les Sœurs de la vie commune, d'autre part en deux « colloques », centrés l'un à Zwolle (les vingt-sept maisons des Pays-Bas), l'autre à Münster (les vingt-cinq maisons allemandes, auxquels s'ajoutait un groupe de maisons situées dans le sud de l'Allemagne et ayant leur propre chapitre général). Il s'était doté de règles qui faisaient obligation aux membres de subvenir à leurs propres besoins, en travaillant de leurs mains, notamment en copiant des livres. Par ailleurs, il s'était réorienté vers l'action pédagogique et mettait en place des écoles qui devaient rapidement être reconnues : comme à Deventer (à partir de 1469), où Érasme reçut sa première formation, ou encore à Magdeburg, qui accueillit Martin Luther. Enfin, il était devenu un courant spirituel bien identifié, s'appuyant notamment sur un livre qui devait devenir l'un des ouvrages les plus lus au tournant du siècle, d'abord sous forme manuscrite (plus de 700 repérés) puis, rapidement sous forme imprimée : l'*Imitation de Jésus-Christ* (*De imitatione Christi*), écrit dans la première moitié du XVe siècle par Thomas a Kempis (1380-1471)

Chaque chrétien était ainsi appelé à développer une vie dévote compatible avec l'« état » dans lequel il se trouvait dans la société, sans nécessairement devoir adopter une forme de vie consacrée. Une vie basée sur la simplicité, la connaissance de soi (fondée sur de multiples examens de conscience), le développement de la « vie intérieure », en compagnie de Dieu et à l'imitation de Jésus-Christ par la pauvreté et l'humilité. L'essor de l'imprimerie (et des livrets de prières comme le *Rosetum exercitiorum spiritualium* de Jean Mombaer († 1501), la multiplication des images de dévotion, devaient assurer à la *devotio moderna*, pendant toute la période qui nous concerne, un rôle fondamental dans la formation chrétienne des populations – en particulier dans l'Europe du Nord (mais des expériences comparables existent aussi en Italie, notamment à Venise), en France (notamment à Paris, où la chartreuse de Vauvert, fréquentée par Lefevre d'Étaples servait de relais), en Angleterre (notamment à Londres, où la chartreuse de la ville, dont Thomas More était le familier, jouait aussi un rôle comparable), et en Espagne – nullement réservé aux « élites ».

Très proche de ces courants et ayant connu une évolution similaire était le mouvement des béguinages qui s'était répandu dans la même aire culturelle (l'Espagne des *beatas* était cependant le champ d'expériences similaires), mais qui ne s'adressait qu'à des femmes. Lieux de prière partagée, ils étaient devenus à la fin du XVe siècle, tout autant sinon plus, des espaces de solitude et de pauvreté partagées, tant bien que mal soumis à une règle.

Aux marges du Royaume

Dominée par les pratiques chrétiennes, l'Europe ne se réduisait pas totalement à elles. Juifs et Musulmans, de façon très différente, étaient aussi présents.

Présence du monde juif

Conservant la mémoire de Jérusalem, vivant dans l'attente de la réparation promise, les Juifs vivaient dispersés dans le monde occidental. Les expulsions du Moyen Âge, en Angleterre (1290), en France (1306), en Allemagne (1348), en Provence (1394), en Autriche (1421), avaient pratiquement banni tous les Juifs de ces pays, n'y subsistant que de façon très résiduelle. En revanche, les communautés étaient nombreuses en Espagne et en Sicile (sans doute 80 000 personnes en 1492), en Italie et en Pologne (10/11 000 personnes au début du XVIe siècle, peut-être 100 000 à la fin), notamment dans les villes (Gênes, Livourne, Rome, Naples, Venise ; Hambourg ; Lublin, Tarnopol, Grodno, Bialystock, Lemberg). Mêlées aux communautés chrétiennes, en dépit des termes insultants (*marranos* en Espagne, autrement dit « cochons »), des marques infamantes (rouelle), ou des pratiques ségrégatives (ghetto de Venise, 1516) qui leur étaient imposées, elles vivaient dans la crainte d'un prosélytisme chrétien de plus en plus dominateur (expulsion des Juifs d'Espagne en 1492, de Lithuanie en 1495, du Portugal en 1497).

La mémoire de Jérusalem

La situation des Juifs variait fortement en fonction de l'attitude des autorités et des populations mais aussi en fonction de la taille des communautés. Bien souvent, notamment dans le monde germanique, les Juifs n'étaient plus que quelques familles dans une ville (à Francfort, par exemple) et il leur était difficile de former une communauté structurée. En revanche, dans un certain nombre de villes italiennes – la situation était très variable dans l'espace et le temps – ils parvenaient à maintenir une vie religieuse active, dont l'organisation était parfois calquée, comme à Venise, sur les institutions municipales, l'assemblée générale de la communauté (*Va' ad Gadol*) imitant le Grand Conseil, le *Va' ad katan* le Petit Conseil ou Conseil des Dix, le *parnassim*, chargé de traiter des affaires particulières, faisant penser aux *savi*. Laissant du même coup des traces archivistiques et des témoignages imprimés.

La relative tolérance dont bénéficiaient les Juifs italiens explique aussi que les communautés y aient été plus ouvertes sur l'extérieur et perméables aux évolutions du monde chrétien, comme à Florence par exemple. Sous l'influence du modèle sacerdotal chrétien, on voit apparaître le rite d'imposition des mains (*semikhah*) qui n'est pas sans rappeler le rituel de l'ordination ; le modèle du « docteur » pèse sur la conception du rabbin qui cesse de plus en plus d'être un docteur de la loi (Robert Bonfil), même si la fonction doctorale s'exerce au sein de l'institution universitaire, celle du rabbin au sein de la communauté ; et c'est le modèle confraternel qui explique la mise en place de confréries, comme celle créée à Amsterdam pour l'assistance aux pauvres orphelins (Santa Companhia de dotar orfans e donzelas pobrer), s'inspirant de l'Hebra de casar horphaos de Venise. Dans le sud de l'Italie, les communautés en arrivent à négliger les interdits sexuels, si l'on en croit le témoignage d'Obadiah di Bertinoro, originaire de Città di Castello, se rendant en pèlerinage à Jérusalem à la fin des années 1480. À l'inverse, en Espagne, quand la menace se fait croissante, les familles survivantes tendent à se replier sur elles-mêmes et s'isolent du monde extérieur, ne serait-ce que pour s'en protéger.

Renaissance et « antisémitisme »

Quoique le terme n'apparaisse qu'au XIXe siècle, la période de la Renaissance est pour partie un temps d'antisémitisme. L'expulsion des Juifs témoignait de la crainte d'une souillure physique. En Espagne, cette peur prit la forme *a contrario* d'une obsession de la « pureté de sang » (*limpieza de sangre*), qui fut exigée statutairement à l'entrée des grands corps de l'État, des ordres militaires, des chapitres diocésains, des ordres religieux, tandis que grandissait la méfiance à l'égard des convertis (*conversos*). En Italie, en dépit de la présence plus importante et vaille que vaille admise, cette méfiance pouvait faire du contact avec les Juifs un danger aussi grand que la syphilis (chronique de Sigismondo de'Conte da Foligno), faisant glisser l'argumentation antijudaïque du terrain de la souillure spirituelle, où l'avait encore placé le tableau de Paolo Ucello (1397-1475), daté de 1468, destiné au Palais ducal d'Urbino et représentant un « miracle à l'hostie » qui se serait produit à Paris au XIIe siècle.

En 1475, sous l'accusation que l'un des leurs avait assassiné un jeune chrétien, prénommé Simon, toute la communauté juive de Trente fut anéantie. Soigneusement mis en scène par de nombreux récits, l'événement – nullement unique – ne passa pas inaperçu. Il fit l'objet d'analyses, plutôt satisfaites, de la part des franciscains de l'Observance qui y virent le résultat de leurs prédications, dans lesquelles ils dénonçaient les pratiques usurières des Juifs tandis qu'ils préconisaient la mise en place de monts-de-piété (Bernardino da Feltre, 1439-1494). Moyen, nous dit Robert Bonfil, de faire porter aux Juifs la responsabilité d'une absence de politique d'assistance et de traitement de la pauvreté par les élites politiques chrétiennes. Quelques années plus tard, l'événement, récemment étudié par Ronnie Po-chia Hsia, faisait l'objet d'un tableau conservé aujourd'hui au Musée de Jérusalem, tandis qu'une gravure représentant le meurtre – « rituel » – de Simon était annexée au *Liber chronicarum*, publié à Nuremberg, en 1493, par Hartmann Schedel et Anton Koberger. Elle traduisait les peurs chrétiennes : l'utilisation du sang de la victime dans les cérémonies de circoncisions et la fête du pain azyme (*hag ha-matsot*). Et elle le rassurait : la Vierge apparaissait à l'âme de l'enfant sacrifié.

Langue de Dieu et Kabbale

Pourtant, simultanément, le développement de la connaissance de la langue hébraïque, et le désir de tirer profit des interprétations, de mieux en mieux connues, que la tradition juive avait données de la Bible (Tora), conduisirent un certain nombre d'humanistes à favoriser l'étude de l'hébreu – en 1477, les *Psaumes* sont imprimés en hébreu, vraisemblablement à Bologne, et la première *Bible* complète en hébreu est publiée en 1488 dans la petite ville italienne de Socino – et à entreprendre l'étude de la Kabbale. Un terme qui désignait aussi bien la doctrine secrète censée révéler le sens occulte des livres de l'Ancien Testament que la production des diverses écoles mystiques qui s'étaient développées dans le monde juif depuis le XIIe siècle, notamment en Italie et en Espagne, et qui connaissaient un renouveau au tournant des XVe et XVIe siècles. En raison d'un côté, notamment en Espagne, d'une aggravation du sort des communautés qui les incitait à chercher le sens de ce nouveau tourment, quitte à lui donner une interprétation messianique, d'un autre côté, notamment en Italie, du renouveau, partagé par le monde chrétien, en particulier les milieux influencés par le néoplatonisme, de l'ésotérisme. À quoi s'ajoutait un important brassage des traditions dû au reflux vers l'Italie d'un certain nombre de Juifs chassés d'Espagne, ces derniers favorisant l'interprétation ésotérique de la Kabbale, les premiers se montrant prêts, dans une lecture plus exotérique, à publier leurs livres. Au grand dam de la communauté d'Israël (Jérusalem, Safed), comme en témoignent les réticences manifestées par Abraham ben Eliezer ha-Levi, un kabbaliste de Jérusalem, aux tendances messianiques, à envoyer ses propres commentaires – l'*Épître du secret de la Rédemption,* « car ils risquaient de tomber entre les mains des chrétiens ».

L'Italie était au premier rang. À Florence, Flavius Mithridates, un Juif converti, traduisit de nombreux textes issus de la Kabbale italienne. Pic de la Mirandole en avait repris 119 thèses qu'il avait insérées dans les 900 thèses (*Conclusiones*) qu'il avait fait imprimer à Rome en 1486 et qui, selon lui, renfermaient tout le savoir humain. Il en avait repris l'essentiel dans son *Heptaplus de septiformi sex dierum geneseos enarrationes,* dédié à Laurent le Magnifique en 1489.

Il développa ses thèses dans le *De verbo mirifico*, publié en 1494, et présenta un ouvrage encore plus approfondi, en 1517 : le *De arte cabbalistica.* Il est ainsi l'un des artisans de la naissance d'une Kabbale chrétienne qui devait se développer tout au long du XVIe siècle. Adoptant un point de vue très similaire à celui de Ficin traduisant Platon et croyant ainsi atteindre la *prisca theologia*, la science de Dieu originelle, Reuchlin voulait montrer la possibilité de retrouver la présence du Christ dans un commentaire que l'on tenait pourtant pour antérieur à la venue de Celui-ci. D'un point de vue théologique, les interprètes chrétiens de la Kabbale « christianisaient » le royaume des dix *sefirot* (les nombres divins). Il était en effet facile de voir dans ces intermédiaires, situés entre le Dieu caché et le monde créé, la préfiguration du Médiateur. D'un point de vue linguistique, Reuchlin interprétait le tétragramme divin (YHWH), en y introduisant la lettre shin au beau milieu (YHShWH), afin d'y lire le nom de Jésus (Yehoshuah). L'appropriation de la Kabbale confirmait ainsi la vérité chrétienne. Elle apparaissait donc comme le meilleur moyen – sans violence – de persuader les Juifs de se convertir. Et donc d'accélérer la fin des temps.

Mais c'est peut-être l'humaniste allemand Johann Reuchlin (1455-1522) qui apporta la contribution la plus importante. D'abord, parce que son intérêt pour la Kabbale s'inscrivait plus largement dans son apprentissage de la langue hébraïque, commencé en 1486 et poursuivi à partir de 1492 auprès du médecin Jakob ben Jehiel Loans, employé à la cour impériale. Deux instruments de travail en résultèrent : un livre d'initiation (*De rudimentis hebraeis,* 1506) et un livre sur l'accentuation et l'orthographe (*De accentibus et orthographia linguae Hebraicae,* 1518). Au cours de ses séjours en Italie (1482, 1490, 1498), il avait rencontré Ficin et Pic de la Mirandole et connaissait leur intérêt pour le néoplatonisme et la Kabbale. Mais sa visée était autre. Il s'inscrivait plus expressément encore que ses interlocuteurs italiens dans une perspective chrétienne. Pour lui, la connaissance conjointe de l'hébreu et de la tradition interprétative judaïque devait permettre une meilleure connaissance de la Bible et faire la preuve que le judaïsme était compatible avec le christianisme. Mieux, que le Christ était le Messie.

Entre-temps Reuchlin était devenu la cible d'un certain nombre de théologiens. À la tête de ceux-ci se trouvait un juif converti, Johann Pfefferkorn (1469-c. 1522), qui s'était mis en tête de convertir ses anciens coreligionnaires et s'était persuadé que la littérature hébraïque favorisait leur résistance. L'empereur l'avait autorisé, en 1509, à entreprendre la destruction de tous les livres. L'archevêque de Mayence entretenait de bons rapports avec la communauté juive de sa ville. Il parvint à convaincre l'empereur de nommer une commission. Reuchlin en faisait partie. Il obtint l'arrêt de la mesure. La polémique commença. Pfefferkorn attaqua en 1511 (*Handt spiegel*), Reuchlin répliqua aussitôt (*Augenspiegel*). Les dominicains, emmenés par l'inquisiteur Jacob Hoogstraeten (c. 1460-1527) entrèrent en lice. Sur ce terrain, le dernier acte de la guerre, que l'on menait de part et d'autre sans ménagement, fut la décision pontificale de Léon X (1513-1521) de ne pas trancher. Hoogstraeten pouvait continuer ses attaques, le débat avait changé de dimension. En 1515, la publication des *Lettres des hommes obscurs* en avait fait un exemple de la lutte à mener contre les théologiens. En 1517, la publication des thèses de Luther fit passer l'affaire au second plan.

Présence de l'Islam

C'était en Espagne que les Musulmans étaient concentrés. De façon très variable. D'abord, quantitativement : les communautés les plus importantes se trouvaient en Catalogne, en Castille, en Estrémadure et en Andalousie. Dans la couronne d'Aragon, ils représentaient 20 % de la population. À Valence, ils formaient le tiers des habitants. C'étaient pour la plupart des paysans, habiles à exploiter les terres sèches et à les irriguer. En villes – ainsi à Ségovie, à Valladolid, à Avila – on les trouvait dans l'artisanat. À Grenade, ils étaient très présents dans le travail du textile (25 000) et notamment de la soie, mais aussi la construction et les métiers du cuir. Ensuite, culturellement : autant les communautés de Castille et de Catalogne étaient intégrées, notamment linguistiquement, autant les communautés de Grenade, fraîchement conquises, restaient attachées à l'usage de l'arabe.

Le 12 février 1502, les souverains de Castille les contraignirent soit à l'exil, soit à la conversion. Charles Quint reprit la mesure, le 9 décembre 1525, en Aragon. L'année suivante, lors de l'assemblée de Grenade présidée par l'empereur, on dressa la liste des interdictions dont cette population faisait l'objet. Les *cristianos nuevos* d'origine maure suscitaient la même suspicion que ceux d'origine juive.

Pour le reste, le monde chrétien entretenait des rapports ambigus avec l'Empire ottoman. Il représentait – ou était censé représenter – une menace permanente pour lui en raison de sa politique d'expansion continue mais aussi en raison de l'attirance qu'il ne cessait d'exercer sur nombre de chrétiens (renégats), comme l'a rappelé Bartolomé Bennassar. Mais le célèbre portrait de Mehmed II (1432-1481) par Bellini (1479) montrait assez que cette crainte était à l'occasion mêlée d'admiration. En revanche, le tableau de Bernardo Gozzoli (1420-1497) représentant *Le triomphe de saint Thomas d'Aquin* exprimait la vision que l'on se faisait habituellement des rapports avec les Musulmans. Entouré de Platon et d'Aristote, situé dans une zone intermédiaire entre Dieu et le monde des hommes (en l'occurrence celui de la papauté, des dignitaires de l'Église et des théologiens), le dominicain écrasait la science arabe couchée sous ses pieds.

Humanisme et Écriture

Le retour aux sources (*ad fontes*) que réclamait l'humanisme, le développement de la philologie dont il était porteur et, bien sûr, l'essor de l'imprimerie qui permettait de mettre à la disposition du plus grand nombre – objectivement très réduit – ne pouvaient pas manquer de poser la question de l'édition même de la Bible.

Le retour au Texte

Publier et traduire

Durant tout le Moyen Âge on avait inlassablement copié le texte biblique. L'invention de l'imprimerie fut immédiatement mise à contribution pour diffuser plus largement le texte : la Bible, dite à 44 lignes, jusque dans sa présentation typographique prenant les usages manuscrits pour modèle, n'est-elle pas la première grande réussite de l'art typographique ? Dans un premier temps, on se borna à multiplier les éditions de la Vulgate, à profiter des améliorations techniques (miniaturisation des fontes) pour imprimer le texte en un seul volume, adopter des formats plus réduits que le peu maniable folio (quarto : 1475 à Piacenza ; octavo : 1491 à Bâle, 56 lignes à la page), à appliquer au texte biblique les « mises en texte » (H.-J. Martin), susceptibles d'en améliorer la lisibilité, et par ailleurs à fournir les instruments de travail qui permettaient d'aborder le texte dans de meilleures conditions. Simultanément se posa le problème de la traduction de la Bible en langue vernaculaire. De nombreuses versions parurent : sur les 127 bibles éditées avant 1501, 94 sont en latin, 3 en hébreu, 30 en langues vernaculaires Celles-ci, notamment en Italie et dans le monde germanique, étaient fréquemment accompagnées de bois gravés (ainsi la Bible de Cologne, 1478/79, avec ses 123 illustrations), ce qui indique d'autres marchés, d'autres pratiques de lectures, d'autres rapports au texte que la Bible latine, très rarement illustrée.

Philologie et édition

Les exigences humanistes en matière d'édition visant, sur une base philologique, à l'établissement de la meilleure version possible, par comparaison des manuscrits, le rétablissement de leur filiation et le choix de la « lecture » la plus difficile en cas d'hésitation, ne s'imposèrent que très lentement et jamais totalement. En particulier pour ce texte spécifique si intimement lié aux pratiques (apprentissage par cœur, intégration dans les usages liturgiques), aux croyances, mais aussi aux usages universitaires. Trois obstacles s'y opposaient. L'idée que les textes sacrés étaient d'inspiration divine et qu'ils échappaient à ce titre à toute approche historique ou philologique. L'utilisation de ces textes dans la liturgie, en particulier la traduction latine de la Bible que saint Jérôme avait réalisée à la fin du IVe siècle et qui avait été définitivement adoptée – la Vulgate – au VIIIe siècle. Le fait que la « lectio divina » était au cœur de l'enseignement théologique qui en avait codifié l'approche, distinguant sens littéral, sens spirituel, sens moral et sens anagogique, et réservant cette « lecture » au théologien.

Au tournant des XVe et XVIe siècles, Jacques Lefèvre d'Étaples en France, John Colet en Angleterre, Antonio de Nebrija en Espagne, Érasme entre Rotterdam et Bâle, témoignent, chacun à sa façon, de cette exigence textuelle. Le terrain avait été préparé dès les années 1440 par Lorenzo Valla dans sa *Collatio Novi Testamenti* (c. 1444), qui lui avait permis de déceler des erreurs de traduction en comparant (*collatio*) le texte de Jérôme au texte grec. Pour tous cependant, il ne s'agissait pas seulement d'éditer un texte mais de permettre, par la lecture d'un texte « épuré », un renouveau et un approfondissement de la foi chrétienne, mêlant ainsi sens littéral et sens spirituel. Pour John Colet, outre l'approche philologique, ce qui était important c'était, s'inspirant de saint Augustin, d'interpréter l'Écriture par elle-même, en la confrontant avec d'autres passages.

Pour Jacques Lefèvre d'Étaples, l'« intelligence de l'Écriture » passait par l'union des deux Testaments (l'Ancien et le Nouveau), des deux natures du Christ (l'humaine et la divine), ainsi que de la philologie et de la théologie (G. Bedouelle). Sans être un grand hébraïsant ni même un helléniste au-dessus de tout soupçon – un double handicap que Lefèvre ne surmonta pas vraiment – il mit en parallèle les différentes versions du texte biblique et publia ainsi, en 1509 et en 1513, le *Quincuplex Psalterium.* Il offrait un texte composite et en même temps son propre choix (*conciliatum*), qu'il établissait en privilégiant le texte « hébraïque » de Jérôme et en se fondant sur le commentaire de Jaime Perez de Valencia (1498-1490). Il continua en publiant en 1516 les *Commentaires sur les Épîtres de Paul,* où apparaissaient sur deux colonnes la version de la Vulgate et la sienne propre. Associé au « cercle de Meaux », rassemblé autour de l'évêque réformateur Guillaume Briçonnet, il infléchit sa production dans un sens plus pastoral, tenant compte de l'utilisation qui en serait faite dans le cadre du calendrier liturgique. En 1525, il publia les *Épîtres et Évangiles pour les cinquante-deux dimanches de l'An*. Il y mêlait au texte du jour un canevas sermonnaire à l'intention des prédicateurs. Il publia également une traduction qu'il acheva en 1530. L'ouvrage fut publié à Anvers. Dans ses choix philologiques, Lefèvre se fondait sur ses options théologiques. Intéressante à cet égard est la polémique qui l'opposa à Érasme. Il s'agit de l'interprétation du psaume 8 (verset 6), cité dans l'*Épître aux Hébreux* (2, 6-9) : « Qu'est-ce que l'homme pour que tu te souviennes de lui, ou le Fils de l'homme pour que tu le prennes en considération [...] ? » Lefèvre tranche en faveur d'une interprétation qui lui paraît sauvegarder la nature divine du Christ. Érasme au contraire opte pour une interprétation plus « docétiste », insistant sur la nature humaine du Sauveur. Le conflit entre les deux humanistes n'est pas simplement vanité d'auteur mais aussi, on le voit, une réelle différence dans la conception même de la théologie et par-delà de la foi chrétienne.

C'est en 1502 que le cardinal Francisco Jiménez de Cisneros, archevêque de Tolède et régent de Castille, entreprit de façon très « professionnelle » (achat de manuscrits, équipes de travail, imprimeur réputé) mais toujours sur la base d'un compromis entre exigence philologique et préoccupations dogmatiques, une édition intégrale et polyglotte de toute la Bible (hébreu, latin, grec, araméen pour les targums, ces anciennes paraphrases du Pentateuque) à l'université d'Alcalà de Henares. La traduction fut réalisée entre 1514 et 1517, mais elle ne fut diffusée qu'en 1522 – sous la forme de six gros volumes in-folio – en raison de la mort de Cisneros et du retard avec lequel la papauté, sollicitée, avait donné son accord.

Moins ambitieuse, car il ne travaillait qu'à partir des quatre manuscrits dont il disposait à Bâle, mais plus répandue, fut l'édition du *Nouveau Testament* en grec qu'Érasme, bon helléniste mais hébraïsant modeste, publia en 1516 chez l'éditeur Johann Froben. Il reprenait ainsi le chantier qu'il avait inauguré en 1505 en publiant les *Annotationes in Novum Testamentum* de Lorenzo Valla. Il y travaillera en permanence reprenant sa traduction en 1519 (c'est sur ce texte que Luther fera sa traduction allemande), 1522, 1527 et 1535. Il accompagna ce texte d'*Annotationes* qu'il publia en 1522 sous le titre *Paraphrases in Novum Testamentum*. Qu'il continua de remanier jusqu'en 1535.

La recomposition des sciences sacrées

Outre l'exégèse, la critique humaniste devait contribuer à la recomposition des « sciences sacrées » et notamment de la « patristique » au sein ou en marge de la théologie. Quoique le terme n'apparaisse qu'au XIXe siècle, les humanistes pouvaient s'inspirer de saint Jérôme qui avait composé en 392-393 un catalogue bio-bibliographique de cent trente-cinq auteurs chrétiens (*De viris illustribus*). En 1495, l'abbé de Sponheim s'appliquait encore à le compléter. Mais l'apport de l'humanisme était évidemment celui de la philologie qui mettait à la disposition des théologiens des éditions critiques. L'arrivée dans la péninsule italienne d'érudits byzantins, regroupés notamment autour du cardinal Bessarion, avait favorisé un intérêt accru pour les Pères grecs qui n'étaient souvent connus qu'à travers les traductions latines réalisées au Moyen Âge. Le développement de l'imprimerie allait permettre la démultiplication des éditions et leur rapide diffusion. La première génération se mit au travail dans les années 1480, entraînée par l'imprimeur Johann Amerbach (c. 1443-1513). Elle entreprit l'édition des quatre Pères de l'Église latine : Ambroise, Jérôme, Augustin et Grégoire le Grand. Une seconde génération, dont Érasme est la figure emblématique, multiplie durant une cinquantaine d'années les éditions et, le cas échéant, les traductions (de grec en latin, de latin en langue vernaculaire), des Pères latins et grecs.

Dès l'*Enchiridion*, publié en 1503, Érasme avait plaidé en faveur d'un retour aux « anciens » – Origène, Ambroise, Jérôme, Augustin – contre les théologiens « modernes ». Non seulement il les cite, mais il s'applique à fournir des éditions critiques. Il publie en 1516, chez Froben, à Bâle, une édition des *Œuvres complètes* de saint Jérôme en neuf volumes (*Omnium Operum Divi Eusebii Hieronymi Stridonensis*). Suivent des éditions de Cyprien (1520), d'Hilaire et d'Arnobe (1522), d'Ambroise (1527), d'Augustin (en dix volumes !, 1517-1529), d'Origène (1527 et 1536), à quoi s'ajoutent les traductions de Basile (1532), d'Irénée (1526) et de Jean Chrysostome (1530), que, depuis Pétrarque on jugeait particulièrement adapté aux exigences du peuple chrétien. Proche d'Érasme, le théologien Beatus Rhenanus (1485-1547) s'attaquait pour sa part à l'édition de Tertullien, que sa dénonciation de la philosophie rendait proche des humanistes. En 1521, il fournissait l'édition princeps, autrement dit la première édition imprimée de ce Père de l'Église vivant en Afrique au IIe siècle.

Au même moment, et non sans émulation, le cercle parisien, regroupé autour de Lefèvre d'Étaples, participe lui aussi à ce renouveau patristique. Il y est encouragé par Guillaume Petit, confesseur du roi. Josse Clichtove procure une édition des *Commentaires* de Cyrille d'Alexandrie sur saint Jean (1509 et 1520). Fondées sur une approche philologique – mais sans cependant collation de tous les textes (manuscrits ou imprimés) disponibles – ces éditions n'en ont pas moins, elles aussi, une finalité pratique : mieux lire l'Écriture. Et c'est elle qui leur donne sens. Elles visent à établir un texte correct (*castigare*, *emendare*), à distinguer les œuvres authentiques des apocryphes (*a suppositiciis repurgare*) et à éclairer les difficultés par des annotations (*scholiis illustrare*).

« L'exceptionnel normal » : Érasme

De ce rôle des humanistes, notamment dans l'Europe du Nord, témoigne la figure d'Érasme, exemplaire par sa vie, son activité et la figure de l'« humaniste chrétien » qu'il représente.

Le prince des humanistes

Quatre traits dessinent l'exemplarité de cette vie, au demeurant mal connue pour ses premières années : la parfaite maîtrise de la langue latine, la seule qu'il emploie dans ses écrits sinon dans ses échanges ; une capacité de travail inlassable, malgré une santé fragile et un tempérament anxieux ; un sens aigu de la communication, qui le met toujours en route, le pousse sans cesse à éditer et l'installe au centre d'un réseau de correspondants ; une soif de reconnaissance, qui fait de lui un auteur susceptible, mais aussi un ami fidèle.

Érasme est né à Rotterdam, à une date incertaine, peut-être 1467. C'est le fils illégitime d'un prêtre. Une naissance qui le marquera car elle explique dans une large mesure cette reconnaissance qu'il cherchera toute sa vie. Il fréquente l'école des Frères de la Vie commune de Deventer et de Bois-le-Duc. Il n'en garde pas un souvenir ému – sauf de la rencontre qu'il fait de l'humaniste Rodolphe Agricola, à Deventer – mais il leur doit certainement les bases humanistes qu'il fera fructifier, et en particulier une bonne connaissance de la latinité classique, ainsi qu'une piété sobre et profonde, inspirée de la *devotio moderna.* Il perd ses parents, victimes de la peste, à quinze ans. Trois ans plus tard, il entre chez les chanoines de Saint-Augustin de Steyn. Poussé sans doute plus par le besoin de trouver un mode de vie qui lui permette de subsister que par une vocation à la vie religieuse, au sens où nous l'entendons aujourd'hui. Un an plus tard, il prononce ses vœux. Le 25 avril 1492, il est ordonné prêtre. L'année suivante, il entre au service de l'évêque de Cambrai Hendrik van Bergen (Henri de Berghes). Sa vie bascule : il quitte son monastère (il ne demandera jamais à être relevé de ses vœux mais obtiendra une dispense pontificale l'autorisant à résider hors du monastère) et élargit ses horizons.

Il se rend à Paris pour y préparer un doctorat en théologie qu'il ne soutiendra pas, peut-être en raison d'un manque de moyens financiers ou en raison de sa naissance illégitime. Mais il a découvert le monde des théologiens et de la scolastique, qu'il dénoncera toute sa vie, et la sévérité extrême du collège de Montaigu, où il séjourne et dont il s'échappe, vivant des leçons qu'il donne. Et surtout il écrit : des lettres tout d'abord, à l'intention de ses amis et de ses protecteurs ; un traité – les *Antibarbari* – au titre éloquent, où il défend les « bonnes lettres » et attaque leurs adversaires (l'ouvrage ne sera publié qu'en 1520, après remaniement) ; des poèmes et, à l'intention de ses élèves, des dialogues en latin, qui deviendront les *Colloques*. Car il ne suffit pas de savoir écrire en latin. Il faut aussi être capable de le parler, et d'abord de bien le prononcer.

À l'invitation de son élève William Blount, lord Mountjoy, il se rend à Londres en mai 1499 et y séjourne huit mois. Il y fait deux rencontres décisives. Celle de Thomas More, jeune juriste et philologue, et celle de John Colet, professeur à Oxford, qui lui fait prendre conscience de l'importance du grec pour la formation humaniste, lui fait connaître le platonisme florentin de Ficin et de Pic, et découvrir une méthode de l'Écriture que John Colet applique dans ses cours sur les *Épîtres* de saint Paul, radicalement différente de ce qu'il a connu à Paris. À son retour à Paris, Érasme publie son premier ouvrage : les *Adages*, un recueil de proverbes, qu'il dédie à son protecteur lord Mountjoy. C'est un florilège de « bons auteur », une somme de la sagesse antique. L'ouvrage connaît un très grand succès. Il sera constamment réédité. Et augmenté jusqu'à contenir plus de quatre mille proverbes en 1536, à la mort d'Érasme. Son utilisation massive par les érudits de la Renaissance prouve qu'Érasme a vu juste et bien choisi sa voie (L. Halkin).

Un éditeur inlassable

Publiant lui-même, en 1523, la liste de ses publications (il la révisera en 1530), Érasme a classé sa production en neuf catégories : 1) ouvrages pédagogiques et instruments de travail, 2) collection de proverbes, 3) correspondance, 4) ouvrages de morale et 5) de dévotion, 6 et 7) études bibliques, 8) ouvrages de polémique, 9) études sur les Pères de l'Église. C'est ce classement qui sera repris dans l'édition posthume des *Opera omnia* publiés par Froben en 1540 et qui, aujourd'hui encore, est conservé.

Sans doute faut-il commencer par la correspondance – plus de 3 000 lettres conservées – pour comprendre Érasme. D'abord, parce que le choix des destinataires – papes et souverains, érudits et financiers, humanistes et réformateurs – lui permet de se placer au cœur d'un réseau dont il est le maître d'œuvre et qui le reconnaît comme « prince » de ce groupe social nouveau : les humanistes. On notera que la plupart de ces lettres datent de la deuxième moitié de sa vie et qu'Érasme en a assuré lui-même à plusieurs reprises l'édition partielle (1521, 1528, 1531, 1532). Ensuite, parce que le contenu même de ces lettres nous permet de brosser un tableau des préoccupations des élites intellectuelles, politiques, économiques – l'humaniste se plaçant au-dessus de ces clivages – des quatre premières décennies du XVIe siècle. Enfin, parce que l'influence de cette correspondance a été très grande. Elle sert de modèle mais aussi de tremplin pour des réflexions ultérieures, comme en témoignent souvent les annotations marginales (*marginalia*) des nombreux exemplaires qui en ont été conservés.

Érasme partage avec nombre d'humanistes des préoccupations pédagogiques. Sans doute parce qu'il s'agit de son gagne-pain. Et nombre d'ouvrages sont directement issus de son activité d'enseignement : traduction et édition d'instruments de travail tels que la grammaire grecque de Gaza, les tragédies d'Euripide, ses auteurs latins favoris : Térence, Virgile, Horace, Cicéron, César et Salluste, des manuels de correspondance (*De copia*, 1512 ; *De conscribendis, epistolis* 1522), des manuels de conversation (*Colloquia*, 1519). Mais bien plus encore parce qu'il est convaincu « qu'on ne naît pas homme, on le devient » et que l'éducation est au cœur de ce processus.

C'est ce qu'il expose dans son ouvrage théorique, publié en 1529 : *De pueris instituendis*. Que précède toute une série d'ouvrages portant sur des points précis, comme l'usage des « bonnes lettres » (*Antibarbari*, 1520 ; *Ciceronianus*, 1528), ou l'étude de la théologie – Érasme est finalement devenu docteur « *per saltum* » (sans satisfaire à toutes les obligations, ce qui lui vaut quelques sarcasmes) à Turin, en 1505 – qui lui tient à cœur (*Ratio verae theologiae*, 1518).

Enfin, son rôle de conseiller du jeune prince Charles – le futur Charles Quint – l'incite à publier en 1516, on s'en souvient, dans la lignée des « miroirs du prince », une *Éducation du prince chrétien*, dans laquelle il expose sa vision, explicitement chrétienne, éprise de paix entre les peuples et de sens du « bien commun » à l'intérieur des frontières.

Érasme et l'humanisme chrétien

Érasme apparaît ainsi comme la figure exemplaire de l'« humanisme chrétien », une notion qui n'a de sens que si elle entend rappeler d'une part le cadre de pensée et d'agir dans lequel évoluent les hommes de la Renaissance, d'autre part le souci qu'un certain nombre des humanistes ont eu de repenser et de vivre leur foi en accord avec leur activité intellectuelle. Trois traits caractérisent à cet égard l'œuvre d'Érasme. Le premier est l'attitude très critique à l'égard des institutions. C'est le cas tout particulièrement dans l'*Éloge de la folie,* publié en 1509. Ou de façon plus agressive mais de moindre portée, dans un texte, paru de façon significative sans nom d'auteur, en 1517 : le *Julius exclusus,* dans lequel saint Pierre refusait au pape l'entrée du Paradis. Au-delà de l'attaque contre Jules II, Érasme y réclamait une papauté qui fût réellement spirituelle et pastorale.

Le second est le modèle de vie chrétienne qu'il défend. Fondé d'une part sur un noyau de croyances fondamentales dégagées de la gangue des dogmes et des commentaires des théologiens, d'autre part sur une piété essentiellement christocentrique. Le succès de l'*Éloge de la folie* (36 éditions latines entre 1511 et 1536, auxquelles s'ajoutent des traductions tchèque, française et allemande) et de l'*Enchiridion militis christiani* (26 éditions latines entre 1503 et 1521, auxquelles s'ajoutent des traductions tchèque (1519), allemande (1520), anglaise (1522), néerlandaise (1523), espagnole (1524), française (1529), ainsi qu'italienne et portugaise), qui résument l'essentiel de sa pensée et sont écrits à l'intention d'un public qui n'est pas celui des professionnels, témoigne qu'Érasme répondait à l'attente d'une part importante du peuple chrétien, si l'on n'oublie pas le rôle de relais que jouaient les prédicateurs.

Le troisième, plus méconnu, est l'attitude même d'Érasme. Moins dans ses démonstrations extérieures que dans les lignes directrices de son action qui, nous le reverrons, le poussent à prendre ses distances à l'égard de Luther. Trois critères de jugement restent fondamentaux pour lui. Celui de l'unité de l'Église. Et d'abord de l'Église visible : celle qu'il attaque si vigoureusement parce que précisément il en souhaite la Réforme. Celui du respect des humbles et de leurs pratiques. Car, comme Thomas More, si Érasme se montre volontiers ironique à l'égard de pratiques qu'il juge superstitieuses, il entend procéder à leur égard et à l'encontre de celles et ceux qui en usent avec prudence : il ne s'agit pas d'arracher mais de convaincre. Ce respect est fondamental car il est le revers indissociable de l'élitisme que les humanistes, et Érasme en particulier, ont pratiqué. Enfin, celui de l'amour du Christ, le seul qui ait conduit Érasme parce qu'il en attendait, dans l'espérance et la certitude de sa foi, d'être reconnu.

« Ecclesia semper reformanda »

Si les humanistes nous apparaissent comme des hommes du livre, c'est parce qu'ils ont consciemment choisi, utilisé, aménagé ce moyen de communication pour se faire reconnaître, et parce que c'est la trace qu'ils nous ont laissée. Ils furent pourtant tout autant des hommes de paroles, que celle-ci fût celle, publique, de la prédication, secrète du conseiller, choisie du courtisan, intime, des rencontres quotidiennes et des amitiés. La Renaissance est aussi parole. Et temps de la prophétie.

« Vox clamans in civitate Dei »

Prophétie populaire et prophétie de cour

La parole prophétique a conservé au tournant des XVe et XVIe siècles les traits qu'elle a pris au cours des deux siècles précédents. Elle est d'abord irruption de la parole de Dieu parmi les siens. Vraie parole : inspirée par lui, pas celle des clercs et des puissants, qu'« Il renverse de leur trône ». Aussi a-t-elle une dimension « religieuse » évidente : elle est rappel de la volonté de Dieu, incitation à la pénitence et volonté de Réforme. Elle est ensuite – mais la distinction est nôtre, pas celle des contemporains – éminemment politique. Car la Réforme qu'elle réclame est celle de la communauté des hommes : dans l'Empire, indissolublement lié à la Papauté, mais aussi dans les royaumes et les principautés, dans les cités, voire – comme à Niklashausen, en 1475, mis en mouvement au son de la flûte de Hans Boheim auquel la Vierge est apparue – dans les villages. Aussi les prophètes sont-ils, malgré la radicalité de leurs propos, bien en cour, comme en témoigne celle de Louis XI accueillante à l'ermite de Calabre, et présents sur la « place publique » (O. Niccoli). Elle est également, signe manifeste de sa divine inspiration, proférée par ceux – et d'abord par celles – qui sont exclus du pouvoir : « Il élève les humbles. » Elle est enfin, car le Dieu dont elle est l'expression est présent dans l'histoire des hommes, une parole liée à l'« événement » – l'irruption des Français dans l'Italie de 1494, les innombrables comètes qui apparaissent dans le ciel, les monstres qui naissent sur terre – auquel elle donne sens, dont elle fait un *kairos,* un moment théophanique.

La prophétie populaire s'appuie sur la longue tradition joachimite (Joachim de Flore † 1202). Elle s'appuie également sur les récits de vision qui se multiplient dans la seconde moitié du XVe siècle. Et qui circulent longtemps sous forme manuscrite avant d'être, au début du XVIe siècle, imprimés. À Parme, vivant en ermite, Simona della Canna prophétise le renvoi de l'évêque qui la tient pour suspecte. Victime de l'hostilité du monde ecclésiastique, elle trouve refuge auprès du comte Pietro Maria Rossi, qui sera le promoteur de son culte.

Particulièrement bien analysée par Gabriela Zarri, dans le cas de l'Italie, la prophétie de cour diffère quelque peu de la prophétie populaire. D'abord parce que les prophétesses sont plus généralement membres d'un ordre religieux. À Mantoue, Gianfrancesco Gonzaga accueille à sa cour Ossana Andreasi puis Stefana Quinzani. À Ferrare, le duc d'Este collectionne les saintes moniales qu'on lui signale dans les différentes villes italiennes et, quand on lui résiste, il n'hésite pas à enlever à la ville de Viterbe la stigmatisée Lucia de Narni. Au temps de la domination française, le monastère des augustines de Santa Marta, à Milan, abonde en extatiques et en prophétesses auprès desquelles le gouverneur Lautrec et divers cardinaux vont chercher exhortations et conseils. Dans ces principautés où, nous l'avons vu, le soutien apporté aux artistes et aux humanistes est un des éléments de la stratégie de pouvoir développée par ces pouvoirs nouveaux, se multiplient également visions et prophéties, attestant que Dieu est garant de la légitimité des princes qui bénéficient d'un « transfert de sacralité » (G. Zarri). Est-il étonnant de retrouver Federico da Montefeltro au premier rang de ceux qui vénèrent la sainte religieuse Francesca Ugolini di Casteldurante ? À la cour, le prophète rivalise avec l'astrologue, dont les « pronostics » se multiplient oralement et par écrit (Lichtenberger, *Pronosticatio*, 1488 ; Grüppeck, *Speculum naturalis coelestis et propheticae visionis*, Nuremberg, 1508). Pour l'un(e) comme pour l'autre, il s'agit de déchiffrer cet avenir dont la connaissance est indispensable au prince. Le prophète a pour lui de fonder sa science en Dieu. Souvent thaumaturge, il est présence sacrale auprès de celui qui, dans des cas particuliers comme en France ou en Angleterre, bénéficie également de ce pouvoir de guérir, fondé lui aussi sur l'onction et par-delà sur la volonté de Dieu, « car il n'y a point d'autorité qui ne vienne de Dieu » (Rm 13,1).

Prophétie et patriotisme

C'est dans ce contexte général qu'il faut replacer l'action particulière, totalement propre à Florence et à ses traditions politiques, de Savonarole (1452-1498). Né à Ferrare, c'est le fils d'un banquier. Il reçoit une éducation humaniste, étudie la médecine et rentre chez les dominicains de Bologne en 1475. Il y étudie la théologie. En 1482, il est affecté au couvent de San Marco à Florence où il commence à prêcher. Sa prédication est christocentrique et pénitentielle. Déjà en 1485 et 1486, prêchant le Carême à San Gimignano, il annonce la libération que Dieu promet au monde pécheur et appelle à la Réforme. C'est Laurent de Médicis qui le rappelle à Florence souhaitant bénéficier de cette parole prophétique. À partir de 1490, la prédication de Savonarole accentue cette dimension. Cette fois, c'est un succès. Il est d'ailleurs élu prieur de San Marco qu'il oriente vers la stricte observance. Ses prédications prophétiques ont donc une double dimension. Politique et religieuse en appelant à une triple réforme : celle de l'homme intérieur, passant par un changement des comportements et notamment un rejet de la richesse, du pouvoir et de la quête de réputation ; celle de la cité, qu'il appelle à devenir la nouvelle Jérusalem (sans rompre pour autant avec le pouvoir de Laurent, auquel il donne sa bénédiction avant la mort de ce dernier dans la nuit du 8 au 9 avril 1492) ; celle de l'Église, passant par un changement radical de la papauté. Il dénonce ainsi à partir de 1492 l'élection illégitime à ses yeux d'Alexandre VI et, s'adressant aux princes, réclame la réunion d'un concile qui réforme l'Église.

En entraînant la chute des Médicis, tour à tour partisans de la résistance et, finalement, composant avec l'envahisseur, l'invasion française va gauchir la prédication de Savonarole. Il reconnaît en Charles VIII le Cyrus (2 Chron. 36, 22) dont il avait annoncé la venue en 1492 et 1494. Au lendemain de l'entrée des Français dans la ville (17 novembre 1494), il appelle à la mise en place d'un Grand Conseil, sur le modèle de Venise, qui, sans réaliser une inimaginable démocratie, au sens où nous l'entendons aujourd'hui, s'ouvrait à un nombre élargi de citoyens (3 000) : un *governo popolare* selon les critères de l'époque, excluant les femmes de la scène politique. La proposition est adoptée à la fin de l'année 1494. Il accentue également la dimension religieuse, annonçant la venue de l'Antéchrist et, saluant l'idée de croisade qui anime l'expédition de Charles VIII, fait de Florence la préfiguration du sixième âge, la cité de la jeunesse, organisée en compagnies par Domenico da Pescia sur la base des quartiers.

Plus que la condamnation romaine – excommunication de Savonarole le 13 mai 1497, menace d'interdit sur la ville – c'est l'échec de l'ordalie prévue le 7 avril 1498 qui rompt le lien entre la ville et le prophète. Le 8, en la fête du dimanche des Rameaux, la foule envahit le couvent San Marco. Savonarole et ses acolytes, Domenico da Pescia et Silvestro Maruffi, sont arrêtés. Torturé, Savonarole reconnaît avoir menti et s'être livré à des supercheries. Le 23 mai, il est pendu et brûlé comme « hérétique, schismatique et contempteur du Saint-Siège », et ses cendres sont dispersées dans l'Arno, ce qui n'empêche pas l'apparition de reliques. La mort de Savonarole ne signifiait d'ailleurs pas la fin du prophétisme. En proposant de devenir archevêque de Florence au chanoine régulier de San Salvatore, vivant en ermite dans le petit monastère de Sant'Ambroggio di Gubbio, où Francesco Maria Della Rovere, duc d'Urbino, venait le consulter, Jules de Médicis, qui lui aussi vivait en exil à Mantoue, cherchait peut-être à placer sur le siège de Florence un prophète fidèle à sa famille dans une ville encore secouée par les prophéties de Savonarole. La mort de Canetoli arrêta le projet. Le retour des Médicis en 1512 provoqua une nouvelle flambée prophétique. Et lors du rétablissement de la République en 1527, c'est le Christ qui est proclamé roi de la cité (26 juin 1529). La chute de Florence le 12 août 1530 et le rétablissement du pouvoir des Médicis changeaient les horizons.

Réformes

Le rôle tenu par les dominicains, l'appel au concile rappellent deux des thèmes sur lesquels reposait le discours réformateur : la rénovation des ordres religieux, la réforme de l'Église par le biais du concile.

Ordres monastiques et Réforme

L'historiographie a longtemps fait du « déclin » des ordres religieux à la fin du Moyen Âge l'un des indicateurs les plus sûrs de la décadence de l'institution ecclésiale et l'une des raisons du succès des réformateurs protestants, pourtant issus, pour nombre d'entre eux – du moins dans la première génération – de ce monde monastique ou conventuel. Les recherches sur le mouvement de l'Observance, animées par K. Elm, ou, en langue française, les études plus ponctuelles menées sur les réguliers en France (J.-M. Le Gall), sur les camaldules italiens (C. Caby) ou sur les chartreux (G. Chaix), obligent à plus de nuances. Moins pour additionner les bons exemples dans l'espoir qu'ils équilibreraient les mauvais que pour comprendre les enjeux de la vie monastique et les raisons des « défaillances ».

La vie monastique continue de représenter à la fin du XVe siècle la préfiguration d'une cité idéale. Le monastère est une nouvelle Jérusalem. La vie monastique une préfiguration de la vie angélique. Cette vue se heurte cependant à deux obstacles. D'une part, le développement d'une vision du monde qui réclame l'engagement dans la cité et non la fuite hors du monde. D'autre part, le décalage qui existe entre idéal et réalité. Mais la critique témoigne plus d'une volonté de réforme que d'un échec. De plus en plus pris en charge par les princes (*jus reformandi*) – notamment dans l'Empire, en Hongrie, en Pologne, en Dalmatie, en Catalogne – et les évêques, le mouvement de réforme – qui a une triple dimension : eschatologique, sotériologique et spirituelle – se développe dans trois directions. Tout d'abord, le mouvement de l'Observance. C'est-à-dire le retour à la règle primitive. Le mouvement s'enracine sur celui qui a déchiré l'ordre franciscain dans la seconde moitié du XIVe siècle et tout au long du XVe siècle, jusqu'à la rupture consommée en 1517 (Bulle *Ite et vos in vineam*, 29 mai), portant sur la question de la pauvreté. Mais, dans la seconde moitié du XVe siècle, il est devenu commun à la plupart des ordres religieux.

Ensuite, la constitution de « congrégations ». C'est le cas chez les bénédictins sur une base nationale. En Italie, la congrégation de Sainte-Justine de Padoue ouvre la voie en 1412. L'Espagne suit l'exemple avec la congrégation de Valladolid (1450), à laquelle doivent adhérer, en 1504, sur ordre du roi, presque tous les monastères espagnols. Simultanément se constitue en Allemagne la congrégation de Bursfeld qui, en 1469, rassemble 56 monastères et 94 en 1517. En France, la réforme de Jean de Bourbon qui, en 1458, avait rétabli la discipline à Cluny, est continuée par Jean Raulin. L'abbaye de Saint-Martin-des-Champs, à Paris, est réformée en 1502. La congrégation de Chézal-Benoist se constitue et réforme un certain nombre d'abbayes, parmi lesquelles celle de Saint-Germain-des-Prés (1514). L'évolution est identique chez les dominicains : congrégation de Lombardie (1459), de Hollande (1460) qui s'étend jusqu'à Paris (1502), de Toscane (1474), de France méridionale (1475).

Enfin, le renouveau d'un idéal de vie monastique dont témoignent, par exemple en France, la reprise des vocations à la fin du XVe siècle (J.-M. Le Gall), en Italie, l'essor des camaldules sous l'impulsion de Tommaso Giustiniani (C. Caby) ou, dans l'Europe entière, l'attrait qu'exercent les chartreux « jamais réformés parce que jamais déformés ». L'opposition à l'observance, comme on le constate à partir du cas français, n'étant d'ailleurs pas toujours refus des réformes, si elle est rejet d'une réforme.

Concile et Papauté

Depuis le Grand Schisme, la Réforme de l'Église était étroitement associée à l'**idée conciliaire**. Elle reposait sur quatre éléments : la conviction de la « sainteté » de l'assemblée conciliaire (décret *Haec sancta*, 5 avril 1415, concile de Constance, 1414-1418) ainsi légitimée face à l'autorité pontificale qui se prévalait, elle, de la remise des clefs par Jésus à l'apôtre Pierre (Mt 16, 19) ; l'assurance que l'assemblée conciliaire, organisée en « nations », représentait fidèlement la catholicité de l'Église ; la revendication d'une régularité des réunions conciliaires (5, 7, puis 10 ans, décret *Frequens*, 9 avril 1417) ; le rôle tenu par les théologiens comme experts auprès des prélats, qui confortait leur prééminence dans un système universitaire chargé de « lire » l'Écriture et de dire l'orthodoxie.

L'appel au concile est donc constant au cours de notre période, depuis Savonarole dans les années 1490 jusqu'à Luther en 1518, en passant par Michel-Ange en 1507, sans parler de la tenue effective de conciles à Pise, en 1511 et au Latran, en 1512, et du fait que notre étude s'achève avec la fin du concile de Trente (1563). Or, depuis les lendemains du concile de Bâle (1431-1437) et de Ferrare-Florence (1438-1442), la papauté s'était efforcée de rétablir son autorité et sa puissance. Celle-ci, comme l'a montré Paolo Prodi, reposait sur deux piliers, correspondant aux « deux âmes » de la papauté : l'âme spirituelle » qui faisait du pape le chef de l'Église universelle en s'appuyant d'une part sur la succession apostolique pour asseoir son autorité, d'autre part sur l'administration de la curie romaine, qui avait su conserver les effets de la modernisation accomplie durant le séjour avignonnais, notamment en matières fiscale et judiciaire ; l'âme temporelle » qui faisait du pape, élu par le Sacré-Collège, sans possibilité d'assurer sa succession par voie héréditaire, le chef d'un État mais aussi d'une dynastie dont la pérennité ne pouvait être maintenue que par la pratique du népotisme.

La condamnation de Savonarole avait rappelé le rôle joué par la **papauté**. Que l'on se gardera bien de faire, sans nuances, le fer de lance de la résistance à la Réforme, même si les « deux âmes » de la papauté impliquaient deux logiques – spirituelle et temporelle, ecclésiale et dynastique – sinon contradictoires du moins potentiellement conflictuelles. L'appel à la Réforme retentissait pourtant aussi à Rome. Redevenue le siège de la papauté en 1377, la ville était engagée depuis Nicolas V (1447-1455) et le jubilé de 1450 dans une entreprise de renouvellement associant construction et destruction (vieille basilique de Constantin). Dans le discours prophétique, le renouveau de la papauté était associé à l'image du pape angélique dont la sainteté restaurera la pureté de la cité infestée par le péché, réformera l'Église corrompue, convertira les Infidèles et inaugurera un nouvel âge marqué par le retour à la paix. Une vision qui s'enracine dans la tradition joachimite revivifiée au début du XVIe siècle par le couvent des Ermites de Saint-Augustin de Venise qui, entre 1516 et 1527, en procurent les éditions. Une influence que l'on retrouve également chez les prédicateurs de la cour pontificale comme Gilles de Viterbe (1469-1532), qui appartenait également à l'ordre des augustins et qui prêcha à l'ouverture du concile de Latran en faveur des réformes (1512).

Un discours prophétique étroitement associé à l'image de l'empereur réformateur, toujours à même de suppléer le pontife défaillant. Elle reste vivante tout au long de notre période, de la réforme de l'empereur Sigismond, en 1439, jusqu'à l'élection de 1519, associée explicitement et à la Réforme et à la conquête du monde (*Kaiserliche Praktika und pronostication aus allen alten weissagungen… des eben unüberwindlicht Rö K. Carolus V der sey, so Reformiren und allein das Regimen von Orient bis in Occident erobern soll*, Munich, 1519), en passant par le *Livre des Cent chapitres*, connu par un seul manuscrit, aux environs de 1500, appelant pareillement à la Réforme. Et rapprochée à la découverte de l'Amérique, progressivement perçue, à l'aube du XVIe siècle, comme le signe annonciateur d'un monde nouveau. Au reste, si la cour pontificale ignore la prophétie curiale, on notera que les papes Alexandre VI, Jules II, Léon X et Clément VII participaient à la vénération rendue à Colomba de Rieti et Elena Duglioli, les deux saintes les plus importantes des Légations pontificales.

À l'appel à la Réforme, la papauté répondait par un double discours qui liait autorité spirituelle et pouvoir temporel. Il s'exprimait à travers une réappropriation de la ville, caractérisée d'abord par l'abandon du palais du Latran au bénéfice du Vatican. Du point de vue spirituel, il s'agissait de rapprocher le siège de la papauté du tombeau de l'apôtre Pierre, présenté précisément comme le premier « pape » de l'histoire. Du point de vue temporel, le pape plaçait ainsi le Tibre entre la nouvelle résidence pontificale et la ville bruyante et turbulente. Simultanément, la papauté renforçait sa tutelle sur la noblesse de la ville, notamment durant le pontificat de Sixte IV (1471-1484). La construction du Vatican d'un côté, le développement d'ambitieux programmes iconographiques de l'autre témoignaient parfaitement, on l'a vu, de ce double caractère de la papauté.

« Fuit homo missus a Deo » (Jn 1, 6)

L'historiographie allemande fait volontiers débuter la période moderne non pas de 1492 (et encore moins de 1453), mais de 1517. Comme tout événement fondateur, l'« affichage » des thèses de Martin Luther a une dimension mythique : celui d'un récit des origines construit et représenté, à tous les sens du terme, bien postérieurement, dans le but de donner sens à une multiplicité de faits qui trouvent ainsi leur unité et leur signification.

Un événement fondateur

Dispute, libelle, propos de table

Luther n'a sans doute pas affiché les thèses sur la porte du château de Wittenberg, le 31 octobre 1517. Sujet de l'Électeur de Saxe, professeur de théologie dans la jeune université de Wittenberg, frère du couvent des Ermites de Saint-Augustin, il avait cependant bien pris la plume pour dénoncer dans une lettre adressée à l'archevêque de Mayence la vente d'indulgences à laquelle se livrait le dominicain Johann Tetzel dans le territoire voisin. Et, en bon universitaire, il avait rédigé, en latin, une série de thèses, qui débordaient le seul cadre des indulgences, pour en « disputer », selon les usages universitaires avec qui le souhaiterait. L'archevêque, qui partageait les profits de la vente avec la papauté, n'avait pas répondu mais il en avait adressé une copie à Rome. D'autres copies circulaient. L'une d'entre elles tomba entre les mains d'un imprimeur. Il numérota les thèses – 95 – et, sans demander l'avis de Luther, les imprima.

Les thèses prenaient ainsi un sens nouveau. Il ne s'agissait plus d'une dispute académique mais d'un texte « public », intéressant les populations de l'espace impérial et non plus les seuls sujets de l'Électorat, livré aux commentaires et à la discussion. Très vite, d'autres versions furent imprimées. Tantôt livrant les thèses sous la forme d'une affiche, tantôt les composant sous la forme d'un livret de 7 pages. Tantôt conservant la numérotation primitive, tantôt les répartissant en trois blocs de vingt-cinq thèses chacune, suivi d'un bloc de vingt thèses. Autant de manières de mettre en texte. Autant de lectures suggérées. D'autant que tout aussi rapidement, le texte fut traduit en haut-allemand, à Nuremberg, permettant aux uns la lecture, aux autres l'audition, à tous la discussion.

Très vite les thèses devinrent ce que leur « réception » plurielle en avait fait, comme le reconnaissait Martin Luther en 1518 : « Je ne puis comprendre comment mes thèses, plus que mes autres écrits et même que ceux d'autres professeurs, peuvent s'être répandues en de si nombreux endroits. Elles s'adressaient exclusivement à notre présent cercle académique [...]. Elles étaient rédigées dans un langage tel que les gens du commun ne pouvaient guère le comprendre [...]. J'y usais de catégories savantes. »

Une conjoncture favorable

Les thèses de Luther n'avaient certainement pas le caractère de radicalité qu'on leur a donné *a posteriori*. Bien des affirmations du théologien avaient été déjà soutenues ici ou là. Mais elles gênaient et la mise au pas de l'augustin était souhaitable. Martin Luther profita d'un concours de circonstances favorable. Politiquement, la situation n'était guère propice à la répression. La succession de l'empereur Maximilien se préparait et la papauté ne souhaitait guère l'élection – pourtant probable – du petit-fils de Maximilien, le duc de Bourgogne et roi d'Espagne Charles. Il lui fallait donc ménager l'Électeur de Saxe et son théologien. Socialement, la réception inattendue des thèses de Martin Luther leur avait donné une audience qui dépassait le cadre de l'Électorat – où d'ailleurs le théologien bénéficiait du soutien du prince, pourtant lui-même collectionneur invétéré de reliques et d'indulgences – et rendait difficile et vaine toute mesure de rétorsion. Culturellement, Martin Luther se montrait à la hauteur de la dimension qu'il avait prise : il avait parfaitement compris le rôle qu'avait tenu la publication de ses thèses et leur traduction en allemand. Il n'allait plus cesser de jouer de ce moyen de communication, s'adaptant (choix de la langue, du style, du format, de la présence d'illustrations) aux divers publics qu'il souhaitait atteindre.

Humanisme et Université

Si l'on retrouve avec Martin Luther cette importance de la représentation, qu'en était-il de son rapport à l'humanisme ? Qui donc était le théologien de Wittenberg ?

La formation d'un professeur

Martin Luther appartenait à une famille en pleine ascension sociale. Il avait fait ses études à Magdeburg. Il était entré à l'université d'Erfurt en 1501. Son père pouvait légitimement ambitionner pour lui une carrière de juriste. Il fut déçu. Luther était pieux. Il voulait être sauvé. Il en prit le plus sûr moyen : le 2 juillet 1502, il faisait vœu d'être moine. Il entra au couvent des Ermites de Saint-Augustin d'Erfurt.

En 1507, il fut ordonné prêtre. Ses études ne furent pas pour autant interrompues : il devint bachelier en 1505. Mais c'est à Wittenberg qu'il prit ses grades de maître (4 octobre 1512) et de docteur (19 octobre 1512). L'Électeur prit à sa charge les frais de la promotion (50 florins rhénans), soulignant le lien existant entre ce jeune théologien talentueux qui lui avait été recommandé par son supérieur hiérarchique, Johann Staupitz, également professeur à l'université, et le prince territorial protecteur de celle-ci.

Luther avait déjà remplacé Staupitz en 1508 et lu à cette occasion l'*Éthique à Nicomaque* d'Aristote. Il lui succéda en 1512. Luther était un théologien professionnel. Rompu par conséquent aux exercices demandés et formé aux modes de raisonnement scolastique. Il partageait cependant – sans nécessairement les connaître – les recherches que menaient dans les mêmes années des hommes comme Colet, Lefèvre d'Étaples, dont il possédait les livres, et surtout Érasme dont, dès 1517, il utilisa l'édition du *Nouveau Testament*. C'était aussi un lecteur des *Œuvres* de Jérôme dans l'édition érasmienne, qu'il annote à plusieurs reprises comme on peut le constater dans l'exemplaire conservé aujourd'hui à la bibliothèque du Séminaire de Wittenberg, travaillant tout particulièrement dans le tome 3, l'interprétation que Jérôme avait donné de l'*Épître aux Galates* relatant le conflit entre Pierre et Paul (Gal. 2, 1-14), qu'il reprend dans son cours sur l'*Épître aux Galates* de l'année 1516/17.

Professeur, prédicateur, frère mendiant

Martin Luther était ainsi présent sur tous les fronts. Comme prédicateur, comme théologien et comme vicaire de la province de son ordre, engagée dans un profond mouvement de réforme auquel son couvent adhérait. Quatre traits caractérisent alors son activité de théologien. Tout d'abord, l'importance accordée à l'Écriture sainte comme en témoigne la succession des cours sur les *Psaumes* (1513-1515), l'*Épître aux Romains* (1516) qui connaît un grand succès auprès des étudiants, les *Psaumes pénitentiaux* (1517) et l'*Épître aux Hébreux* (1517-1518). Un retour à l'Écriture qui s'accompagne d'une prise de distance à l'égard de la lecture glosée. Deuxième trait, l'évolution de sa pensée concernant la justification qui en vient à ne retenir que la justification par la foi, dès le cours sur l'*Épître aux Romains,* même si les spécialistes – tel Martin Brecht – sont enclins à penser que la formulation définitive ne date que de 1518 : « C'est ainsi qu'Aristote [...] conçoit les choses. Selon lui, la justice suit les œuvres et vient d'elles. Selon Dieu, en revanche, la justice précède les œuvres et les œuvres viennent d'elles. » Troisième trait : le rejet de la théologie scolastique, tenue désormais comme un inévitable obstacle à la compréhension de ce qu'est précisément la justice de Dieu. C'est pour Luther une véritable rupture avec la formation qu'il a reçue et il en est parfaitement conscient, faisant même de cette rupture le fondement de son activité de théologien. Dernier trait, le ralliement, plus ou moins complet à partir de 1516, de ses trois collègues, Petrus Lupinus, un thomiste, docteur en 1508, qui se met à « lire » Augustin en 1516 ; Andreas Bodenstein de Karlstadt, thomiste également, docteur en 1510, qui se met à « lire » Augustin en 1517 (Lupinus consacrant alors son cours à saint Ambroise) ; Nikolaus von Amsdorff, un neveu de Staupitz, scotiste, docteur en 1511, rallié aux idées de Luther en 1516. Et ce faisant, la formation d'une identité théologique propre à Wittenberg dont Luther est bien conscient et assez fier, écrivant à un confrère d'Erfurt le 18 mai 1517 : « Theologia nostra et S. Augustinus prospere procedunt et regnant in nostra universitate[1]. »

C'est d'ailleurs auprès des étudiants que Luther va connaître son premier succès. En avril 1518, il est à Heidelberg, en Palatinat, à l'occasion d'un chapitre de la congrégation saxonne des augustins. Présidée par Luther, la dispute n'attire pas les théologiens patentés de l'Université, mais elle frappe les esprits des assistants comme en témoigne le dominicain Martin Bucer venu avec nombre d'autres jeunes étudiants. C'est le cas encore à Leipzig, en Saxe ducale, en juin 1519. Le débat qui oppose Johann Eck à Martin Luther et Andreas Karlstadt porte sur le pouvoir pontifical. Les deux théologiens de Wittenberg arrivent accompagnés d'environ 200 étudiants qui viennent manifester en pleine nuit sous les fenêtres de l'auberge où est installé Johann Eck ! Ce qui conduit ce dernier à demander la protection des étudiants de Leipzig : le combat peut commencer ! Que Johann Eck croit avoir remporté parce qu'il a fait dire à Luther que le pape peut se tromper.

L'évolution passe d'ailleurs par une réforme des études universitaires dont Luther et Melanchthon se font les défenseurs. Wittenberg est ainsi la première université dont les études sont réorganisées entre 1518 et 1521[2]. Une réforme qui vise d'une part à favoriser l'approche littérale du texte biblique, avec notamment l'institution d'un cours de grec confié précisément à Melanchthon, d'autre part à rompre une fois pour toutes avec la philosophie scolastique dont le cours est définitivement supprimé en 1521. Une réforme qui ne manque pas d'attirer les étudiants en dépit de la crise qui va très vite frapper le système universitaire allemand. Les étudiants de Wittenberg font d'ailleurs partie des acteurs principaux du mouvement naissant. C'est ainsi, par exemple, qu'ils interceptent un libraire de Halle porteur de 800 exemplaires d'un libelle relatant la dispute de Francfort-sur-Oder (20 janvier 1518) au cours de laquelle le dominicain Konrad Koch, originaire de Wimpina, s'était efforcé de défendre les indulgences. La cargaison est jetée au feu (Luther sauvera quelques exemplaires !). Ils font de même le 10 décembre 1520 quand arrive la bulle pontificale condamnant Luther, confirmée le 3 janvier 1521 par l'excommunication de ce dernier (*Decet Romanum Pontificem*). Le 18 mai de la même année, il est mis au ban de l'Empire. Charles Quint avait été élu deux ans plus tôt.

1. « Notre théologie et saint Augustin se portent bien et règnent dans notre université. »
2. Dans une lettre à Truttfetter, le 9 mai 1518, Luther écrit : « À mon avis, il est simplement impossible de réformer l'Église, si le droit canon, les décrétales, la théologie scolastique, la philosophie, la logique, telles que ces matières sont à présent enseignées ne sont pas éliminées et remplacées par d'autres études. »

TROISIÈME PARTIE

AUTOMNE DE LA RENAISSANCE ?

Entre l'arrivée sur le trône de François Ier (1515, l'élection de Charles Quint comme empereur (1519) et l'avènement de Soliman le Magnifique (1520) d'une part, et le sac de Rome (1527) d'autre part, en passant par la dissémination des textes de Luther (1517-1520) et l'expédition de Magellan (1519-1522), un monde change. Et ce sont ces dates qui, de façon quelque peu fluctuante, nous ont servi de point de repère pour distinguer l'« apogée de la Renaissance » et ce qui est peut-être l'« automne de la Renaissance » mais nullement son déclin.

À la suite d'André Chastel et pour le sujet qui est le nôtre, on insistera sur l'importance du sac de Rome. Pour deux raisons. D'abord, parce que quel que fût le jugement que l'on portât – satisfaction du châtiment frappant « Babylone », indignation devant le sort réservé au Saint-Siège, ou résignation devant une action condamnable mais explicable par le luxe et la corruption romaine (Alfonso de Valdés) –, il fut vécu comme un véritable cataclysme par les contemporains. Comète, récits, gravures et libelles se multiplièrent pour lui donner sens. Ensuite, parce que l'historiographie n'a cessé d'y voir, à juste titre, un tournant. Dans l'histoire des rapports entre l'Empire et la Papauté qui était le fondement du système de la Chrétienté. Dans l'histoire de l'art, dans la mesure où, comme André Chastel l'a souligné, le sac interrompit les recompositions esthétiques qui s'accomplissaient à Rome – ce qu'il a appelé le maniérisme romain – favorisant à l'inverse une dissémination des artistes et une européanisation du phénomène.

La quarantaine d'années qu'il nous reste à parcourir est ainsi caractérisée par :

– l'apparition des premiers signes d'un tassement de la conjoncture et d'un raidissement social dans les années 1540 ;

– la formation de la fracture confessionnelle qui marque tous les aspects de la vie politique, sociale, culturelle ;

– le renforcement des États et des territoires et la lutte pratiquement incessante entre les Valois et les Habsbourg, avec à l'arrière-plan l'affirmation de la puissance ottomane ;

– la diffusion du maniérisme (à quoi ne se réduit pas l'histoire des arts !), mais aussi l'évolution de l'humanisme sous l'influence d'une part du développement des États et de la demande éducative, d'autre part de l'apparition du doute, fruit de l'essor des connaissances et de la prise de conscience qu'un « nouveau monde » jugeait l'ancien ainsi que de l'essor des nations qui devenaient de plus en plus un horizon de pensée.

Chapitre 8

Réforme et réformation. Contre-Réforme et Contre-Renaissance ?

La Réformation, dont Martin Luther est à l'évidence l'un des protagonistes, n'est pas qu'un « événement allemand » (*ein deutsches Ereignis*). Celle-ci s'intègre en effet dans un processus de longue durée qui affecte toute l'Europe : celui du « temps des réformes », dont Pierre Chaunu a précisé l'embrase chronologique (du milieu du XIIIe siècle à la « crise de la pensée européenne » au tournant des XVIIe et XVIIIe siècles) et les enjeux : ceux d'un « monde plein », d'un investissement éducatif et affectif, d'un rapport au monde et au temps, d'une Création et de son récit. C'est rappeler que la période qui nous occupe, des années 1520 aux années 1560, n'est qu'un moment d'une longue histoire qu'il faut avoir en mémoire. Dans l'immédiat, on se bornera plus modestement à prendre la mesure du développement de la vie religieuse dans l'Empire et dans le reste de l'Europe, analyser la cristallisation confessionnelle et s'interroger sur les expériences situées aux marges des confessions dominantes et dans les « plats-pays » des croyances.

Réformes et Réformation

Si la Réformation n'est pas qu'un événement allemand, c'est bien dans l'Empire qu'elle prend racine. Elle est de ce fait liée aux conditions socio-politiques de cet enracinement. De la même façon, son expansion européenne est révélatrice de la circulation des expériences et des idées, comme des fragmentations politiques (États, territoires, villes et communautés), sociales (ordres, réseaux de sociabilité et de fidélité, corporations et confréries) et culturelles.

L'Empire

Rendue possible par la clarification politique (l'élection de Charles Quint au trône impérial), la mise au ban de l'Empire de Luther intervient alors que le mouvement évangélique embrase tout l'Empire, mêlant inextricablement aspirations religieuses, affirmations politiques, protestations sociales et transformations culturelles.

Le mouvement évangélique

Qu'elle soit le fruit d'une lecture, d'une audition ou d'une discussion, la réception des idées luthériennes est bien souvent d'abord changement d'attitude. Un changement qui se traduit en actes et en paroles. Offrant ainsi à de multiples acteurs sociaux, institutionnellement marginalisés – femmes, jeunes, artisans – de définir et de jouer leur rôle. Tenir des propos « blasphématoires », échanger des informations et exprimer son avis sur la virginité de Marie ou la légitimité du culte des saints dans une auberge, sur la place du marché ou à la sortie d'une prédication était peut-être le « degré zéro » de la réception des idées luthériennes (celui en tout cas qui n'a laissé pratiquement que les traces de sa répression), c'était le plus répandu.

Plus élaboré était le **chant** d'un psaume ou d'un cantique, en allemand. Dans les premières années, il était le moyen d'affirmer son identité face aux pratiques liturgiques contrôlées par l'Église traditionnelle. Il était aussi le moyen de constituer une nouvelle assemblée, que celle-ci choisît de chanter à l'unisson, qu'elle fût capable d'exprimer harmoniquement son unité. Accompagnant une procession rituelle ou improvisée il pouvait être le moyen sonore – tout autant que les cloches – de s'approprier l'espace urbain. Et, comme à Göttingen, en 1529, de devenir l'acte fondateur de la nouvelle communauté de foi.

Très intentionnel et de ce fait nullement aveugle dans ses réalisations, le **geste iconoclaste** était lui aussi simultanément volonté de rupture et acte fondateur. Brisant par exemple les signes par lesquels était figuré le pouvoir du saint (main du thaumaturge, crosse de l'évêque) ou décapitant la figure du donateur, il était porteur d'une triple contestation. Religieuse, il était remise cause de l'ordre symbolique sur lequel reposait le système ecclésial, soulignant le cas échéant la profanation réalisée. Sociale, il était dénonciation des prétentions d'un membre à s'en détacher (mutilation des pierres funéraires, suppression des chapelles privées). Politique, il était affirmation d'un ordre nouveau, faisant siens les gestes de la justice : statue brûlée à Stralsund (1525), noyée à Warendorf (1531). Il pouvait être le fait d'individus ou de petits groupes (notamment des jeunes, prompts à marquer ainsi leur rôle social), ou parfois le geste d'une communauté comme les bourgeois d'Allstedt choisissant le Jeudi Saint pour détruire la chapelle de pèlerinage de Mallerbach (1524).

Les **réformes urbaines,** dans leur première étape (jusqu'au milieu des années 1520) soulignent que la Réformation fut tout à la fois une multiplicité d'expériences, ayant chacune leur logique propre (en fonction des conditions politiques, des rapports de force sociaux, des traditions culturelles, de la personnalité des prédicateurs...), et d'emblée une volonté de donner un sens commun à cette diversité, comme en témoignent les échanges de correspondance entre villes et l'envoi régulier de messagers, l'existence d'une diète des villes (*Städtetag*, réservée aux villes libres d'Empire) et les efforts déployés par les théologiens, et Luther le premier, pour coordonner cette diversité. Des traits communs – ce que Bernd Hamm a appelé « un noyau normatif » – se dégagent : elles furent souvent anticléricales et toujours volonté de donner à l'Écriture (pour la connaissance de Dieu), et à la foi (pour l'assurance du salut), une place unique. Cette première phase laisse place à de multiples expériences plus ou moins tolérées par les autorités civiles et religieuses, comme celle des « prophètes de Zwickau » qui, dans cette petite ville de Saxe, où les tisserands sont nombreux, annoncent au cours de l'année 1522 la fin du monde, avant d'être obligés de se réfugier à Wittenberg, en raison des menaces que font peser sur eux le Conseil et le pasteur officiel.

Chevaliers et paysans

Le mouvement réformateur fut aussi un phénomène rural, posant le problème du rapport entre villes et campagnes. Le monde des **chevaliers d'Empire**, qui ne dépendaient juridiquement que de l'Empire et se trouvaient concentrés notamment en Souabe et en Franconie, était menacé par la politique de réformes des empereurs qui visait à établir la paix dans l'Empire en interdisant la guerre privée (*Fehde*), par les princes territoriaux qui souhaitaient leur intégration, sinon par l'évolution économique et militaire. La décision impériale de renouveler la « paix générale » (1521) provoqua une brève flambée de violence nobiliaire, animée par Franz von Sickingen et Ulrich von Hutten, et dirigée pour l'essentiel contre les évêques de Bamberg et de Würzburg et l'archevêque de Trèves. Elle n'était pas sans lien avec la prédication de Luther, comme en témoignent les réformes que Sickingen préconisait et le clergé qu'il soutenait (Bucer), même si l'interprétation qu'il en faisait, armes à la main, était évidemment inattendue et inacceptable pour le théologien saxon (*Sincère admonestation aux chrétiens de se garder de la révolte et de la sédition*, 1522). L'échec rapide de la révolte profita aux territoires.

Dans le **monde paysan**, la réception rapide des idées luthériennes suffit à rappeler l'importance de la communication orale – que celle-ci se développe en marge ou en concomitance avec la circulation des imprimés (livres, libelles, gravures) –, mais aussi la force des traditions propres au monde paysan s'appuyant sur une conscience communale et paroissiale (*Gemeinde*) forte, en dépit des tensions internes à ces communautés et aux pressions externes (évolution de la conjoncture, attitude des seigneurs et des princes territoriaux). C'est sur cette toile de fond que se déroule la guerre des paysans (1524-1526). Ici encore le message luthérien modifiait les comportements. Pour les paysans, il renforçait leur volonté d'élire eux-mêmes leurs pasteurs, d'obtenir la gratuité des prestations religieuses, la suppression ou au moins la limitation du pouvoir des officialités et il signifiait la prédication du « pur évangile ». Face au droit des princes, ils invoquaient le « droit divin ».

La révolte éclata en Forêt-Noire. Elle gagna bientôt – sans qu'il y ait nécessairement de lien entre les différents foyers de révoltes – la Franconie, l'Alsace, le Palatinat, le Tyrol, la province ecclésiastique de Salzburg, la Thuringe et la Saxe. Sauf exception, les villes ne répondirent pas à l'appel des paysans. Les paysans qui avaient résumé leurs demandes dans les *Douze articles* (mars 1525), rapidement répandus à travers toute l'Allemagne, furent désavoués par Luther qui appela finalement à la répression (*Contre les bandes pillardes et meurtrières des paysans*, mai 1525). Au lendemain de la victoire de Pavie, les troupes impériales étaient disponibles. Les princes territoriaux motivés. En l'espace de quelques semaines tout fut réglé (mai-juin 1525).

Villes, territoires et Empire

L'agitation des chevaliers, le soulèvement des paysans, le développement des réformes urbaines avaient rendu les **princes** territoriaux d'autant plus attentifs à la situation religieuse qu'ils étaient les héritiers d'une tradition leur confiant une responsabilité en matière spirituelle et qu'ils entendaient maintenir leurs « libertés » face à un empereur ouvertement engagé en faveur des formes traditionnelles de la foi. Le landgrave de Hesse fut le premier à se rallier aux idées nouvelles qu'il imposa dans son territoire avec l'aide du théologien François Lambert d'Avignon (1486-1530). À l'échelle de l'Empire, il fut l'inlassable artisan de l'alliance entre les princes (en 1526, il forma la ligue de Torgau avec l'Électeur de Saxe) et les villes (en 1531, il fut à l'origine de la ligue de Smalkalde), s'efforçant simultanément de maintenir (ou d'obtenir) l'unité du mouvement réformateur (colloque de Marburg, 1529).

Les princes profitaient des problèmes que l'empereur avait par ailleurs à résoudre : la lutte contre la pression des Ottomans, la guerre contre le roi de France. En 1526, la diète de Spire décida de suspendre l'application de l'édit de Worms et accepta de laisser aux princes toute liberté en matière religieuse. Lorsque, trois ans plus tard, l'empereur, en passe de se réconcilier avec le pape et de signer la paix avec François Ier, voulut reprendre les choses en main (application de l'édit de Worms, arrêt de toute extension de la Réforme jusqu'au prochain concile et tolérance du culte catholique dans les territoires gagnés aux idées nouvelles), il se heurta à la « protestation » de cinq princes (l'Électeur de Saxe, le landgrave de Hesse, le margrave de Brandebourg-Ansbach, le duc de Brunswick-Lüneburg et le prince d'Anhalt) et de quatorze villes (dont Strasbourg, Nuremberg, Ulm, Constance, Lindau et Memmingen) (diète de Spire). La diète d'Augsbourg de 1530, présidée par l'empereur, ne fit qu'accentuer la division. Les « protestants » y présentèrent leurs « confessions » en ordre dispersé : Zwingli fit parvenir un exposé de la doctrine appliquée à Zurich, les villes de Haute-Allemagne rédigèrent la Tétrapolitaine et Melanchthon composa la Confession d'Augsbourg (*Confessio Augustana*). Les « catholiques » chargèrent Johann Eck d'y répondre. On se sépara sur un constat de désaccord.

Dans les **villes**, la Réformation avait largement progressé et s'était institutionnalisée. Elle résultait le plus souvent d'un équilibre entre les différentes sensibilités religieuses, parmi lesquelles celles favorables aux pratiques nouvelles étaient fréquemment les plus répandues. Les autorités politiques étaient soucieuses de préserver l'unité de la communauté, tout en tenant compte de l'environnement extérieur. Cédant à la pression, le Conseil pouvait entériner les demandes qui lui étaient présentées, tel celui de Wittenberg, supprimant messes et images en janvier 1522 à la demande des étudiants, encadrés par Andreas Bodenstein. Une « dispute » pouvait être officiellement organisée, à l'issue de laquelle le Conseil, convaincu par les partisans des idées nouvelles, introduisait la réformation dans la ville, parfois après un vote, le plus souvent par un mandat prescrivant l'abandon de la messe en latin et l'obligation d'une prédication centrée sur l'Écriture.

Les villes favorables aux idées traditionnelles n'étaient pas en reste. Le Conseil avait là aussi à faire face aux gestes iconoclastes, aux paroles blasphématoires, aux prédications « hérétiques » (souvent le fait des augustins), ou aux ouvrages « mal sentans de la foi » qui circulaient. Les délibérations du Conseil de Cologne en font l'une de leurs préoccupations premières. Il avait aussi à maintenir les messes et les processions qui rythmaient la vie de la cité, sans toujours y parvenir. Petit à petit, il recomposait l'unité civique sur une catholicité devenue identitaire, comme à Cologne, où le 16 décembre 1562, le Conseil décida que tous les conseillers entrant en charge devaient prêter serment sur un texte reformulé en un sens explicitement « catholique ».

Au lendemain de la diète d'Augsbourg de 1530, l'évolution religieuse dans l'**Empire** se déroula en quatre étapes :

– l'extension de la Réformation dans les territoires et dans les villes : s'appuyant sur la trêve de Nuremberg, que l'empereur fut de nouveau obligé de conclure (1532), la Réformation fut introduite en Mecklembourg (1533), en Poméranie et en Wurtemberg (1534), dans le Brandebourg et le duché de Saxe (1539). C'est au cours de cette phase que se déroule l'expérience de Münster (1534-1535) : acquise à une réformation d'inspiration luthérienne, la ville épiscopale de Münster passe aux mains des anabaptistes qui y introduisent, alors que la cité est assiégée par les troupes épiscopales, la communauté des biens, la polygamie (pour les hommes) et le « règne de Sion », rappelant une nouvelle fois la force des attentes eschatologiques ;

– l'échec de la politique de « concorde » : entreprise au lendemain de la trêve de Francfort (1539), elle cherchait sur la base de « colloques » entre théologiens de parvenir à un compromis (Haguenau, Worms, Ratisbonne, 1540-1541) ;

– la politique de reconquête tentée par Charles Quint : au lendemain de la paix de Crépy avec François Ier (1544) et du refus des protestants de prendre part au concile convoqué à Trente, Charles Quint déclencha la guerre de Smalkalde qui aboutit à la victoire impériale de Mühlberg (24 avril 1547) – dont Titien fixa le souvenir par un portrait de l'empereur représenté à cheval et la lance à la main – et à la diète d'Augsbourg qui imposa un *Intérim* favorable aux catholiques malgré quelques concessions aux protestants (communion sous les deux espèces et mariage des prêtres) (1547-1548). L'*Interim* se heurta à l'hostilité romaine, à la résistance des prédicateurs (déclenchant une vague d'émigration et une nouvelle explosion de pamphlets et de libelles, largement inspirés par les théologiens de Magdeburg, fer de lance de la résistance) et des populations (provoquant une flambée eschatologique dont témoigne l'œuvre de Melchior Ambach, *Vom Ende der Welt und Zukunft des Endtchrists*..., Francfort/Main, 1550) ;

– la paix d'Augsbourg : l'euphorie impériale fut de courte durée. Les résistances et l'alliance des princes protestants allemands avec le roi de France (traité de Chambord, 1552) obligèrent l'empereur à faire marche arrière, d'abord à Passau (1552) puis, définitivement, à la Diète d'Augsbourg (1555), à laquelle il n'assista pas. Elle reconnaît la confession d'Augsbourg de 1530 au même titre que la confession catholique et consacre, avec certaines réserves qui ne sont pas unanimement reconnues (*Declaratio Ferdinandea*), l'autorité du pouvoir temporel, à l'échelle territoriale et dans le domaine religieux (*jus reformandi*), ne laissant aux sujets que le droit d'émigrer (*jus emigrandi*).

Un phénomène européen

Le mouvement réformateur – qu'on lui donne une source unique (Wittenberg) ou qu'en fasse la fédération de multiples initiatives locales – ne reste pas enfermé dans le cadre impérial. Il mêlait ainsi réception des idées luthériennes, essor des expériences locales et intervention des pouvoirs politiques.

Modèles urbains

En **Suisse,** le mouvement des Réformes est largement marqué par l'organisation politique de la Confédération. C'est d'abord dans le cadre des villes que se développe le mouvement réformateur. La précocité des changements introduits à Zurich sous l'influence d'Huldrych Zwingli (1484-1531) institue la ville comme modèle pour les autres cités suisses comme d'ailleurs pour le sud de l'Allemagne. Une « dispute » est organisée par le Conseil le 29 janvier 1523 et, en octobre de la même année, la messe est abolie, tandis que les églises de la ville sont vidées des images (1524). La Réformation est institutionnellement achevée avec la mise en place d'un tribunal pour les affaires matrimoniales, sanctionnant la disparition du mariage comme sacrement et du même coup son indissolubilité (1530). L'unité de foi est maintenue à tout prix et en particulier contre les anabaptistes, nombreux dans la région et en ville : une première exécution a lieu en 1527. Après la mort de Zwingli, la conduite des affaires religieuses revient à Heinrich Bullinger (1504-1575).

Mais le cadre cantonal contribue également à fixer les évolutions et à accélérer la formation d'alliances. Il conduit rapidement à un affrontement armé entre les deux camps. D'abord en 1529 (première guerre de Kappel), puis en 1531. À la suite de la seconde guerre de Kappel, au cours de laquelle Zwingli est tué (11 octobre 1531), la force du lien confédéral l'emporte et la fracture confessionnelle est entérinée : chaque canton peut déterminer son appartenance confessionnelle (paix de Kappel, 16 novembre 1531).

Les **Pays-Bas** forment une région très sensible aux idées nouvelles. Sans qu'il faille réduire cette réceptivité à l'influence de la *devotio moderna* ou à l'humanisme. Comme en Allemagne, les villes ont été particulièrement effervescentes : Anvers, Leyde, Bruxelles. C'est à Anvers, en 1523, que sont exécutés des augustins accusés de prêcher les idées de Luther. Les archives de la répression indiquent que le mouvement touche aussi bien les élites, comme le secrétaire de la ville d'Anvers que les artisans, nombreux dans la cité, qu'il repose souvent sur les lectures de la Bible ou des libelles réformateurs suivies de discussions dans les maisons privées, et que ces discussions étaient souvent animées par des prêtres.

Dans les années 1530, le mouvement évangélique s'élargit considérablement. Tout d'abord, sous l'influence des attentes eschatologiques (Melchior Hoffman, c. 1500-1543) et des expériences anabaptistes (Jan Matthijs, de Haarlem, que l'on retrouve à Münster, et Jan Beukelsz de Leyde) qui devaient se prolonger bien au-delà de l'échec de Münster et de la répression qui suivit. David Joris (c. 1501-1556), Menno Simons (1496-1561 (*Dat Fundament der Christlycken Leers*, 1540, 2e éd. 1558), Hendrik Niclaes (1502-1580), fondateur de la Famille de la Charité, sont les figures les plus marquantes. Ensuite, en raison de la pénétration des idées calvinistes à partir des années 1540, sous l'influence notamment des « Églises du refuge », notamment à Wesel (1545) et surtout à Emden[1]. Une fois encore, Anvers fut la plaque tournante. À partir de 1563, des synodes y furent tenus secrètement. La *Confessio Belgica*, rédigée par Guido de Brès, actif à Tournai, Mons, Valenciennes et Lille,

1. Denis (Philippe), *Les Églises d'étrangers en Pays rhénans (1538-1564)*, Paris, 1984.

fut imprimée à Rouen en 1561. Mais c'est l'année 1566 et la « fureur iconoclaste » qui devait, ici, marquer le tournant décisif.

La répression y fut pourtant immédiate et constante. Outre le rôle que l'Université de Louvain joua dans la condamnation théologique de Luther, l'empereur ordonna dès septembre 1520 la destruction des livres luthériens circulant aux Pays-Bas. Entre 1518 et 1528, environ 400 personnes furent traduites devant des tribunaux, 12 seulement furent condamnées à mort, signe d'une répugnance à une répression brutale, que l'on retrouverait dans la ville voisine de Cologne. On l'attribue volontiers à l'influence d'Érasme. C'est peut-être aussi le signe d'une évolution religieuse régionale originale, semblable à celle du duché de Juliers-Berg-Clèves, qui, tout au long du XVIe siècle, semble vivre largement en marge des durcissements confessionnels.

Modèles princiers

C'est en **Scandinavie** que la réception des idées luthériennes est la plus rapide. Après un essai infructueux sous le règne de Christian II (1513-1523), elle s'est développée au Danemark avec l'appui de Frédéric Ier (diète d'Odensee, 1527) et grâce à la prédication de Hans Tausen (1494-1561). Elle est officiellement introduite sous le règne de Christian III (1524-1559). La Bible y est traduite en danois par l'humaniste Christian Pedersen (c. 1480-1554). En Suède, où le désir est grand de prendre ses distances à l'égard du Danemark, la foi nouvelle se répand avec l'appui de Gustave Vasa (1523-1560), à la diète de Västeraas (1527) et grâce à la prédication des frères Olof et Lars Petersson (Petri, 1493-1552 ; 1499-1573). En 1526, Olof Petersson publie sa traduction du Nouveau Testament en suédois. Dans la Baltique, Riga avait adopté la Réformation en 1523 tandis que le grand-maître de l'Ordre teutonique, Albrecht de Brandebourg-Ansbach (1490-1568), avait sécularisé les terres de son ordre et introduit la Réformation en 1525.

Sans entrer dans les débats de l'historiographie anglaise sur les origines, les modalités et la signification des expériences réformatrices en **Angleterre**, on en retiendra les acquis principaux. Tout d'abord, le rappel du rôle joué par le problème posé par Henri VIII désireux de rompre son mariage avec Catherine d'Aragon (1485-1536). L'Acte de Suprématie (1534), élaboré par le Parlement, en est l'expression manifeste. Il fait du monarque le chef de l'Église d'Angleterre, dissout les monastères et transfère leurs propriétés à la Couronne, autorise un iconoclasme tempéré et condamne la pratique des indulgences pour les âmes du purgatoire. Une Bible en anglais est placée dans chaque église et une profession de foi en dix articles est élaborée en 1536. La messe en latin subsiste, même si, en 1544, les litanies sont autorisées en anglais.

Rejeté aussi bien par John Fisher que par Thomas More, le texte est en revanche adopté par des évêques catholiques comme Stephen Gardiner et des humanistes comme Thomas Starkey (c. 1499-1538). Même si des hommes comme Thomas Cromwell (c. 1485-1540), l'archevêque Thomas Cranmer (1489-1556) ou l'évêque Edward Foxe (c. 1496-1538) sont marqués par le luthéranisme. La répression, initiée par Thomas More, avait révélé la pénétration des idées nouvelles : luthériennes et anabaptistes. À l'inverse, le Pèlerinage de Grâce (1536-1537), dans les provinces du

Nord, témoignait de la vigueur des expressions traditionnelles et de leur capacité de résistance. Au reste, la politique suivie par Henri VIII résultait surtout d'une volonté de réforme « catholique » dans un cadre césaropapiste, même après l'excommunication de 1538.

En second lieu, il faut noter l'inflexion sensible qui se produit sous le règne d'Edouard VI (1547-1553), sous l'influence du duc de Somerset, Edward Seymour (c. 1500-1552), puis du duc de Northumberland John Dudley (c. 1504-1553). Théologiquement, elle résulte d'un éclectisme qui fait de l'Angleterre le terrain d'exercice de tous les réformateurs du moment : John Knox (c. 1512-1572), Jan Laski (1499-1560), Martin Bucer (1491-1551), Peter Vermigli Martyr (1500-1562) et Bernardo Ochino (1487-1564), sans oublier Calvin (1509-1564) et Bullinger. Les évêques sont placés sous l'autorité du souverain, la messe est abolie, un *Book of Common Prayer* est adopté en 1549 et 1552 (cette dernière version dans un sens franchement réformé), un *Book of Homelies* (1547) et finalement *Quarante-deux articles* en 1553. Elle trouve un écho favorable auprès des marchands, familiers du continent et en particulier des marchés anversois, des marins, des artisans, du monde de l'enseignement.

Le règne de Marie Tudor (1553-1558) ne fut pas qu'une parenthèse. Certes, sous l'influence du légat pontifical, le cardinal Réginald Pole (1500-1558), la reine s'efforça de rétablir toutes les formes traditionnelles du culte et du dogme. Mais de façon symptomatique, la suprématie royale ne fut pas remise en question ni non plus la sécularisation des biens ecclésiastiques. Le mariage de Marie avec Philippe II, l'hostilité du pape Paul IV, aussi bien à l'égard de l'Espagne qu'à celui de Reginald Pole, dont l'orthodoxie semblait douteuse, étaient des handicaps. L'arrivée au pouvoir d'Elizabeth (1558-1603) devait en une décennie jeter les fondements de l'Église anglaise : de 1559 (Acte de suprématie et d'Uniformité et troisième *Book of Common Prayer*) aux 39 articles de 1563, approuvés par le Parlement en 1571, un an après l'excommunication d'Elizabeth.

Le cas de l'**Écosse** est particulier. La Réformation s'y établit en dépit du monarque et malgré l'hostilité de la hiérarchie ecclésiastique. On connaît le rôle joué par John Knox. Mais on ne peut pas réduire la Réformation écossaise à l'action du seul Knox, pas plus d'ailleurs qu'on ne peut la réduire aux deux années 1558-1560. En réalité, comme l'ensemble du pays, l'Écosse a connu d'abord une phase dominée par les idées luthériennes et zwingliennes (Patrick Hamilton, c. 1504-1528, condamné pour luthéranisme ; George Wishart, c. 1513-1546, condamné pour zwinglianisme). Avant d'évoluer vers une phase réformée. C'est en 1560 que la Réformation est officiellement adoptée.

Résistances méditerranéennes

Dans l'**Italie** des années 1530-1540, se développe le mouvement des *spirituali*. Le noyau doctrinal en était la volonté d'associer réforme intérieure et action dans la cité, de fonder celle-ci sur le seul enseignement de l'Écriture et de ne connaître que le Christ crucifié comme source de justification. Il s'enracinait dans les mouvements prophétiques du Moyen Âge, qu'avaient réactivés les événements des années 1490. Il n'était pas sans rapport avec les idées luthériennes qu'introduisaient marchands et libraires (ainsi Francesco Calvi, à Milan). Il prenait la forme, pas nécessairement « hérétique », de prédications, de lectures (de textes érasmiens notamment, mais aussi le mystérieux *Beneficio di Cristo*) et de fondations de nouveaux ordres religieux, comme les Théatins (1524) ou les Capucins (1528). Mais il n'avait certainement aucune unité avant que le pape Paul III ne rassemble autour de lui des hommes comme Gasparo Contarini, Reginald Pole ou Gian Pietro Carafa pour n'en citer que quelques uns. Mais en deçà du groupe romain, les « spirituels » étaient répandus dans de nombreuses villes, regroupés souvent dans des cercles conduits par un prélat réformateur local : le cardinal Ercole Gonzaga à Mantoue, le réformateur Juan de Valdés à Naples, le cardinal Pole à Viterbe. L'échec du colloque de Ratisbonne en 1541, qui marquait l'échec de la politique de conciliation à laquelle était attaché le nom de Contarini, la méfiance accrue de l'Inquisition après 1542, la difficulté de maintenir la vitalité de groupes peu structurés alors même que l'Église s'engageait dans la reprise en mains de ses organismes d'intégration rendirent la survie de ces groupes de plus en plus difficile, quoique, à en croire l'activité de l'Inquisition vénitienne, des partisans s'y soient maintenus tard dans le siècle.

On retrouve dans l'**Espagne** des *alumbrados* ces courants spirituels. Mais ceux-ci s'enracinent dans une tradition antérieure à la Réformation luthérienne. C'est le cas du groupe de Tolède, aux effectifs restreints, persuadé que « l'amour de Dieu transforme l'homme en Dieu », ce qui débouche sur l'idée que l'illuminé est aussi, au sens propre du terme, impeccable. Plus nombreux, les *alumbrados* de Séville sont aussi plus proches des croyances populaires. On trouve aussi parmi eux un grand nombre de *beatas*, c'est-à-dire de femmes, généralement non mariées, ayant décidé de consacrer leur vie à Dieu, sans pour autant faire partie d'un ordre, mais portant cependant un costume distinctif. Dans ce cadre général, les formes de vie peuvent varier d'un groupe à l'autre et également évoluer. Quoique les *beatas* aient généralement été sous contrôle clérical, elles deviennent suspectes à l'Inquisition dans la deuxième moitié du XVIe siècle.

Diversité de l'Europe centrale

Deux traits caractérisent l'Europe centrale : l'existence d'une noblesse nombreuse et puissante face au souverain, et, comme dans l'Empire, l'attachement de ce dernier aux formes traditionnelles de la foi, s'opposant aux transformations et pouvant compter, sauf en Bohême, sur un épiscopat puissant et richement doté. La **Bohême** gardait vivante la mémoire de la réforme hussite. Si l'aile radicale (les Taborites) avait été éliminée, l'aile modérée (les Utraquistes) avait été reconnue par l'empereur Sigismond, le concile de Bâle et les catholiques tchèques. Ils formaient une Église séparée et avaient été institutionnellement reconnus en Bohême et en Moravie en 1485. Le catholicisme ne se maintenait qu'au sud, au nord et dans les marges du nord-ouest de la Bohême ainsi qu'au sud de la Moravie et dans quelques villes royales. Tout au long de la deuxième moitié du XVe siècle s'était développée l'Unité des Frères qui reprenait plusieurs thèses taborites.

Le jugement positif que Luther avait porté sur le hussitisme lors de la dispute de Leipzig, en 1519, le souligna. Même si l'arrivée sur le trône de Ferdinand freina l'essor du Nouvel Utraquisme. Les villes, comme par exemple Joachimsthal (Jáchymov), étaient ouvertes aux idées nouvelles, notamment le monde des marchands et celui des professeurs, comme Johannes Mathesius († 1565), maître de l'école latine de Joachimsthal. En 1556, les jésuites furent appelés à Prague par Ferdinand qui convainquit le pape d'y rétablir le siège épiscopal et d'accorder la communion sous les deux espèces. La catholicisation de la Bohême commençait.

En **Hongrie**, largement désorganisée après 1526, le rôle des villes et des écoles fut lui aussi déterminant, comme en témoigne par exemple Leonhard Stöckel, recteur depuis 1539 de Bartfeld (Bardejov). En 1549, cinq villes adoptent la Confession dite des cinq villes, rejointes en 1559 par sept villes minières. En Transylvanie, c'est à Kronstadt, sous l'influence de Johannes Honter (1498-1549) que le mouvement prend racine. À partir des années 1540, les familles nobles se font accueillantes aux idées calvinistes.

La **Pologne** du XVIe siècle est religieusement très diversifiée. Les idées nouvelles ont pénétré les villes, notamment celles où réside une forte colonie allemande, comme Dantzig et Königsberg. Mais c'est le cas aussi à Cracovie. L'un des traits originaux est le rôle joué par la noblesse, alors que le roi Sigismond II (1548-1572) reste attaché au catholicisme, tout comme la plupart des prélats, tel l'évêque de Warmia, Stanislas Hosius (1505-1579). Un second trait est l'extrême variété des expériences religieuses, dont témoigne par exemple la présence de Laski ou celle de Fausto Sozzini (c. 1537-1604), installé à Rakow. Un troisième trait est d'ailleurs la coexistence pacifique, seul moyen de maintenir la cohérence politique et le rôle de la noblesse. L'arrivée des jésuites en 1559 inaugure ici aussi une transformation qui ne devait vraiment se développer qu'à partir du XVIIe siècle.

Tensions françaises

Négligeant le débat historiographique, longtemps marqué par les passions nationalistes, sur les origines de la Réforme française (et son rapport, qu'il fallait nier, au monde germanique), on notera que le mouvement évangélique y est largement enraciné dans les traditions locales. Même si la présence de prédicateurs, comme Thomas Illyricus, dans la France méridionale (1518-1519), la diffusion de livres, de libelles et de gravures, et les relations que marchands et voyageurs faisaient de la situation allemande sont indéniables. Jacques Lefèvre d'Étaples en était l'un des protagonistes. Plus que sa critique des vies de saints (Marie-Madeleine en 1517 et Anne en 1518), c'est son entrée au service de l'évêque de Meaux Guillaume Briçonnet (1470-1534) qui est décisive. Il y travaille aux côtés de Gérard Roussel, Michel d'Arande, Martial Masurier et Guillaume Farel. Se mêlent ainsi préoccupations bibliques et soucis pastoraux. La dislocation du groupe sous les attaques des milieux traditionnels témoigne des sensibilités diverses qui traversaient alors l'Église. Mais l'évangélisme, dont l'œuvre de Rabelais est aussi l'expression, trouvait également un point d'ancrage à la cour en la personne de Marguerite d'Angoulême.

La répression fut le fait du pouvoir royal, du Parlement de Paris et de la Faculté de théologie. Elle atteste l'existence de groupes « luthériens » dès les années 1525, à Lyon, Orléans, Bourges, Tours et Alençon. De fait, c'est le moment où les idées luthériennes – plus encore ses livres de piété que ses écrits théologiques – sont le plus largement répandues sous le couvert de l'anonymat, importées d'Anvers ou de Strasbourg, voire imprimées à Paris (Simon du Bois). L'implantation d'une église réformée à Neuchâtel, puis à Genève, devait transformer complètement dans ce sens le mouvement français. Un premier jalon est *Le livre des marchans* (1533), s'attaquant au trafic des biens mis en œuvre par l'Église romaine et par les placards sur la messe, dénonçant, un an plus tard, et jusqu'à la cour royale, « les abus de la messe papale ». On notera le cas assez exceptionnel des Vaudois ou, pour mieux dire, des Pauvres de Lyon, dont la « dissidence » maintenue depuis le XIIe siècle, s'« achève » avec le ralliement à la Réformation[1].

Dès 1544, est établi un index de livres interdits, sur lequel figurent aussi bien Luther et Calvin, qu'Érasme, Lefèvre et Rabelais. Les vagues de répression se succèdent : en 1525-26, alors que le roi est en captivité ; au lendemain de l'affaire des Placards (octobre 1534). En 1543, François Ier demande à la Sorbonne d'établir une profession de foi qui, rédigée en vingt-cinq points, est diffusée dans toutes les paroisses du royaume. C'est le 3 août 1546 qu'est brûlé Étienne Dolet, depuis longtemps la cible des censeurs et finalement arrêté en janvier 1544. En 1547, une chambre de justice spéciale (« chambre ardente ») est établie au Parlement de Paris : 7 % seulement des dénonciations aboutirent à une condamnation à mort. Encore le Parlement de Paris est-il le plus répressif. Analysées par William Monter, les archives de la répression montrent l'intensification de la répression mais aussi l'essor de l'« hérésie » qui touche toutes les régions du royaume à l'exception de la Bretagne et de l'Auvergne. À Toulouse, on passe ainsi de 8 cas pour la décennie 1521-30 à 121 entre 1531-40, 257 entre 1541-50 et 684 entre 1551-1560. Les édits se multiplient sous le règne d'Henri II (Châteaubriant, 1551 ; Compiègne, 1557 ; Écouen, 1559).

À partir de 1555, les Églises réformées s'organisent. D'abord à Poitiers et à Paris. Le mouvement touche bientôt l'ensemble du royaume comme en témoignent aussi bien l'inquiétude des catholiques romains que la correspondance avec Genève, sollicitée pour l'envoi de pasteurs (220 environ entre 1555 et 1562) : la Normandie, la vallée de la Loire, du Poitou à l'Aquitaine, et de là jusqu'au Vivarais et au Dauphiné en passant par le Languedoc. 20 à 30 % de la population est concernée dans des villes comme Rouen, Orléans, Caen, la majorité à Nîmes, Montauban, La Rochelle. Des zones rurales sont également concernées, notamment dans le pays de Caux et dans les Cévennes. Au total, 1,5 à 2 millions de personnes. Entre 1555 et 1570, 1 240 congrégations sont organisées, la plupart avant 1562. La profession de foi de 1559 est largement influencée par celle de Genève. La même année le premier synode national se réunit à Paris.

Les conditions locales expliquent largement les formes que prend la réception des idées nouvelles. Un des traits caractéristiques est le rôle joué désormais par la noblesse. Dans les villes, deux groupes étaient particulièrement sensibles, à en croire N.Z. Davis : les immigrants mal insérés et les artisans ayant une forte conscience de groupe, comme les artisans du livre. À Amiens, les artisans du textile étaient

1. Audisio (Gabriel), *Les Vaudois. Histoire d'une dissidence, XIIe-XVIe siècle*, Paris, 1998 (1989).

particulièrement touchés, à Alençon c'étaient les milieux des officiers, proches de la cour ducale.

Outre la Bretagne et l'Auvergne, des régions restent faiblement ou sont plus tardivement touchées comme le Limousin, récemment étudié par Michel Cassan. Il souligne la vitalité du catholicisme et des structures d'encadrement, notamment confraternelles, à l'aube du XVIe siècle[1]. Il faut d'ailleurs tenir compte de l'évolution de l'Église traditionnelle dans les années 1520-1560. Certes, les hésitations étaient sensibles dans le recrutement sacerdotal et dans les pratiques confraternelles. Mais l'institution n'en résiste pas moins, multipliant prédications et processions consolidant l'attachement d'une large partie de la population, comme en témoignent le Rouergue (N. Lemaître) ou la province d'Avignon (M. Venard).

Sur l'horizon 1560, les accrochages se multiplient dans les villes avec, ici encore, des pratiques iconoclastes de rupture et d'affirmation identitaire à Paris, Le Mans, Nîmes, Poitiers, Auxerre, Bourges, Lyon, Marseille, Meaux, Orléans, Sens et Tours. La tension monte comme en témoignent les *Mémoires* de Claude Haton, curé de Provins. La déclaration de Villers-Cotterêts, les édits de novembre 1559 et de février 1560 laissaient pressentir le durcissement de la politique royale. Pourtant l'action du chancelier Michel de l'Hôpital, la volonté de Catherine de Médicis, nommée régente après la mort de François II, le 5 décembre 1560, permettent d'entrevoir une politique de concorde. L'échec du colloque de Poissy (septembre 1561) est un premier signe de fragilité. Mais, le 17 janvier 1562, l'édit de Saint-Germain autorise le culte hors des villes murées et, dans l'enceinte de celles-ci, dans les maisons privées. Le 1er mars 1562 un groupe de protestants est massacré à Wassy. C'est l'« utopie » du chancelier qui s'effondre, « face à la force du malheur »[2], laissant le temps des « guerriers de Dieu » plus que jamais advenir.

Confessionnalisation ?

Sans entrer dans le débat sur la confessionnalisation – une notion introduite depuis une vingtaine d'années par les historiens allemands afin d'analyser les évolutions religieuses dans une perspective comparative, liant de façon privilégiée celles-ci d'une part aux formations étatiques, d'autre part aux développements sociaux et notamment à la notion de « procès de civilisation » (N. Elias) et à celle de « discipline sociale » (G. Oestreich) – nous utiliserons le terme pour désigner trois réalités qui caractérisent les évolutions religieuses des années 1520-1560 : la constitution des Églises nouvelles et la mise en place, dans toutes les Églises, de *textes* de référence ; l'adoption de nouvelles *pratiques* ou la rénovation des pratiques anciennes dans le cas du catholicisme romain ; la formation d'*identités* confessionnelles qui recoupent pour partie les identités politiques : celles des communautés rurales et urbaines, des territoires et des royaumes, et les identités culturelles, au nombre desquelles la *respublica literaria*.

1. Cassan (Michel), *Le temps des guerres de religion. Le cas du Limousin (vers 1530-vers 1630)*, Paris, 1996.
2. Crouzet (Denis), *La sagesse et le malheur. Michel de l'Hospital*, Paris, 1998.

Églises, professions de foi, théologies

Églises

La formation confessionnelle repose sur deux éléments : le maintien – sauf exception – des Églises comme institutions visibles (avec une organisation hiérarchique et des pratiques cultuelles), s'inscrivant dans l'espace (paroisses, diocèses) et la consolidation de leurs rapports avec le pouvoir territorial (municipalités, prince territorial, royaumes). Malgré le rôle joué par les communautés (*Gemeindereformation*), force est de constater que seules les villes obtiennent le droit, dans les régions sans pouvoir central fort (Europe centrale, Suisse) ou reconnaissant une fonction politique aux villes (Empire), d'organiser leur vie religieuse. Même si une analyse minutieuse des visites pastorales, des ordonnances ecclésiastiques et des archives judiciaires permettrait sans doute de faire apparaître les formes d'appropriation des communautés rurales et l'une des significations possible des fréquents conflits les opposant à leur pasteur. Et c'est donc dans le cadre des villes, des territoires et des royaumes que s'organise la vie religieuse. On constate un recouvrement presque complet des frontières politiques et religieuses dans les régions acquises à la Réformation, un décalage encore possible dans celles demeurées catholiques, avec la volonté cependant chez celles-ci de mieux faire coïncider les deux réalités comme en témoigne la réforme diocésaine des Pays-Bas (1559-1570). On note par ailleurs le parallélisme entre l'organisation hiérarchique des Églises et celui des territoires (Saxe électorale, Palatinat).

Dans le cas du catholicisme romain la situation était plus complexe. Celui-ci maintenait et réaffirmait l'existence d'un modèle s'imposant à toutes les communautés de foi par-delà les différences locales, régionales et nationales. Dans les faits cependant, cette prétention se heurtait d'une part à l'existence des traditions locales et régionales, qui se maintenaient notamment à travers les usages liturgiques et les « sensibilités » religieuses, que voyageurs et narrateurs ne manquaient pas de percevoir, d'autre part à la résistance des hiérarchies religieuses et, de plus en plus, des États qui entendaient préserver l'autonomie institutionnelle de leur Église territoriale : gallicanisme français (A. Tallon), régalisme espagnol (C. Hermann), face à la « romanisation » du catholicisme.

Une romanisation qui passe par une papauté qui, à partir du pontificat de Paul III (1534-1549), reprend à son compte les aspirations réformatrices (*Consilium de emendanda Ecclesia*, 1537), se décide à réunir le concile depuis si longtemps réclamé (*Laetare Jerusalem*, 1544), et s'engage dans l'action missionnaire. Reprenant alors pour modèle l'apôtre Paul dans sa prénomination (Paul III et Paul IV (1555-1559), comme le fait remarquer Daniel Arasse, et dans sa mise scène iconographique (*Conversion de saint Paul*, traitée par exemple par Parmigiano, en 1527-1528 – la conversion souhaitée étant alors peut-être, au lendemain du sac de Rome, celle de Charles-Quint, ou celle de Luther – 117,5 x 128,5, Vienne, Kunsthistorisches Museum). Une romanisation qui s'exprime par une centralisation affirmée, autant sur le plan symbolique (apparition des guides romains, après 1550, en latin, en italien, en allemand, en français, en espagnol, en flamand) que sur le plan institutionnel, soit directement par la papauté à l'extrême fin de notre période (visites *ad limina*, développement et transformation des nonciatures, rôle de l'université romaine et des collèges « nationaux » comme le *Collegium germanicum* fondé en 1552), soit indirectement par le biais des ordres centralisés à Rome (jésuites et leur correspondance).

Il ne peut être ici question de reprendre l'histoire du concile de Trente, ni même l'analyse détaillée des décisions. On se bornera à rappeler :

– la difficulté que la papauté rencontra pour le réunir, soit qu'elle-même hésitât à réunir une assemblée dont, forte de son expérience du siècle précédent, elle pouvait redouter les prétentions en matière de gouvernement de l'Église, soit qu'elle se heurtât à des obstacles politiques : le concile fut ajourné trois fois. Il ne fut réuni que par la volonté du pape Paul III pour le 13 mars 1545, avec trois objectifs : mettre fin aux divisions religieuses, réformer l'Église, libérer la Chrétienté de la menace des Infidèles. Le concile débuta en fait le 13 décembre, en présence de 31 évêques, la plupart italiens ;

– la longueur du concile qui siégea en trois périodes (du 13 décembre 1545 au 2 juin 1547 : 10 sessions ; du 1er mai 1551 au 28 avril 1552, à Bologne : 6 sessions ; du 18 janvier 1562 au 4 décembre 1563 : 9 sessions) ;

– les résultats du concile qui prennent un double aspect, très clairement distingué dans leur formulation : un aspect doctrinal (*De doctrina*), qui entend définir le dogme, un aspect disciplinaire, qui prend la forme de sentences (*canones*) se terminant par une menace d'anathème (*anathema sit*) ;

– le mode de fonctionnement et de proclamation des décisions qui en fit une victoire de la papauté. Celle-ci en avait maîtrisé le déroulement, évité l'institutionnalisation et légitimé les décisions, que complétèrent une série de mesures accentuant la centralisation et la romanisation de l'Église catholique ;

– la lenteur de la réception, variable selon les pays et les territoires, se heurtant aux traditions des différents pays restés fidèles au catholicisme mais qui acceptaient souvent avec réticence ce qui paraissait comme une intrusion du pouvoir pontifical dans les affaires propres à chaque pays.

Professions de foi et catéchismes

Au lendemain du concile de Trente, une **profession de foi** fut promulguée par le pape Pie IV (1560-1575), le 13 novembre 1564 (*Iniunctum nobis*). Elle reprenait le symbole de foi (le *Credo* de la messe) et l'assortissait d'une formule d'obéissance au pape. Elle marquait dans le camp catholique, avec une prétention universelle, l'achèvement d'un processus commencé une quarantaine d'années plus tôt sur une base généralement territoriale. Dès 1530, lors de la Diète d'Augsbourg, le besoin s'était fait sentir de préciser de part et d'autre les croyances auxquelles on adhérait. Melanchthon avait rédigé – de façon irénique – le texte de la *Confessio Augustana*, Johann Eck s'était chargé d'y répondre (*Confutatio Confessionis Augustanae*), provoquant une riposte de Melanchthon (*Apologie*) et l'empereur avait tranché en faveur du texte – édulcoré – d'Eck (provoquant le départ des évangéliques). Particulièrement soigné sur la question de la justification par la foi, le texte de l'*Apologie* fut repris dans les *Articles de Smalkalde*, rédigés par Luther en 1537 pour résumer les positions protestantes à l'intention du concile réuni à Trente.

À cette première génération de professions de foi, nées du besoin de se définir explicitement par rapport à l'autre et portant la trace, dans un sens ou dans l'autre, de cette situation, succéda à la fin des années 1550 une seconde génération qui visait à définir la profession de foi par rapport à la communauté locale (Wittenberg, 1552 ; Hambourg, 1560 ; Lübeck, 1560) ou territoriale, à laquelle elle servait de référence (*confessio saxonica,* 1552 ; *confessio gallica*, 1559 ; *confessio scotica*, 1560 ; *confessio helvetica*, 1560, adoptée par le Palatinat en 1566). Le cadre territorial pouvait être cependant atténué par le fait qu'un même théologien pouvait être à l'origine de plusieurs confessions (Bugenhagen : Wurtemberg, 1559 ; Poméranie, 1564 ; Thuringe, 1570 ; Brandebourg, 1575).

Avant même les professions de foi, le besoin se fit sentir, dès les premières années du mouvement réformateur, de résumer l'essentiel de la doctrine, à l'intention des pasteurs et le cas échéant, de la communauté. Dans cet esprit, le premier texte est sans doute celui de Zwingli, publié en 1523 : *Ein kurtze christenliche Inleitung*. Les plus célèbres et les plus répandus sont cependant les deux **catéchismes**, sous forme de questions et de réponses, le *Grand* (avril 1529) et le *Petit* (mai 1529, « fur die gemeine Pfarher und Prediger »), rédigés par Luther au retour de la grande visite pastorale de 1528-1529.

Toutes les confessions firent de même. Y compris les anabaptistes, si l'on songe à l'exceptionnel [*Ein*] *Christenliche Leertafel, die ein yedlicher mensch, ee und er im wasser getaufft wirdt, vor wissenn solle* de Balthasar Hubmaier (1480/85-1528), publié un an avant son exécution à Vienne. Calvin rédigea ainsi en 1537 son *Instruction et Confession de foy dont on use en l'église de Genève*, suivi en 1543 de *Le catéchisme de l'Église de Genève : C'est a dire le Formulaire d'instruire les enfans a la Chrestienté*. Et John Ponet (1516 ?-1556), devenu évêque de Rochester, publia en 1553, en latin et en anglais *A short Catechisme*, également présenté sous la forme d'un dialogue entre un maître et son élève. Traduisant très clairement ce glissement progressif du catéchisme vers un ouvrage de type scolaire, adoptant les formes d'écriture en usage dans ce domaine, notamment depuis Érasme, et indiquant que l'on était passé des communautés de foi à constituer aux communautés d'Églises à reproduire. En 1563 paraissait le *Catéchisme* de Heidelberg.

Sur ce terrain encore, la papauté avait elle aussi publié son catéchisme : en 1566, et en référence explicite au concile. Le *Catechismus ex decreto Concilii Tridentini ad parochos* fut immédiatement traduit dans les différentes langues de la catholicité romaine. Il couronnait les efforts déployés par les théologiens catholiques pour prendre position sur ce terrain rapidement occupé par les théologiens protestants. Le dominicain Johann Dietenberger (c. 1475-1537) publia en 1537 son *Catechismus*, rapidement traduit, dans lequel il exposait le *Credo*, les Dix commandements, le *Pater*, l'*Ave Maria* et les sept sacrements. En marge du système universitaire, Georg Witzel (1501-1573) publia en 1542 son *Instructio puerorum Ecclesiae* expressément écrit à l'intention des enfants et adoptant une présentation narrative : celle de l'histoire du salut. L'œuvre la plus importante fut cependant celle du jésuite Peter Canisius

(1521-1597) qui écrivit trois catéchismes à l'intention essentiellement des élèves et des étudiants : la *Summa doctrinae christiane* (Vienne, 1555), le *Catechismus minimus* (Ingolstadt, 1556) et le *Parvus Catechismus catholicorum* (Cologne, 1558). Tous furent largement diffusés, en latin et en traduction.

Le théologien, le livre et l'image

Sauf dans ses formes radicales, la Réformation ne remit pas en cause le modèle médiéval qui réservait aux **théologiens** patentés le soin d'interpréter les sens de la parole de Dieu. L'iconographie luthérienne insistait volontiers sur le bonnet de docteur du professeur de Wittenberg et Luther n'oubliait pas de fêter chaque année l'anniversaire de son doctorat, qui lui avait valu de ne plus être tutoyé par son père. Sur ce point, les deux Réformes partageaient la même attitude. Elles s'empressèrent de contrôler les protagonistes. Serviteurs de la Parole, les théologiens étaient tenus de prêter serment au moment où ils devenaient docteurs. En 1533 – la date est incertaine – on en confessionnalisa le texte à Wittenberg. À partir de 1564, les théologiens des facultés catholiques prêtèrent serment sur la Profession de foi tridentine.

Trois faits contribuèrent pourtant à changer la nature de l'activité théologique. La multiplication des prises de parole prophétique et la revendication de la parole inspirée constituaient une menace permanente. Pour les deux camps. Le succès de l'imprimé, au-delà même de l'extraordinaire décennie des *Flugschriften*, fournissait par ailleurs la possibilité à des « amateurs » – pas nécessairement « hérétiques », il suffit de penser au « théologien » colonais Johann Gropper (1503-1559), docteur en droit – de prendre la plume et de s'assurer par ce biais un succès et une reconnaissance qui ne leur étaient pas possible universitairement. La progressive territorialisation du fait religieux, tout particulièrement dans l'Empire qui liait de plus en plus l'activité des universités à l'expression de l'identité territoriale. Surtout si, comme à Wittenberg, après 1546 (mort de Luther), il s'agissait de s'ériger en vétilleux gardien de l'orthodoxie. Et c'est dans ce cadre qu'il faudrait reprendre la contribution des théologiens aux grands problèmes posés par les Réformes : eucharistie et présence réelle, justification par la foi et rôle des œuvres, Écriture et Tradition, Église visible et communauté des rachetés. On se bornera à évoquer deux inflexions, clairement influencées par l'humanisme : l'usage des « lieux » théologiques, aussi bien chez les évangéliques (Melanchthon, *Loci theologici*, 1521) que chez les catholiques (Melchior Cano, *De locis theologicis*, 1563), le recours à l'histoire, avec les *Centuries de Magdeburg*, entreprises en 1559 par Matthias Flacius Illyricus (1520-1575), auxquelles répondirent les *Annales*, commencées en 1564 par Cesare Baronio (Baronius, 1538-1607).

Le succès de la Réformation est aussi, on l'a dit souvent, celui du **livre**. Non sans raison, l'historien Robert W. Scribner a rappelé que ce succès ne devait cependant pas être isolé de celui de la prédication, qui demeurait le moyen de communication le plus largement accessible, ni celui des gravures. Il ne doit pas faire oublier non plus les changements que le processus réformateur provoqua dans l'aspect matériel des imprimés et dans les usages qui en étaient faits. Le prodigieux succès des *Flugschriften* en est la preuve. Matériellement, il s'agit le plus souvent de libelles de dimension réduite (une seule feuille de papier pliée en quatre, soit huit pages). Rhétoriquement, ces écrits, qui adoptent le plus souvent la langue vernaculaire, privilégient le dialogue, un genre littéraire familier aux humanistes. Théologiquement, ils se concentrent soit sur l'essentiel du message luthérien (salut par la foi, fondement scripturaire, rôle de la grâce), soit sur les problèmes pratiques posés par le processus réformateur (rôle des images, fonction des clercs, changements liturgiques). Socialement et culturellement, ils visent explicitement l'homme de la rue (*gemeiner man*) et notamment le public de ceux qui ne savent pas lire mais qui pourront profiter d'une lecture oralisée (d'où le choix parfois de caractères plus gros). S'ils sont massivement rédigés par des auteurs établis, au premier rang desquels figure Luther, ils permettent à quelques femmes et à une poignée d'artisans de faire entendre leurs voix.

Le rôle joué par Luther dans la rédaction d'une partie de ces libelles souligne la capacité de ce dernier à tirer pleinement parti des possibilités offertes par l'imprimerie. S'il garde de l'expérience des thèses une certaine défiance à l'égard des imprimeurs, il n'en maîtrise pas moins le choix de la langue (latin et/ou allemand), des genres littéraires (texte théologique, libelle, correspondance, cantique...), sans négliger celui de l'illustration. Son activité est essentielle pour comprendre l'essor de Wittenberg comme ville imprimante au XVIe siècle mais aussi la recomposition de la carte des centres d'impression allemands. Sans jamais disparaître du peloton de tête, la ville de Cologne, restée fidèle aux expressions traditionnelles de la foi et devenue rapidement le bastion du livre « catholique », cède le pas aux villes de l'Allemagne du Sud (Nuremberg, Augsbourg), aux cités saxonnes (Wittenberg et Leipzig, à partir de 1539, lorsque le duché de Saxe passe à la Réformation), et à Bâle.

De cette importance du livre témoigne bien évidemment l'importance accordée à son contrôle. Rien de neuf sur ce point. Villes, princes, juges et autorités ecclésiastiques s'épaulèrent pour surveiller les imprimeurs, contrôler les libraires et le cas échéant vérifier les possessions de livres, hésitant pas à perquisitionner chez les uns ou chez les autres. C'est le cas aussi bien à Strasbourg, à Zurich ou en Saxe, qu'à Cologne, à Anvers ou dans le royaume de France (édit de Châteaubriant, juin 1551). À partir de 1559, un nouvel échelon fut franchi : la papauté établit elle aussi une liste de livres interdits (*Index librorum prohibitorum*). Établi par Paul IV, il était très répressif. Il fut largement repris dans l'*Index* publié en 1564, au lendemain du Concile de Trente, qui se bornait à atténuer quelques condamnations, notamment celles qui concernaient Érasme.

Enfin, dans la construction confessionnelle, on n'omettra pas le rôle des **images**. Sur deux plans. Tout d'abord, celui du débat sur la place des images dans le culte et la question de l'iconoclasme. Celle-ci se posa concrètement à Wittenberg, à la fin de l'année 1521, alors que Luther vivait caché à la Wartburg. Sur place, le mouvement iconoclaste avait reçu le soutien de Karlstadt, qui s'était chargé de fournir une justification théologique aux actions entreprises. Il publia rapidement un traité justifiant l'enlèvement des images qu'il liait d'ailleurs à l'abolition de la mendicité (*Von Abhutung der Bylder und das kein Betdler unter den Christen seyen sol*). Il fondait son argumentation sur le Décalogue et sur la distinction radicale entre le monde spirituel et le monde matériel, rejetant la possibilité d'une médiation matérielle (*finitum non est* *capax infiniti*). L'argumentation fut constamment reprise par la suite. Mais, dans l'immédiat, à la suite du retour précipité de Martin Luther et de la reprise en mains de la communauté par ce dernier, Karlstadt fut contraint à l'exil.

L'introduction de la Réformation à Zurich, sous l'impulsion de Zwingli, reposa le problème. Le 15 juin 1524, le Conseil de Zurich ordonnait et l'abolition de la messe et l'enlèvement des images. En moins de quinze jours, les églises de la ville furent ainsi « purifiées » par des équipes d'artisans travaillant à huis clos. À son tour, en 1525, Zwingli rédigea deux traités, qui justifiaient le refus du recours aux images (notamment le *De vera et falsa religione commentarius*). La décision de Zurich fut rapidement reprise en Suisse (Berne, Saint-Gall, Bâle, Schaffhouse, Neuchâtel, Genève, Lausanne) et dans l'Allemagne méridionale, notamment à Strasbourg, Nuremberg et Ulm. Elle toucha même certaines villes luthériennes, notamment dans l'espace balte, où des mouvements « iconophobes » se produisirent (Dantzig, Königsberg, Riga, Stockholm, Stettin, Malmö). Elle fut reprise à son tour à Genève par Calvin. Certes, lui-même, à l'instar de Luther, ne participait pas aux actions d'épuration et il était hostile à toute action violente. Mais il soutenait théologiquement le refus du recours aux images. De fait, dans les villes françaises où les idées calvinistes se répandirent – Rouen, La Rochelle, mais aussi Paris, Le Mans, Nîmes, Pontoise, Auxerre, Bourges, Lyon, Marseille, Meaux, Orléans, Sens et Tours – la question se posa immédiatement, initiée généralement par la communauté. En Angleterre, Henri VIII (1491-1547) avait certes dénoncé l'abolition des images « abusives », mais l'imprécision du terme avait permis une application très modérée. L'épuration fut en revanche radicale en Écosse durant l'année 1559. De la même façon, aux Pays-Bas, on assista au cours de l'année 1566 à une flambée iconoclaste hautement significative.

L'iconoclasme était le moyen de dénoncer la fausseté du catholicisme romain et de désacraliser les lieux sur lesquels reposait son pouvoir. Mais c'était aussi, bien souvent – en même temps que le chant d'un cantique ou d'un psaume, ou encore l'adoption d'une liturgie en langue vernaculaire –, le geste fondateur d'une communauté. Du coup l'enlèvement des images prenait souvent la forme de véritables rites de désacralisation passant par la dérision et la violence à l'encontre des objets. À Genève, en 1535, les images furent ainsi jetées dans les latrines, les fossés et les égouts. À Münster, lors du siège de la cité en 1534/5, les anabaptistes réutilisèrent les statues dans les murs de la cité faisant, si l'on ose dire, d'une pierre deux coups : désacraliser l'objet et le réutiliser directement contre l'évêque de la cité, instigateur du siège. Il a aussi une dimension sociale. D'une part, le produit de la vente éventuelle des objets était donné aux pauvres (et l'on se souvient du lien établi par Karlstadt entre les deux phénomènes), d'autre part on remettait ainsi en cause l'appropriation de l'espace commun par certains de ses membres.

C'était l'un des points sur lesquels se fixait l'opposition entre les deux camps. Olivier Christin a bien montré en effet l'importance des « recharges sacrales » (procession réparatrice, réinstallation solennelle de l'image profanée, resacralisation du lieu) par lesquelles les catholiques ripostaient aux gestes dénégateurs, reconstituaient la communauté et affirmaient leur foi. Le Concile réaffirma la légitimité du recours aux images lors de la 25e et dernière session (*De invocatione et Veneratione Sanctorum et Imaginum*). Simultanément, il encouragea un mouvement de « réforme » : « Le Saint Concile défend que l'on place dans les églises aucune image qui s'inspire d'un dogme erroné et qui puisse égarer les simples, il veut qu'on évite toute impureté, qu'on ne donne pas aux images des attraits provoquants. » Cette « réforme catholique » des images aboutit à deux transformations. Tout d'abord, une volonté de « pureté ». Déjà le pape Paul IV (1555-1559) avait fait draper par Daniele da Volterra les nudités du *Jugement dernier* de Michel-Ange, dans la chapelle Sixtine, qui avaient fait scandale lors de leur dévoilement en 1541. En ce sens d'ailleurs, la réaction de la Contre-Réforme s'apparente bien à une Contre-Renaissance, car elle interdisait l'autonomie de l'art que celui-ci réclamait.

Ensuite, la prolifération d'une iconographie religieuse qui s'attache à réaffirmer les points du dogme ou les pratiques attaquées par les protestants : le rôle de la Vierge comme intercesseur, mais aussi sa place dans la cour céleste (couronnement et assomption) ; le rôle des saints, comme protecteurs mais aussi comme modèles ; la place du sacrement dans la vie religieuse (en particulier de l'eucharistie, lié au thème de la présence réelle) et la valeur des pratiques dévotionnelles (chapelets, rosaires, actions caritatives...). Un même mouvement conduisit d'ailleurs sur le terrain de la musique d'une part à distinguer musique profane et musique sacrée (recul de la *Kontrafaktur*), d'autre part à multiplier les œuvres liées aux actions liturgiques (messes, hymnes, motets), soulignant le caractère représentatif de celles-ci au détriment de la participation active des fidèles, placés dans le rôle de spectateur et d'auditeur.

Analysant l'iconographie de Luther, Robert W. Scribner en a bien montré les multiples enjeux (moine, docteur, prophète inspiré, Hercule allemand). La « représentation » des acteurs et des événements joue en effet un rôle capital dans la formation des identités confessionnelles. S'il n'est pas le seul, l'atelier des Cranach – Lucas l'Ancien (1472-1553) et Lucas le Jeune (1515-1586) – est en ce domaine exemplaire. Pas seulement en raison de la place officielle qu'il tient à Wittenberg, à la cour et dans la ville ou de l'abondance de la production – graphique et picturale – mais aussi en raison des innovations iconographiques (*Allégorie de la Loi et de la Grâce*) qui accentue l'opposition entre les camps et contribue très rapidement à les représenter de façon absolument antithétique.

Liturgies, clergés, visites

Culte et prédication

Le culte était au cœur de la vie chrétienne. Il constituait la communauté, il rythmait sa vie et il circonscrivait un espace. On comprend sans peine que les Réformes aient été d'abord changement liturgique : messe en allemand, adoption de la Cène, abolition des rituels (*sacramentalia*), adoption d'un répertoire de cantiques, pour les uns, réinvestissement sacral, efforts pour épurer le sanctoral, romanisation des fêtes pour les autres. Les livres de prières (*Book of Common prayer,* 1534, 1548, 1559) et de cantiques se multiplièrent, constituant pour les imprimeurs qui se chargeaient de la tâche un marché sûr, régulier et lucratif.

On se bornera à évoquer ici, à titre d'exemple, les **livres de cantique** et les cérémonies funéraires. Provoqué par l'initiative de Thomas Müntzer qui avait publié en 1523 son *Deutsch Kirchen Ampt*, incluant dans la nouvelle liturgie psaumes, respons et hymnes en allemand, Luther publia la même année sa *Formula missae et communionis*. Il conservait la liturgie latine, se bornant à y intégrer le chant d'hymnes allemands. Lui-même écrivit des chorals, s'appuyant sur des textes latins qu'il traduisait en allemand il s'en servit pour commémorer le « martyr » de deux augustins brûlés à Bruxelles en juillet 1523 « *Ein neues Lied wir heben an* », transformant ainsi la mort des deux prédicateurs en « martyre ». Dès 1524, huit cantiques furent imprimés à Nuremberg. Les recueils se multiplièrent (Wittenberg, Erfurt, Nuremberg, Augsbourg, Strasbourg, Breslau, Königsberg), soulignant le polycentrisme des réformes urbaines. En 1529 parut, à Wittenberg, la première version autorisée.

Une tradition se constitua également en langue française dans les Églises réformées. C'est au cours de son séjour à Strasbourg, après qu'il eut été expulsé de Genève (1538), que Calvin découvrit, auprès de Bucer, la tradition strasbourgeoise. Une féconde collaboration devait commencer avec Marot. En 1539 étaient publiés *Aucuns pseaulmes et cantiques mys en chant*. Rappelé à Genève en 1541, il y institua le nouveau culte (*La forme des prieres et chantz ecclesiastiques*, 1542), qui prévoyait le chant de la communauté et incluait trente psaumes de Marot, cinq de Calvin, et quatre autres pièces. Après la mort de Marot (1544), c'est Théodore de Bèze (1516-1605) qui fut mis à contribution pour compléter le psautier (1548-1562), dont des versions furent imprimées à Genève, Paris, Lyon et d'autres villes. Partout le chant était moyen d'affirmer la communauté. Aux Pays-Bas comme en Angleterre. Très tôt, la tradition luthérienne s'y était établie, à travers la traduction-adaptation qu'avait donnée Miles Coverdale (1488-1568) : *Goostly psalmes and spirituall songes,* sans doute en 1535. Ces recueils caractérisaient d'autant mieux les communautés protestantes que les catholiques leur laissèrent le champ libre, en dépit des efforts déployés par un Georg Witzel ou un Michael Vehe (c. 1480-1539), prévôt de Halle, dont le recueil fut imprimé à Leipzig en 1537.

Le **culte rendu aux morts** était l'un des éléments essentiels des pratiques catholiques. Le duc de Saxe, Georges le Barbu, pourtant fervent catholique, en fit d'ailleurs l'expérience en 1536. Avec l'accord du Conseil de la ville de Leipzig, où siégeaient quelques bourgeois acquis aux idées nouvelles, il avait pris un décret décidant que les morts seraient désormais enterrés hors des murs pour des raisons de salubrité. La décision se heurta à la résistance de l'Université et des Frères mendiants, parce que cette pratique d'exclusion était largement associée à une marque infamante, celle qui précisément prévoyait que les « hérétiques » devaient être enterrés à l'extérieur de la cité. L'Université obtint gain de cause.

Pourtant une des réformes liturgiques les plus importantes – l'un des signes du « désangoissement » (D. Crouzet) – fut la suppression du rituel des morts (messe de funérailles, absoute, messes commémoratives) leur substituant la nudité du sermon. Cependant, dès le milieu du XVIe siècle, l'usage se constitue d'imprimer ces sermons funéraires (*Leichenpredigten*), qui évoquent le disparu et qui, imprimées, en gardent mémoire. D'autant mieux qu'on veillait à les conserver, constituant ainsi la mémoire également d'une communauté, si l'on en juge par les collections qui nous sont parvenues et les analyses de Patrice Veit.

De nouveaux clercs ?

Culte, prédication, cure des âmes exigeaient toujours la présence d'un clergé. Pourtant, très tôt, Luther fit voler en éclats les deux fondements de la vue cléricale : il condamna l'idée du sacerdoce institutionnel et du sacrement de l'ordre, lui substituant le sacerdoce commun des fidèles ; il dénia au monachisme toute valeur dans la sanctification personnelle et dans l'économie du salut. Lui-même renonça à son froc d'augustin en 1524 et se maria l'année suivante. Il fut suivi par tous les réformateurs, théologiens aussi bien qu'autorités politiques, que la perspective de faire main basse sur les biens ecclésiastiques pouvait le cas échéant stimuler.

Pour former les « nouveaux clercs », désormais en nombre réduit et strictement déterminé par la tâche pastorale ou doctrinale à accomplir, mariés et sans habits distinctifs, les **Églises de la Réforme** innovèrent. En dépit de la préoccupation « pastorale » d'un Gerson ou d'un Biel, l'Église du XVe siècle n'avait pas mis en place d'institutions spécifiques pour former ses pasteurs. Marqués par les expériences éducatives humanistes, les réformateurs créèrent des académies. Zwingli montra l'exemple à Zurich. Le projet était prêt dès septembre 1523, il entra en usage le 19 juin 1525. La *prophezei* ainsi créée s'appuyait sur l'école latine. Elle préparait essentiellement à l'étude de la Bible. Trois lectures successives étaient faites d'un même texte. Une première interprétation était donnée à partir du texte hébreu ; une deuxième en latin (plus tard une lecture en grec fut également instituée) ; une troisième intervention proposait un résumé en allemand.

En 1537, une académie fut pareillement fondée à Lausanne. Mais la plus prestigieuse et la plus importante par son rayonnement fut l'Académie de Genève, créée en 1559. Trop tardivement pour que nous puissions en voir les effets sur la formation d'un corps de pasteurs homogène, ayant reçu une même formation, partageant une même éthique, en bref : une profession, un *Beruf*.

L'**Église catholique romaine** réaffirma la légitimité du sacerdoce ministériel lors de la 23e session du Concile (juillet 1563). Et celle des engagements monastiques et de leur signification. Bien mieux, elle exalta le sacerdoce et, continuant la réforme des monastères entreprise au siècle précédent, elle favorisa la naissance de nouveaux ordres : théatins (1524), somasques (1528), barnabites (1530) et ursulines (1535), tandis que la branche franciscaine des capucins était fondée en 1528 (*Religionis Zelus*) qui, tout autant que les jésuites, devait marquer l'Église de la Réforme catholique. Fondée en 1540 (*Regimini militantis Ecclesiae*) par Ignace de Loyola (1491 ?-1556), bientôt aidé par deux figures d'exception : l'infatigable épistolier Juan Alfonso de Polanco (1516-1576) et le voyageur impénitent Jerónimo Nadal (1507-1580), la Compagnie de Jésus est une compagnie de prêtres qui vivent dans le siècle. S'ils prononcent des vœux de pauvreté, de chasteté et d'obéissance (le vœu d'obéissance au pape étant lié à leur activité missionnaire), ils ne portent pas d'habit distinctif et ne sont pas astreints à la lecture en commun des heures. Dans un premier temps, des années 1540 aux années 1547, la compagnie est composée de prédicateurs itinérants, proches des plus humbles (orphelins, pauvres, débiteurs incarcérés, criminels et prostituées). Ce n'est qu'à partir des années 1547 que, répondant à l'appel des autorités, ils ouvrent leur premier collège. Cette réorientation de la compagnie est confirmée dans les années 1558/9-1565. Peu investis dans l'action paroissiale ou diocésaine, ils ne sont pas, comme le rappelle John W. O'Malley, le fer de lance de la lutte contre les protestants.

Pour les moniales, la question posée par la Réforme catholique était essentiellement celle de la clôture. Elle se heurtait encore d'une part à des pratiques de sociabilité qui déniaient cette séparation – le cloître était un lieu, pas nécessairement un idéal – d'autre part à la volonté, manifestée par une partie des acteurs de la Réforme – c'était le cas avec les ursulines – de rester présentes dans le siècle. La formation des pasteurs restait déficitaire. Son amélioration était à l'ordre du jour des réformateurs. C'est parce qu'ils savent pouvoir y trouver une université que les jésuites s'installent d'abord à Cologne (1544), réclamant une formation qui associât savoir et piété (*eruditio et pietas*). Le Concile réclama la mise en place de séminaires. Mais les effets furent lents. Bien postérieurs à notre période !

À la stratégie « intensive » des Églises issues des Réformes, limitant le clergé, le professionnalisant, et réclamant une intériorisation des normes de la part des fidèles, le catholicisme romain opposait donc une stratégie « extensive » – aussi bien pour le clergé séculier que pour le clergé régulier –, fondée sur un clergé nombreux, médiateur entre Dieu et l'homme, lui permettant de conserver une offre abondante en matière de liturgie et d'encadrement pastoral même si les plaintes sur l'absence de clercs est un leitmotiv, vraisemblablement justifié par une inadéquation de l'offre et de la demande et, dans certaines régions par une crise du recrutement sacerdotal, dans les années 1540.

Visites pastorales et contrôle social

Le contrôle du clergé et de la population passait désormais par une activité centrale de définition de la politique religieuse, assurée par la curie diocésaine et les surintendances, mais aussi par les conciles provinciaux et les synodes, et par une activité régulière de contrôle sur le terrain, assurée par des visites pastorales. Entre les deux, le maintien du quadrillage traditionnel : celui des paroisses. Quoique les deux confessions aient eu toutes deux recours aux visites, les **visites** protestantes se distinguent par le rôle qui d'emblée, et en l'occurrence à la demande de Luther, est joué par le pouvoir politique, qui récupère ainsi à son profit un droit épiscopal (*jus episcopi*). En 1527 et 1528, en Saxe, les bases en sont jetées pour l'essentiel par Melanchthon. Elle est réalisée en 1528-1531. Dès 1533 une seconde visite est organisée. Une troisième en 1555. La plupart des États protestants mettent ainsi en place des visites.

En Angleterre, la tradition était vivante. La royauté se contenta de reprendre à son compte l'activité (1535). Elles se continuèrent sous les règnes d'Edouard VI, de Marie Tudor et d'Elizabeth. Le Concile de Trente avait rappelé l'obligation des visites. L'archevêque de Cologne ne tarda pas à organiser la sienne en 1569. En

Bavière cependant, c'est sous l'autorité du duc Albrecht V qu'une visite avait été organisée dès 1558.

Ce contrôle accru de l'espace diocésain territorial, même si, à notre époque, il se heurtait encore à de nombreux obstacles, correspondait à un mouvement général de « **discipline sociale** ». Outre l'existence d'un appareil judiciaire dans chaque diocèse (officialité) et à la Curie romaine, l'Église catholique pouvait s'appuyer sur les tribunaux de l'Inquisition. C'était un legs médiéval. Il fut réactivé dès 1478 en Espagne et en 1536 au Portugal, avec pour tâche principale le contrôle des Juifs puis, après 1492, celui des Musulmans. Ce n'est qu'après 1558 et la découverte de communautés protestantes à Séville et à Valladolid que l'Inquisition se préoccupa également des protestants. Accessoirement, elle pouvait punir des actes ou des attitudes qui impliquaient une déviation doctrinale : ces péchés abominables qu'étaient l'homosexualité, la bigamie, la sorcellerie, mais sa vocation première restait la défense de l'orthodoxie religieuse. Ce qui l'intéressait, comme l'écrit Bartolomé Bennassar : « C'est ce que pensaient les gens, pas ce qu'ils faisaient ; la foi, plus que les mœurs. » Aux Pays-Bas, elle fut instituée en 1523. 2 300 suspects furent examinés avant 1566. Le tribunal prononça 264 condamnations à la peine capitale, dont la plupart était des anabaptistes. À Rome, son institution date de 1542.

La mise en place de procédures de contrôle n'avait pas pour simple effet de punir les « hérétiques ». Elle contribuait aussi à préciser de plus en plus les frontières mêmes de l'hérésie. Au risque de les faire varier selon le zèle des inquisiteurs eux-mêmes. Le cas de Bernardo Ochino (1487-1564), un capucin devenu général de son ordre (1538) est tout à fait exemplaire. Suspect aux yeux des théatins, dès 1536, mais soutenu par Paul III, il continue son activité de prédicateur à travers l'Italie (Naples, Pérouse, Venise) jusqu'en 1542, date à laquelle il s'enfuit à Genève où il est d'ailleurs fraîchement accueilli par Calvin. Commence alors pour lui une vie d'exil (avec femme et enfants) – Bâle, Augsbourg, Bâle, Strasbourg, Londres, Genève, Chiavenna, Bâle, Zurich, Nuremberg, Pologne et finalement Schlackau (Austerlitz) – qui témoigne de l'âpreté des affrontements confessionnels, laissant de moins en moins d'espace à des hommes comme Ochino, se définissant certes comme réformé mais refusant qu'on pût agir par la force contre les hérétiques.

Le contrôle exercé par les Églises issues des Réformes ainsi que par les villes et les États qui s'étaient ralliés aux idées nouvelles et avaient mis en place consistoires, tribunaux matrimoniaux, n'était pas moindre. Il visait à une moralisation de la société. La dénonciation de la prostitution, par exemple, s'intensifia. Acquises à la Réformation, la ville d'Augsbourg (1532) et celle de Nuremberg (1562) fermèrent les bordels, à commencer celui géré par la ville (provoquant l'apparition d'une prostitution clandestine et la ruralisation des prostituées). Dans le même temps, maintenant les expressions traditionnelles de la foi, la ville de Cologne organisait, elle, un bordel municipal, attendant la fin du XVIe siècle pour adopter à son tour une attitude de refus.

La gigantesque traque des sorciers et des sorcières qui mobilise l'Europe de la première modernité échappe largement à notre enquête : elle atteint son apogée dans les années 1580-1650. Elle doit cependant être sommairement prise en considération.

Pour deux raisons. D'abord, parce que l'armature idéologique et judiciaire qui la rend possible a été mise en place dans une large mesure dans la période qui nous occupe. La seconde, parce que l'une des explications qui en est donnée suggère une relation d'une part avec le changement de conjoncture sur l'horizon 1560, d'autre part avec la lutte contre l'« hérésie » ou l'« idolâtrie ».

C'est en effet sans doute au début du XVe siècle, en Suisse occidentale, dans le Sud-Est de la France et dans l'Italie septentrionale que se met en place le « modèle » de sorcellerie qui va dominer notre période (*Malleus maleficarum*, 1486) : contrat passé avec le diable, fréquentation du sabbat (que ne connaissent ni l'Écosse ni la Pologne), développement de pratiques contraires aux normes (notamment en matières sexuelles) mettant en danger la société chrétienne, et, de la part des populations, la croyance au pouvoir maléfique des sorciers et des sorcières. Une première période s'étend de la fin du XVe siècle aux années 1520, essentiellement en Rhénanie, dans les cantons suisses et dans certaines régions du sud de la France et de l'Italie du Nord. Une deuxième période, précisément des années 1520 aux années 1560, est marquée par un recul des procès avec quelques résurgences aux Pays-Bas, au Pays Basque, quelques villes allemandes comme Nuremberg et dans le nord de l'Italie.

Dans tous les cas, on se gardera bien de considérer la notion de « discipline sociale » comme un processus linéaire qui verrait élites politiques et culturelles imposer leur vision du monde et leur ordre moral aux populations soumises à leur autorité. Les troubles qui surviennent à Naples en 1509 et en 1547, la réaction de l'opinion lorsqu'il est question d'introduire l'Inquisition en France témoignent contre une « vision unidimensionnelle » (P. Bourdieu), qui négligerait les stratégies d'accommodement et d'opposition.

Le « plat pays des croyances »

Privilégiant le christianisme et les orthodoxies établies, l'analyse confessionnelle risque d'oublier non seulement les Juifs et les Musulmans, pourtant présents au sein des communautés chrétiennes, mais aussi tous les groupes, souvent informels et mobiles, qui se constituaient en marge ou au sein des Églises, les individus qui arpentaient le « plat pays des croyances » (T. Wanegffelen), ou encore les « espaces » sociaux (réseaux de parenté ou d'amitié, appartenance territoriale...) ou culturels (solidarités humanistes ou artistiques...) qui en marquent les limites.

Une présence intolérable ?

L'expulsion de 1492 et la conversion obligatoire de 1502 n'impliquaient pas la disparition des **Juifs** et des Musulmans en Espagne et dans l'Europe chrétienne. Pour les Juifs, il signifia tout d'abord d'importants mouvements migratoires, qui conduisirent les Juifs d'Espagne à trouver refuge en Afrique du Nord ou aux Pays-Bas, en Italie ou en Europe centrale. Il impliqua ensuite une évolution sensible des comportements. D'une part, parce que les *conversos* qui revenaient au judaïsme y importaient des comportements chrétiens, comme en témoignent les livres portugais et espagnols imprimés au sein de la communauté juive de Ferrare au milieu du

XVIe siècle. D'autre part, parce qu'en Italie, les communautés étaient à nouveau confrontées à une politique de rejet (expulsion du royaume de Naples, 1541) et de ségrégation (ghetto d'Ancône, 1556), que la bulle de Paul IV *Cum nimis absurdum* prétendait fonder théologiquement. Elles se regroupèrent à Venise et Mantoue, ainsi que dans les villes et territoires contrôlés par la famille d'Este (Modène, Ferrare et Parme), ainsi qu'en Piémont et en Toscane. Et, le cas échéant, lorsque la situation devenait intenable (expulsion des territoires pontificaux, sauf Ancône et Rome, 1569), poursuivirent leur route vers l'Est.

En Espagne, en dépit des mesures de conversion ou d'exil (1501, 1502, 1525), la situation des **Mudéjars** et des **Morisques** s'était stabilisée. Leur nombre et la protection que leur apportait souvent les seigneurs territoriaux les protégeaient. Au prix de pratiques de dissimulation (*taqiyya*) que rendait nécessaire la dense présence franciscaine et jésuite. La situation se dégrada à l'extrême fin de notre période : en 1561, on désarma les Morisques de Valence et, en 1567, reprenant le texte de Grenade de 1526, on publia à Madrid une série d'interdictions et de mesures contraignantes à l'égard de la population morisque de Grenade. À la fin de l'année 1568, les Morisques des Alpujarras se soulevèrent.

Hétérodoxies et « réforme radicale »

Décrivant la situation religieuse de Strasbourg en 1570, le jésuite Jacob Rabus en déplorait la pluralité : « Dans cette pauvre ville de Strasbourg, nous avons à présent cinq ou six sectes au sein de la population. L'une est luthérienne à 100 %, la deuxième est luthérienne à 50 %, une troisième est zwinglienne, une quatrième calviniste, une cinquième schwenckfeldienne, une sixième anabaptiste, et le septième groupe est purement épicurien. » Il entendait ainsi dénoncer les « variations des Églises protestantes » contrastant avec l'unité de foi que le catholicisme romain prétendait défendre, suggérer que cette diversité n'était que le prolégomène à l'indifférence et définir la tâche qui attendait les nouveaux missionnaires. Il nous rappelle aussi opportunément l'impossible tâche qui prétendrait dresser la liste de ces « hétérodoxies » présentes dans l'Europe du XVIe siècle, qu'à la suite de George Hunton Williams on peut aussi qualifier de « réforme radicale ».

En dépit de la diversité, dénoncée de façon polémique par Jacob Rabus, on peut distinguer trois traits communs à ce troisième courant réformateur, aux côtés de la Réformation protestante et de la Réforme catholique. À la différence des deux autres, le courant de la Réforme radicale n'entretient pas de rapport avec le pouvoir politique, que ce soit celui des souverains et des princes territoriaux, que ce soit celui des corps de ville. De façon similaire, il ne reconnaît pas de valeur particulière au savoir légitimé par l'institution universitaire (maîtres et docteurs), même si un certain nombre de partisans de la Réforme radicale ont eux-mêmes été formés dans ce cadre. À l'inverse, il n'accorde d'importance qu'à la parole inspirée – non sans lien avec les traditions prophétiques et eschatologiques qui traversent la Renaissance – et fait de l'Écriture le fondement de la foi.

Il est difficile de classer les « **spirituels** ». Par commodité, on pourrait distinguer ceux qui sont associés dans des groupes de prière, fréquents en Espagne, en Italie en

France ou en Allemagne. Et ceux – souvent des « intellectuels » – qui ont un parcours singulier qui les a détournés de toute « Église » et même de toute « secte » (au sens de Troeltsch), les rend proches des attitudes « prophétiques » et fait d'eux des défenseurs de la « tolérance », c'est-à-dire du refus de la violence que l'on doit adopter à l'égard par exemple des anabaptistes. C'est le cas de Kaspar von Schwenckfeld (1489-1561) auquel Rabus fait allusion. Silésien, réformateur, il s'oriente vers une conception du baptême et de la Cène purement spirituelle. C'est le cas aussi de Sebastian Franck (1499-1542), pasteur luthérien qui a pris ses distances par rapport à l'institution sous l'influence d'un mysticisme qui le rattache à Tauler († 1361), qui fut aussi une des lectures de Luther, et d'un « abandon » à la volonté divine, qui le rapproche de Karlstadt et de sa notion de *Gelassenheit*. Ce dernier est d'ailleurs une figure exemplaire : collègue de Luther, c'est lui qui, à Noël 1521, rompt avec la messe traditionnelle : il abandonne les vêtements sacerdotaux, supprime la prière eucharistique et l'élévation, adopte l'allemand, partage le pain (distribué dans la main des fidèles) et le vin ; il se montre favorable aux paysans révoltés ; il entretient – ne serait-ce que familialement avec son beau-frère Gerhard Westerburg – des relations pacifiques avec les anabaptistes. Il quitte la Saxe en 1528 mais séjourne ensuite, jusqu'à sa mort, en Suisse.

Polémique – (les « anabaptistes » s'appellent eux-mêmes « baptistes », *Täufer*, *Doopsgezinden*) –, ne retenant qu'un des aspects de l'« **anabaptisme** » – le refus du baptême des enfants (pédobaptisme) et le cas échéant la volonté, comme à Münster de recréer le lien social (être tous frères et sœurs en Christ) par un baptême reçu en commun – le terme désigne en fait plusieurs groupes assez divers mais présents dans toute l'Europe. Si les anabaptistes du monde germanique (Zurich, Nuremberg, Emden[1]) et néerlandais sont les plus connus, en partie en raison de l'épisode de Münster (qui se prolonge ensuite chez les « melchiorites » et les « huttéristes »), des groupes existent aussi en Italie. On y distingue même un rameau dans l'espace vénitien et un autre dans l'espace napolitain, tous deux caractérisés par leur pacifisme, leur discipline, l'importance attachée à l'Écriture, le rôle de la prière, de la prédication et de l'action missionnaire. La Cène est pour eux commémoration du Christ mort et anticipation de Son retour et du Jugement qui l'accompagnera. L'anabaptisme trouve aussi une terre d'asile en Pologne où il répond aux attentes de la petite noblesse.

G.H. Williams retient une troisième catégorie – les « **évangéliques rationnels** » – composée d'humanistes patentés, maîtrisant la plupart du temps les trois langues anciennes. Ils sont en fait les témoins d'une confessionnalisation qu'ils récusent. On les trouve notamment en Pologne, en Lithuanie et en Transylvanie, des territoires qui, au XVIe siècle, restent marqués par une très grande diversité religieuse. Malgré de profondes différences régionales, trois traits les caractérisent : la valorisation de l'enseignement moral du Christ (le Sermon sur la montagne) ; une profonde attente eschatologique (notamment Lelio Sozzini, 1525-1562) ; une volonté de « tolérance ».

1. Où vit durant une vingtaine d'années, à partir des années 1540, Hendrik Niclaes (1502-1580), un « prophète », fondateur de la « Famille de la Charité », sans rompre avec les pratiques catholiques. Il en va autrement de l'un de ses disciples célèbres : l'imprimeur Plantin que Niclaes aide à s'implanter à Anvers en 1555. Celui-ci est au centre d'un groupe – les « familistes » – qui rejettent les cérémonies, valorisant l'Église invisible.

Humanistes et Réformes

La **formation humaniste** de la plupart des réformateurs, dès la première génération – celle de Zwingli, de Melanchthon, de Bucer, d'Oecolampade, de Calvin, pour ne pas parler du cas complexe de Luther – ne fait aucun doute. Et elle explique bien des traits du processus réformateur : soin apporté à la préparation des manuscrits et à la traduction du texte biblique en langue vernaculaire, ainsi d'ailleurs qu'à sa lecture, réformes universitaires, investissement éducatif, rôle accordé au théâtre (pas seulement scolaire), exigences en matière de formation cléricale. L'exemple des jésuites montre que la valeur de cette formation n'était pas moins reconnue dans le monde catholique, même si on s'y montrait plus réservé.

Les rapports tumultueux entre **Luther et Érasme**, faits d'estime et de divergences profondes, illustrent cependant les ambiguïtés qui existaient. L'opposition qui se dessina à partir des années 1520 ne portait pas seulement sur le refus de l'éclatement de l'Église par Érasme. Elle touchait au fondement même de la doctrine chrétienne, telle que Luther venait précisément de la redéfinir. Érasme ne s'y trompa pas qui choisit d'écrire une « diatribe » sur le libre arbitre (*De libero arbitrio diatribe*, 1524). Martin Luther y répondit par son apologie *Du serf arbitre*. Ainsi était posé en toute clarté la question de la justification par la foi et du rôle de l'homme dans son salut. Érasme défendait l'idée que le libre arbitre permettait à l'homme de participer à son salut par les actes qu'il posait volontairement et les « œuvres » qu'il accomplissait. Luther réaffirmait le caractère absolu de la grâce divine.

C'est ici qu'il nous faut évoquer le *Dialogus ciceronianus* publié par Érasme, à Bâle, en 1528. Certes, il s'agit d'abord d'une réflexion sur le rôle du latin. Et il n'est pas inutile de noter qu'il a été publié avec un traité sur la prononciation du grec et du latin qui indique bien sa destination stylistique et rhétorique. Érasme y dénonce, sous la forme d'un dialogue, l'admiration inconditionnelle vouée à Cicéron et la prétention à en faire l'unique modèle du beau style. Mais ce texte – qui ne marque absolument pas une désaffection à l'égard de Cicéron de la part d'Érasme – trahit les inquiétudes d'un humaniste chrétien au lendemain de son affrontement avec Luther et du sac de Rome. Un humaniste qui revendique encore le droit de s'approprier sans crainte tout ce qui est bon chez les païens puisque l'inspiration divine garantit ces idées. Mais qui insensiblement et sous la pression des circonstances passe de l'humanisme chrétien à la défense du catholicisme.

La réplique qu'Étienne Dolet (1508-1546) va à son tour apporter à Érasme dans le *De Imitatione ciceroniana adversus Desiderium Erasmum* est révélatrice de cette évolution. Certes, il s'agit d'un conflit de génération – Dolet n'hésite pas à traiter Érasme de « vieux [qui est] à peu près retombé en enfance » – et du classique débat sur l'*imitatio*. Mais ce que Dolet défend, c'est « l'autonomie de l'art littéraire, qui ne doit pas, selon lui, être inféodé à la religion ; la beauté de la forme ne dépend ni du sens qu'elle véhicule ni de la vertu de l'écrivain, mais d'un travail acharné sur les mots et le rythme des phrases » (A. Jouanna).

Paradoxalement pourtant, Érasme va servir de ralliement à ceux qui se trouvent aux marges de leurs Églises. En Espagne, où l'« **érasmisme** », étudié par Marcel Bataillon se répand à la cour de Charles Quint (Mercurino Gattinara, Alfonso de Valdès), à Alcalá (Juan de Vergara, Miguel de Eguía) et à Séville (Francisco Pacheco, Benito Arias Montano). Il exprime les attentes des réformateurs : réforme de l'homme intérieur, du clergé et des abus de l'Église. Parfois confondu avec les *alumbrados* – qui se caractérisent par leur abandon à la volonté de Dieu (*dejamiento*), le recueillement (*recogimiento*) qui permet d'aboutir à la contemplation et à l'expérience mystique au détriment de la prière vocale (M. Aurell), l'évangélisme qui récuse les gestes rituels de la piété flamboyante, voire les sacrements, préférant l'accès direct aux Écritures, la méfiance à l'égard des lettres et à leur vain savoir, enfin la conviction que celle ou celui qui est habité par l'esprit de Dieu ne peut pécher (antinomianisme) – il est la cible de l'Inquisition à partir des années 1530. L'*Index* espagnol de 1559 interdit la lecture de plusieurs ouvrages d'Érasme sans aller jusqu'à la prohibition totale. En Italie, où la réception d'Espagne semble plus franchement liée aux cercles « hérétiques », où abondent maîtres d'école et notaires. Ils recherchent chez Érasme, dans les années 1530-1540, l'humaniste et le philologue mais aussi l'homme attaché à la liberté individuelle et spirituelle. Ici aussi l'*Index* de 1559 va marquer un coup d'arrêt décisif (S. Seidel Menchi).

Plus encore que Luther, la figure de **Calvin** illustre parfaitement le lien qui existe entre l'humanisme et la Réformation mais aussi la volonté de conserver au religieux sa fonction centrale. Né à Noyon, en Picardie, il fait ses études à Paris, s'engage dans des études de droit à Bourges et Orléans. Humaniste, il édite de *De clementia* de Sénèque. Sa rupture avec l'Église traditionnelle – qui n'est pas plus que chez Luther le résultat d'une illumination subite comparable à celle de Paul sur le chemin de Damas, modèle de toutes les « conversions » – se fait en trois étapes. Elles sont scandées par le discours de Nicolas Cop, recteur de l'Université (novembre 1533), la renonciation à ses bénéfices ecclésiastiques (mai 1534), le refuge à Bâle, lorsque la répression se durcit (janvier 1535). C'est là qu'il publie en mars 1536, l'*Institution de la religion chrétienne* dédiée à François Ier. En juillet 1536, il se rend à Genève à l'appel de Guillaume Farel. Obligé de quitter la cité alémanique (avril 1538) il se réfugie à Strasbourg, où il prend en charge la paroisse française à la demande de Bucer. Il s'y marie. Il est rappelé à Genève et s'y réinstalle en septembre 1541.

Il y fait adopter immédiatement les *Ordonnances Ecclésiastiques* qui distinguent quatre ministères : celui des docteurs, qui enseignent la Parole, celui des pasteurs qui prêchent et distribuent les sacrements, celui des anciens qui surveillent les mœurs et celui des diacres qui secourent les pauvres et visitent les malades. À Genève, il est, non sans tensions avec les autorités civiles d'un côté, l'existence d'une opposition antifrançaise d'un autre côté, l'animateur de la vie religieuse de la cité, prêchant la Parole avec un sens aigu de la rhétorique (O. Millet) et luttant contre les déviations doctrinales (Servet, Bolsec) ou morales. Mais il est aussi, notamment à travers sa correspondance, au centre d'une « internationale calviniste » qui se constitue. Il meurt le 27 mai 1564.

Son refus du « nicodémisme » – cette pratique de dissimulation adoptée par le Pharisien Nicodème rendant visite à Jésus de nuit (Jn 3, 1-3) – témoigne et de cette volonté de définir clairement les groupes confessionnels, en contraignant les fidèles ou à l'exil ou au martyr, et à l'inverse des efforts déployés par des individus (adeptes de la « religion du privé », pour citer Carlo Ginzburg) ou des petits groupes se trouvant dans un milieu hostile pour maintenir, en les séparant, convictions religieuses et pratiques sociales[1]. Calvin s'intéressait avant tout au royaume de France. Mais le problème se posait pareillement dans l'Empire, notamment au lendemain de l'*Interim*, et dans l'Angleterre de Marie Tudor. En Allemagne, la lutte contre le nicodémisme fut conduite par Wolfgang Musculus (1497-1563), et par Peter Martyr Vermigli (1499-1562) en Angleterre. Les traités de Calvin furent d'ailleurs traduits en allemand, en anglais et en italien.

On ne peut que constater cette « confessionnalisation » de la vie religieuse. Pas nécessairement sur une base locale ou territoriale, liée à la vitalité des républiques urbaines et des états territoriaux, comme dans l'Empire, mais toujours comme un moyen d'affirmation identitaire. Pourtant, ici encore, on se gardera de toute vision uniforme ! Il faut par exemple attendre les années 1560 et le développement de l'activité des jésuites dans l'enseignement pour que la distinction confessionnelle atteigne les ouvrages scolaires et les éditions des auteurs anciens que les humanistes, ralliés aux idées et aux pratiques nouvelles – de Philippe Melanchthon à André Turnèbe (1512-1565) en passant par Maturin Cordier (c. 1479-1564) – continuaient de procurer.

« L'histoire au ras du sol » (J. Revel)

Au reste, la résistance d'un certain nombre d'humanistes – mais aussi de simples laïcs, quand on parvient à retrouver leurs traces dans les textes normatifs ou répressifs des autorités – face à la constitution d'orthodoxies, dogmatiquement clairement définies, rituellement bien encadrées, spirituellement à l'abri de toute influence étrangère, socialement dominantes, ne fut pas mince. On connaît grâce à Thierry Wanegffelen la façon de penser et de vivre de ces arpenteurs d'un plat pays des croyances. Mais il existe bien des figures plus modestes, comme le bourgeois de Cologne Hermann Weinsberg (1518-1597), fermement attaché à la foi de ses pères et de sa cité, mais distant à l'égard des « superstitions » maternelles, hostile à toute action violente contre les protestants mais réservé à l'égard des jésuites novateurs qui dirigent les consciences des femmes de sa maison, remettant ainsi en cause et l'organisation patriarcale qui avait prévalu jusque-là au sein de la famille Weinsberg, et les dévotions qui réunissaient les Colonais dans une même foi (dans les confréries, les processions, les messes), ou par le biais d'une mémoire commune : celle de la ville libre et sainte.

Pour certains d'entre eux, à la vérité peu nombreux, cette quête de concorde, inscrite dans la tradition érasmienne, pouvait aller jusqu'à un véritable syncrétisme. L'originale figure de Guillaume Postel (1510-1581) en fournit un bel exemple. Maîtrisant les trois langues anciennes, mais aussi l'allemand, l'espagnol et le portugais, curieux de tout (il est tour à tour mathématicien, cartographe, cosmographe, imprimeur, voyageur, linguiste, traducteur, grammairien, philosophe), il fait dériver de sa conviction que l'hébreu est la langue originelle – celle que Dieu parlait à Adam –

1. Six textes de Calvin traitent de la question. Le plus important est l'*Excuse à messieurs les nicodémites*, 1544.

l'idée qu'il est possible de retrouver sur cette base l'unité perdue. Il partage les attentes prophétiques de ses contemporains. On le trouve aux côtés d'Ignace de Loyola, à Rome, en 1546. Puis à l'écoute d'une mystique – sa « Vierge vénitienne » à l'hôpital Saint-Jean-Saint-Paul à Venise – qui fait de lui le premier-né d'une *restitutio omnium*. Et c'est bien une même vision mystique – celle d'une *respublica mundana* – qui l'anime. Témoin exemplaire de la modernité propre à la Renaissance. De ses rêves. Et de ses échecs.

Chapitre 9

Pouvoirs et résistances

L'automne de la Renaissance est dominée par la figure de Charles Quint. Entre son élection en 1519 et sa mort en 1558, un an avant le traité de Cateau-Cambrésis, c'est un rêve qui achève de s'effondrer : celui d'une Chrétienté dont l'Empereur serait le chevalier, mais c'est aussi simultanément une réalité qui continue de s'affirmer : celle de la construction des États et de la formation des nations. Qu'il faut mettre en action. Qu'il faut penser. Avec et contre les acteurs sociaux. Dans d'incessantes négociations.

Guerre et paix, États et républiques, modernité et archaïsme

Trois traits caractérisent la période qui court de 1519 à 1559 : le développement de la puissance ottomane et l'éclatement confessionnel, qui accélèrent la recomposition des relations entre les États et les dynasties ; la continuation de l'effort entrepris par les pouvoirs politiques – villes, princes, rois et papes – pour se doter d'un appareil administratif efficace, capable de mettre en œuvre et notamment de financer la politique décidée en conseils restreints ou « secrètement » ; l'apparition sur la scène politique, en une dizaine d'années, de quatre protagonistes partageant une pareille soif de gloire, un même souci d'encourager humanistes et artistes, une conviction égale que tout dépend ou presque du champ de bataille : François Ier et Charles Quint, en 1515 et en 1516/19, Henri VIII et Soliman en 1509 et 1520.

La chrétienté déchirée

Attendue, préparée, la succession de l'empereur Maximilien cristallise en elle la plupart des problèmes de la période 1520-1560 : la rivalité entre Valois et Habsbourg, la capacité pour le prince de mobiliser de fortes sommes d'argent, le sentiment national et la mise en scène du pouvoir.

L'affrontement entre Habsbourg et Valois (1519-1529)

L'argent des Fugger (et des Welser, associés aux Gualterotti, de Florence, aux Fornari et aux Vivaldi, de Gênes), le sentiment patriotique allemand, et peut-être aussi la crainte qu'inspirait l'armée de la Ligue souabe cantonnée aux portes de Francfort, convainquirent les Électeurs. Le 27 juin 1519, Charles d'Autriche, duc de Bourgogne et roi d'Espagne, était élu empereur. Le conflit avec le roi de France, son compétiteur, paraissait inévitable. De part et d'autre, on se chercha des alliances. La plus prisée était celle du roi d'Angleterre, Henri VIII. François Ier fut le plus rapide : une somptueuse entrevue, véritable quintessence d'une fête de la Renaissance, dans une ambiance de festins et de tournois, conclue par une messe, mêlant rivalité, protestations et témoignages d'amitié et faisant alterner scènes intimes et manifestations publiques, eut lieu entre Guines en territoire anglais et Ardres, en territoire français : le Camp du drap d'or (7-24 juin 1520). Charles Quint fut le plus efficace : quelques jours plus tard, il rencontra Henri VIII. Ce dernier fut le plus habile : il resta sur la réserve. Mais en novembre il prit définitivement parti pour Charles Quint. La révolte des *comuneros* terminée, Charles Quint prit l'initiative.

Une attaque surprise rejeta les Français hors du Milanais. Ils ne purent y reprendre pied. Deux défaites sanctionnèrent cette infériorité : La Bicoque en avril 1521 et, après la mort de Bayard à Rovasenda (30 avril 1524), Pavie, le 25 février 1525. François Ier y fut fait prisonnier. Tout semblait perdu fors l'honneur. La défaite fut suivie par deux traités de paix. Le premier, conclu à Madrid, le 14 janvier 1526, pendant la captivité du roi et aussitôt dénoncé par lui, prévoyait outre la renonciation aux conquêtes italiennes la restitution du duché de Bourgogne, l'abandon de la suzeraineté de la Flandre et de l'Artois, et la remise au connétable de Bourbon, passé au service de Charles Quint en 1523, de ses biens et de ses dignités. Le roi, veuf de Claude de France, s'engageait par ailleurs à épouser Éléonore, la sœur aînée de l'empereur, veuve du roi du Portugal.

De retour en France, le roi noua la Ligue de Cognac, qui réunissait Venise, le Pape, et plusieurs princes italiens (22 mai 1526). L'orage fondit sur l'Italie. À l'aube du 6 mai 1527, les troupes de Charles Quint – des Français, des Italiens, des lansquenets allemands et des troupes régulières espagnoles – mirent le siège de Rome. Malgré la mort de Charles de Bourbon, la ville fut conquise en une journée. Le pape trouva refuge au château Saint-Ange. Le pillage pouvait commencer. Il dura un mois. Au sein des troupes allemandes, les Luthériens s'illustrèrent par leurs pratiques de désacralisation et de profanation. Mais les troupes espagnoles se gagnèrent, elles, une réputation de cruauté gratuite et ne manifestèrent pas plus de respect pour la sainteté urbaine. Le 5 juin, le pape capitula. Il dut payer l'exorbitante rançon de 400 000 ducats. Politiquement, le sac sanctionnait l'échec de la politique de la papauté consistant à maintenir l'équilibre entre France et Empire : le pape avait rompu l'équilibre en rejoignant la Ligue de Cognac. Il en payait le prix. La leçon fut entendue. Le 29 juin 1529, le traité de Barcelone rétablissait la paix entre le pape et l'empereur. Entre-temps, François Ier et Henri VIII avaient déclaré la guerre à l'empereur (22 janvier 1528) et Lautrec était venu faire le siège de Naples. L'empereur fut sauvé par le ralliement de Gênes, de ses galères et de ses banquiers, à sa politique (1528). Le second traité fut alors conclu à Cambrai. Négocié par Marguerite d'Autriche et Louise de Savoie (paix des Dames), conclu le 3 août 1529, il reprenait les clauses du traité de Madrid mais ne soufflait mot de la question de la Bourgogne. François Ier renonçait à ses alliances et s'engageait à payer une énorme rançon de 2 millions d'écus d'or au soleil pour libérer ses enfants, retenus en otage depuis sa propre libération.

On ne saura sans doute jamais si Charles Quint fut responsable du sac. Mais sa désolation au lendemain du pillage ne fait pas de doute. De part et d'autre on réinséra l'événement dans une interprétation prophétique : le temps des Réformes était venu. Dans une atmosphère de fête somptueuse eut lieu le couronnement de l'empereur, à Bologne : le 23 février 1530, la couronne de fer des Lombards et, le lendemain, la couronne impériale. Ç'en était le premier geste. Rendu possible par la paix conclue entre le pape et l'empereur le 29 juin 1529 (traité de Barcelone).

Au lendemain de la bataille de Pavie, l'Europe avait été à nouveau ébranlée par une nouvelle offensive des armées turques. Et l'on dénonçait volontiers l'aveuglement de la chrétienté qui se déchirait, comme Juan Luis Vivès, en 1526, dans le *De Europae dissidiis et bello turcico* : « Jamais la haine n'a été si grande et si manifeste qui oppose les provinces et ne peut s'éteindre [...] Les Italiens abhorrent les Transalpins et les considèrent comme des barbares ; les Français crachent au nom des Anglais, qui n'en font pas moins à celui des Écossais et des Français ; entre les Français et les Espagnols, les grandes tueries ont laissé dans tous les cœurs une semence de haine. Dieu veuille que la discorde ne dépasse pas les limites ; mais elle les pénètre plus intimement. »

Les armées turques remportèrent à Mohács, en 1526, une victoire décisive sur les armées conduites par le roi de Bohême et de Hongrie, Louis II, qui y laissa la vie. La Hongrie était désormais largement aux mains des Ottomans et Vienne à portée d'une incursion. Le premier siège eut lieu en 1529 (26 septembre-25 octobre). L'empereur se devait de réagir. À un triple titre. Comme prince Habsbourg, il ne pouvait se désintéresser de la lutte menée par son frère Ferdinand, élu roi de Bohême et de Hongrie à la mort de Louis II, afin de protéger les royaumes de ce dernier et les terres patrimoniales des Habsbourg en Autriche. Comme roi d'Espagne, il se devait d'assurer la sécurité en Méditerranée. Celle-ci était menacée par les Barbaresques qui tenaient Alger depuis le milieu des années 1510. Comme empereur, il ne pouvait ignorer son rôle de défenseur de la chrétienté. Par trois fois, Charles prit les armes contre les « Infidèles » (1532, 1535, 1541). Pendant que son rival négociait avec eux depuis 1525, pour aboutir aux premiers projets de « capitulations » (1528, 1536).

L'impossible retour à l'unité (1530-1548)

L'expédition de Tunis en juillet-août 1535 fut couronnée de succès. La flotte de Khairedddine Barberousse fut anéantie (14 juillet), la ville reprise et les esclaves chrétiens qui s'y trouvaient furent libérés. Le 17 août, l'empereur s'embarqua pour la Sicile, auréolé du prestige d'une victoire qui semblait mettre l'Italie à l'abri des incursions barbaresques. Une série de tapisseries exécutées par Jan Cornelisz Vermeyen, un bronze réalisé par Leone Leoni et un récit composé ultérieurement par le poète Garcilaso de la Vega, qui faisait partie de l'expédition, célébrèrent notamment l'événement. En revanche, à l'automne 1541, l'expédition d'Alger se solda par un cuisant échec. Il soulignait la domination des Barbaresques en Méditerranée. Venise ne s'y était pas trompée qui avait conclu une paix séparée en 1540. Pendant ce temps, l'alliance franco-turque se renforçait. De concert avec les galères françaises, la flotte de Barberousse vint faire le siège de Nice (1543) et le roi lui donna même la base navale de Toulon pour y prendre ses quartiers d'hiver. Au printemps 1544, la flotte regagna le Bosphore, ravageant au passage les côtes italiennes et raflant des milliers d'esclaves, escortée de galères françaises.

Entre-temps, le conflit entre les deux princes chrétiens avait repris. Sept années de paix avaient suivi le traité de 1529. La lassitude était grande de part et d'autre. L'empereur était mobilisé par les affaires d'Allemagne et la constitution de la Ligue de Smalkalde. À la cour du roi de France, le chancelier Anne de Montmorency était partisan d'une alliance avec les Habsbourg. Le conflit se ralluma à la mort de François II Sforza, le 1er novembre 1535. François Ier revendiqua de nouveau Milan. Il occupa la Bresse, le Bugey, la Savoie et le Piémont (avril-juillet 1536). Charles Quint qui se trouvait en Italie dénonça dans un discours célèbre, prononcé en présence de Paul III, le 17 avril 1536, la politique du roi de France accusé de ruiner la paix à l'intérieur de la Chrétienté et de s'allier avec les ennemis de celle-ci. Puis il riposta en attaquant en Provence (1536-1537). La guerre fut courte. On peinait de plus en plus de part et d'autre – moins d'ailleurs du côté espagnol habitué plus tôt à la maîtrise d'un espace discontinu – à assurer la logistique réclamée par des armées nombreuses et techniquement sophistiquées. Dès le 18 juin 1536, une trêve générale fut conclue à Nice, à l'initiative de Paul III, suivie d'une entrevue à Aigues-Mortes (14-16 juillet 1538).

Elle était prévue pour durer dix ans. On put croire que tel serait le cas lorsque Charles Quint, traversant la France pour aller mater les Gantois révoltés, fut accueilli par François Ier sur les bords de la Loire et à Paris (novembre 1538-janvier 1539). En accordant l'investiture du Milanais à son fils Philippe, Charles Quint ralluma le conflit. Des conflits éclatèrent en Brabant, les troupes françaises firent en vain le siège de Perpignan et, sous la conduite du duc d'Enghien, remportèrent la victoire de Cérisoles en Piémont (13 avril 1544). Mais la contre-attaque de Charles Quint, parti de Metz en direction de Paris et s'emparant de Vitry-en-Perthois, Saint-Dizier, Épernay et Château-Thierry, conduisit François Ier à conclure la paix (Crépy, 16 septembre 1544). Une solution dynastique était esquissée : le second fils du roi devait épouser soit une fille de l'empereur, avec en dot la succession de Milan, soit une fille de Ferdinand, avec l'expectative des Pays-Bas. Et le rêve de la paix chrétienne refaisait surface : le roi de France promettait de fournir un secours contre les Turcs et, par des clauses secrètes, s'engageait à restaurer l'unité de l'Église. La perspective du concile se précisait. Par ailleurs, une paix était conclue avec Henri VIII qui promettait la restitution de Boulogne (traité d'Ardres, 1546). Le 1er mars 1547, François Ier mourait.

La fin d'un Empire (1548-1558)

La paix permit à Charles Quint de se consacrer aux affaires d'Allemagne. L'ouverture du concile, le 13 décembre 1545, lui paraissait satisfaire la demande des princes et des villes. Privés de légitimité religieuse, les membres de la Ligue de Smalkalde n'étaient plus que des rebelles. Tout fut réglé lors de la Diète de Ratisbonne de 1546. Une alliance fut nouée avec le Pape, le duc de Bavière et le duc de Saxe, auquel l'empereur faisait miroiter la dignité électorale. Le landgrave de Hesse et l'Électeur de Saxe furent mis au ban de l'Empire sous prétexte qu'ils avaient dépouillé de ses États le duc de Brunswick. Le conflit éclata. Le 24 avril, Charles Quint remporta la victoire de Mühlberg. L'Électeur de Saxe était fait prisonnier. Quelques jours plus tard le landgrave se rendait. Lors de la Diète « cuirassée » qui suivit, réunie à Augsbourg, l'Empereur fit accepter le principe d'un *Interim* (30 mai 1548). Il rétablissait partout le catholicisme et accordait aux luthériens la communion sous les deux espèces et le mariage des prêtres. Du côté protestant, on adopta l'*Interim* de Leipzig. Avec quelques voix discordantes, parmi lesquelles celle de Magdeburg.

La victoire fut de courte durée. Henri II, qui avait succédé à François Ier, n'avait pas renoncé à jouer un rôle en Italie (affaires de Parme et de Plaisance, 1547-1552 ; soutien de la Corse révoltée contre Gênes, 1551 ; appui à la révolte siennoise, juillet 1552). Mais c'est sur le terrain allemand qu'il devait tenir sa revanche. Vaincus à Mühlberg, les princes allemands s'étaient rapprochés du roi de France (accord de Lochau, octobre 1551 ; traité de Chambord, 15 janvier 1552). Comme vicaire d'Empire, le roi était autorisé à occuper les trois villes de Metz, Toul et Verdun. Ce qu'il fit sans tarder. Charles Quint ne pouvait laisser le roi de France s'installer en Lorraine qui contrôlait la route – géopolitiquement capitale – joignant l'Italie aux Pays-Bas. Il échoua à reprendre Metz (1552-1553).

En Allemagne, Maurice de Saxe avait rejoint le camp luthérien. La cause était perdue. D'autant que la reprise du concile à Trente, en 1551, grâce au pape Jules III, confirmait qu'aucun espoir de réunification religieuse n'était à conserver. Il restait à préparer sa succession[1]. Elle fut organisée par une réunion de famille, à Augsbourg, le 9 mars 1551, avec Ferdinand, Marie de Hongrie et le prince Philippe. L'empereur laissa à son frère Ferdinand le soin de ramener la paix dans l'Empire. Elle fut signée à Augsbourg le 25 septembre 1555. L'empereur annonça alors son intention d'abdiquer. Quatre semaines plus tard, le 25 octobre 1555, au cours d'une émouvante cérémonie, il abdiquait à Bruxelles, en tant que duc de Bourgogne, en faveur de Philippe, qu'il avait marié à Marie Tudor le 25 juillet 1554, après l'avoir fait roi de Naples. En janvier 1556, il abandonna son titre de roi d'Espagne. Et il se retira à Yuste. Les États (*Stände*) allemands mirent deux ans à accepter une transmission de pouvoir quelque peu contraire au caractère électif de la dignité impériale. Elle fut entérinée au printemps 1558. Le 21 septembre Charles Quint mourait. Son échec n'était-il pas en un sens celui de la Renaissance ?

Le retour à la paix (1559)

La trêve de Vaucelles avait interrompu la guerre entre Charles Quint et Henri II. Celle-ci reprit avec l'avènement de Philippe II. Se portant au secours du pape, les troupes françaises, placées sous le commandement du duc de Guise envahirent le royaume de Naples. Adossé à l'Angleterre, Philippe II contre-attaqua au Nord. Les troupes espagnoles, commandées par le duc de Savoie Emmanuel-Philibert, mirent le siège de Saint-Quentin et infligèrent le 10 août 1557 une sévère défaite à l'armée de secours commandée par Montmorency. La prise de Calais (6 janvier 1558) et de Thionville par le duc de Guise permit de rétablir quelque peu la situation, en dépit d'une nouvelle défaite à Gravelines (juillet 1558).

1. Rodriguez Salgado (M.J.), *The Changing Face of Empire. Charles V, Philipp II and Habsburg Authority (1551-1559)*, Cambridge,1988.

Mais les deux monarchies étaient financièrement exsangues. Et la lutte contre l'hérésie préoccupait les deux princes. Le 3 avril 1559, la paix fut conclue à Cateau-Cambrésis. La France renonçait à ses revendications sur Milan, à la Corse, à la Savoie, et au Piémont, où elle conservait provisoirement cinq places fortes. Elle recouvrait Saint-Quentin et quelques autres places de la frontière du nord. Elle gardait Calais pour huit ans avec possibilité de rachat à l'issue de cette période. Rien n'était dit des Trois Évêchés. Enfin, il était prévu que Philippe II, veuf de Marie Tudor, épouse Isabelle, fille d'Henri II, et Emmanuel-Philibert, Marguerite de France, fille de François Ier.

Empire, États et républiques

On est tenté de faire de l'échec de Charles Quint celui du modèle impérial. Encore faut-il distinguer entre le système symbolique qu'est l'Empire, sa possible transformation en un État allemand, et enfin la situation exceptionnelle créée par Charles, héritier fortuit de plusieurs couronnes, qui le place à la tête d'un système composite.

L'Empire : une simple survivance ?

La multiplicité des candidatures lors de l'élection impériale de 1519 avait rappelé l'importance que conservait la dignité impériale, même aux yeux des rois de France. Le règne de Charles Quint devait confirmer et la vitalité de la réalité impériale et la difficulté de concilier celle-ci d'une part avec la diversité des États composant cet empire, exigeant présence du souverain et respect des spécificités politiques de chaque entité, d'autre part avec les réalités géopolitiques qui tendaient à devenir déterminantes. Récapitulant son règne dans son discours d'abdication, Charles Quint rappelait que, durant ses quarante-trois années de règne, il s'était rendu neuf fois en Allemagne, sept fois en Espagne, sept fois en Italie, quatre fois en France, deux fois en Angleterre et en Afrique, jamais, on le notera, dans les territoires nouvellement « découverts ».

Pourtant, dès les lendemains de son élection, le Piémontais Mercurio Arborio di Gattinara (1564-1530), professeur de droit à l'université de Dole, président du Parlement de Franche-Comté, mais aussi chancelier, avait tracé au nouvel empereur un programme de monarchie universelle aux accents dantesques : « Sire, puisque Dieu vous a confié cette grâce immense de vous élever par-dessus tous les rois et princes de la chrétienté à une puissance que jusqu'ici n'a possédée que votre prédécesseur Charlemagne, vous êtes sur la voie de la monarchie universelle, vous allez réunir la chrétienté sous une même houlette. »

Cet idéal universaliste – dont il est peu vraisemblable que Charles Quint l'ait fait sien au-delà de la conscience de ses responsabilités en matière de croisade – se heurtait dans toutes les composantes à une inflexion nationale incompatible avec lui. C'était le cas dans la partie allemande de l'Empire. En 1555, par exemple, il fut admis que les juges de la Chambre impériale devaient être de « nation allemande », c'est-à-dire être nés en Allemagne. Il était même précisé pour les conseillers auliques que ceux-ci devaient non seulement être nés dans l'Empire mais aussi connaître la langue allemande. Dès le début du règne de Charles Quint, ses sujets espagnols s'étaient empressés de lui rappeler cette réalité. Il en allait de même aux Pays-Bas où Charles Quint soi-même s'efforçait de continuer l'œuvre de rassemblement et d'unification entreprise par les ducs au XVe siècle, de renforcer l'unité, en les inscrivant dans un cercle d'Empire spécifique (*Reichskreis*, 1548), laissant à Philippe II le soin de réaliser la réorganisation des provinces ecclésiastiques (1559).

De cette contradiction, Charles Quint était bien conscient qui, à la fin de son règne, partagea son Empire en trois entités dont il confia l'administration, pour la Castille, l'Aragon et l'Italie à Los Cobos, les Pays-Bas, le Luxembourg et la Franche-Comté à Granvelle, l'Allemagne et l'Europe centrale à son frère Ferdinand. La partition de sa succession alla dans le même sens, même si la règle de succession qu'il avait voulu établir en 1551 prévoyait une alternance entre la branche autrichienne et la branche espagnole : Ferdinand auquel le titre d'empereur devait revenir en premier faisant élire Philippe roi des Romains, lequel à son tour ferait élire son cousin Maximilien. Un système que n'avait accepté qu'à contrecœur la branche autrichienne et qui finalement devait rester lettre morte. L'Empire comme système étatique composite ne devait pas survivre à Charles Quint parce qu'il était ingérable et fragile. Mais il devait survivre, à nouveau circonscrit à la « nation allemande », comme cadre politique (assurer la paix, rendre la justice, constituer la « nation »), et, comme réalité symbolique, rester pour l'Europe la mémoire d'une plénitude de pouvoir et d'une unité perdue, laissant progressivement aux relations entre États et à la notion d'équilibre le soin d'assurer l'unité.

Les monarchies : un modèle unique ?

À comparer les monarchies de la Renaissance des années 1520-1560, trois traits se dégagent. Tout d'abord, l'affirmation du pouvoir princier. La nouveauté n'est plus l'importance des « figures » du roi – prêtre, guerrier, juge – mais le fait que ces figures se concentrent et s'unissent dans la personne même du souverain. Sir Thomas Smith (1513-1577) l'exprime avec force dans le *De Republica Anglorum*, rédigé dans les années 1560 et publié en 1583 : « Le prince est la vie, la tête et l'autorité de toutes les choses qui sont réalisées dans le royaume d'Angleterre. Aucun prince ne reçoit plus d'honneur et de révérence que le roi et la reine d'Angleterre. Personne ne parle au roi ou ne le sert à table si ce n'est dans une attitude d'adoration et en s'agenouillant. Toutes les personnes doivent être tête nue devant lui. Au point que dans la chambre où sont conservés les habits du souverain, personne n'ose marcher si le prince n'est pas là, ni s'y attarder si ce n'est tête nue. »

Le prince n'est pas pour autant un « tyran ». C'est sur un rapport de « paternité » et de « filiation » que sont fondés les liens avec les sujets. Dans une relation d'amour autant que d'obéissance. Lorsqu'après la paix de Crépy se pose pour la monarchie espagnole la question des Pays-Bas et que des voix se font entendre – dont celle du duc d'Albe – en faveur d'un abandon pur et simple, c'est en raison du lien spécifique qui unissent ces territoires et leurs sujets au prince que l'on se décide à conserver le *statu quo* : « patrimonia tan antiguo de V.md y stados hereditarios », dont les sujets « tienen amor y fidelidad ». Au demeurant, le roi se doit d'être entièrement dévoué à la défense du bien commun et au maintien d'un ordre de paix.

En second lieu, comme le fait remarquer Jean-Marie Constant, le développement de la spécialisation des fonctions qui s'exerce dans deux directions. D'une part, la transformation de la vieille *curia regis* médiévale en un système mieux défini dans ses attributions : sur le terrain de la justice avec le Parlement et le Grand Conseil, le *King's Bench* et les *Common Pleas*, ou, en Espagne, les *audiencias* ; sur le terrain de l'administration financière avec la Chambre des comptes, l'*Exchequer* ou les *contadurias*. D'autre part, l'évolution du Conseil du roi, toujours doté de fonctions judiciaires, vers une institution limitée en nombre : le Conseil étroit, le *Privy Council,* le *consejo de estado,* voire la « douma des boiards » qu'Ivan IV essaye de rendre permanente tout en la limitant à dix-huit personnes (1558).

Enfin, la recherche d'une plus grande efficacité administrative. Elle passe par une meilleure connaissance du territoire, un meilleur quadrillage, dont témoignent par exemple, en France, sur le terrain de l'administration financière, la création de seize généralités dont l'administration est confiée à des receveurs généraux. Le problème est particulièrement aigu en Espagne en raison du caractère composite de l'édifice. Deux solutions sont trouvées : la gestion locale avec la création de Conseils géographiquement spécialisés (Conseil des Indes, 1524 ; Conseil d'Italie, 1555/8) et, à l'inverse, la centralisation des archives à Simancas (1545). Au reste, on n'exagérera pas cette recherche d'efficacité, souvent plus pragmatique qu'intentionnelle, comme en témoignent les tâtonnements de l'État anglais dans la première moitié du XVIe siècles, aux réformes souvent de faible portée et éphémères.

Elle s'appuie sur le rôle dévolu à deux rouages essentiels du système monarchique : le chancelier qui assure la continuité de la justice (et qui, en France, tend à devenir inamovible), le secrétaire qui assure le lien entre le prince et l'appareil d'État dont il assure l'efficacité (et dont la tâche se précise en France avec les lettres patentes du 1er avril 1546 partageant les Affaires d'État entre quatre secrétaires principaux, le terme de secrétaire d'État n'apparaissant qu'en 1557). Avec, à la tête de ces institutions, de grands personnages comme Francisco de Los Cobos (1477-1547) ou Thomas Cromwell (1532-1540). Le monde des secrétaires, pour s'en tenir à l'exemple français, forme un groupe social cohérent, soudé par des alliances matrimoniales (Claude de l'Aubespine est le gendre de Guillaume Bochetel, le beau-frère de Jacques Bourdin, secrétaire d'État en 1558, et le beau-père de Nicolas de Neufville, seigneur de Villeroy, secrétaire d'État à partir de 1567), et des conduites culturelles communes (constructions immobilières, collections, bibliophilie, mécénat).

Ces traits communs ne doivent pas faire oublier les traits particuliers qui rappellent le caractère empirique des constructions étatiques obligées de composer avec les traditions locales et les groupes sociaux. La noblesse joue ainsi partout un rôle essentiel. Parce qu'elle fait preuve d'une grande capacité à investir les nouveaux mécanismes du pouvoir. Parce que, par nécessité ou par choix, les monarchies s'appuient sur les réseaux de parenté, de fidélité ou d'amitié qui structurent le monde nobiliaire. Parce que dans les monarchies dont le pouvoir central est faible et la noblesse nombreuse, son rôle peut devenir dominant comme le montre l'exemple de la Pologne. C'est le cas également de la *gentry* anglaise, à laquelle sa présence locale comme juge de paix, assure un rôle important dans la vie politique et sociale.

Le développement des offices semble être plus propre aux monarchies française et espagnole. Cette dernière, en s'appuyant plus spécialement sur les *letrados*. Celle-là (qui s'assure elle aussi de la compétence de ses officiers, leur demandant généralement un bagage universitaire, sauf pour les gens de finance souvent formés sur le tas), en organisant la vénalité des charges (Recette des parties casuelles, 1522) et leur transmission (Lettres de provision en faveur du résignataire, 1534). Elle a ainsi multiplié les offices (et donc contribué à une meilleure administration), bénéficié du produit des ventes, et favorisé la constitution de groupes sociaux – le pluriel est de rigueur car le monde des officiers est très hétérogène – qui, s'ils n'obtiennent pas un statut spécifique au sein du Tiers État, resserrent leurs liens par une pratique élevée de l'endogamie, des attitudes culturelles communes et une fidélité à l'État qui ne se dément pas[1].

Un dernier lieu de différenciation possible est la place tenue par les institutions représentatives, dont on a voulu faire, on le sait, l'un des traits caractéristiques de la monarchie à la Renaissance. Le royaume de France tient une place particulière avec l'absence de réunion des États généraux tout au long de la période 1520-1560. C'est dans le cadre des États provinciaux, convoqués à l'initiative du roi, que se maintient la tradition d'un dialogue entre le pouvoir royal et ces instances représentatives. Ce qui conduit Philippe Hamon à parler plutôt de « monarchie de consensus » que de « monarchie consultative » (J. Russell Major) et à souligner que ce consensus tend à se lézarder dans les années 1540 sous l'effet des différends religieux et de la pression fiscale. La situation est différente en Angleterre. Henri VIII associe le Parlement à sa procédure de séparation (1529-1534) et les transformations religieuses sont entérinées par lui. La « révolution Tudor » (G.R. Elton) est précisément cette mutation de la chambre judiciaire d'une part en assemblée délibérative d'autre part en assemblée fréquemment réunie (dans les dix-huit dernières années du règne d'Henri VIII, trois seulement ne connaissent pas de session parlementaire). Une série de transformations jalonne cette évolution : le terme de « chambre des Lords » apparaît en 1544, un Journal des Communes, rendant compte des débats, est publié à partir de 1547, un bâtiment – la chapelle Saint-Étienne – lui est affecté en 1549. Thomas Smith ne s'y trompe pas. S'il exalte, on l'a vu, le pouvoir du souverain, il magnifie aussi celui du Parlement : « Le Parlement abroge les anciennes lois, élabore les nouvelles, donne des ordres à exécuter, modifie les droits et les possessions des individus, légitime les bâtards, définit les pratiques religieuses, change les poids et les mesures, règle les successions de la Couronne… *and the consent of Parlement is taken to be every man's consent.* »

Les républiques, un système obsolète ?

Pas plus que la période 1470-1520, l'automne de la Renaissance ne signifie la disparition des Républiques. Certes, l'effacement des « bonnes villes en France », la disparition de la République florentine, la remise en place du patriciat augsbourgeois

1. Il faut lire les pages que Philippe Hamon consacre à « Une monarchie de la Renaissance ? 1515-1559 », dans : Cornette (Joël) (éd.), *La Monarchie entre Renaissance et Révolution 1515-1792*, Paris, 2000, p. 18-62.

par l'empereur, à la faveur de la Diète de 1548, l'inexorable déclin de Lübeck tout au long du XVIe siècle, sont autant d'indices de la progression du pouvoir royal en France et de la progressive intégration des communautés urbaines dans le système monarchique, de la force du modèle princier ou simplement aristocratique. Justifiant la reprise du droit de vote aux bourgeois de Tournai, en 1522, Charles Quint leur expliquait qu'il devaient élire « les plus notables, vertueux, saiges, puissants, riches et experimentez bourgeois de la cité, pour être de la loy » et non « simples gens de mestiers, et à la fois, aux principaux offices de judicature… gens non sachans lire et escrire ».

Pourtant au-delà même du maintien de modèles prestigieux comme Venise, les exemples ne manquent qui attestent de la vitalité des républiques urbaines dans les espaces où le pouvoir central est inexistant ou faible. L'un des signes, qui se multiplie à l'extrême fin de notre période, est la rénovation ou la reconstruction des hôtels de ville qui attestent leur puissance économique (Anvers, 1565), leur force politique (Poznan, 1552-1560) et qui magnifient dans leurs programmes iconographiques la liberté, la prospérité et la paix assurée aux habitants (Cologne, 1569). En Moscovie, où le pouvoir d'Ivan IV se met en place au détriment de la noblesse, les villes peuvent servir d'alliées : des municipalités élues y sont mises en place (sauf à Moscou, Novgorod, Pskov, Kazan et dans les villes forteresses et frontalières). Même si l'évolution vers un régime autocratique, à partir des années 1560, marque précisément l'échec d'une monarchie renaissante, fondée sur l'existence de conseils aussi bien locaux qu'à l'échelle du pays (*zemsky sobor*[1], réuni pour la première fois en 1549), dont témoigne l'affrontement entre Ivan IV et son ami Andrej Kurbskij (1528-1583), obligé de chercher refuge en Lithuanie en 1564.

L'ambassadeur, un nouveau messager ?

Élaborée, formulée et mise en œuvre au cours de la période précédente, la forme des « représentations diplomatiques » ne change pas fondamentalement à l'automne de la Renaissance. Même si les procédures de négociations tendent à se bureaucratiser avec l'apparition d'experts qui préparent le travail tandis que les ambassadeurs n'interviennent que pour la partie « cérémonielle ». Quelques écrits s'ajoutent à la liste précédente comme ceux d'Étienne Dolet (*De officio legati*, Lyon, 1541) ou de Conrad Braun (1491-1563), qui publie à Mayence, en 1548, ses *De legationibus libri quinque*. De nouvelles ambassades apparaissent : le roi de France, par exemple, est représenté dans les années 1540 auprès de l'empereur, du pape, de l'Angleterre, de Venise, du canton de Soleure, du Danemark, avec des ambassades ponctuelles en Suède (1541) et auprès de l'Empire ottoman (1535-37, 1541). Mais les trois transformations essentielles viennent de l'éclatement confessionnel, de la personnalisation du pouvoir et du développement de la notion d'équilibre.

L'éclatement confessionnel va en partie priver la papauté du rôle d'arbitre qu'elle avait traditionnellement revendiqué jusque-là. En revanche, la Réforme catholique va modifier la fonction du nonce : à partir des années 1560, celui-ci n'est plus seulement le représentant du pouvoir temporel du pape auprès du pouvoir politique mais

1. Le terme n'apparaît que plus tard; on parle alors de *sobor, sovet, zemski sovet.*

aussi le représentant du pouvoir spirituel de la papauté auprès de l'Église locale. Dans une Europe confessionnellement divisée, la maison de l'ambassadeur peut le cas échéant, au même titre d'ailleurs que la chapelle du (de la) prince(sse)-consort, devenir un espace privilégié pour l'exercice d'un culte par ailleurs non autorisé.

La personnalisation du pouvoir va contribuer à donner à la fonction d'apparat une dimension fondamentale. L'ambassadeur doit plus que jamais rendre visible la puissance du prince qu'il représente. Ce qui accroît d'autant le coût des représentations, sans que, si l'on en juge par le cas de la France analysé par Philippe Hamon, l'effort consenti par la monarchie soit à la hauteur de ses exigences. Le célèbre tableau de Hans Holbein (*les Ambassadeurs*,1533), conservé aujourd'hui à la National Gallery, illustre ces évolutions. Il s'agit certes d'abord d'un portrait : celui de Jean de Dinteville, le commanditaire, richement habillé, ambassadeur de François Ier, se trouvant en mission à Londres, en compagnie de Georges de Selve, évêque de Lavaur. Il s'agit de soutenir le roi d'Angleterre dans l'affaire de son divorce tout en ménageant la susceptibilité de Charles Quint. Mais c'est aussi une représentation de l'ambassadeur idéal. Celui qui, tel l'archange Gabriel, apporte la nouvelle sur laquelle, dans la foi à la parole donnée, se construit une nouvelle vie. Un message dont le sens ne se dévoile dans sa plénitude qu'au pied de la croix, de même que, sur le tableau de Hans Holbein, c'est placé au pied de la croix située dans le coin supérieur gauche que, pour le spectateur devenant acteur, tout s'éclaire, jusqu'à l'anamorphose au premier plan qui donne à voir une tête de mort : *vanitas vanitatum et omnia vanitas*. C'est enfin, suggère Daniel Ménager, une réflexion sur les ambassadeurs eux-mêmes qui « dans le désordre du monde [...] lucides et pessimistes, souvent livrés à eux-mêmes, tentent de croire que le pire n'est pas toujours sûr ».

Le développement de la notion d'équilibre, que l'altération de la réalité impériale et le développement des États rendent possible, va se manifester par l'élargissement des participants aux négociations. Le phénomène est déjà sensible lors du traité de Cateau-Cambrésis. Les plénipotentiaires français et espagnols qui négocient la trêve sont rejoints par les ambassadeurs anglais. Des relations sont établies avec le duc de Savoie pour la restitution du duché et du Piémont par la France, ainsi qu'avec la Diète germanique, alors réunie à Augsbourg. Il est manifeste à Stettin, en 1570, à l'issue de la guerre de Sept ans entre la Suède et la Pologne d'un côté, le Danemark et les villes hanséates, appuyés par Ivan IV, de l'autre. Sont présents : la Suède, la Pologne, le Danemark, la Hanse, ainsi que les puissances médiatrices : la France, la Saxe, l'Empire, sans oublier les observateurs : l'Angleterre, l'Écosse, l'Espagne et le Brandebourg. Avec la politique d'équilibre, le temps des conférences est né.

Le prince, la cour et l'humanisme

La première moitié du siècle est marquée, en Europe par la figure des quatre « princes de la Renaissance » que sont Charles Quint, François Ier, Henri VIII et Soliman. Tous quatre sont préoccupés de l'image qu'ils donnent d'eux-mêmes. Tous quatre sont engagés dans un programme de construction : l'Alhambra de Grenade, le château de Fontainebleau, Whitehall, et, sur le modèle de Chambord, Non Such ou encore le palais Saint-James, le palais de Scutari. Tous quatre sont au cœur d'une cour qui croît en nombre, rivalise en magnificence et devient l'un des foyers principaux de la vie culturelle. Tous quatre soutiennent la vie culturelle, voire y participent directement.

L'image du prince

Dans la mise en scène du pouvoir – qui vise à présent à glorifier la personne même du prince plus qu'à exalter sa dynastie ou sa fonction – le portrait « imaginaire » (A.-M. Lecoq) est au cœur du dispositif. Ceux-ci vaut pour les quatre protagonistes, mis en peinture (Titien, Holbein, Clouet), en sculpture, en médailles, voire en musique. Mais aussi en textes. Et par les princes eux-mêmes, si l'on en juge par l'importance que Charles Quint attache à l'écriture de ses *Mémoires* qu'il dicte à son secrétaire, à la troisième personne, l'un des procédés d'objectivation du « portrait du prince » (L. Marin), mais aussi le procédé rhétorique mis en œuvre dans les *Commentaires* de César qui servent de modèle.

S'attachant à François Ier, Anne-Marie Lecoq a souligné les deux nouveautés de notre période, du moins pour le royaume de France : l'affirmation selon laquelle des liens privilégiés unissent le roi et le royaume avec le Ciel d'une part, avec la Rome antique d'autre part. L'imaginaire de François Ier – établi d'abord à son intention – emprunte aux thèmes classiques et notamment celui du roi très chrétien. Mais ce thème est renouvelé dans le sens de l'affirmation d'un lien mystique et quasi magique que le roi entretiendrait avec les puissances célestes. De la même façon, par une double *translatio*, *imperii* d'un côté, *studii* d'un autre côté, le roi de France devient semblable aux héros de l'Antiquité. L'image d'Hercule s'impose tout particulièrement. Elle est reprise lors de l'entrée du roi à Rouen en 1532, « nouvel Hercule lequel a fait fleurir en ce Royaume la langue hébraïque, grecque, latine, italienne, espagnole, et germaine, mêmement la françoise qui par avant était assez champêtre ». Dans un imaginaire très platonicien, le roi est représenté en 1545 avec les tributs de Mars, Minerve, Diane, Mercure et Amour. Bisexué, François Ier devient la figure de l'androgyne.

Fondée sur la représentation de l'empereur à cheval ou, au contraire, assis dans un fauteuil, l'iconographie de Charles Quint – « le triomphateur de la Furie » comme le représente le sculpteur Leone Leoni, avec son armure amovible (1549-1555, Madrid, Prado) – souligne les deux visages du pouvoir : la guerre et les lois. Insistant sur le rôle désormais joué par le roi à la tête de l'Église d'Angleterre, l'iconographie d'Henri VIII, qui n'ignore pas les thèmes continentaux, le représente volontiers avec les attributs du pape (Bible de Covendale, 1535), tandis qu'Edouard VI apparaît comme le nouveau Josué. Le prénom de Marie permet aisément de la représenter en nouvelle Vierge. L'image est ici largement propitiatoire : l'âge de la reine peut faire craindre qu'elle ne donne pas l'héritier attendu et la promesse faite à Marie est l'unique espérance.

Les programmes architecturaux s'intègrent alors dans une volonté de donner à voir le pouvoir du souverain. Au lendemain de la défaite de Pavie, l'aménagement de Fontainebleau était volonté de redorer l'image du roi, faire la preuve de sa magnificence, inventer un programme nouveau. C'est là d'ailleurs que François Ier reçoit son ancien vainqueur sur la route des Pays-Bas. La décoration a été confiée à deux grands artistes transalpins : le Florentin Rosso (1494-1540), le Bolonais Primatice (1504-1570). Toute une équipe de peintres, de sculpteurs français, italiens et flamands travaillent sous leurs ordres. « Véritable manifeste de la religion monarchique » (J. Jacquart), la galerie du château – dont l'iconographie complexe interroge encore les historiens de l'art – est centrée sur le tableau de *L'ignorance chassée*. Le roi y apparaît en *miles christianus*, pénétrant dans un temple, celui de Jupiter (*Ostium Jovis*), l'épée à la main, un livre sous le bras : roi de guerre et de justice, peut-être aussi prince de l'humanisme. Ainsi, seul le roi inspiré par la lumière divine, peut tirer les hommes de l'état de nature et guider ses sujets jusqu'alors plongés dans les ténèbres. Faisant ainsi écho à l'*Épître au roi* de Clément Marot (1534) :

C'est toi qui as allumé la chandelle
Par qui maint œil voit mainte vérité
Qui sous épaisse et noire obscurité
A fait tant d'ans ici bas demeurance
Et qu'il n'est rien plus obscur qu'ignorance

À Grenade, là où s'est achevée la reconquête, le palais construit par Pedro Machuca, à partir de 1526, s'inspire du palais Caprini construit par Bramante : le socle y est décoré par un puissant bossage et porte un étage d'ordre ionique, même si des libertés sont prises avec la grammaire des ordres, lesquelles ne sont pas le signe d'un mauvais goût des maçons mais bien plutôt un témoignage du « maniérisme » de Macheca. Ce qui frappe, c'est l'idéal géométrique de l'humanisme qui s'oppose aux formes complexes des bâtiments musulmans voisins, tout en affirmant la domination temporelle de l'empereur que rappelle peut-être le ciel ouvert, symbole de la couronne impériale. Comme à Saragosse (salle du trône de l'Aljafería), à Cordoue (riche de ses traditions califales) ou à Séville (marquée par les motifs almohades), l'art mudéjar est désormais rejeté. À Grenade, le palais est d'ailleurs inséparable de la cathédrale, achevée par Diego de Siloé à partir de 1525 : « La disposition exprime le rayonnement en terre reconquise d'une Chrétienté au service de laquelle vivaient les rois d'Espagne » (F. Lemerle-Pauwels et Y. Pauwels).

La vie de cour

C'est dans ce cadre que vit la cour. On ne reviendra pas sur les caractéristiques signalées pour la période précédente, qui continuent de prévaloir. On se concentrera sur l'importance du *Livre du Courtisan* de Baldassare Castiglione. Rédigé sans doute en trois grandes phases entre 1515 et 1528, publié à Venise en 1528, il est écrit sous la forme de dialogues, comme aiment à le faire les humanistes. C'est l'éloge d'une société concrète : celle de la cour d'Urbino, sous le règne de Guidobaldo da Montefeltro († 1508), au service duquel Castiglione était entré en 1504, et de Francisco Maria Della Rovere, qui lui avait succédé. Mais plus encore c'est l'éloge de la vie de cour en général. Là règnent la conversation plutôt que les armes et, avec elle, l'exercice d'une sagesse simplement humaine. Là s'exprime l'idéal du *vir bonus* qui allie légèreté (*sprezzatura*) et grâce (*grazia*) et qui témoigne de son urbanité par le charme de sa conversation. Une vie de cour qui est l'un des rares lieux où la présence féminine est reconnue et valorisée.

Mode de vie, la cour est aussi l'expression d'un groupe social. Castiglione revendique pour le courtisan le fait d'être d'ascendance noble. Et cette distance sociale se révèle dans ses remarques à propos de la danse. Il invite en effet le courtisan à manifester plus de réserve que le professionnel, à éviter les danses échevelées comme ces danses folkloriques où l'on s'attache des grelots aux jambes. À moins d'être masqué ! Quant aux femmes, il attend d'elles qu'elles dansent avec nonchalance (*sprezzatura*). Au reste ce courtisan est aussi un gentilhomme qui porte l'épée au côté et doit savoir se battre.

L'ouvrage se répand aussitôt à travers toute l'Europe. Il est traduit en espagnol par Juan Boscán en 1534, avec une préface de Garcilaso de la Vega ; en français par Jacques Colin, en 1537, revu par Étienne Dolet et Mellin de Saint-Gelais dès l'année suivante, et par Gabriel Chappuis en 1580 ; en allemand, en 1560 ; en anglais par Thomas Hoby en 1561 ; et en latin en 1571. Manifestant dans chaque espace et l'existence d'une civilisation commune et la singularité des formes sociales, souvent inscrites dans le cadre de systèmes politiques se confondant avec une appartenance nationale. Deux traits caractérisent cette réception étudiée par Carlo Ossola. Le premier est souligné par les transformations matérielles-mêmes de l'ouvrage. L'édition de 1541 va ajouter une table des matières ; celle de 1562, un index établi par Lodovico Dolce. L'ouvrage se transforme ainsi en un répertoire d'exemples, un manuel de savoir-courtiser. Une technique qui rejoint celle des lieux communs : citations, modèles ou histoires que l'on doit pouvoir être prêt à mobiliser au hasard d'une conversation ou d'un travail d'écriture. Le deuxième est l'adaptation à d'autres groupes sociaux que ceux pour lesquels l'ouvrage avait été écrit : petite noblesse, juristes, société urbaine aisée et lettrée. Une adaptation qui suggère tout à la fois l'accentuation des frontières sociales et en même temps l'incessante « percolation » que des pratiques culturelles partagées – ce qui ne signifie pas communes – rendent possible. Giovanni Della Casa (1503-1556) publie ainsi son *Galateo*, également à Venise en 1558 et Stefano Guazzo, *La Civil converzazione*, à Brescia, en 1574. Du même coup, c'est un nouveau rapport avec le pouvoir qui s'institue. L'ouvrage ne s'adresse plus au petit nombre, lui proposant une perfection idéale, mais à tous les membres d'une société, à laquelle on propose un mode de vivre ensemble bannissant violence, inconvenance ou impudicité. Simultanément, deux notions prennent un sens nouveau, promises à un riche développement : celle de « nonchalante désinvolture » (*sprezzatura*), que l'on devra s'efforcer de conserver, celle de « dissimulation », à laquelle on aura recours contre la méchanceté du monde.

Le prince en son royaume

La résidence de la Cour est rarement fixe. La cour voyage surtout en été et à l'automne et tend à se sédentariser en hiver et au printemps quand les aléas climatiques rendent les déplacements plus difficiles. En 1516-1517, pour prendre l'exemple de la France, la cour reste à Amboise du 25 octobre à la mi-janvier, si l'on excepte un bref séjour à Blois au moment des fêtes de Noël. Elle se rend ensuite à Paris, après un court passage à Romorantin, et y séjourne jusqu'au 19 mai. De là, le « train du roi » chemine en longue troupe et à petites journées, ne faisant guère plus de trois ou quatre lieues par étape, en Picardie et en Normandie. Le 10 décembre, après un détour par Moulins, où l'attend le connétable de Bourbon, la cour est de retour à Amboise, où elle va demeurer jusqu'au 2 juin.

Ce nomadisme se conjugue tout naturellement avec l'entretien de multiples résidences royales et la construction de nouveaux châteaux. À Blois, qui appartient à sa première femme, Claude de France, François Ier fait ajouter une aile dans les premières années de son règne. Il entreprend également la construction du château de Chambord. Interrompus pendant sa captivité, les travaux reprennent à son retour. Les chantiers se multiplient à partir de 1528 : Madrid, en bordure du bois de Boulogne, à une lieue de Paris ; Villers-Cotterêts, à partir de 1532 ; Saint-Germain, dont la reconstruction est entreprise à partir de 1539.

Cette itinérance de la cour de France, prise comme modèle, se retrouve dans l'Empire. À une plus large échelle, dans la mesure ou, à l'exception notable de l'Amérique, l'empereur se déplace fréquemment d'un pays à l'autre. Comme l'ont montré les recherches de Silvio Leydi, pour Milan, la mise en scène du pouvoir devient moyen d'imposer son pouvoir tout en recherchant un consensus politique[1]. Lors de ses déplacements en Italie en 1530 au moment du couronnement, ou encore à son retour triomphal de Tunis, les entrées se succèdent avec arcs de triomphe et ornements, cortèges, monuments et décors de théâtre, sans oublier – car le prince est le protagoniste de ces spectacles – l'exhibition des armures de parade. Avec, parfois, des allusions concrètes aux problèmes du moment, comme à Munich, en 1530, où les dissensions religieuses sont évoquées.

La magnificence des protagonistes ne doit pas masquer la profusion qui continue de régner dans de multiples cours, plus modestes par le nombre des courtisans, par les moyens disponibles ou par le poids politique, mais qui sont à même de développer d'importants programmes architecturaux et iconographiques, tout en renouvelant la décoration, en organisant des fêtes et en assurant la vie quotidienne. On a vu Urbino, où se déroule la vie du courtisan imaginé par Castiglione. On pourrait prendre l'exemple de la cour de Mantoue et des aménagements aussi bien du palais ducal que du palais du Té réalisés par Giulio Romano. Ou encore, à Florence, la politique urbanistique déployée par Cosme Ier multipliant d'un côté les villas médicéennes dans les campagnes toscanes et opérant une restructuration de l'espace florentin, d'un autre côté, appuyé sur l'axe courant du Palazzo Vecchio au Palazzo Pitti en passant par la Galerie des Offices.

Dans l'Empire aussi, au lendemain de la victoire des princes sur l'empereur, mais aussi investies de responsabilités nouvelles, les cours s'affermissent. Dès 1536, à Landshut, le duc Ludwig X entreprend d'égaler les fastes du palais du Té qui l'avait émerveillé. À Juliers, le duc de Clèves reconstruit la forteresse et érige son palais. À Munich, le duc Albrecht V se lance dans un projet d'aménagement de sa capitale qui inclut un musée pour ses collections de peinture et d'antiques. De son côté, l'électeur palatin reprend la construction du château de Heidelberg à partir de 1556. L'aile

1. Leydi (Silvio), *Sub umbra imperialis aquilae. Immagini del potere e consenso politico nella Milano di Carlo V*, Florence, 1999.

bâtie par Ottheinrich, dont on peut encore voir les ruines, se signale par un effort de symétrie dans le parti de la façade et un langage très riche et expressif où le vocabulaire architectural se mêle à la sculpture dans un programme iconographique très riche. Jusqu'à Vilnius, en Pologne, où Sigismond II, dont la mère est originaire de Milan, rassemble une cour elle aussi marquée par la Renaissance.

Pouvoir et humanisme

Le rôle du prince dans le soutien accordé à l'humanisme se précise. C'est l'un des éléments de l'imaginaire de François Ier, « restaurateur des lettres et des arts ». L'exemple, souvent cité, de l'institution des « professeurs royaux » – ce ne sera un « collège » qu'en 1633 – en est la preuve. Même s'il en marque aussi les limites. Quatre chaires sont instituées en 1530 : deux en grec et deux en hébreu. Les titulaires dispensent leur enseignement le plus souvent au collège de Cambrai ou à celui de Tréguier car ils ne disposent pas de bâtiments propres avant 1568. La création est d'ailleurs tardive. Dès 1517, l'idée avait été lancée par Budé. Mais il faut attendre les lendemains de la paix de Cambrai pour que le projet aboutisse. Ce sont d'ailleurs essentiellement les évêques Jean Du Bellay, Jacques Colin et Pierre Du Chastel qui rendent financièrement possible la mise en place de l'institution. Pierre Danès et Jacques Toussaint enseignent le grec, François Vatable et Agazio Guidacerio l'hébreu. Deux autres chaires sont adjointes : Oronce Finé pour les mathématiques et Paul Canossa (Paradis) pour l'hébreu. Contrairement à une idée reçue, l'enseignement n'est nullement en concurrence avec celui assuré à l'Université et quand, en 1536, Noël Béda (c. 1470-1537), sans doute le théologien le plus acharné à défendre l'orthodoxie contre l'« hérésie » et la menace humaniste, s'en prend aux lecteurs royaux, c'est parce que ces derniers prétendent « lire » l'Écriture et nullement parce qu'ils enseignent le grec ou l'hébreu. En 1534, un enseignement de latin est confié à Barthélémy le Masson (Latomus) ; sans doute en 1535, un enseignement de médecine à Jacques Sylvius, tandis qu'en 1538 sont créés un enseignement de langue orientale (Guillaume Postel) et un enseignement de philosophie grecque et latine (Francesco Vimercato). C'est dans ce contexte qu'il faut relire la lettre de Gargantua, placée en exergue du chapitre suivant.

La « découverte » de l'Amérique, la place de l'Espagne dans l'ensemble politique gouverné par Charles Quint assignaient aux humanistes espagnols de nouvelles tâches : participer à l'administration du royaume, comme diplomates (Diego Hurtado de Mendoza, 1503-1575), comme secrétaires (Alfonso de Valdès, c. 1490-1532), comme historien (Pedro Mexía, 1497-1551), comme confesseur (Antonio de Guevara, c. 1481-1541), comme inquisiteur (Alfonso Manrique), comme professeurs (Juan et Francisco de Vergara ; Juan Luis Vives, 1492-1540 ; Juan Ginés de Sepúlveda, 1490-1572/3 et Francisco de Vitoria, 1486-1546), contribuer à la réforme et à l'unité de l'Église, achever la soumission et l'expulsion des Maures et œuvrer à la paix universelle. La personnalité d'Henri VIII – théologien, musicien, poète – le rendait proche lui aussi du monde des humanistes, mis au service d'un pouvoir auquel peu résistaient. Comme Étienne Dolet qui accompagnait l'éloge de François Ier qu'il venait de composer – *Les gestes de Françoys de Valois, roy de France*

(1540) – d'une lettre dédicatoire à l'évêque de Tulle, Pierre Du Chastel, dans laquelle il revendiquait crânement mais désespérément une impossible autonomie : « Ce n'est point une attente d'approbation partant des Princes, ou aulcune esperance de recevoir quelques biens d'eulx (qui souvent est nul, ou fort petit), qui incite les gens de sçavoir à composer, et mettre en lumiere tant de beaux œuvres : mais ceste divinité en eulx comprinse, laquelle jamais ne peult cesser, leur baille cueur et contrainct de poursuivre si nobles efforts. »

Pour toutes les cours, le problème financier reste primordial. Politique militaire et politique curiale coûtaient cher. En France, en 1532-1535, d'après les Comptes royaux, les officiers et domestiques ordinaires de l'Hôtel coûtaient 210 000 livres tournois par an, les cent gentilshommes de l'Hôtel 43 000 livres, les archers de la garde 29 000 livres. Les « menus plaisirs » étaient évalués à 24 000 livres, et le roi recevait plus de 120 000 livres pour ses besoins personnels. À en croire l'ambassadeur de Venise, il fallait encore compter 600 000 livres de pensions, sans parler des dons d'offices ou de bénéfices, prodigués quelquefois par centaines en une seule année. À quoi s'ajoutaient les privilèges et les exemptions de toutes sortes, les « marchands et artisans suivant la Cour » ne payant pas, par exemple, les droits d'octroi dans les territoires et villes traversés. Enfin, il fallait compter les dépenses extraordinaires : cérémonies, entrées princières et autres cérémonies. Au total, en ajoutant encore les constructions, estimées à quelque 80 000 livres tournois annuelle, Philippe Hamon aboutit aux chiffres suivants : 1 500 000 livres vers 1516 et un peu plus de deux millions en 1546, soit à peu près 30 % des dépenses globales de la monarchie. On calcule que la réception de Charles Quint en 1540 aurait coûté le salaire annuel – environ 40 livres tournoi – de plus d'un millier de manœuvres parisiens[1].

Les solutions restaient les mêmes : pression fiscale, meilleure exploitation du domaine royal, dévaluation des monnaies, vente d'offices, emprunts. Dans les États acquis à la Réformation, la politique de sécularisation des biens ecclésiastiques avait pu apporter une rentrée d'argent importante, comme en Angleterre. Et c'est sur la question des impôts que portaient principalement les négociations entre le prince et les États. En Bavière, les États avaient ainsi approuvé, en 1542/43, une taxe sur la bière destinée à rembourser des dettes que le duc avait contractées et à laquelle *a posteriori* les États donnaient leur accord.

Entre raison d'État et prince chrétien : la pensée du pouvoir

Au-delà de cette mise en scène, théologiens, juristes, humanistes et praticiens restaient les acteurs principaux de la réflexion sur la vie politique. Les conseils au prince comme *Le Réveil-matin des princes* d'Antonio de Guevara (*Relox de príncipes*, 1529) qui voyait en Marc-Aurèle le modèle du prince, ou les traités comme le *Catalogus gloriae mundi* (1529) de Barthélemy de Chasseneuz, président au parlement d'Aix, ou les *Pourparlers du Prince* (1560) du juriste Étienne Pasquier (1529-1615), demeuraient nombreux. Deux faits nouveaux contribuaient cependant à infléchir la

1. Hamon (Philippe), *L'Argent du roi : les finances sous François Ier*, Paris, Comité pour l'histoire économique de la France, 1994.

réflexion politique. Le premier était l'impact de la pensée de Machiavel aussi bien sur la réflexion républicaine que sur l'autonomie de la morale politique. Le second était la répercussion de l'éclatement confessionnel aussi bien dans la réflexion menée pour l'essentiel dans le camp protestant sur le droit à la résistance et sur l'autorité, que dans la réflexion principalement conduite dans le camp catholique sur la monarchie, la souveraineté populaire et le droit des peuples, sans oublier la réflexion menée sur le rapport entre système politique et unité de foi.

La postérité de Machiavel

L'impact de Machiavel fut immédiat. À Florence comme dans le reste de l'Europe, dès que ses œuvres furent publiées. Quand Paul IV publie l'*Index* de 1559, on compte déjà une quinzaine d'éditions du *Prince,* dix-neuf des *Discorsi,* parmi lesquelles un certain nombre de traductions françaises. L'interdiction pontificale freina les éditions dans le monde catholique, sauf en France, mais elle ne pouvait rien sur les éditions réalisées sur des presses protestantes. En 1560 parut la première traduction latine du *Prince*. L'impact était double. Il portait sur la question de la république d'une part, sur l'autonomie de la politique et sur la morale d'autre part.

Vertus républicaines

L'échec de la République de Florence avait été pour Machiavel l'occasion de réfléchir à l'avenir de la République et au statut du Prince. L'établissement du principat en 1530-1532 permit à Francesco Guicciardini (1483-1540), lui aussi diplomate, juriste et administrateur au service de la papauté, de prolonger la réflexion et de répondre à son prédécesseur. Sa « fortune » déclinant, il s'était retiré des affaires et mis à écrire, à l'instar de Machiavel, une décennie plus tôt, les *Considerazioni intorno ai Discorsi del Machiavelli sopra la prima deca di Tito Livio*, rédigées en 1529-1530. Il y rejeta la thèse de l'intérêt des conflits dans la République. Défenseur de l'oligarchie, il admettait néanmoins que le système vénitien n'était pas adaptable tel quel à Florence. Fermant la voie à une alliance avec le *popolo*, encore présente dans ses premiers écrits, il se rallia à l'idée que les *ottimati* devaient s'allier avec les Médicis.

Au-delà cependant de l'analyse que Guicciardini livrait de l'évolution de Florence (*Storie fiorentine*, 1508), c'est le regard qu'il portait sur son temps (*Storia d'Italia*) qui nous intéresse. D'abord, parce qu'il rejetait l'un des fondements de l'humanisme : la pertinence des modèles antiques. Ensuite, parce qu'il témoignait d'une « crise de la pensée européenne » : un scepticisme profond sur la maîtrise que l'homme a de son destin qui contraste avec les générations antérieures. Incapable de percer les lois de la nature, l'homme ne peut qu'adapter ses intérêts (*particolare*) aux événements et, grâce à son discernement (*discrezione*), modeler son comportement au gré de la continuelle et imprévisible variation des choses.

Le républicanisme n'était pas mort pour autant. Il est encore à l'œuvre dans la réflexion de Donato Giannotti (1492-1573), d'abord admirateur du système vénitien mais passé au républicanisme populaire après son retour à Florence en 1527, au moment du rétablissement de la république. Dans sa *Della repubblica fiorentina*, il défendait l'idée d'un peuple en armes, fondement de l'égalité entre les citoyens. Même après la chute de la république, il continua de défendre un système de gouvernement qui mêlerait, comme à Venise, Grand Conseil, Sénat et comité exécutif, dirigé par une personnalité élue à vie, mais plaçant toute la souveraineté dans le Conseil. C'était un baroud d'honneur. Le geste de Filippo Strozzi (1489-1538), arrêté à la suite d'un complot fomenté contre le duc Cosme en 1537, et se donnant la mort volontairement, à l'image de Caton, en était le témoignage Il demandait seulement aux survivants de « verser des larmes copieuses si la République de Florence a quelque sens pour vous ».

Alors même que semble ainsi s'estomper le modèle républicain, longtemps incarné par Florence, le mythe de Venise – qui s'appuie sur un véritable renouveau des liturgies civiques – tend à s'affirmer. La publication du *De magistratibus et republica Venetorum*, en 1543, de Gasparo Contarini (1483-1562) en est un jalon important. Il y rejetait le modèle romain – ce qui pour les Vénitiens du XVIe siècle n'était pas qu'une vieille histoire – exemple selon lui de militarisme et de luttes de factions, et tranchait en faveur du gouvernement de la « multitude » contre le gouvernement monarchique. Tempérant immédiatement ce choix par un éloge de l'aristocratie et faisant de Venise le modèle du gouvernement mixte : alliant le principe monarchique, représenté par le doge, le système aristocratique, figuré par le Sénat, et la démocratie exprimée par le Grand Conseil, dans une vision fondamentalement conservatrice et sans grand rapport avec l'histoire.

Genèse de la raison d'État – Défense du prince chrétien

Quoique la notion ne se soit répandue qu'avec l'ouvrage de Giovanni Botero (1544-1617), *Della Ragion di stato*, paru en 1589, le terme de raison d'État apparaît sous la plume de Guicciardini (et non de Machiavel) dès 1523. Dès 1529, le cardinal Pole avait dénoncé dans son *Apologia Reginaldi Poli ad Carolum Quintum super quatuor libris a se scriptis de unitate Ecclesiae*, écrite contre le roi Henri VIII et son ministre Thomas Cranmer, dont il faisait les disciples de Machiavel, une conception sécularisée de la politique. Paradoxalement, c'est bien plutôt dans l'œuvre ultérieure de Stephen Gardiner (c. 1483-1555), alors au service de Marie Tudor et de Philippe II – le *De vera obedientia* (1553) – qu'il faut sur ce point relever l'influence de Machiavel. Tout en se gardant bien de citer son nom car Machiavel était devenu une référence à éviter : les jésuites brûlaient son effigie à Ingolstadt et ses livres figuraient dans les *Index* de 1559 et 1564.

Un seul Seigneur, une même foi ?

Issu de la petite noblesse, c'est dans le cadre de la république nobiliaire qu'Andrzej Frycz Modrzewky (Andreas Fricius Modrevius, c. 1503-c. 1572) s'efforce de penser l'État. C'est-à-dire dans le cadre d'une monarchie caractérisée par le rapport spécifique entre monarchie et noblesse et par la diversité religieuse. Ses *Commentariorum de Republica emendanda libri quinque* paraissent à Bâle en 1554. Le quatrième livre, consacré à l'Église (*De ecclesia*) et qui constitue presque la moitié de l'ouvrage, prône un catholicisme acceptant le mariage des prêtres, la communion sous les deux espèces et le rééquilibrage du pouvoir des papes et des évêques par l'affirmation de celui des conciles et des synodes. Dans le premier livre (*De moribus*), il expose les principes sur lesquels doit être fondé le gouvernement du royaume et rappelle que le roi ne doit pas régner à coup d'arrêts et de décrets mais qu'il doit d'abord montrer l'exemple. D'inspiration très érasmienne, son cinquième livre est consacré à l'éducation qui devient une des tâches de l'État, quitte à en assurer le financement grâce aux biens ecclésiastiques. Il réclame par ailleurs une unification du droit (*De legibus*, livre deuxième) et la mise en place d'une armée permanente (*De bello*, livre troisième). Ce qui suppose une réforme des finances qu'il décrit, suggérant notamment que l'État prête aux particuliers et finance ses actions par les intérêts perçus ! En matière sociale, Modrzewski défend les intérêts de son groupe social, se bornant à réclamer l'égalité de tous devant la loi – qui est le fondement de la société – et déniant au roi la possibilité de s'affranchir de la loi. Mais en matière religieuse, il est partisan de l'idée de tolérance propre au royaume de Pologne.

Réforme et pensée politique

Quoique les réformateurs ne fussent pas de prime abord concernés par la réflexion politique, il leur fallut très vite intégrer cette dimension dans leur analyse et dans leur pratique : pour régler leurs rapports avec les autorités locales ou territoriales ; adopter une position par rapport au possible décalage avec le prince ou, ce qui fut vite patent, avec l'empereur ; faire obstacle à tout débordement se réclamant du courant réformateur pour contester l'ordre établi.

La pensée de Luther est pour l'essentiel contenue dans le texte de 1523 – *Von weltlicher Obrigkeit, wie weit man ihr Gehorsam schuldig sei* – complété par celui de 1526 : *Ob Kriegsleut auch in seligem stande sein können*, auxquels s'ajoutent d'innombrables réflexions dispersées au fil des traités, des prédications, des correspondances et des propos de table. Elle repose sur la séparation des « deux règnes qu'il faut distinguer avec soin : l'un rend juste, l'autre crée la paix extérieure et s'oppose aux mauvaises actions. Aucun des deux ne saurait se suffire à lui seul dans le monde » (*De l'autorité temporelle*, 1523). La dimension eschatologique de la pensée de Luther, convaincu de l'imminence de la fin des temps, explique largement qu'il ait réglé en faveur du pouvoir temporel la possibilité d'un conflit entre les deux sphères. Par ailleurs, sa collaboration avec le pouvoir électoral ne pouvait que le conduire à l'idée d'une possible et souhaitable collaboration entre Église et État, dans une société recomposée en trois ordres : l'Économie, c'est-à-dire la famille et la profession, la Politique et l'Église. Une position communément reprise par les réformateurs mais susceptible de varier en fonction de l'ecclésiologie propre à chacun d'eux (Zwingli et Bucer notamment).

C'est dans le dernier chapitre de l'*Institution chrétienne,* intitulé « Du gouvernement civil », que Calvin jette les bases de sa pensée. Elle est fondée, elle aussi, sur la distinction des deux règnes. La première tâche du Magistrat est d'assurer le culte divin. Mais tandis que chez Martin Luther la théorie des deux règnes ne prend en compte que l'individu et l'État seulement de façon indirecte, chez Calvin, l'institution est directement placée sous la loi du Christ. Chargée de défendre la vraie foi : elle est fondée à exécuter Servet. Chargée d'annoncer l'Évangile : c'est à elle de mettre en place l'Académie genevoise. Le deuxième élément de sa pensée est la loi. Reprenant la théorie de Cicéron selon laquelle l'autorité est la loi vivante, il place donc celle-ci au dessus de la loi positive mais la soumet à la loi divine et à la loi naturelle.

Libre à l'égard de la *constitutio,* le cadre dans lequel s'énonce le droit, elle est tenue au respect de l'*aequitas*. Le troisième élément est le peuple (*populus*), appelé à l'obéissance.

Droit des peuples et droit naturel

C'est avec un théologien de Salamanque, le dominicain Francisco de Vitoria, formé au couvent Saint-Jacques à Paris, héritier de Thomas d'Aquin et d'Aristote, que devait se développer l'un des courants qui, à terme, devait se révéler l'un des plus novateurs[1]. Il distingue quatre types de lois : la loi divine, la loi naturelle, la loi des nations (*ius gentium*), acceptée par tous les peuples, et la loi positive, propre à chacun d'eux. Sur cette base, il fait de la monarchie le meilleur des gouvernements, rappelant néanmoins que le pouvoir du monarque dérive de la communauté et que ce dernier est lui aussi soumis à la loi naturelle. Mais il rejette l'idée d'une possible résistance, la guerre civile lui paraissant pire que la tyrannie. En revanche, c'est sur cette base qu'il entend limiter le pouvoir du pape et qu'il développe la notion de « *societas perfecta* », c'est-à-dire d'une société civile, autonome, ayant ses lois et son administration propres. Société qui, parce qu'elle est « naturelle », existe aussi chez les « païens ». Ce qui légitime les formes de gouvernement existant et remet en cause les modalités de la conquête. De fait, s'il ne s'attaque pas directement à l'argumentation de Juan Ginés de Sepúlveda (c. 1489-1573), invoquant l'infériorité naturelle des Indiens pour justifier l'*encomienda*, comme le faisait avec fougue Bartolomé de Las Casas (1474-1566), il la rejette empiriquement : « Je crois qu'ils ne sont déraisonnables et stupides que parce qu'ils ont grandi de façon pitoyable et sans éducation, car parmi nos paysans il y en a aussi beaucoup qui sont comparables à des bêtes. »

Pouvoir et résistance

Mutations économiques, recomposition des liens sociaux, remodelage des structures politiques, luttes de clans, inquiétudes religieuses, pression fiscale accrue : bien des raisons peuvent expliquer la fréquence des « émotions populaires » et des révoltes – qui ne nous sont sans doute pas toutes connues – tant dans les villes que dans les campagnes, avec d'ailleurs de très fréquentes interférences. Beaucoup de ces troubles ne dépassaient pas le cadre local et se résolvaient par le meurtre du seigneur, des gestes de mauvaise humeur à l'égard des collecteurs d'impôts, voire, les prenant pour boucs émissaires, la dénonciation de sorcières. Mais il arrivait que l'ordre fût troublé plus profondément et que la révolte s'étendît à l'échelle de la province. Notamment en Allemagne, en Suisse, aux Pays-Bas et en France.

Pratiques de la résistance

Révoltes paysannes

Le grand soulèvement des paysans qui secoue l'Empire en 1524-1525 avait eu des précédents, depuis l'épisode de Niklashausen jusqu'au Bundschuh, qui dans les

1. Son enseignement nous est connu par les notes prises par les étudiants – il avait adopté l'habitude parisienne de parler lentement pour permettre aux auditeurs de prendre des notes – et publiées en 1557 sous le titre *Relectiones theologicae.* L'ouvrage rassemble quatre textes aux titres explicites : 1528, *De potestate civili* ; 1532/33, *De potestate ecclesiae* ; 1539, *De Indis* ; 1539, *De iure belli.*

années 1493 avait agité les communautés paysannes essentiellement en Forêt-Noire. L'Empire n'était pas seul concerné. Des révoltes paysannes eurent lieu également en Hongrie (1514), ainsi qu'en Carniole et en Carinthie (1515). Mais l'importance des enjeux religieux donnait un sens nouveau aux troubles. C'est le cas, on l'a vu, de la guerre des Paysans. C'est le cas aussi des soulèvements de Cornouaille, du Devonshire et de la région de Norfolk, dans les années 1548-1549, qui expriment une protestation des communautés contre la rapidité avec laquelle le gouvernement entendait imposer le changement.

La même année, en 1548, la Guyenne est le théâtre d'une importante révolte qui nous est connue notamment par les relations qu'en ont laissées Jean Bouchet ou Guillaume Paradin. Yves-Marie Bercé en a rappelé l'arrière-plan anti-fiscal (lutte contre la gabelle). En 1541, en effet, la gabelle qui ne frappait que les provinces septentrionales, non productrices de sel, avait été étendue aux provinces de l'Ouest (édit de Châtellerault). Dès l'été 1542, Marennes et La Rochelle chassaient les officiers des gabelles. De nouveaux troubles éclatèrent en 1544 et 1547. Mais c'est durant l'été 1548 que les troubles prirent toute leur ampleur en Angoûmois. Ils s'étendirent aux villes – Saintes et Bordeaux notamment – qui tombèrent aux mains des insurgés. La répression, conduite par le connétable Montmorency, fut sévère. Bordeaux y perdit ses privilèges (recouvrés cependant en 1550).

Révoltes urbaines

Les révoltes urbaines aussi étaient fréquentes. Le règne de Charles Quint commença par la révolte des *comuneros* en Castille et celle des *germanías* dans le royaume de Valence. La révolte des *comuneros* s'inscrivait sur un arrière-plan de crise politique qui courait depuis la mort d'Isabelle en 1504. D'un côté, l'aristocratie cherchait à étendre ses droits, à mettre la main sur les revenus de la couronne et sur les terres royales, n'hésitant pas à recourir à la violence, au détriment des corps de ville. D'un autre côté, les Castillans s'indignaient de voir les charges confiées à des étrangers appartenant à l'entourage du souverain, tel Guillaume de Croy, seigneur de Chièvres (1458-1521). Le prestigieux siège de Tolède avait été ainsi donné au neveu de celui-ci, tandis que l'ancien précepteur de Charles Quint, Adrien d'Utrecht, le futur Adrien VI, avait été nommé régent. Enfin, des émeutes avaient éclaté dans différentes villes, lorsque l'empereur avait arraché aux *Cortes*, en avril 1520, à la veille de son embarquement à La Corogne, le principe d'un impôt extraordinaire.

Le 6 juin 1520, le Conseil municipal de Tolède adressait une lettre circulaire aux dix-sept autres villes représentées aux *Cortes* pour mettre au point une requête destinée au roi, lui demandant de supprimer le nouvel impôt, de réserver les charges et les bénéfices aux Castillans, d'interdire la sortie des revenus royaux hors d'Espagne et de nommer un régent originaire de Castille. Le mouvement démarra lentement. Mais quand les troupes du régent attaquèrent et brûlèrent Medina del Campo, une réaction de solidarité se dessina. L'adhésion au mouvement de plusieurs communautés villageoises rallia l'aristocratie foncière à la Couronne et effraya les élites urbaines. Le 23 avril 1521, à Villalar, les troupes des *comuneros*, conduites par Juan de Padilla, furent défaites. Le lendemain Padilla était exécuté. Une attaque française venue de Navarre donna un sursis. Mais lorsque Charles revint en Castille en juillet, tout était fini. Le 1er novembre, il accordait un pardon général. Il ne restait plus qu'à en faire l'histoire. L'humaniste Juan Maldonado (c. 1485-c. 1544) s'en chargea et rédigea un dialogue intitulé : *De motu Hispaniae.* Et, pour le pouvoir royal, à en tirer les conséquences politiques. Aux *Cortes* de Castille, les dix-huit villes qui y étaient représentées renforcèrent leur pouvoir au détriment du clergé et de la noblesse.

Les révoltes pouvaient prendre une dimension sociale plus marquée. C'est le cas avec les *Germanías.* Ou encore de la Grande Rebeyne, à Lyon, en avril 1529, dont Henri Hauser a souligné également le caractère religieux. C'est le cas à Lucques, en 1531-1532 avec la révolte des ouvriers des manufactures textiles, économiquement éprouvés par les transformations du marché et socialement exclus du pouvoir.

Mais les révoltes urbaines avaient une dimension politique importante. Elle soulignait et le maintien des idéaux républicains et la difficulté que ceux-ci éprouvaient à se perpertuer. Elles sont d'ailleurs l'une des raisons invoquées pour exalter la paix qu'assure *a contrario* le gouvernement monarchique. À Lucques toujours, le complot fomenté par le gonfalonier Francesco Burlamacchi (1498-1548), héritier des traditions civiques et peut-être acquis au protestantisme, et dirigé contre la pouvoir de l'Espagne, des Médicis et du pape, échoua. Arrêté, Burlamacchi fut exécuté. À Gênes, en janvier 1547, un soulèvement éclata contre Andrea Doria, conduit par la famille Fieschi. Il échoua à la suite du décès de Gian Luigi Fieschi, l'âme de la révolte. L'année suivante, un soulèvement, fomenté cette fois par la famille Cibo, connut le même sort. À Naples, c'est contre la prétention du vice-roi Don Pedro de Tolède d'introduire l'Inquisition que se soulevèrent les Napolitains (1547). À Parme, l'assassinat de Pier Luigi Farnese, le fils du pape Paul III, pour le compte du gouverneur de Milan, Ferrante Gonzaga, avait conduit Jules III à prononcer la déchéance d'Ottavio, le fils de Pier Luigi. Ce dernier fit appel au roi de France. L'intervention française amena le pape à composition (avril 1552). Simultanément, les Siennois révoltés firent pareillement appel aux Français. Les troupes conduites par Pietro Strozzi mirent en échec les troupes de Charles Quint. Il fallut un siège d'un an (1554/5) pour que Cosme de Médicis parvienne à reprendre la ville. Encore, Strozzi réfugié dans la forteresse de Mortalcino résista-t-il encore quatre ans. Sa reddition marquait décidément, en Italie, la fin d'une époque.

Pourtant aux Pays-Bas, c'est largement sur l'opposition des villes à la politique mise en œuvre par Charles Quint que se fondait la résistance du pays et que se renforçait une conscience identitaire qui devait animer la révolte dans le dernier tiers du siècle et au début du siècle suivant. La révolte de Gand marqua l'apogée de la résistance. Elle était essentiellement d'origine fiscale. En 1537, la bourgeoisie avait refusé de payer les impôts qui lui étaient demandés. Et c'est l'attitude de Marie de Hongrie, refusant de céder, qui mit le feu aux poudres en 1539. Au lendemain du soulèvement, libertés et privilèges furent abolis.

« Le devoir de révolte »

S'il trouve à s'exprimer intensément au cours de la période 1560-1650, comme l'a magnifiquement montré Arlette Jouanna, le droit de résistance n'est pas une nouveauté du XVIe siècle. Mais il prend précisément dans les années 1520-1560, face à l'affirmation du pouvoir princier et aux évolutions religieuses, une place importante dans la réflexion des théologiens et des juristes. Les théologiens trouvaient dans l'Ancien Testament des exemples de protestation, voire de guerre contre le tyran. Et le thème de Judith tuant Holopherne et brandissant la tête de celui-ci (Jdt 12-13) inspirait fréquemment les artistes. La notion de régicide ne leur était pas non plus inconnue. Les scolastiques avaient même distingué le tyran par usurpation, pour lequel la mort était de droit, et le tyran par oppression, que l'on devait endurer, à moins que des voix autorisées n'appellent au tyrannicide. Les juristes argumentaient sur la base de la *lex regia*, selon laquelle la souveraineté avait appartenu à l'origine au peuple romain. Et les humanistes invoquaient d'un côté Platon (le tyran ennemi de la vertu) et Aristote (la tyrannie perversion de la monarchie), d'un autre côté Tite-Live et ses commentaires sur le meurtre des Gracques, la louange des assassins de César par Cicéron, ou la sentence de Sénèque selon laquelle rien ne plaît plus aux dieux que le sang du tyran.

Crise religieuse et droit de résistance

La crise du Grand Schisme avait conduit à mettre en question le pouvoir pontifical tel qu'il s'était constitué et l'on a vu que le concile avait ainsi pu apparaître comme une solution institutionnelle. La crise de la Réformation reposa le problème en l'élargissant à celui de l'obéissance due à l'empereur et, plus largement encore, à l'autorité civile. Luther admettait que si la résistance au pape était licite, licite aussi était la résistance « à tous les empereurs et ducs qui trouvent moyen de défendre le pape ». Dans les 70 thèses de 1539, il en vint à justifier un droit de résistance à l'empereur parce qu'il est l'allié de la bête de l'Apocalypse, la papauté. Et les juristes invoquaient la maxime *vim vi repellere licet.* Tandis que les villes de Strasbourg ou de Magdeburg invoquaient les libertés urbaines. Les thèses de Luther sont ainsi reprises par les théologiens de Magdeburg lors du siège de 1550 (*Bekändtnuß, Unterricht und Vermahnung der Pfarrherren und Prediger der Christlichen Kirchen zu Magdeburg*). Tout prince, et pas seulement le pape, peut devenir un tyran. Le droit de résistance reconnu aux princes, comme « magistrats inférieurs », est étendu au Conseil de Magdeburg.

En Angleterre, c'est le règne de Marie Tudor qui obligea à poser la question. John Ponet (1516-1556), l'un des exilés, invoquait le prophète Isaïe, en 1556, pour dénoncer l'injustice des persécutions : « *Wo be unto you… That make unryghteous laws.* » Rapidement, la revendication de résistance fut liée au rôle joué par le Parlement. Formé à Padoue, admirateur du système vénitien mais convaincu que le système monarchique anglais était la seule forme de gouvernement possible, Robert Starkey, dans ses *Dialogues,* se borna à réfréner le pouvoir royal avec la figure du Constable. Ce que John Ponet reprit dans son *Short Treatise of Politike Power* (1556). Prolongeant le *De vera obedientia* de Gardiner, il abandonnait ce que la critique d'un Thomas More pouvait avoir de subversif tout en plaidant pour la défense de la communauté chrétienne (*commonwealth*).

Comme Luther, Calvin déniait, dans l'*Institution de la religion chrétienne,* le droit de se rebeller contre l'autorité et n'autorisait qu'une résistance passive : le martyre ou l'exil. Mais en affirmant que l'obéissance à la loi de Dieu l'emportait sur celle due à la loi des hommes, il laissait la possibilité d'un développement ultérieur. Dès 1554, au lendemain de l'exécution de Michel Servet, Théodore de Bèze justifiait la décision de Calvin en reprenant les arguments de Magdeburg et en concrétisant les théories de Calvin qui donnaient aux magistrats locaux (*magistratus inferior*) le droit de résister en matière religieuse (*De haereticis a civili magistratu puniendis*). De fait, dès la mort d'Henri II et le règne de Catherine de Médicis, la question fut très concrètement posée par la conjuration d'Amboise (1561). Ce fut la première occasion d'une production de libelles consacrés au droit de résistance. Le ralliement de Louis I de Bourbon, prince de Condé aux « huguenots », en avril 1562, donnait désormais une légitimité à la résistance, en reconnaissant en lui le *magistratus inferior* autorisé à conduire la résistance.

Fidélités, clientèles, amitié

Réticences des grands d'Espagne à mettre en application les lois contre les morisques sur leurs propres terres, révolte de la noblesse tchèque en 1547, matée par Charles Quint au lendemain de Mühlberg, les oppositions de la noblesse, allant de la résistance passive à la révolte, ne manquent pas tout au long des années 1520-1560. Dans l'Empire, Charles Quint se heurta constamment à l'opposition des princes, dont la cheville ouvrière était le landgrave de Hesse.

Moins radical mais tout aussi significatif de l'opposition aux formes nouvelles que prenait le pouvoir princier, le développement du système curial devait favoriser un thème appelé lui aussi à se renforcer : celui de la dénonciation de la cour et de son caractère factice et mensonger. Familier de la cour de don Juan, où il est admis comme page au tout début du siècle, puis de celle de Charles Quint que, devenu franciscain, il fréquente assidûment avant de se retirer, dans les dernières années de sa vie, dans son diocèse de Mondoñedo, Antonio de Guevara était bien placé pour publier son *Mépris de la cour et éloge de la vie rustique* (*Menosprecio de corte y alabanza de aldea*). Empruntant à Horace le thème de la vie simple, il y dénonce le caractère factice de la vie de cour.

C'est ce refus de la « servitude » qu'exprime La Boétie (1530-1562), l'ami de Montaigne[1]. Certes, dans son *Discours de la servitude volontaire*, publié seulement en 1574, il se place d'un point de vue général. Mais il dénonce simultanément la monarchie qu'il place au nombre des tyrannies. Cette protestation n'est cependant pas appel à la révolte. Comme chez Montaigne, elle est intégrée dans un système qui débouche sur un scepticisme – Que sais-je ? – qui est l'une des caractéristiques de la Renaissance à partir des années 1540. Un scepticisme qui se conjugue avec un conservatisme dont témoigne son *Mémoire sur la pacification des troubles*, ou *Mémoire touchant l'Édit de janvier 1562*, demeuré alors manuscrit, dans lequel, s'il condamne la violence contre la liberté de pensée, il justifie la répression contre les protestants puisqu'aussi bien aucune entente n'est possible entre eux et les catholiques.

1. Cocula (Anne-Marie), *Étienne de La Boétie*, Luçon, 1995.

Fin des prophètes, exaltation de l'obéissance

Après les années 1540, sans disparaître ni totalement ni de façon uniforme, ni – nous le savons par ailleurs – définitivement, la force du prophétisme tend à se réduire. Celle du chancelier de France échoue face à la montée de la violence dans la France des années 1560. Dans les cours italiennes qui s'étaient montrées si accueillantes au prophétisme (Savoie, Ferrare), c'est désormais le culte des parentes du prince qui s'impose : la bienheureuse Marguerite de Savoie (XVe siècle), ou la bienheureuse Béatrice d'Este (XIIIe siècle), permettant de récupérer ainsi au bénéfice de la dynastie un capital de sacralité reconnu par l'autorité ecclésiale, tout en se mettant à l'abri de la contestation politique.

L'iconographie témoigne aussi de ces interrogations sur la légitimité du pouvoir. Elle fait place au thème de la chute des Anges rebelles – ainsi *saint Michel terrassant les anges rebelles* (1524-1525), un grand tableau de Beccafumi (1486-1551) commandé par les carmélites de Sienne (347 x 224 cm) et conservé aujourd'hui à la Pinacoteca nazionale de cette ville – ou celui des *Géants révoltés contre Jupiter* dans la fresque imaginée par Giulio Romano et tout juste réalisée par Rinaldo Mantovano au palais du Té, quand Charles Quint – lui-même nouveau Jupiter – la voit à l'occasion de son passage à Mantoue en 1532, où l'y accueille son allié le duc Federico Gonzaga. L'un et l'autre, comme on le voit à travers l'image du Dieu vengeur ou de Jupiter/empereur, triomphent, affirmant l'irrésistible victoire du pouvoir établi.

Chapitre 10

De l'humanisme aux humanités

« Maintenant toutes disciplines sont restituées, les langues instaurées : Grecque, sans laquelle c'est honte que une personne se die savant ; Hébraïque, Chaldaïque, Latine. Les impressions tant élégantes et correctes en usance, qui ont été inventées de mon âge par inspiration divine, comme à contrefil l'artillerie par suggestion diabolicque. Tout le monde est plein de gens savants de précepteurs très doctes, de librairies très amples qu'il m'est avis que ni au temps de Platon, ni de Cicéron, ni de Papinian, n'était telle commodité d'étude qu'on y voit maintenant… » (Rabelais, *Pantagruel*, 1534, chapitre 8).

La lettre enthousiaste que Gargantua écrit à son fils Pantagruel, étudiant à Paris, en laquelle on a souvent vu « le chant triomphal de la Renaissance », peut nous aider à poser les problèmes qu'il nous reste à aborder. Celui de la « scolarisation de l'humanisme » qu'Anthony Grafton et Lisa Jardine ont souligné, indiquant qu'elle n'était pas sans rapport avec les besoins de la monarchie en bureaucrates obéissants et en dociles courtisans. Celui de l'affirmation des littératures nationales, redoublant culturellement l'éclatement religieux et les divisions politiques de l'Europe. Sans oublier celui de l'évolution des esthétiques et en particulier de la diffusion du « maniérisme » qui porte en lui bien des traits de l'automne de la Renaissance.

« De l'humanisme aux humanités »

L'importance de l'investissement éducatif à la Renaissance ne fait aucun doute. Quelles qu'en soient les limites sociales (massive exclusion des femmes, du monde rural, d'une masse importante de la population urbaine) et culturelles. Trois traits caractérisent la Renaissance au lendemain de la crise confessionnelle qui est, pour partie, on l'a vu, une crise universitaire : la résistance du monde universitaire, soutenu par le pouvoir princier ; le développement des collèges, à la demande des princes et des municipalités ; la recomposition des savoirs sous la pression du développement des connaissances, de la demande des orthodoxies naissantes, de la concurrence de nouveaux lieux d'échanges intellectuels, de rassemblement de l'information et de production du savoir.

Universités, écoles et collèges

Universités

Le monde universitaire de la période moderne est généralement mal connu. Non que les sources fassent vraiment défaut, mais parce qu'une historiographie tenace a considéré le système universitaire comme un monde en survie, privé de toute innovation. La situation est plus complexe.

Le premier constat est à l'évidence le **développement du monde universitaire**. Mesuré d'abord à l'aune du nombre des institutions : vingt-six universités sont créées entre 1501 et 1550, quarante-sept dans la deuxième moitié du siècle. Certes, la répartition de ces créations est inégale. Il n'y en a ni en Angleterre, ni au Portugal ni en Pologne, où les universités déjà existantes – Oxford et Cambridge, Coimbra, et Cracovie – maintinrent leur monopole. Plus encore que la France, l'Italie ou l'Espagne, c'est l'Allemagne territorialisée qui bénéficia sinon du plus grand nombre de ces créations du moins du dynamisme le plus fort. Étroitement liées à l'affirmation des États territoriaux et à la nécessité de former clercs et juristes en nombre suffisant et dans le cadre territorial (qui est aussi dans l'Empire le cadre confessionnel), les créations se multiplièrent : Marburg en 1527 (sous l'impulsion du landgrave de Hesse), Iéna en 1558 (créée par l'Électeur Jean-Frédéric de Saxe), Würzburg en 1575/82 (université catholique) et, hors de l'Empire, Königsberg en 1544 (en Prusse). Sans oublier les créations américaines : Saint-Domingue, en 1538, Lima en 1551 et Mexico en 1551, dans un but essentiellement missionnaire.

Mesuré ensuite à l'aune des immatriculations. Celles-ci sont inégalement connues en raison d'une conservation très diverse des matricules, mais elles semblent indiquer l'existence – pour la période qui nous concerne, car la suite ne tint pas les promesses – d'une « révolution éducative » (L. Stone), exception faite de la France où les effectifs stagnent. Après une crise dans les années 1520-1540, les universités allemandes connaissent une croissance continue (même si la multiplication des universités et leur confessionnalisation conduit souvent à un tassement par rapport à la seconde moitié du XVe siècle). Il en va de même en Italie, où le système universitaire bénéficie à fond de l'affermissement des États, ainsi qu'en Espagne et en Angleterre. Étant entendu que ces effectifs ne portent généralement que sur quelques centaines d'individus, Salamanque et ses 5 000 étudiants à la fin du XVIe siècle représentant une exception.

Mesuré enfin à l'aune des réformes institutionnelles qui sont mises en place. Laissé de côté le révolutionnaire prurit de Wittenberg – où l'on supprima le grade de docteur en 1523, en vertu du verset évangélique : « Vous ne devez pas vous appeler maîtres » (Matt. 23,8), avant de le rétablir en 1533/6 – les réformes portèrent sur quatre points. Le système des « collèges », qui s'était développé dans l'Europe du Nord au XVe siècle, renforça ses positions notamment à Oxford et à Cambridge. Dans plusieurs universités allemandes, suivant le modèle de Wittenberg, l'organisation des études dans les Facultés des Arts mais aussi en Théologie fut réaménagée pour faire une place plus grande aux études humanistes : Bâle (1532), Tübingen (1536), Leipzig (1539-1543), Greifswald et Copenhague (1539), Francfort-sur-Oder (1540), Heidelberg (1557/8), Rostock (1564). Sans le moins du monde renoncer aux exercices usuels (disputes) ou aux disciplines traditionnelles (droit canon) qui furent, par exemple, réintroduits à Wittenberg au cours des réformes de 1533/6. Une nouvelle répartition des tâches entre universités et « collèges d'humanités » (ou « gymnases » et « écoles illustres » dans l'Empire), qui vit – notamment dans le monde catholique et là où les jésuites étaient en position de force (ni à Paris, ni à Cologne) – ces collèges tendre à absorber les Facultés des Arts, ne leur laissant qu'une formelle collation des grades. Enfin, la mainmise des autorités politiques (souverains, princes territoriaux et villes) se renforça. Aussi bien dans l'organisation des études ou le contenu des enseignements que dans le contrôle de l'orthodoxie.

C'est pour partie dans ce cadre qu'il faut replacer, deuxième constat, les évolutions disciplinaires. Et d'abord celle du **droit.** Discipline universitaire, c'est en effet à la fois dans ce cadre institutionnel et à l'aide des outils et des procédures de travail dont les juristes se sont dotés que l'on doit s'efforcer de comprendre l'œuvre d'« interprétation » et de « compréhension » (I. Maclean) qui s'opère à la Renaissance. Mais il faut aussi tenir compte des demandes spécifiques des États et le cas échéant des Églises (mise par écrit des coutumes, unification et éventuellement romanisation du droit), des pratiques juridiques (légiférer, surveiller, juger et punir) des cours souveraines mais aussi, sur le terrain, des juges et des notaires, et des problèmes concrets (nouveau droit matrimonial dans les pays protestants, réflexion sur le droit des Indiens...) qui se posent. Une première observation est la puissante force d'inertie opposée par le système juridique. Le poids des textes de référence – notamment le corpus des lois romaines (*Codex*, *Institutes*, *Digestes*), droit canon (*Decretum*) – des gloses – legs de Bartole (1313-1357) et de Baldo de Ubaldis (1327-1400) –, et des synthèses qui en étaient faites tenant compte du droit canon (*ius commune*), mais aussi des usages universitaires (*quaestiones disputatae*), explique largement que culture et pratiques juridiques aient largement surmonté le morcellement politique de l'Europe et sa fracturation confessionnelle. Pour autant, deuxième observation, l'impact de l'humanisme n'a pas été mince. Notamment en France (*mos gallicus*) comme on l'a déjà vu. Et sur le terrain de la réception du droit romain. L'impact de l'imprimerie – troisième observation – ne doit pas non plus être négligé. Il n'explique pas le procès de rédaction et d'unification des coutumes qui affecte, on le sait, la plupart des États (France, couronnes d'Espagne, États territoriaux allemands), mais il y contribue. Il connaît un rebondissement à partir des années 1550 avec la « réformation des coutumes », dont le maître d'œuvre est Christophe de Thou. Par ailleurs, la « mise en texte » des écrits juridiques oblige à repenser le rapport du texte et de la glose et à schématiser les parties du droit et les formes du raisonnement juridique.

En deçà de l'aspect éthique, la question du droit des Indiens se pose et trouve sa solution dans un double contexte : celui – théologique – de la « nouvelle scolastique » qui triomphe à l'Université de Salamanque, celui – théologique et juridique – de la notion de « droit naturel » (mais d'une nature créée par Dieu) élaborée notamment par Francisco de Vitoria et Domingo de Soto, et bien adaptée aux besoins de la monarchie espagnole. Celle-ci doit en effet, dans la péninsule, surmonter la diversité des traditions juridiques propres à chaque couronne et, dans le monde colonial, créer un droit qui, précisément par le biais du « droit naturel » commun à l'humanité, tienne compte du droit des indigènes. Dernière observation : la mise en application du droit. On se bornera ici à trois remarques qui rappellent l'importance des problèmes concrets : l'extrême diversité des juges et des notaires qui, sur le terrain, appliquent de façon très variable le droit ; la victoire de la procédure de type inquisitoriale, conduite par le juge qui doit établir la preuve du crime, sur la procédure d'accusation où la responsabilité de la preuve incombe aux parties : l'accusé cesse d'être un ennemi pour devenir un criminel ; le financement de la justice que le pouvoir princier – qui s'efforce de plus en plus de la contrôler – ne peut assumer

L'évolution de la **médecine** s'inscrit pareillement dans un contexte marqué par 1) le poids des usages universitaires ; 2) la constitution – notamment dans les cours princières – de pratiques médicales s'appuyant sur de nouveaux outils intellectuels, tels que les jardins botaniques (les universités emboîtent le pas à la fin de notre période, comme Pise et Padoue (1544/45) ou Bologne (1567), les parcs zoologiques, les cabinets de curiosités, les bibliothèques, ainsi que le développement des dissections ; 3) le développement de l'imprimerie et notamment de l'illustration qui vont donner à l'« expérience » – fixée précisément par la gravure et insérée dans le livre dont elle partage ainsi le caractère « scientifique » – un statut nouveau (mais aussi permettre la diffusion d'encyclopédies médicales « populaires ») ; 4) la demande – diverse – des populations (souvent relayées par les autorités municipales, notamment en Italie, qui prennent en charge le salaire d'un médecin), à laquelle répondent des savoirs et des pratiques médicales (où les femmes peuvent trouver une place spécifique) très éloignées le cas échéant du discours universitaire.

Ce contexte rappelé, on se bornera à trois observations. La première, concernant la médecine « savante », est l'importance des éditions d'auteurs anciens. Elles permettent de faire connaître l'œuvre d'Hippocrate (c. 420-350 avant J.-C.), imprimée en latin (1525) puis en grec (1526), et surtout celle de Galien (129-c.216), imprimée en grec par la firme Manuce à Venise (1525), qui légitimait une approche « pratique » de la médecine, en se focalisant sur le traitement des causes de la maladie et en faisant du patient l'objet de la réflexion. L'une et l'autre confortaient la théorie des humeurs. La deuxième est la fonction de l'« imagerie médicale » dont témoigne de façon exemplaire le *De humani corporis fabrica* publié par Vésale en 1543. Autant en effet que le texte ce sont les gravures qui doivent retenir l'attention. À commencer par la page de titre qui déplace le regard du lecteur non plus sur l'enseignant dans sa chaire, commentant une dissection réalisée par un assistant et illustrant la leçon, mais sur la dissection elle-même, placée au centre et réalisée par Vésale soi-même. La troisième est le rôle joué par les pratiques chirurgicales. Leur situation institutionnelle se prêtait mieux aux innovations. On sait le prestige dont jouissait Ambroise Paré (1510-1590) qui, soutenu par le pouvoir royal, écrivant en français, préférait les baumes à la cautérisation à l'huile bouillante pour le traitement des plaies (*La méthode de traicter les playes faites par hacquebuses et aultres bastons à feu*, 1545) et développait la technique des prothèses, mêlant connaissances anatomiques et inventivité technique.

Très singulière est la personnalité de Philippus Aureolus Theophrastus Bombastus von Hohenheim, autrement appelé Paracelse (1493-1541), dont l'importance relève d'ailleurs beaucoup plus de sa postérité, qui échappe à nos considérations, que de sa propre activité. Fils de médecin, mais sans lui-même, semble-t-il, avoir obtenu de diplôme – ce qui le rend très vulnérable aux critiques et l'oblige à de constants déménagements – il a une conception de la médecine à la fois « prophétique » : elle est inspirée par Dieu et ne peut être enseignée, et « mystique » : elle repose sur l'analogie entre microcosme et macrocosme et les correspondances qui peuvent être établies entre les deux mondes. L'importance donnée aux principes chimiques dans l'analyse des maladies et dans la mise en œuvre thérapeutique (qui privilégie l'homéopathie) le rend très « actuel ». Au prix d'un contresens historique. Pour nous, il est en fait le témoin de la force des savoirs hermétiques et de la parole prophétique à la Renaissance.

On ne reviendra pas sur l'enseignement de la théologie, examiné au chapitre précédent, mais il est évident qu'il est partie prenante du système universitaire. Il reste cependant à s'interroger sur l'**impact** réel de ce système universitaire. Force est de reconnaître que nous sommes mal informés et que la situation semble avoir fortement varié d'un endroit à l'autre. Tout au plus peut-on suggérer que ce n'est qu'avec les troubles du XVIIe siècle que le système universitaire a connu les dysfonctionnements qui lui sont habituellement reprochés.

Collèges et écoles

À côté de la résistance du modèle universitaire, le XVIe siècle est caractérisé par l'accroissement du nombre des collèges, à l'initiative des villes ou des pouvoirs princiers. Ce qui explique le caractère singulier de chaque expérience, tempéré toutefois par la forte pérégrination des maîtres, l'homogénéisation du réseau des collèges jésuites échappant à notre périodisation. Deux traits caractérisent le système des collèges, aussi bien dans le monde catholique que dans le monde protestant : l'organisation de la scolarité sur le système de la classe, instituant ainsi un cursus établi en fonction d'un programme ; l'influence du modèle humaniste, plus aisé à mettre en place dans ce modèle éducatif plus neuf, même s'il s'inscrivait dans la tradition des écoles ou des collèges du XVe siècle que nous avons rencontrée.

Le nombre même des collèges interdit toute étude détaillée : au milieu du XVIe siècle, toute ville importante en est dotée en Italie, en France, en Espagne ou dans l'Empire. Les créations se multiplient. Comme en France : Lyon (1529), Bordeaux (1533), Nîmes (1534), Toulouse (1559). Ils sont souvent dirigés par des humanistes réputés, souvent sensibles aux idées nouvelles en matière religieuse, tel Mathurin Cordier (1479-1564) qui est à la tête du Collège de Guyenne à Bordeaux, où Michel de Montaigne fait ses études, avant d'émigrer à Genève où il importe le modèle bordelais dans le Collège de la Rive. Jean Bodin (1529-1596) espère diriger le collège de Toulouse. Ce qui lui suggère son *Discours sur l'éducation* (1559), classique dans son éloge de l'éducation, neuf dans ses préoccupations sociales. Dans l'Empire, on peut prendre l'exemple du gymnase de Strasbourg, créé à l'initiative du Magistrat (mais confirmé par des privilèges de Maximilien II en 1566) et confié à Johannes Sturm (1507-1589). Sous son influence et à la différence par exemple du collège de Marbach, l'humanisme va y prendre le pas sur la théologie.

Dans le monde catholique, les jésuites vont – par un hasard dont ils feront ultérieurement une nécessité – prendre en charge un grand nombre de collèges. En 1556, à la mort d'Ignace, ils sont à la tête de cinquante-trois maisons dans sept pays différents. Les *Constitutions* de 1559 enregistreront cette vocation de la Compagnie. Dès 1551, l'*Ordo studiorum* organise les études – dans un sens très humaniste (reprise du « modèle parisien » de l'organisation en classes) – qui vont ainsi vite gagner en homogénéité. D'autant que les jésuites passent d'un collège à un autre, qu'ils bénéficient d'un système d'information centralisé très performant (lettres trimestrielles et annuelles), qu'ils vont rapidement – dès la fin des années 1550 – entreprendre une série de manuels et d'éditions scolaires, notamment pour éliminer les éditions établies par des humanistes passés à la Réformation, et que ces ouvrages circulent rapidement d'un collège à un autre grâce à l'excellent réseau d'éditeurs sur lequel les jésuites s'appuient à travers toute l'Europe, faisant ainsi d'appréciables économies d'échelle. Ils ne contribuent pas peu à cet égard à former une véritable élite européenne, partageant une commune formation et un même système de valeurs référentielles.

À ce monde en expansion répond aussi une nouvelle génération d'outils de travail, notamment pour l'apprentissage du latin. Depuis le *De copia verborum* d'Érasme (1512) jusqu'aux *Colloquiorum scolasticorum* de Mathurin Cordier (1556) en passant par l'*Exercitatio latinae linguae* de Juan Luis Vives (1538). L'humanisme tend de plus en plus à être avant tout une méthode éducative : « De l'humanisme, on passe aux humanités » (A. Grafton et L. Jardine).

À notre période, le développement des écoles reste encore très divers. Il peut être pris en charge par le prince territorial (le cas du Wurtemberg, où le système scolaire est institué par le duc Christophe en 1559, étant sans doute le plus probant). Dans l'Allemagne luthérienne la demande se fait très vite forte en raison des appels lancés par Martin Luther et Melanchthon. Mais c'est dans les villes qu'il bénéficie de l'héritage le plus favorable et de la demande sociale la plus soutenue. Il s'y s'appuie sur le réseau des écoles paroissiales et collégiales. À Carpentras, sous l'influence du cardinal Jacopo Sadoleto (Sadolet) (1477-1547), l'école cathédrale s'était ainsi transformée en école humaniste. À Zwickau, tôt acquise à la Réformation, l'ordonnance scolaire (*Schulordnung*) date de 1523 et organise le cursus en six classes. Les deux grandes nouveautés du XVIe siècle sont d'une part la prolifération des maîtres d'école privés, d'autre part – à l'extrême fin de la période qui nous concerne – le développement d'enseignements plus pratiques où l'apprentissage des langues et du calcul deviennent les objectifs prioritaires.

L'École des femmes ?

La Renaissance n'a pas ignoré le problème de l'éducation des jeunes filles. Mais elles paraissent exclues de l'enseignement de type humaniste. Juan Luis Vives réserve à la mère l'apprentissage de la langue maternelle, autrement dit vernaculaire (*De institutione feminae christianae*, 1524) et si quelques humanistes souhaitent qu'on parle latin à la maison – il en est ainsi chez Montaigne – ils n'envisagent pas une formation spécifique pour la mère. Les cas de femmes lettrées – il y en a, depuis Cassandra Fedele à Venise (1465-1558) ou Alessandra Scala à Florence (1475-1506) jusqu'à Marguerite de Navarre (1492-1549) ou Louise Labé (c. 1520-1566) en France – appartiennent aux milieux culturellement favorisés : milieux aristocratiques (on peut penser à Isabelle de Castille apprenant bravement le latin à 31 ans), élites urbaines (songeons à Charitas Pirckheimer, fille de Johannes et sœur de Willibald), mais aussi monde des artistes et des humanistes. Les filles peuvent y profiter des stratégies de reproduction sociale – scolaire ou professionnelle – déployées par leurs parents et notamment par leur père (ainsi Francisca de Nebrija, la fille d'Antonio). Les recherches récentes ont multiplié les exemples. Mais elles ont aussi montré qu'il ne s'agit le plus souvent que de cas isolés. Même si des voix s'élèvent de plus en plus nombreuses, comme celle de Heinrich Agrippa, en 1529, pour tenir une *Déclaration sur la noblesse et la prééminence du sexe féminin*, ou celle de Thomas Elyot, en 1545, pour prendre la *Defense of Good Women*.

L'Europe du livre

La période 1530-1560 est marquée par cinq évolutions. La carte des villes imprimantes va en se densifiant sans que la hiérarchie, très sensible, qui distingue les capitales du livre – comme Paris et, dans une moindre mesure, Lyon, Venise, Salamanque, Barcelone, Séville (dominée par la firme Cromberger), Bâle, Leipzig, Augsbourg, Nuremberg, Cologne, Anvers – soit remise en question, si l'on fait exception de Wittenberg, de Genève et de Rome qui deviennent les capitales respectivement du livre luthérien (dès 1520), du livre réformé (à partir des années 1540) et du livre catholique (notamment sous le pontificat de Paul IV qui va obtenir la venue de Paul Manuce (1512-1574) pour mener explicitement une contre-offensive contre Bâle – et l'imprimeur Oporinus – et Genève – et l'imprimeur Estienne). Dominent donc toujours les villes universitaires et/ou commerçantes, les capitales politiques (Munich, Madrid à partir de 1561) ne rejoignant le peloton de tête qu'à partir des années 1560.

Du point de vue matériel, le livre se fait toujours plus lisible, tandis que la normalisation (orthographe, ponctuation) gagne du terrain. Du point de vue des contenus, si l'on peut résumer en quelques lignes, on note un tassement des ouvrages « religieux » (après 1530), des livres « universitaires », y compris les livres de droit. Les valeurs sûres deviennent alors les ouvrages destinés au marché local ou régional : textes administratifs ; livres liturgiques – qui, dans le monde catholique, s'appuient sur des techniques particulières (double encrage des missels : noir/rouge) dépassant les compétences d'un Paul Manuce obligé de céder le marché à la firme Plantin – ; ouvrages scolaires (à Anvers, l'imprimeur Christophe Plantin qui tire ordinairement à 1 250/1 500 exemplaires, sort 2 590 exemplaires de la *Grammaire grecque* de Clénard en 1564) ; les livres destinés au marché « international », dominé par la foire de Francfort, où un catalogue est publié à partir de 1564. Le contrôle des livres (production, commercialisation, détention) tend à devenir plus tatillon de la part de tous les pouvoirs et dans tous les pays. Sans pour autant empêcher la circulation et la réception des ouvrages, des placards et des gravures. Enfin, la diffusion du livre et l'investissement scolaire favorisent, encore très marginalement, les pratiques d'apprentissage, comme celle de ce Willian Maldon, qui, en 1540, décide d'apprendre l'anglais pour pouvoir lire le Nouveau Testament, déchiffre ses premières lettres à partir du « *primer* », un petit livre qui rassemble les textes de base, achète enfin, conjointement avec l'apprenti de son père, son *Nouveau Testament*, le cache dans sa chambre et s'exerce « à le lire à chaque occasion possible ».

Savoirs et doutes

Un triple mouvement caractérise les années 1530-1560 : l'accumulation des connaissances et leurs corollaires : l'« encyclopédisme » et la taxonomie ; le développement des savoirs mêlant théorie et pratique (hydraulique, balistique, machines, cartographie...) ; la constante volonté de résoudre les problèmes posés par les Anciens eux-mêmes.

Savoirs pratiques et mathématisation

Dans sa *Naissance de la science moderne*, Paolo Rossi a parfaitement montré les conditions et les modalités dans lesquelles s'est réalisée la « révolution scientifique » rappelant en particulier, pour la Renaissance, la place centrale jouée par l'« ingénieur » et le rôle joué par la mathématisation des expériences. Deux exemples suffiront.

Les **mathématiques** sont longtemps un domaine peu développé dans les universités. C'est essentiellement à partir de problèmes concrets, à résoudre sur le terrain, à la demande des princes ou des villes, que se sont développées les mathématiques. Celles-ci connaissent cependant un essor important dans les années 1540. Niccolò Fontana, connu sous le nom de Tartaglia (le bègue) (1499-1557), enseignait les mathématiques « pratiques », utiles au marchand (abaque). Mais il était aussi un lecteur (et un éditeur) assidu d'Archimède (*Opera Archimedis*, 1543) et d'Euclide, qu'il traduit en italien en 1543. Sur cette double base, il traite de problèmes d'hydrostatique, indispensables à la construction des bateaux ; de balistique (*Nova scientia*, 1537), liés au développement de l'artillerie (il va démontrer que l'élévation d'un canon à 45° lui assure sa meilleure portée de tir) ; de mécanique. Et son dernier ouvrage, *General trattato di numeri e misure*, publié en 1556, mêle étroitement mathématiques pures et mathématiques appliquées. Une polémique – qui traduit parfaitement dans quelle tradition d'exploit à réaliser et de secret à protéger travaille le « savant » de la Renaissance – l'oppose à un autre mathématicien important, Girolamo Cardano (1501-1576, Jérôme Cardan), à propos de la solution des équations cubiques (*Ars magna*, Nuremberg, 1545). Ce dernier a une position plus académique : il est médecin et professeur de médecine, après avoir enseigné les mathématiques à Milan. Il s'intéresse à tout : astronomie et astrologie (il tire l'horoscope du Christ), médecine, sciences physiques et mathématiques. Il contribue au développement de la mécanique (il a laissé son nom à un système de transmission encore utilisé !), de la géologie et de l'hydrodynamique.

Indispensable à la navigation, la **cartographie** connaît un essor qui traduit aussi la demande du pouvoir des princes de connaître, sous la forme d'une représentation géométrique, les territoires sur lesquels s'exerce leur autorité. Elle est par ailleurs liée et au savoir mathématique et à la maîtrise de la gravure et de l'impression. Le destin de Gérard Mercator est de ce point de vue exemplaire. Né en 1512 à Rupelmonde, en Flandres orientales, il est l'élève des Frères de la Vie commune de Bois-le-Duc. Il étudie ensuite à l'université de Louvain. Il se rend à Anvers, alors l'un des grands centres dans le domaine de l'impression, de la gravure et de la reliure. Il y trouve aussi un milieu qui a fait sienne la représentation géographique de Ptolémée (imprimée dès 1482 et régulièrement rééditée), adopté les règles de la géométrie, désormais familières aux ingénieurs chargés de construire les fortifications ou de conduire un siège, ainsi qu'aux navigateurs, et repris deux des représentations du monde récemment découvert : le globe et l'atlas. Lui-même réalise un globe en 1541 dont il vante l'« objectivité », le fondement « classique » et l'« actualité » (L.B. Cormack). En 1569, il dessine une carte du monde dont le système de projection élargit les latitudes au nord, donnant l'impression d'une primauté de l'Europe du Nord et du monde atlantique que les Européens étaient en train de conquérir.

Le monde colonial fait d'ailleurs l'objet d'un traitement particulier où deux traditions peuvent être distinguées : celle qui se concentre sur l'environnement physique des cités – l'*urbs* – conquises ou créées par les colons (Mexico, Lima, Cuzco, Potosi), qui est plutôt le fait de ces derniers, et celle qui s'intéresse plutôt aux institutions de la société urbaine – la *civitas* – qui est généralement suivie par les cartographes et les artistes indigènes (*criollo*).

Accumulation et classement

La période 1530-1560 est ainsi celle de l'accumulation et des premiers reclassements que celle-ci rend nécessaire. Sauf à ne plus maîtriser une information sans cesse comparée à l'échelle de la planète (ce que l'on pourrait appeler une approche synchronique) et confrontée avec celle de l'Antiquité (ce que l'on pourrait appeler un savoir diachronique). Ceci est particulièrement vrai dans le domaine des **sciences naturelles**. Deux exemples suffiront. Celui de Pierre Belon tout d'abord (1517-1564). Apothicaire (il n'obtiendra une licence en médecine qu'en 1560), il est au service du cardinal François de Tournon. Il fait partie de l'ambassade envoyée par François Ier auprès de Soliman. Avec la mission expresse d'explorer les littoraux de la Méditerranée orientale pour y dresser l'inventaire des oiseaux, des poissons et des plantes de ces contrées et confronter les données ainsi recueillies avec ce qu'en disent les « autorités » classiques. Il en tire en 1553 *Les Observations de plusieurs singularités et choses mémorables trouvées en Grèce, Asie, Judée, Égypte, Arabie et autres pays estranges*. À la différence des ouvrages spécialisés de Belon, écrits d'abord en latin, celui-ci est publié en français. Il contient des descriptions des territoires concernés mais aussi des réflexions sur leur économie et l'organisation de la société. Il se refuse à tout jugement de valeurs (sauf en ce qui concerne la cuisine turque !) et ne fait preuve d'aucun préjugé, notamment en matière religieuse (alors qu'il se montre par ailleurs fervent catholique). Il loue les mœurs des Turcs et l'égalité qui règne parmi eux, apprécie la frugalité et l'activité des moines crétois mais déplore l'ignorance dans laquelle sont tombées les populations de ces pays jadis modèles de civilisation, notant l'absence de toute université en Grèce et le manque de livres dans les monastères peuplés de moines incultes. Tout en suggérant le début d'une « renaissance ». Dans ses ouvrages spécialisés, accompagnés de précieuses illustrations, le cas échéant coloriées dans un souci informatif et récréatif, il se livre à des études d'anatomie comparée, s'intéressant aux poissons et aux oiseaux (*Histoire naturelle des estranges* *poissons marins*, 1551 ; *De Aquatilibus*, 1553, traduit en français en 1555 ; *Histoire de la nature des* oiseaux, 1555).

Celui de Conrad Gesner (1516-1565) ensuite. Né en Suisse, il a étudié à Strasbourg, Bourges, Paris et Bâle et devient médecin de la ville de Zurich. Il confirme que ce sont souvent les médecins qui se consacrent à ce qui n'est pas (encore) la zoologie. Avec lui, l'intérêt pour les animaux passe d'ailleurs de la curiosité, volontiers portée sur le monstrueux (qui caractérise encore l'ouvrage de Levinus Lemnius, *De miraculis occultis naturae,* publié en 1559) à la description pour elle-même. Il commence à publier ses *Historiae animalium,* richement illustrées, en 1551 (4 volumes en 1558). Son information dépend de ses observations, de ses correspondants – parmi lesquels Guillaume Rondelet (1507-1566) –, dont il est parfois victime, et de ses lectures et, fait remarquable, il n'hésite pas à faire part de ses doutes. Mais Gesner est aussi un bibliographe. En 1554-1555, il publie ainsi une *Bibliotheca universalis sive catalogus omnium scriptorum*, en quatre volumes, qui renferme tous les auteurs grecs, latins et hébreux : 10 000 livres, 3 000 auteurs ! Il ne suffit plus de cumuler les connaissances, ce qu'avait su faire les encyclopédies médiévales, mais il faut dresser le bilan du renouvellement et par là même proposer un classement. Celui-ci faisait craquer les cadres universitaires qui tant bien que mal avaient résisté jusque-là.

Du monde clos à l'univers infini

Alexandre Koyré datait de 1543 le début des Temps modernes. Pour deux raisons son point de vue semble aujourd'hui discutable : parce que l'œuvre de Copernic n'a pas la « modernité » qu'il lui prête et parce que ce n'est qu'au XVIIe siècle qu'elle devient véritablement un jalon dans le passage « du monde clos à l'univers infini ». C'est en tout cas après de longues hésitations que Copernic (1473-1543), chanoine de Frauenburg, laisse publier à Nuremberg son *De revolutionibus orbium caelestium*, dont l'édition est finalement confiée à Georg Rheticus, professeur à l'université de Leipzig. C'est le fruit de longues années d'observations (commencées lors de ses séjours dans les universités de Bologne, où il étudie le droit canon, de Rome, de Padoue, où il étudie la médecine, et de Ferrare, où il obtient son doctorat en droit canon, et continuées dès le début de son canonicat) et d'une représentation de l'univers très spécifique (perfection du mouvement circulaire d'une part, splendeur du soleil qui, « assis sur le trône royal, dirige la ronde de la famille des astres », d'autre part). Copernic remet en cause le système ptoléméen, contenu dans l'*Almagest* qu'il avait lu en grec, sur lequel était fondée la science astronomique de son temps, faisant de la terre le centre d'un système composé de sept sphères. Il place le soleil au centre du système, affirme que la rotation des cieux n'est qu'apparence (conséquence en fait de la rotation diurne de la terre autour de son axe), et rejette la terre – tournant autour du soleil selon une révolution annuelle – dans la quatrième sphère, où elle vient prendre la place du soleil.

Les affirmations de Copernic remettaient en cause l'ordre d'un monde que l'on croyait avoir été créé tel par Dieu. L'éditeur n'hésita pas à retrancher la préface que Copernic avait rédigée et lui substitua un texte du théologien Andreas Osiander

(1498-1552), qui en dénaturait la portée. L'édition comportait du moins la dédicace que Copernic adressait au pape Paul III, y expliquant les raisons pour lesquelles il rendait ses découvertes publiques. Le livre premier s'adressait à un lecteur sans formation spécifique et contenait une présentation simplifiée mais claire du nouveau système proposé. Les cinq livres suivants s'adressaient au public des astronomes. Sur le moment, l'ouvrage écrit en latin, ne suscita guère de remous. On crut la préface d'Osiander écrite par Copernic – qui était mort au moment où le livre paraissait – et on admit qu'il ne s'agissait que d'une hypothèse et non de la réalité. Un dominicain romain, Giovanni Tolosani, exprima bien des réserves sur le mouvement que Copernic attribuait à la terre. Mais il mourut en 1549. Seul peut-être Melanchthon en perçut les implications philosophiques : il condamna l'hypothèse. La « révolution copernicienne » ne commença qu'avec la relecture déclenchée par les découvertes de Galilée. On comprit alors l'importance de Copernic : en 1616, l'ouvrage était mis à l'*Index*.

Renaissance et maniérisme

Il est difficile d'éviter le terme « maniérisme » pour qualifier l'art des années 1520-1560. Deux remarques préalables s'imposent pourtant. Pour rappeler tout d'abord que le terme n'apparaît qu'à la fin du XVIIIe siècle. Au XVIe siècle, on parle de *maniera*. Pour Giorgio Vasari, qui en est l'implicite théoricien dans ses *Vite* (1550), ce terme désigne le style propre à l'artiste qui, par son génie, dépasse la nature qu'il imite. Autrement dit, un art qui a acquis son autonomie (par rapport à l'imitation de la nature, qu'il n'abandonne pas pour autant !) et qui, du coup, exalte la *maniera*, c'est-à-dire sa propre imitation. Avec le double danger qui menace alors l'artiste : une excessive imitation soit de lui-même soit d'un autre artiste, qui transforme l'élégance raffinée et gracieuse du *manieroso* en affectation stéréotypée et mécanique du *manierato* (D. Arasse). C'est globalement la définition que reprend John Shearman en 1967, rompant avec les interprétations qui en faisaient un art de la Contre-Réforme (Pevsner), ou l'expression d'une crise sociale généralisée (Hauser). Comme l'indique Daniel Arasse, il est possible de dépasser cette opposition entre une interprétation purement formelle, étrangère au demeurant à l'approche de l'historien, et une interprétation qui « réduirait » l'art à n'être que le reflet de la situation politique, sociale ou religieuse de son temps. En admettant que celui-ci – en l'occurrence le maniérisme – est réponse, sur le terrain de l'imaginaire, aux interrogations des contemporains.

Pour rappeler ensuite que si le terme est commode, il ne saurait rendre compte de l'ensemble de la production artistique. Il convient donc d'en esquisser les contours : un art européen, un art de cour, un art pluriel, avant de proposer un rapide tour d'horizon qui permette de mettre en évidence les spécificités régionales dans la réception du maniérisme et la diversité des situations.

Art européen, art de cour

Un art européen

Le maniérisme est un art européen en raison d'abord de la circulation accrue des artistes et des œuvres. On ne reviendra pas sur le rôle du sac de Rome (1527), souligné par André Chastel, qui a provoqué un complet bouleversement des chantiers en cours – Jacopo Sansovino et Sebastiano Serlio trouvent par exemple refuge à Venise, Parmigiano à Bologne, tandis que Rosso est accueilli en France – mais aussi une redéfinition des esthétiques. Qui a accéléré d'un coup des échanges qui, nous l'avons vu, sont depuis les origines (mi XVe siècle) l'une des caractéristiques de la Renaissance européenne. Et qui a impliqué la dispersion des artistes. Si bien qu'en 1540, soutenu par la diffusion des images, le style s'est répandu partout.

Cette européanisation est également l'effet du rôle fondamental tenue par la gravure. Un mode de reproduction des œuvres érigées par ce biais en modèles et, le cas échéant, rémunérées une seconde fois. Une circulation que les artistes savent le plus souvent parfaitement maîtriser, comme Titien qui fait ainsi connaître le premier de ses tableaux d'autel (*Assomption de la Vierge*, peinte en 1516-1518, pour le couvent des Frari, à Venise), attestant ainsi sa compétence et sa disponibilité, ou ses portraits (*Philippe II*, 1561, Madrid), donnant ainsi à l'œuvre une fonction de représentation différente de celle du tableau.

Une dimension européenne due enfin au renforcement des échanges dans le cadre d'un marché qui se structure. Des marchands sont repérés à Venise sur la place Saint-Marc et au Rialto. Le monde des acheteurs s'élargit. N'est-ce pas d'ailleurs Paolo Giovio qui, pour la première fois, emploie le mot « musée » pour désigner la villa qu'il possède sur les bords du lac de Côme et où il a exposé une série de portraits d'hommes illustres ? Des « critiques d'art » apparaissent pour répondre à la demande. Avec leur vocabulaire, qui doit encore beaucoup à la rhétorique. La correspondance de l'Arétin fourmille ainsi de renseignements qui servent à faire connaître les artistes de Venise, dont quelques uns, comme Titien, font partie du cercle de ses fréquentations. Et les *Vite* de Vasari ne sont pas étrangères à cette constitution de l'art et de ses artistes comme un « champ » ayant sa propre légitimité.

Un art de cour

Le maniérisme est par ailleurs un art de cour. D'abord, on l'a vu avec la figure du courtisan, parce que la cour est par excellence le lieu des « bonnes manières ». Mais surtout parce que, plus que jamais, le prince est mis dans « la nécessité presque permanente de convoquer tous les arts au service de la grandeur » (A. Chastel). Convocation dans la demeure princière ou, à l'inverse, rayonnement sur le reste du territoire, l'imitation du château royal devenant ainsi le signe d'un nouveau lien de dépendance unissant le prince et la noblesse de province. Androuet du Cerceau en est bien conscient qui écrit, en 1576 : « Plusieurs grands seigneurs y firent bastir chacun en son particulier, tant que pour le iourd'huy y a beaucoup de beaux logis, et dignes d'estre remarque. »

Le rôle joué par les académies accentue le phénomène. De multiples gravures nous en font connaître le fonctionnement. En 1531, Agostino Veneziano en imprime une qui représente l'atelier du sculpteur Baccio Bandinelli : à la lumière d'une bougie – un thème nuit/lumière fréquemment utilisé – les élèves y dessinent des statuettes. L'académie s'apparente alors à une sorte de cours du soir. Une autre gravure, d'Enea Vico, datant du milieu du siècle, montre des artistes travaillant également à la lumière artificielle dans un atelier qui contient des squelettes suggérant l'intérêt porté aux études anatomiques.

C'est en 1563 qu'est fondée à Florence l'Accademia del Disegno, issue de la Compagnie de saint Luc, soutenus par Cosme Ier, avec une visée éducative fortement soulignée par l'acquisition programmée de dessins, de modèles de sculpture, de plans d'architecture. Il est prévu des dissections, des cours d'anatomie et des livres de mathématiques. Sans que l'on sache très bien si les objectifs furent atteints. Mais ce qui est sûr, c'est que l'Académie servit de modèle à toute l'Italie et à toute l'Europe. Un mode de sociabilité dont profitent les artistes pour renforcer leurs liens avec le monde « littéraire ».

Un renouvellement esthétique

Le maniérisme est aussi renouvellement esthétique. On y voit volontiers un art de la complexité, de la virtuosité, mais aussi de l'élégance, du raffinement, voire de l'exagération. La *Madonna del Collo Lungo* de Parmigiano (1503-1540), peinte vers 1535 et conservée aux Offices, avec ses formes allongées et ses proportions non « classiques » en fournit un bon exemple. L'artiste s'inspire de Raphaël et de Michel-Ange mais n'hésite pas à s'affranchir de l'imitation de la nature que réclamait précisément la Renaissance classique. Les peintres les plus connus sont Pontormo, Rosso, Perino del Vaga (1501-1547), Francesco Salviati (1510-1563), Bronzino (1503-1572) et Vasari. Mais on retrouve des tendances analogues chez des sculpteurs comme Benvenuto Cellini (1500-1571), Pierino da Vinci (1530-1553), Giambologna (1529-1608), Bartolomeo Ammanati (1511-1592) et Vincenzo Danti (1530-1576). C'est aussi le triomphe – à partir des années 1530-1540 – du « grotesque », ces formes qui témoignent, dans leur exubérance, d'une volonté ludique mais qui expriment aussi l'ordre sous-jacent de la nature, dont le peintre de grotesques, « imitant une nature qui joue, [il] joue de ses potentialités, et en marque les limites » (P. Morel). En ce sens, le maniérisme serait le premier signe d'une inquiétude des esprits ou, pour plagier Paul Hazard, d'une « crise de la pensée européenne de la Renaissance ».

Un art pluriel

La peinture

Dans ce domaine, deux traits sont à remarquer. Sur le terrain esthétique, on constate un goût profond pour l'allégorie qui prend de plus en plus d'importance au risque de rendre le message incompréhensible. Livrant à son commanditaire, Alexandre de Médicis, le portrait que celui-ci lui avait demandé, Vasari se crut obligé de lui fournir la signification précise de tous les symboles et de toutes les figures. C'est que le maniérisme mobilise tout un répertoire profane de figures allégoriques, depuis les dieux de l'Antiquité romaine jusqu'aux héros emblématiques, accompagnés de symboles, imaginés par l'artiste lui-même ou par un lettré. Parallèlement se développe le goût de la perspective en trompe l'œil, adaptée aux salles et aux galeries. Le deuxième trait est la révolution du travail d'atelier que va achever Tintoret (1518-1594). Il travaille très vite appliquant directement les couleurs sur la toile préalablement recouverte d'un fond sombre (*pretezza*) que l'artiste peut d'ailleurs laisser tel quel par endroits, quand le temps manque pour peindre la totalité de la surface. Il n'hésite pas non plus à brader ses œuvres pour conquérir un marché (ainsi à la Scuola di San Marco).

La sculpture

Quatre traits caractérisent le maniérisme en sculpture. Tout d'abord, le développement de l'art funéraire et plus particulièrement des tombeaux princiers qui visent, comme le souligne Andreas Tönnesmann, à visualiser la condition plus ou moins illustre du défunt, à glorifier ses hauts faits ou encore à célébrer sa mémoire (tombeau du pape Paul III par Guglielmo Della Porta, c. 1515-1577 ; tombeau de François Ier par Pierre Bontemps, c. 1507-1570). Ensuite, la sculpture tend à occuper les places publiques (fontaines publiques, statues équestres). Au prix d'une miniaturisation, elle envahit également, notamment sous la forme du bronze, l'espace privé (bustes, objets de table, petits objets destinés aux collections). Enfin, du point de vue esthétique, à la frontalité de l'époque antérieure, les artistes substituent une approche plus « cinétique ». La statue semble entraînée dans un mouvement constant, d'où le terme volontiers employé de *figura serpentina,* dont les sculptures de Giambologna fournissent de multiples exemples.

L'architecture

On notera d'un côté le succès des théories et des traités, d'un autre côté la diversité des mises en œuvre. C'est avec Serlio (1475-1554) que la théorie des ordres et ses *Regole generali di architettura*, parues à Venise en 1537, vont s'imposer et devenir l'un des éléments fondamentaux de l'architecture occidentale. L'architecture maniériste se caractérise par son traitement particulier de l'espace, des surfaces et le soin qu'elle porte aux motifs décoratifs. L'évocation de trois exemples suffiront : celui de la Nouvelle Sacristie réalisée par Michel-Ange pour l'église San Lorenzo (1519-1533) et le vestibule de la bibliothèque Laurentiana (à partir de 1524) ; le palais du Té à Mantoue, commencé en 1526 par Giulio Romano ; la continuation du chantier de Saint-Pierre-de-Rome (1546-1564) par Michel-Ange.

Une mutation importante est due à Andrea Palladio (1508-1580). Sous l'influence de l'humaniste Gian Girolamo Trissino et du patricien Alvise Cornaco, de sa connaissance du *Traité d'architecture* de Sebastiano Serlio, complétée par plusieurs séjours à Rome, il reprend à son compte le renouvellement du langage proposé par Bramante et Raphaël au début du siècle et, répondant à la demande des élites de Vicence, construit de nombreuses demeures urbaines ou péri-urbaines sur le modèle de la villa antique (villa Rotonda, 1566-1569, aux portes de Vicence). Elles reflètent le « réinvestissement foncier » qui commence à caractériser les élites urbaines. Du point de vue architectural, à un corps central, à niveau unique, destiné à l'habitation des propriétaires, répondent deux ailes latérales à usage agricole (villa Barbaro, à

Maser). D'autres villas cependant sont construites avec un seul bloc central à deux niveaux mais sans ailes latérales (villa Cornaro de Piombino Dese, près de Padoue).

Les jardins

Parfois conservés en l'état, ils nous sont le plus souvent connus à travers les gravures, les relations de voyage, les traités théoriques (notamment celui d'Alberti) ou les registres de compte. Ils traduisent parfaitement les trois aspects que nous avons si souvent rencontrés : la référence à l'Antiquité, l'imitation de la nature et les adaptations locales. Héritiers des jardins médiévaux, les jardins qui se mettent en place, d'abord dans l'Italie des années 1450, sont entourés de murs et plantés de fleurs ornementales ou d'herbes médicinales. Sous l'influence d'Alberti, ils s'ordonnent, se géométrisent et intègrent dans une même unité bâtiments, jardins et paysage. Tout au long de la période, la place accordée aux plantes d'ornement va croître et les jardins sont à cet égard un des lieux privilégiés de l'appropriation européenne des flores du Nouveau Monde, mais aussi d'Asie et d'Afrique. Sous l'influence de l'humanisme, ils se peuplent de statues.

Le maniérisme va accentuer la part faite à la nature « sauvage », comme en témoigne notamment l'aménagement des villas médicéennes. Au jardin ordonné, avec ses plantations d'arbres soigneusement rangées, va être accolé un parc qui accueille grottes (Boboli) – « la grande invention du XVIe siècle maniériste » (D. Arasse) – fontaines et cascades, où se meuvent des automates (Pratolino), sur un espace volontiers dénivelé. Rappelant le lien qui existe entre « ingénieurs » – en l'occurrence spécialistes d'hydraulique et de terrassement –, artistes et « praticiens », en l'occurrence les jardiniers. Le prestige des jardins italiens explique qu'on s'adresse à Serlio, dans les années 1540, lorsqu'est décidé l'aménagement d'un jardin à Ancy-le-Franc.

Les arts décoratifs

Il faut renoncer à développer autant qu'il serait nécessaire l'importance des arts décoratifs à l'époque qui nous occupe. Comme précédemment, il faudrait souligner la diversité de ces arts, l'importance qu'ils tiennent pour des cours largement itinérantes, pour une civilisation de la fête et du don, mais aussi pour des gens soucieux de créer des espaces intimes et fortement singularisés.

Nuances régionales

Ce qu'il faut noter dans le second maniérisme, c'est la dispersion des expériences, largement liées à la diversité de la demande mais aussi à l'affirmation de véritables « écoles » qui nuancent le caractère cosmopolite du maniérisme.

Art florentin, art italien

Le développement du maniérisme s'appuyait en Italie sur l'existence de deux foyers artistiques qui avaient pris forme dans les années 1515-1525. À Florence, le « premier maniérisme toscan » – celui de Pontormo, de Rosso et du Siennois Beccafumi – avaient pris un aspect « anticlassique ». À Rome, c'est au contraire sur la base du classicisme, que le « premier maniérisme romain » – celui de Raphaël – s'était développé, comme en témoignait l'aménagement des salles du Vatican. Au lendemain du sac de 1527, qui s'était accompagné à Florence du rétablissement de la

République, le « second maniérisme » était d'abord retour des Médicis au pouvoir : à Florence, avec le retour d'Alexandre, dont Charles Quint fit un duc héréditaire en 1532 ; à Rome, avec la Sainte Paix et le couronnement de l'empereur à Bologne par Clément VII, qui redonnait à ce dernier sa légitimité.

Dans le même temps d'autres villes devenaient des centres actifs : Mantoue, Venise, Florence. Par leur exaltation des expériences florentines, les *Vite* de Vasari provoquèrent en retour des réactions locales comme à Venise où s'affirma, dans la seconde moitié du XVIe siècle, la conscience de constituer une « école ». On sait ainsi l'importance accordée dans l'« école » vénitienne à la couleur, par opposition au dessin qui serait la marque de l'école florentine. Une école vénitienne à laquelle un Tintoret (1518-1594), qui se vantait d'être le peintre de la classe moyenne et des artisans, pouvait peut-être plus facilement se rallier qu'un Titien beaucoup plus cosmopolite.

L'Europe maniériste

La France est sans doute le pays où l'influence de l'Italie et du second maniérisme a été la plus grande. On a déjà vu ce qu'au lendemain de la défaite de Pavie a pu représenter pour François Ier le lancement d'une véritable politique culturelle. Mais il faut redire qu'il ne s'agit jamais purement d'emprunts. Partout, l'adaptation aux traditions locales est remarquable. On a souvent pris comme exemple le traitement des cheminées – vertical – au château de Chambord. Ici aussi le maniérisme concerne tous les arts : l'architecture avec Pierre Lescot (1510-c. 1578) et Philibert De L'Orme (1514-1570), la sculpture avec Jean Goujon (c. 1510-1568) et Germain Pilon (c. 1525-1590), la peinture avec Clouet mais aussi le foyer de rayonnement que constitue l'« École de Fontainebleau ». Des écoles régionales se forment : Avignon et la Provence, Toulouse, Tours – où le rôle des financiers est grand – et le val de Loire. La région parisienne – Louvre, château de Saint-Germain – comme la région de la Loire sont cependant fortement influencées par la présence de la cour et du même coup par la concentration d'une société diverse et attentive aux évolutions qui lui fournit les moyens de se « distinguer » (Montmorency et le château d'Écouen, construit par Jean Bullant, 1520-c. 1578).

Après la France, les Pays-Bas et l'Empire sont les régions les plus concernées. Lié d'un côté au rôle de plaque tournante de l'information que joue Anvers, dont l'essor au milieu du XVIe siècle reflète le dynamisme de toute la région, et d'un autre côté à la volonté des princes territoriaux allemands, sortis renforcés des affrontements de la première moitié du siècle, d'affirmer leur puissance en se dotant à leur tour, à Juliers, à Heidelberg, à Munich, de châteaux, mais aussi de collections, de cabinets de curiosité, dignes de leur volonté de gloire. Aux Pays-Bas, l'évolution est particulièrement originale car l'italianisme y rencontre une tradition ancienne, vivante et prestigieuse. La singularité de la démarche d'un Pieter Brueghel (1525/30-1569), qui accomplit le voyage en Italie (1552-1554) mais qui reste fidèle à la tradition flamande (notamment celle de Bosch), est exemplaire d'une féconde résistance. Jan van Scorel (1492-1562) et Martin Heemskerck (1498-1574) sont en revanche les modèles d'une réception réussie, ce dernier jouant un grand rôle dans la diffusion des codes maniéristes à travers son œuvre gravée. Lambert Lombard (1505-1566), qui est à Rome en

1537-1538 et y fréquente Salviati et Bandinelli, fonde à son retour à Liège une « académie » sur le modèle de celle de Bandinelli. Sans oublier Frans Floris (1519/20-1570), qui est pour Vasari, en 1568, le plus grand artiste vivant au nord de l'Europe.

Dans le monde ibérique, l'évolution est sensible chez un Alonso de Covarrubias (c. 1488-1554/70 ?) qui travaille principalement à Tolède, où il construit la cour et l'escalier de l'Hôpital Santa Cruz en style plateresque et l'Alcazar dans un style marqué par l'« Antigüedad nueva ». L'architecture est alors dominé par ces artistes que l'humaniste Francesco da Hollanda a appelé « las aguilas » (les aigles) : Alonso Berruguete (c. 1498-1532), le fils de Pedro, Diego de Siloé (c. 1495-1563), qui travaille également en Amérique, Pedro Machuca (c. 1495-1550) et Ordoñez. Dans le domaine de la sculpture, l'utilisation du bois polychrome et le recours à des techniques spéciales (*estofado*, *encarnado*) accentuent le réalisme que réclame la spiritualité castillane (Juan de Juni). La figure dominante est Berruguete. On le retrouve également sur le terrain de la peinture. Mais il faudrait à la suite de Paul Guinard retracer dans le cadre de chaque royaume le développement d'une peinture, régionalement très diversifiée, qui met l'esthétique maniériste au service d'une dévotion intense (Vicente Masip et son fils Vicente Juan, dit Juanes ; Alonso Sánchez de Coello ; Luis de Morales). Au Portugal, le rayonnement du maniérisme est surtout le fait de Francisco de Hollanda (c. 1517-1584), peintre et architecte, ami de Michel-Ange durant son séjour à Rome entre 1538 et 1542. Il publie à Lisbonne, en 1548-1549, ses *Quatro dialogos da pitura antiga* dans lesquels il évoque cette rencontre. Il influence des peintres comme Diogo Teixeira ou Simao Rodrigues, actifs essentiellement sur le terrain de la peinture religieuse. Sur le terrain de l'architecture le changement est sensible à partir du milieu du XVIe siècle : dès 1545, dans l'abside du couvent des Hiéronymites, à Tomar, dont le couvent reçoit un nouveau cloître en 1557, dû à l'Espagnol Diego de Torralva.

L'évolution de la musique

Contexte

Trois faits marquent l'évolution musicale des années 1520-1560. Le premier est l'impact des évolutions techniques, sociales et religieuses. Tout d'abord, l'importance croissante de l'**impression musicale**, aussi bien pour les partitions que pour les écrits théoriques. Ces derniers innovent peu par rapport à la période précédente quand ils émanent des milieux universitaires et sont écrits en latin. Ils sont plus neufs en revanche quand, adoptant la langue vernaculaire, ils sont écrits à l'intention des amateurs et traitent des évolutions du moment. Ainsi les *Dialogi della musica* (1544) d'Anton Francesco Doni (1513-1574) ou les *Duo Dialoghi della musica* de Luigi Dentice (1553). De fait, plus que dans le monde universitaire, c'est dans les académies – comme l'Accademia Filarmonica de Vérone, entièrement dévouée à la musique – que s'échangent les informations et que se discutent les nouvelles théories. Le témoignage que nous a laissé Cosimo Bartoli (1503-1572) dans ses *Ragionamenti Accademici* (1567) nous permet de connaître les thèmes qui animaient les discussions : le rôle éthique de la musique, la question de l'harmonie cosmique et les usages de la musique, ainsi d'ailleurs que la valeur des compositeurs et des interprètes – une nouveauté – dont il dresse le catalogue.

L'**influence de l'humanisme** est manifeste. Tout d'abord, dans la revendication du statut de créateur qu'exprime très bien un Nikolaus Listenius, définissant la musique « poétique » (par opposition à la musique « théorique » et à la musique « pratique ») comme celle « qui ne se contente pas soit d'une composition du sujet, soit de la seule pratique [*exercitio*], mais qui laisse quelque *opus* après le labeur, comme quand de la musique ou du chant est écrit par quelqu'un dont la fin est un *opus* complet et accompli. Car il consiste dans le faire ou le fabriquer, à savoir, en un travail tel que même après, quand l'auteur [*artifice*] est mort, elle laisse un opus parfait et absolu [*opus perfectum et absolutum*] » (*Musica*, 1537). L'influence de l'humanisme est également caractérisée par l'intérêt porté à la traditionnelle comparaison entre les arts, à laquelle la musique n'échappe pas ; par l'importance accordée à la rhétorique ; par l'influence du pythagorisme ; par la réflexion sur les modes, qui sont à la musique ce que les ordres sont à l'architecture ; par le goût pour la magie ; par la fascination pour le mythe d'Orphée. Philippe Vendrix souligne ainsi que si, au début du siècle, Orphée n'apparaît encore que comme un bon instrumentaliste, un technicien, en revanche, au milieu du siècle, il est devenu un prophète et un philosophe, sous l'influence de l'*Orpheide* de Quinziano Stoa (1484-1557) mais aussi sous celle du lyrisme philosophique de la Pléiade et en particulier de Ronsard (1524-1585).

La musique, ajoute-t-il, est de plain-pied avec les préoccupations magiques car elle est elle-même harmonie. La notion à laquelle recourt précisément Heinrich Cornelius Agrippa (c. 1486-1535) dans le *De occulta philosophia libri tres*, en 1533 : « C'est [le mécanisme du monde] comme un monocorde comprenant les trois *species* des choses créées, intellectuelles, célestes et conceptualisables, et résonant en un seul souffle et dans une seule vie. » On comprend ainsi sans peine que la musique ait pu être constamment associée à une réflexion sur l'éthique, sur le politique ou sur l'astronomie. Résumant ses idées sur la musique (*De musica*, 1574), Jérôme Cardan souligne que la musique incite l'esprit à l'étude et à la contemplation, qu'elle est un passe-temps profitable, qu'elle a des effets cathartiques.

Intimement liée à l'activité liturgique, la musique ne pouvait rester à l'abri des **changements religieux**. L'associant étroitement à l'annonce de la Parole, Luther lui fait une place de choix dans la liturgie. Même Calvin, beaucoup plus réservé, accorde au chant des psaumes une importance très grande, dont témoigne l'œuvre de Claude Goudimel (c. 1490-1572), après la conversion de celui-ci dans les années 1550. Enfin, il faut tenir compte d'une demande sociale toujours intense et variée : cour, institutions religieuses, corps de ville, communautés rurales, groupes et individus. Il suffit sur ce point de penser à la place que la musique occupe dans l'œuvre de Castiglione, qui y voit un moyen de représentation sociale et d'élévation spirituelle ; ou encore dans le *Galateo* de Giovanni Della Cosa (1503-1556).

Esthétique

Le deuxième fait est l'évolution des esthétiques. Tout d'abord dans le domaine des **chansons** profanes. Il est toujours marqué par la production de Clément Janequin

(c. 1480-1560). Celui-ci domine toute la première moitié du siècle et dans toutes les orientations de la chanson : descriptive, rustique, narrative, érotique et satirique, galante. Il est marqué également par les recherches d'inspiration humaniste faites sur la « mesure des vers à l'antique », notamment sous l'influence de Pontus de Tyard (Goudimel, *Diviti Horatii Flacci odae ad rythmos musicos reductae*, 1555). Il est marqué enfin par les premières œuvres de Roland de Lassus (1532-1594), qui paraissent à Anvers en 1555 et qui révèlent d'emblée la synthèse qui s'opère entre les influences flamande, française et italienne, alors que, dès l'année suivante, le compositeur entre au service du duc Albrecht de Bavière et rejoint la cour de Munich. On note ainsi, au milieu du siècle, le développement de la voix-de-ville ou vau-de-ville, qui désigne des chansons monophoniques, de forme simple, syllabique, empruntant souvent rythme et structure aux danses à la mode. L'évolution concerne aussi la *frottola* qui se trouve progressivement supplantée par la *villanella* napolitaine, la *canzonetta* (petite pièce symétrique au rythme cadencé), et évolue vers le madrigal, né de la rencontre entre les mélodies populaires italiennes et la polyphonie des maîtres franco-flamands établis à Venise (Andrea Gabrieli, 1510-1586).

L'évolution est sensible également dans le domaine de la musique religieuse. Le chant *a capella* s'est imposé. Aussi bien à Rome, dans l'entourage de Giovanni Pierluigi da Palestrina (c. 1525-1594), qu'à Venise, avec Adrian Willaert, établi à Saint-Marc depuis 1527. Profitant de la présence de deux orgues, il développe la forme *ricercar*, qui annonce la fugue, où chaque voix, à tour de rôle, expose, développe et reprend un même motif, et il expérimente le chant des psaumes et des motets avec un double chœur, l'un *a capella*, l'autre renforcé par des ensembles instrumentaux.

Le développement de la **musique instrumentale** est d'ailleurs le dernier aspect des évolutions esthétiques. On note le goût croissant pour la virtuosité (orgue, clavecin, viole, cornet, trombone), pour l'ornementation, pour la couleur instrumentale. La place de plus en plus grande occupée par le luth favorise des pratiques de « distinction » car c'est un instrument d'utilisation délicate, les cordes graves, dites à vide, devant être accordées d'après la tonalité et les exigences des morceaux à jouer, et qui réclame donc une grande technicité.

« De la musique avant toute chose »

Le dernier fait est la grande diversité des expériences musicales. Elle met en évidence aussi bien la rapide circulation des œuvres à travers l'Europe que l'importance des traditions locales. Le cas de la musique espagnole est exemplaire. Elle se développe autour de Cristobal de Morales (c. 1500-1553) et Francisco Guerrero (1528-1599), marqués l'un et l'autre par la musique romaine, mais aussi par les traditions espagnoles, volontiers mystiques et sensuelles. Les influences de la musique arabe sont sensibles dans les *villancicos*, ces pièces lyriques qui commencent par un refrain repris après chaque stance par un accompagnement différent, tandis que les romances se rattachent davantage aux monodies médiévales et évoquent le passé glorieux de l'Espagne. Les traditions locales concernent aussi les instruments comme la *vihuela*, une guitare généralement à six doubles cordes, pour laquelle un répertoire abondant est écrit dans les années 1536-1576, notamment par Luis Milan. Mais en Espagne, comme ailleurs, la musique

« savante » n'est que l'un des aspects d'une pratique musicale, incluant le chant et la danse, telle la pavane, toujours aussi diversement répandue.

Nations, langues et « littératures » : affirmations et premiers doutes

Art de convaincre, art de prêcher, art d'écrire, discipline commune – quoique le cas échéant diversement abordée – la rhétorique restait au cœur des apprentissages oratoires et lettrés et des débats sur le statut des disciplines et de la langue.

Langue, langage, rhétorique

Trois traits peuvent caractériser la période 1520-1560.

Hermétisme, astrologie, magie

Le premier est la permanence de la tradition hermétique. On n'en prendra ici que deux exemples. Celui – lié à l'activité professorale – d'Adrien Turnèbe (1512-1565), professeur de grec à Toulouse, puis premier titulaire de la chaire de grec comme « lecteur royal », éditeur, traducteur et commentateur de nombreux textes grecs. Il publie en 1554 une nouvelle édition (en grec) du *Corpus hermeticum*, dans laquelle il inclut les traités manquant dans la version que Ficin avait donnée un demi-siècle auparavant. Celui – lié à l'activité médicale – sans prétention « scientifique » de Michel de Nostredame (Nostradamus, 1503-1566). Après des études à Avignon, il exerce la médecine à Montpellier. C'est là qu'il publie en 1550 son premier almanach, suivi, en 1555, des *Prophéties* (ou *Centuries*). Le succès, aussi bien auprès de Catherine de Médicis et de Ronsard, que d'un large public, témoigne de l'attente toujours grande d'un dévoilement des secrets du monde, d'une révélation du sens caché de l'univers et du rôle joué sur ce terrain par les astrologues, malgré la dénonciation par les théologiens, comme Calvin, de « l'astrologie judiciaire » : « une superstition diabolique ». On notera que Nostradamus est par ailleurs le traducteur en vers – mais l'œuvre est perdue – des *Hieroglyphies* d'Horappolon.

Le deuxième trait est l'essor du savoir magique. Marsile Ficin et Pic de la Mirandole lui avaient donné ses lettres de noblesse. La période 1520-1560 devait être celle de sa réception. Pour Heinrich Agrippa, qui affirme être docteur en droit et en médecine, une science qu'il exerce à l'occasion, elle est, comme il l'écrit dans le *De occulta philosophia libri tres*, publié en 1533 et dédié à l'archevêque de Cologne, le plus parfait des savoirs. Elle est quête des vérités divines telles qu'elles ont été créées dans la nature. Ainsi, comme on l'a vu avec Paracelse, le savoir ne peut être acquis que par la grâce divine, soit par l'expérience mystique, soit par des expérimentations. Chez Agrippa, qui inspire la figure de Faust, elle est aussi réponse au pessimisme dont il avait fait preuve en 1526 dans son *De incertutudine et vanitate scientiarum* (publié en 1530). Giambattista Della Porta, l'auteur de la *Magia naturalis* (1558), est un esprit tout aussi curieux que celui d'Agrippa. Il s'intéresse à tout, de la physiognomie à la chiromancie, en passant par l'alchimie ou l'hydraulique. C'est d'ailleurs, avec son frère Gian Vincenzo un collectionneur forcené. En 1550, il fonde une Accademia dei Segreti qui dure jusqu'en 1579, pour étudier les secrets de la nature.

De la rhétorique à la stylistique

Le troisième trait est l'évolution de la rhétorique. Les lecteurs de la *Copia* d'Érasme – et tous les élèves passés dans une école humaniste l'étaient peu ou prou – n'étaient pas seulement confrontés à une réflexion sur l'« abondance des mots ». À travers l'œuvre d'Érasme, ils découvraient les enjeux majeurs de la poétique et de la rhétorique à la Renaissance. Or, au manuel d'Érasme sur la multiplicité des mots et des choses répondaient la dynamique lexicale d'un Rabelais – pour s'en tenir à l'exemple français analysé par Terence Cave – faisant expressément allusion dans le Prologue du *Tiers Livre* à la « Cornucopie de joyeuseté et raillerie » et la prolifération poétique de Ronsard, en particulier dans les *Odes* de 1550. À travers cette surabondance, se révèle sans doute l'un des signes de la crise de la Renaissance qui s'amorce au milieu des années 1530 et que nous avons déjà perçue dans l'analyse des « grotesques » : Rabelais, Ronsard et Montaigne, dont les *Essais* paraissent cependant à une date postérieure à notre étude, sont désormais lancés à la recherche d'une plénitude qui leur échappe.

Deux solutions sont apportées à cette crise sur le terrain de la rhétorique. Celle d'abord de Pierre de La Ramée (Ramus, 1515-1572). Il emprunte aux pédagogues du monde germanique – Agricola, Sturm, Melanchthon – les éléments d'une dialectique simplifiée, organisée autour de la notion de méthode et inspirée par la métaphysique néoplatonicienne (M.-L. Demonet). Il s'efforce de rendre ses recherches accessibles au plus grand nombre et publie en français une *Rhétorique* et une *Dialectique* en 1555, dans lesquelles il cherche à conjuguer éloquence et philosophie et propose une méthode d'analyse dont la rigueur fera la fortune. La rhétorique se fait méthode philosophique. Ses innovations sont reprises par son collègue Omer Talon (c. 1510-1562) dans ses *Institutiones oratoriae*. La rhétorique se fait stylistique. On se plaît à inventorier les tropes – métonymie, synecdoque, métaphore et ironie – et les figures concernant la diction et la pensée. Une évolution similaire est repérable en Angleterre. En 1550, s'inspirant largement de Cicéron et de Quintilien, Richard Sherry publie *A Treatise on Schemes and Tropes*, qui est le premier texte stylistique en anglais

L'« invention » de la « littérature »

Genèse du poète

L'« invention de la littérature » repose d'abord sur le rôle dévolu au poète. Dans une société qui ne connaît pas la propriété littéraire, au sens juridique du terme, car le plagiat y est régulièrement dénoncé et peut faire l'objet de procès, celui-ci reste encore largement tributaire ou des formes traditionnelles de « statut » social (appartenance au clergé, comme, en France, Maurice Scève, Saint-Gelais, Ronsard ou Rabelais ; professeur de collège ou d'université : médecin – Rabelais encore mais aussi Jules César Scaliger (1484-1558) – juriste) ou des formes nouvelles de dépendance curiale, aléatoires par essence et irrégulières en pratique, si l'on en juge par les plaintes permanentes des artistes et des auteurs. Par ailleurs, la pratique de la « littérature » reste encore largement associée aux formes associatives que sont, aux Pays-Bas, les chambres de rhétorique, en Allemagne, les écoles de chant et, en France, les puys et les jeux floraux (Rouen,

Toulouse). Partout s'y développe un formalisme très inventif – que l'on songe à la diversité de l'œuvre de Hans Sachs, maître chanteur de Nuremberg – au service des grands, de la religion, ou de l'exaltation des amours.

Mais le poète affirme pourtant sa prétention à être un « génie », comme le réclame Ronsard dans les *Odes* de 1550, quitte à charger le terme d'une signification néo-platonicienne. Les poètes se regroupent en « écoles » qui témoignent d'une volonté de cohérence sociale et d'autonomie culturelle : c'est le cas de la Pléiade. Réunie autour de Ronsard, c'est précisément le premier « groupe littéraire » à s'identifier comme tel (1556). Simultanément, le poète prétend englober tous les savoirs tel Ronsard dans l'*Hymne des Daimons* ou dans l'*Hymne de la philosophie* (1555).

Littérature et langues vernaculaires

Un deuxième élément est le rôle tenu désormais par la « littérature » dans le développement des langues vernaculaires qui cessent d'être une simple réalité pratique pour devenir un enjeu politique et culturel. De cette dimension politique témoigne, pour la France, l'édit de Villers-Cotterêts (1539). Il prescrit la tenue des actes officiels en langue française, soulignant l'engagement du pouvoir au détriment du latin. Dix ans plus tard, en 1549, Joachim Du Bellay publie sa *Défense et illustration de la langue française*. Il ne fait pas que défendre le français contre le latin, comme, un peu plus tôt Sperone Speroni (1500-1588 : *Dialogo delle lingue*, c. 1530), auquel il doit beaucoup. Il exprime les vues du groupe de poètes rassemblés autour de Ronsard, que l'on appelle alors la « Brigade » et que l'on appellera plus tard la « Pléiade » : un projet littéraire qui reste fondé sur l'imitation des Anciens, auxquels on emprunte les formes rhétoriques et dont on imite les genres littéraires, de l'épopée à l'épigramme, du discours à l'églogue. Le tout en français. Pour y parvenir, il faut enrichir la langue de nouveaux mots, élargir la palette des styles. Un projet qui se veut rupture avec la tradition qui le précède : celle des grands rhétoriqueurs, de Marot et de ses émules. La vivacité des débats (Barthélémy Aneau, Saint-Gelais) démontre l'importance des enjeux.

L'Italie avait sur ce point une longue expérience. L'humanisme s'y était construit, depuis Pétrarque, et même depuis Dante, sur le développement simultané des deux langues, latine et vernaculaire, tandis que le toscan s'imposait comme langue littéraire. La nouveauté des années 1520-1560 n'est donc pas le recours à la langue vernaculaire mais la constitution d'une « littérature nationale ». En 1525, Pietro Bembo publie les *Prose della volgar lingua*. S'il défend de façon assez traditionnelle la possibilité de recourir à la langue vernaculaire dans la communication écrite, il suggère cependant que celle-ci se propose des modèles. Et c'est le nom de Pétrarque qu'il avance. Un choix qui devait influencer des générations de poètes, forger un véritable attachement national à la versification, et contribuer à créer une littérature nationale fondée sur une anthologie commune. Le premier effet en est d'ailleurs l'adoption de pratiques de normalisation linguistique. Éditant, en 1545, l'*Orlando innamorato* de Matteo Maria Boiardo (1441-1494), Lodovico Domenichi déclare ne pas vouloir restaurer la pureté originelle de l'œuvre, mais la faire passer d'une certaine « rudesse » à une véritable « politesse ». Dans une sorte de rivalité avec le latin et ses traditions de classicisme mais aussi animé d'une réelle volonté créatrice, il souligne qu'éditer c'est comme restaurer une statue et préférer la *pulchritudo* à la *similitudo.* De leur côté, publiant les œuvres de Boccace et de l'Arioste, les éditeurs vénitiens multiplient les explications qui aident le lecteur à maîtriser la langue toscane. Rien de tel évidemment à Florence, si l'on excepte l'édition de l'*Orlando furioso*, procurée par Ulivi en 1544[1]. Le second effet en est la reprise de tous les genres pratiqués par Pétrarque dans le *Canzionere* : le sonnet, mais aussi le madrigal, la ballade, la sextine et la chanson. Ce qui n'interdit pas une évolution des relectures de Pétrarque. À l'intérêt porté au poète de l'amour succède, sous l'influence de la Réforme catholique, l'attention portée au poète chrétien.

Autonomie de la littérature

Le choix de la langue vernaculaire inscrivait le poète dans un nouveau système de référence, qui ne rendait pas caduque celui des modèles antiques mais assignait à ceux-ci une nouvelle place. Composant le *Roland furieux* en italien, l'Arioste ne cessait certes pas de se référer à l'épopée virgilienne (l'*Énéide*), tout autant bien sûr qu'à la tradition franco-italienne de la chanson de geste. Mais, simultanément, il s'inscrivait dans la tradition de Boiardo et de l'*Orlando innamorato.* De plus, ce choix de la langue vernaculaire favorisait l'ancrage historique du texte, même si celui-ci s'inspirait d'un modèle antique. Loin d'être un modèle de classicisme renaissant, fondé sur une harmonie cosmique, comme le lisait un Benedetto Croce dans les années 1920, le *Roland furieux* était pour l'Arioste, notamment dans les poèmes qui précèdent les cinquante-six chants, l'occasion d'exprimer ses vues sur les problèmes politiques et militaires de son temps, sa fascination pour le savoir géographique en train de se constituer, sa répulsion à l'égard du développement de l'armement, ses sentiments sur la place des femmes dans la société (D. Looney). Le succès incomparable que connut son œuvre, mesuré au nombre des rééditions, souvent accompagnées d'illustrations, suggère qu'il devint rapidement un « classique » de la littérature italienne.

Le développement des littératures nationales posait deux problèmes. Dans l'idéal agonistique de la Renaissance, celui d'abord de l'origine des langues. Et celui de la place – si possible la première – occupée par sa propre langue. Dans les *Origines Antwerpianae* (1569), Goropius Becanus prétendait ainsi que non seulement il n'y avait qu'une seule langue à l'origine, mais que cette langue était le néerlandais. Mieux encore, une forme dialectale anversoise ! Les habitants de la cité étaient les enfants de Japeth et leur langue avait échappé à la confusion de Babel. Le second problème était celui des traductions. La « Renaissance triomphante » avait donné à la traduction latine le soin d'asseoir la *respublica literaria.* La « Renaissance automnale » confiait aux traducteurs la tâche de faire connaître à chaque tradition vernaculaire les œuvres écrites soit en latin soit dans une autre langue vernaculaire. Elle contribuait ainsi à développer les singularités nationales tout en maintenant les échanges, par un renoncement au mythe de l'unité perdue. Non plus Babel, mais Hermès. En 1540, Étienne Dolet publiait à Lyon, sa *Manière de bien traduire d'une langue à l'autre.*

1. Richardson (Brian), *Print Culture in Renaissance Italy. The Editor and the Vernacular Text, 1470-1600,* Cambridge, 1994.

D'autre part, elle rendait possible un élargissement social de la réception de l'humanisme. Et par là même redoublait l'évolution déjà sensible sur le terrain éducatif, contribuant à en changer la signification.

L'essor des littératures nationales présente par ailleurs deux aspects qui ne sont contradictoires qu'en apparence. D'un côté, il repose sur la diffusion de modèles à travers l'Europe qui permettent de comprendre de similaires évolutions, quelquefois cependant décalées dans le temps : poésie, théâtre, historiographie. À l'échelle de l'Europe, le théâtre restait l'un des moyens privilégiés de toucher des populations n'accédant pas à l'écriture. Il évolue à notre période dans quatre directions. La première est l'effacement progressif du théâtre religieux, largement lié aux rythmes liturgiques et aux espaces religieux (interdiction parisienne de 1548). La deuxième est l'influence des modèles antiques sur le théâtre humaniste. Ce dernier emprunte ses modèles à Plaute et à Térence pour la comédie, à Aristote et à Sénèque pour la tragédie. Des emprunts qui n'hésitent cependant pas à actualiser les thèmes, comme dans la *commedia erudita* qui se développe en Italie au début du XVIe siècle, et dont l'Arioste est l'un des meilleurs représentants (*La cassaria*, *I suppositi* et surtout *La Lena*). La troisième est la veine biblique, sensible dans le théâtre lié à l'affirmation de la Réformation, à partir des années 1530. La quatrième est le développement du théâtre scolaire dans les années 1530, d'abord dans le monde protestant, puis à partir des années 1550 dans le monde catholique, où les jésuites vont devenir les maîtres d'un genre qui contribue au « salut des âmes et à l'ordre des cités » (J.-M. Valentin). Le tout accompagné de l'apparition de troupes professionnelles.

L'histoire se développe aussi dans tous les pays, contribuant au renforcement des consciences nationales : Paolo Giovio (1498-1552), Johannes Sleidanus (1506-1556), Louis Le Roy (1510-1577). Des identités nationales indéniables que l'on se gardera cependant bien d'analyser de façon anachronique, gardant en mémoire la lettre que l'humaniste Jérôme Aléandre (1480-542) écrit le 23 mars 1532 à son ami Sanga : « Je n'ai pas même de véritable patrie, car je suis né dans un pays où personne ne peut espérer devenir quelque chose, quels que soient son intelligence, sa fortune ou son sexe, s'il n'appartient pas à l'aristocratie dominante. C'est pourquoi, j'ai cherché à établir mes plans, ma résidence et la source de mes revenus hors de ma patrie d'origine… C'est avec cette fidélité que j'ai toujours témoignée, que je sers et servirai mon maître [le pape], qui est mon seul bienfaiteur, souverain, père, et ma seule patrie. »

L'essor des littératures nationales repose d'un autre côté sur la formation rapide d'un corpus « national ». On a évoqué le cas de l'Italie. On peut également penser au rôle que joue la *Vida de Lazarillo de Tormes y de sus fortunas y advertitades* (1554), attribué à Diego Hurtado de Mendoza, dans la formation de la « littérature picaresque », en Espagne. Ou, en France, à celui que remplit Rabelais dans le déplacement des problèmes théologiques vers la littérature d'imagination et la défense du rire comme remède contre les désillusions. Bref, dans l'affirmation de la littérature d'imagination, dont le but est la jouissance esthétique et non l'édification ou l'apprentissage pédagogique. Le relais est pris au milieu du XVIe siècle. À Paris, avec un groupe d'« intellectuels » plutôt jeunes, gravitant dans le quartier de l'Université, autour des collèges, des imprimeries et des librairies : Lazare de Baïf, Jean Dorat, Marc-Antoine Muret et Étienne Pasquier. À Lyon, ville cosmopolite par excellence, où la vie intellectuelle s'organise autour des imprimeries (celle de Sébastien Gryphe, dont Guillaume Scève, parent du poète Maurice Scève, dirige les publications), des collèges (dont celui de la Trinité, réorganisé par Symphorien Champier en 1527), et des demeures des riches marchands mécènes où se retrouvent poètes et musiciens, parfois autour d'une poétesse (Louise Labé, Marguerite Du Bourg, Pernette du Guillet). La figure dominante, entre 1540 et 1560, est sans doute celle de Maurice Scève. Mais elle est loin de résumer la diversité lyonnaise.

Rétrospective et premiers doutes

Le monde des années 1560 est un monde qui s'est à présent élargi aux dimensions de l'univers, comme l'écrit lucidement et avec enthousiasme Jérôme Cardan (1501-1576), dans son autobiographie : « Parmi les prodiges naturels, le premier et le plus rare, c'est que je suis né dans ce siècle où la Terre a été découverte, alors que les Anciens n'en connaissaient guère plus du tiers [...] les connaissances se sont étendues. Qu'y a-t-il de plus merveilleux que l'artillerie, cette foudre des mortels bien plus dangereux que celle des dieux [...] ? Ajoutons-y [...] l'invention de l'imprimerie, conçue par l'esprit des hommes, réalisée par leurs mains, qui peut rivaliser avec les miracles divins. Que nous manque-t-il encore sinon de prendre possession du ciel ? » Un monde où la circulation est encouragée. Les guides de voyage se multiplient. Ils présentent plus particulièrement les « centres » que sont alors, en Europe, Rome, Venise, Paris. Ceux de Rome, par exemple, reprennent les informations déjà contenues dans les guides médiévaux : catalogue des reliques et des indulgences, liste des papes. Mais ils y ajoutent à présent des informations sur les antiquités, les services postaux et les peintres. Le guide que Francesco Sansovino consacre à Venise, publié en 1558, est un « best-seller » (P. Burke). Les « périphéries » aussi sont prises en considération, comme le monde russe qui pénètre l'imaginaire européen dans les années 1550 Un monde qui a pris surtout conscience des espaces nouveaux que l'on découvre dans les Indes occidentales mais aussi dans l'Orient de François-Xavier (1506-1552).

Revenir sur la conquête – « le plus grand événement depuis la fondation du monde à l'exception de l'incarnation et la mort de Celui qui l'a créé » (Lopez de Gomara, *Histoire des Indes*, 1552, dédié à Ferdinand de Habsbourg) – c'était s'interroger sur son bien-fondé, se poser la question de l'œuvre accomplie, et, par un effet de miroir que Montaigne poussera jusqu'au bout dans le chapitre des *Essais* sur les Cannibales, se demander quel avait été l'impact des découvertes. La question s'était posée rapidement sur le terrain du droit, d'un point de vue théorique (Vitoria, Sepúlveda, Las Casas) et d'un point de vue pratique (*Nouvelles Lois*, 1542). Elle le fut également dans les rapports officiels, les récits des expéditions et les livres d'histoire. Les deux dernières décennies de notre étude correspondent à un tournant important. Tout d'abord, elles marquent la fin des récits ou des histoires de la première génération (Lopez de Gomara : *Historia general de las Indias* ; Cieza de Léon : *La crónica del Perú*, 1554 ; Fernao Lope de Satanheda : *História do descobrimento e conquista de*

India pelos Portugueses, écrite entre 1551 et 1561 ; Bernardino de Sahagún (1499-1580), *Historia general de las cosas de Nueva Espagna*, écrit en Nahuatl entre 1558 et 1569 et traduit en castillan en 1577), fortement marqués par une rhétorique mêlant traditions médiévales (*Amadis de Gaule*), modèles classiques (Pline et Hérodote) et usages contemporains (notamment le goût pour la « curiosité »). Émerveillement et étonnement y fondent une distanciation qui justifie la conquête et la subordination des peuples qui vivent « selon la chair » (S. Greenblatt). Elles amorcent la mise en place d'une deuxième génération de récits, dont l'authenticité est fondée sur le fait qu'il sont écrits par des témoins oculaires : Bernardino Díaz del Castillo (1492-1581), dont l'*Historia verdadera de la conquista en la Nueva España* (1575 ?), est critique de Lopez de Gomara ; Jean de Léry (1510-1577), dont l'*Histoire d'un voyage fait en la terre du Brasil* (1578) est critique d'André Thevet. Elles sont contemporaines de l'apogée du genre cosmographique (1550-1560), étudié par Frank Lestringant à travers la figure notamment d'André Thevet (1516-1592), dont *Les singularitez de la France antarctique* (1557) illustrent ce lien encore possible entre « vil savoir-faire des gens de métier et [la] science réfléchie des doctes », faisant que « la science de la Renaissance ressemble après coup à un déconcertant bricolage » (F. Lestringant). Avant les solides compilations de l'humanisme tardif.

Ce sont ces textes qui, constamment réédités et traduits, nourrissent la réflexion de Montaigne. Celle qui conduit au doute. Un doute dont Joachim Du Bellay, pour d'autres raisons, avait déjà fait l'expérience. Il meurt en 1560, l'année même où s'achève notre enquête :

Je me ferai savant en la philosophie,
En la mathématique et médecine aussi :
Je me ferai légiste, et d'un plus haut souci
Apprendrai les secrets de la théologie :

Du luth et du pinceau j'ébatterai ma vie,
De l'escrime et du bal. Je discourais ainsi,
Et me vantais en moi d'apprendre tout ceci,
Quand je changeai la France au séjour d'Italie.

O beaux discours humains ! Je suis venu si loin
Pour m'enrichir d'ennui, de vieillesse et de soin,
Et perdre en voyageant le meilleur de mon âge.

Ainsi le marinier souvent pour tout trésor
Rapporte des harengs en lieu de lingots d'or,
Ayant fait, comme moi, un malheureux voyage.

Les Regrets (1558), XXXII

Conclusion

Renaissance et modernité ?

Au-delà du cas personnel de Du Bellay, « poète de l'échec », la désillusion que traduit le sonnet des *Regrets* (1558) exprime-t-elle la situation de la Renaissance des années 1540-1560 ? À l'enthousiasme des origines, sans cesse redit – de Marsile Ficin écrivant à Paul de Middelburg en 1484 jusqu'à Pierre Belon dans la dédicace des *Observations de plusieurs singularitez et choses memorables*... publiées en 1553, en passant par Érasme s'adressant à Budé en 1517, pour s'en tenir à notre cadre chronologique – succèdent les premières interrogations. Sans doute, parce que l'embellie économique – bien inégalement répartie – commence à se rétracter et que la mobilité sociale qui avait accompagné l'essor des années 1450-1520 tend à se réduire.

Plus encore parce que le mouvement de la Renaissance s'est largement transformé tout au long de la période que nous avons étudiée. S'il est sans doute excessif de parler d'une « autonomisation » de l'art, on a vu que l'une des caractéristiques du maniérisme était cette volonté d'achever de donner à l'artiste et à son activité une reconnaissance sociale et un statut symbolique spécifiques. De la même façon, l'humanisme a évolué dans le sens d'un fort investissement éducatif aboutissant à la constitution des « humanités » comme système de références et comme méthode d'analyse, d'un encyclopédisme d'autant plus difficile à maîtriser que les champs disciplinaires se sont précisés, et de l'émergence du champ littéraire.

Par ailleurs, si elle traduit un constant effort pour penser le monde et agir sur lui, la Renaissance des années 1470-1560 a évolué sous l'influence de quatre éléments. Le premier est l'élargissement des horizons qui a obligé à penser le rapport entre l'expérience locale et les réalités régionales et européennes d'une part, ces réalités et les espaces nouvellement ouverts à la curiosité et à la domination des Européens d'autre part. Le deuxième est l'impact progressif des changements techniques et en particulier de l'imprimerie sur la vie quotidienne et sur la formation d'une « civilisation du livre », quantitativement marginale mais pesant lourdement sur la vie culturelle. Le troisième est le développement de la vie politique, nullement réduit à la croissance des seuls États-nations, mais marqué par le poids pris par la croissance des appareils d'État, par leurs exigences en matière financière et par leur rôle sur le terrain de la vie culturelle. Le quatrième est l'évolution de la vie religieuse, caractérisée par une attitude d'exclusion à l'égard du monde non chrétien et par l'éclatement confessionnel à l'intérieur même de la chrétienté latine, qui s'accompagne d'une redéfinition des orthodoxies.

Pour le reste, on l'aura compris, la Renaissance est un mythe. Mythe tout d'abord pour les contemporains parce qu'elle n'a cessé de redire et de réécrire le récit des origines qui fondait l'esprit même de la Renaissance. Très comparable à celui de la Genèse : la séparation de la nuit et de la lumière. Mythe ensuite pour les historiens qui, de Jules Michelet et Jakob Burckhardt à Henri Hauser et Hans Baron ont par ce biais pensé la modernité : l'émancipation de la bourgeoisie du carcan de la féodalité et de la chrétienté médiévale, l'affirmation de l'individu face à la société de masse, la possible résistance des libertés républicaines face au pouvoir princier, ou encore la triple découverte de la terre, de la nature physique et de l'homme, qui constituerait la « modernité du XVIe siècle ».

Mais un mythe qui n'est ni pour les uns ni pour les autres une idée fausse ou illusoire. Parce qu'il a été moyen d'exprimer un projet collectif des élites intellectuelles de l'Europe : la *renovatio*, l'*integratio*, et la *restitutio* de l'Antiquité classique dans le monde chrétien (A. Chastel), et de penser la place de l'homme dans la Nature. Parce qu'il reste pour les historiens un outil conceptuel permettant de penser une civilisation qui a fait de cette notion le fondement de son identité et de son dynamisme, plaçant le fait culturel, au sens large du terme, nullement réduit à la vie artistique ou intellectuelle, au cœur de la cité et de chaque être humain. Dans le cadre d'une pensée unitaire. Au risque de se heurter à la surabondance des connaissances, au nécessaire éclatement des savoirs, à la diversification politique, à l'affirmation de la pluralité religieuse, mais aussi à la reconnaissance des sociétés extra-européennes. Et de devoir accepter de poser la question de l'Autre.

Orientation bibliographique

Instruments de travail

Bibliographie

— « La Renaissance des années 1470 aux années 1560 (envisagée dans toutes ses dimensions) », *Historiens-Géographes,* n° 379 (juillet-août 2002), p. 329-373.

Dictionnaire et encyclopédie

— *Dictionnaire de la Renaissance*, Paris : Encyclopaedia Universalis-Albin Michel, 1998, 924 p.
— GRENDLER (Paul F., dir.), *Encyclopedia of the Renaissance*, New York Charles Scribner's Sons, 6 vol., 1999, LXVIII-465, VIII-456, X-465, X-460, X-457, X-579 p.

Atlas

— BLACK (C. F., *et al.*, eds.), *Atlas de la Renaissance*, trad., Turnhout : Brepols, 1993 (1993), 240 p.

Outil pédagogique

— *La Renaissance ou l'avènement de l'homme moderne*, dir. Ivan CLOULAS, Documentation française 6087, 1987, 48 p.

Site

— http://www.cesr.univ-tours.fr

Historiographie : passé-présent

Deux textes fondateurs :

— BURCKHARDT (Jakob), *Civilisation de la Renaissance en Italie*, trad. franç., 3 vol., Paris : Librairie Générale Française, 1986, LV-276, 443, 299 p.
— MICHELET (Jules), *Renaissance et Réforme, histoire de France au XVIe siècle*, Paris : Robert Laffont (Bouquins), 1998, 816 p.

La Renaissance au XXe siècle

— HUIZINGA (Johann), *L'automne du Moyen Âge*, Paris : Payot, 1989 (1932), IX-343 p.
— KRISTELLER (Paul Oskar), *Renaissance Thought. The Classic, Scholastic, and Humanistic Strains*, New York : Harper Torchbooks/The Academy Library, 1961 (1955), 173 p.
— PANOFSKY (Erwin), *La Renaissance et ses avant-courriers dans l'art d'Occident*, trad. franç., Paris : Flammarion (Coll. Idées et recherches), 1976 (repr. 1993, Champs 602, 440 p.).
— KLIBANSKY (Raymond), PANOFSKY (Erwin) et SAXL (Fritz), *Saturne et la mélancolie. Études historiques et philosophiques : nature, religion, médecine et art*, trad. franç., Paris : Gallimard (Bibliothèque illustrée des histoires), 1989, 783 p.

La Renaissance aujourd'hui

— BURKE (Peter), *La Renaissance européenne*, trad. franç., Paris : Seuil (Faire l'Europe), 2000, 346 p. (repr. poche 2002, 345 p.).
— DELUMEAU (Jean), *La civilisation de la Renaissance*, Paris : Arthaud, 1967, 718 p. (repr. poche 1984, 539 p.)
— DELUMEAU (Jean) et LIGHTBOWN (R) (eds), *La Renaissance*, Paris : Seuil (Histoire artistique de l'Europe), 1996, 400 p.
— DUBOIS (Claude-Gilbert), *Le Bel aujourd'hui de la Renaissance. Que reste-t-il de la Renaissance ?*, Paris : Seuil (L'avenir du passé), 2001, 201 p.
— GARIN (Eugenio), *La Renaissance. Histoire d'une révolution culturelle*, Verviers : Marabout Université, 1970, 286 p.
— *Id.* (dir.), *L'homme de la Renaissance*, Paris : Seuil, 1990, 394 p. (repr. poche 2002, 412 p.).
— HALE (John), *La civilisation de l'Europe à la Renaissance*, trad. franç., Paris : Perrin, 1998 (1993), 696 p.
— JARDINE (Lisa), *Wordly goods. À new history of the Renaissance*, London : Macmillan, 1996, 470 p.
— VASOLI (Cesare), *Umanesimo e rinascimento*, 2e éd., Palermo : Palumbo, 1969, 539 p.

Pour achever la mise en place

— BALARD (Michel), BOULEGUE (Jean), DUTEIL (Jean-Pierre) et MUCHEMBLED (Robert), *Les civilisations du monde vers 1492*, Paris : Hachette (Carré Histoire), 1997, 252 p.
— BENNASSAR (Bartolomé) et JACQUART (Jean), *Le XVIe siècle*, 3e éd., Paris : A. Colin (U), 1997 (1972), 359 p.
— CASSAN (Michel), *L'Europe au XVIe siècle*, Paris : SEDES (Campus), 1999, 192 p.
— CHAIX (Gérald) (ed.), *L'Europe de la Renaissance, 1470-1560*, Paris : Éditions du Temps, 2002, 219 p.
— PELUS-KAPLAN (Marie-Louise), *L'Europe du XVIe siècle*, Paris : Hachette (Les fondamentaux), 1998, 160 p.
— RICE (Eugene F.) et GRAFTON (Anthony), *The Foundations of Early Modern Europe, 1460-1559*, 2e éd., New York-London : W.W. Norton & Co., 1994, 218 p.

Populations, Économies et Sociétés

Ouvrages généraux

— BRAUDEL (Fernand), *Civilisation matérielle, économie et capitalisme, XVe-XVIIIe siècle*, t. 1 : *Les Structures du quotidien* ; t. 2 : *Les Jeux de l'échange* ; t. 3 : *Le Temps du monde*, Paris : A. Colin, 1979, 564, 600, 607 p.
— LEON (Pierre) (ed.), *Histoire économique et sociale du monde*, t. 1 : *L'ouverture du monde XIVe-XVIe siècles*, Paris : A. Colin, 1977, 606 p.
— MAURO (Frédéric), *Le XVIe siècle européen. Aspects économiques*, Paris : PUF (Nouvelle Clio, 32), 3e éd., 1981 (1966), 391 p.
— WALLERSTEIN (Immanuel), *Le système du monde, du XVe siècle à nos jours, t. 1 : 1450-1640. Capitalisme et économie-monde*, trad. franç., Paris : Flammarion, 1980, 331 p.

Renaissance et capitalisme marchand

— BENNASSAR (Bartolomé), *Valladolid et ses campagnes au XVIe siècle*, Paris-La Haye : Mouton, 1967, 636 p. (rééd. 1999).
— GASCON (Richard), *Grand commerce et vie urbaine au XVIe siècle. Lyon et ses marchands (vers 1520-vers 1580)*, 2 vol., Paris-La Haye : Mouton (Civilisations et Sociétés, 2), 1971, 1101 p.
— GOLDTHWAITE (Richard A.), *Wealth and the Demand of Art in Italian 1300-1600*, Baltimore : Johns Hopkins UP, 1993, 266 p.

— JEANNIN (Pierre), *Les marchands au XVIe siècle,* Paris : Seuil (Le Temps qui court), 1957, 192 p.
— *Id.*, *Marchands du Nord. Espaces et trafics à l'époque moderne*, éd. Philippe BRAUNSTEIN et Jochen HOOCK, Paris : Presses de l'ENS, 1996, 331 p.
— *Id.*, *Marchands d'Europe*, Paris : Presses de la rue d'Ulm, à paraître (2002) [recueil d'articles].

Renaissance et société

La Renaissance au féminin

— BERRIOT-SALVADORE (Évelyne), *Les femmes dans la société française de la Renaissance*, Genève : Droz, 1990, 592 p.
— DUBY (Georges) et PERROT (Michelle) (eds), *Histoire des femmes*, t. 1 : *Le Moyen Âge*, dir. Christiane KLAPISCH-ZUBER ; t. 2 : *XVIe-XVIIIe siècles*, dir. Natalie ZEMON DAVIS et Arlette FARGE, Paris : Plon, 1991, 575 et 569 p.
— MATTHEWS-GRIECO (Sara F.), *Ange ou diablesse. La représentation de la femme au XVIe siècle*, Paris : Flammarion, 1991, 495 p.

Renaissance et groupes d'âge

— KERLIHY (David), « Vieillir à Florence au Quattrocento », *Annales ESC* 24 (1969), 1338-1352.
— SCHMITT (Jean-Claude) (ed.), *Histoire des jeunes en Occident*, t. 1 : *De l'Antiquité à l'époque moderne*, Paris : Seuil, 1996, 376 p.

Renaissance et groupes sociaux : nobles, cours et courtisans ; sociétés urbaines et « bourgeoisies » ; campagnes et paysans ; pauvres et « marginaux »

— ASCH (Ronald G) et BIRKE (Adolf) (eds), *Princes, Patronage and the Nobility : The Court at the Beginning of the Modern Age, c. 1450-1650*, Oxford-New York, 1991 : Oxford UP, XII-507 p.
— BURKE (Peter), *The Fortunes of the Courtier : The European Reception of Castiglione's Cortegiano*, University Park : Pennsylvania State UP, 1996, X-210 p.
— CHAIX (Gérald) (ed.), *La ville à la Renaissance*, colloque de Tours juillet 1996, Paris : Champion (Le Savoir de Mantice), à paraître (2003).
— GEREMEK (Bronislaw), *La potence ou la pitié. L'Europe et les pauvres du Moyen Âge à nos jours*, trad. franç., Paris : Gallimard, 1987, 330 p.
— JONES-DAVIES (Marie-Thérèse) (ed.), *Les cités au temps de la Renaissance*, Paris : Université de Paris-Sorbonne, 1977, 205 p.
— JÜTTE (Robert), *Poverty and Deviance in Early Modern Europe*, Cambridge : Cambridge UP, 1994, XVI-239 p.
— OSSOLA (Carlo), *Miroirs sans visage. Du courtisan à l'homme de la rue*, trad. franç., Paris : Seuil, 272 p.
— PEROUSE (Gabriel-André) et NEVEUX (Hugues) (eds), *Essai sur la campagne à la Renaissance. Mythes et réalités*, Colloque de la Société française des seiziémistes, Paris-Nanterre, 1987, Paris, 1991.

Civilisation matérielle et environnement

— ARIES (Philippe) et DUBY (Georges) (eds), *Histoire de la vie privée*, t. 2 : *De l'Europe féodale à la Renaissance*, t. 3 : *De la Renaissance aux Lumières*, Paris : Seuil, 1985 et 1986, 634 et 634 p. (repr. poche 1999, 656 p. et 638 p.).
— BOURQUIN (Laurent), « Les objets de la vie quotidienne dans la première moitié du XVIe siècle à travers cent inventaires après décès parisiens », *Revue d'histoire moderne et contemporaine* 36 (1989), p. 464-475.
— DELUMEAU (Jean), *La peur en Occident, XIVe-XVIIIe siècles*, Paris : Fayard, 1978, 485 p.

— GUILLAUME (Jean) (ed.), *La maison de ville à la Renaissance. Recherche sur l'habitat urbain en Europe aux* XV*e et* XVI*e siècles,* Actes colloque Tours, 1977, Paris : Picard (De architectura), 1983, 195 p.
— MARGOLIN (Jean-Claude) et SAUZET (Roberts) (eds), *Pratiques et discours alimentaires à la Renaissance*, Paris : Maisonneuve & Larose, 1982, 305 p.
— VIGARELLO (Georges), *Le propre et le sale. L'hygiène du corps depuis le Moyen Âge*, Paris : Seuil (Points H 92), 1985, 285 p.
— VOVELLE (Michel), *La mort et l'Occident de 1300 à nos jours*, Paris : Gallimard, 1983, 793 p.

La Renaissance : un changement d'horizon ?

— DUPRONT (Alphonse), « Espace et humanisme », *Bibliothèque d'Humanisme et Renaissance* 7 (1946), 7-104 (repr. : *id.*, *Genèses des temps modernes. Rome, les Réformes et le Nouveau Monde*, éd. Philippe BOUTRY et Dominique JULIA, Paris : Gallimard-Le Seuil (Hautes Études), 2001, 407 p., voir p. 47-112).

L'« invention du monde »

— BROC (Numa), *La géographie de la Renaissance (1420-1620)*, Paris : Comité français des travaux historiques, 1986, 261 p.
— CÉARD (Jean) et MARGOLIN (Jean-Claude) (eds), *Voyager à la Renaissance*, Colloque Tours 1983, Paris : Maisonneuve & Larose, 1987, 687 p.
— CHAUNU (Pierre), *L'expansion européenne du* XIII*e au* XV*e siècle*, 3e éd., Paris : PUF (Nouvelle Clio 26), 1995 (1969), 416 p.
— *Id.*, *Conquête et exploitation des nouveaux mondes*, 5e éd., Paris : PUF (Nouvelle Clio 26 bis), 1995 (1969), 456 p.
— GREENBLATT (Stephen), *Ces merveilleuses possessions. Découverte et appropriation du Nouveau Monde au* XVI*e siècle*, trad. franç., Paris : Belles Lettres, 1996 (1991), 304 p.
— LESTRINGANT (Frank), *L'atelier du cosmographe ou l'image du monde à la Renaissance*, Paris : Albin Michel, 1991, 270 p.
— TODOROV (Tzvetan), *La conquête de l'Amérique : la question de l'autre*, Paris : Seuil (Points 226), 1991, 339 p.
— VILLIERS (Patrick), JACQUIN (Philippe) et RAGON (Pierre), *Les Européens et la mer : de la découverte à la colonisation (1455-1860),* Paris : Ellipses, 1997, 254 p.

Genèse de l'Europe moderne : les échanges (populations, œuvres et idées)

— BALSAMO (Jean) (ed.), *Passer les monts. Français en Italie, l'Italie en France (1494-1525)*, Paris Champion, 1998, 433 p.
— BOTS (Hans) et WAQUET (Françoise), *La République des Lettres*, Paris : Belin-De Boeck, 1997, 188 p.
— DUBOST (Jean-François), *La France italienne,* XVIe-XVII*e siècle*, Paris : Aubier, 1997, VI-524 p.
— BORCHERT (Till-Holger), *Le siècle de van Eyck. Le monde méditerranéen et les primitifs flamands, 1430-1530*, catal. expo., Bruges, 2002, 280 p.
— JARDINE (Lisa), *Erasmus Man of letters : The Construction of Charisma Print,* Princeton : Princeton UP, 1993, X-284 p.
— OBERMAN (Heiko A.) et BRADY (Thomas A., Jr) (eds), *Itinerarium Italicum. The Profile of the Italian Renaissance in the Mirror of its European Transformations*, Leiden : E.J. Brill (Studies in Medieval and Reformation Thought, 14), 1975, XXVIII-471 p.
— NARDONE (Jean-Luc), *Pétrarque et le pétrarquisme*, Paris : PUF (Que sais-je ? 3338), 1998, 128 p.
— SORELIUS (Gunnar) et SRIGLEY (Michael) (eds), *Cultural Exchange between European Nations during the Renaissance*, Uppsala : Almquist & Witsell, 1994, 244 p.

Genèse de l'Europe moderne : les cloisonnements

— *The Fairest Flower : The Emergence of Linguistic National Consciousness in Renaissance Europe*, Firenze : Crusca, 1985, 208 p.

Techniques et sciences à la Renaissance

Instruments de travail et ouvrages généraux

— GALLUZZI (Paolo), *Les ingénieurs à la Renaissance : de Brunelleschi à Léonard de Vinci*, Firenze : Giunti, 1995, 250 p.

— OLBY (R.C.), CANTOR (G.N.), CHRISTIE (J.R.R.) et HODGE (M.J.S.), (eds), *Companion to the History of Modern Science*, London-New York : Routledge, 1990, XXVI-1081 p.

— PUMFREY (Stephen), ROSSI (Paolo), et SLAWINSKI (Maurice) (eds), *Science, Culture and Popular Belief in Renaissance Europe*, Manchester : Manchester UP, 1991, XII-330 p.

— ROSSI (Paolo), *Les philosophes et les machines 1400-1700*, trad. franç., Paris : PUF, 1996, XXI-186 p.

— *Id.*, *La naissance de la science moderne en Europe*, Paris : Seuil, 1999, 407 p.

— *Id.*, « Renaissance des savoirs scientifiques et techniques ? », *Nouvelle Revue du XVIe siècle*, 20 (2002).

— VERIN (Hélène), *La gloire des ingénieurs. L'intelligence technique du XVIe au XVIIIe siècle*, Paris : Albin Michel, 1993, 455 p.

Imprimerie : technique et civilisation

— AQUILON (Pierre) et MARTIN (Henri-Jean) (eds), *Le livre dans l'Europe de la Renaissance*, Paris : Promodis, 1988, 587 p.

— BUJANDA (Jesus Martinez), *Le contrôle des idées à la Renaissance*, Genève : Droz, 1996, 180 p.

— CHARTIER (Roger), *Culture écrite et société. L'ordre des livres (XIVe-XVIIIe siècle)*, Paris : Albin Michel, 1996, 240 p.

— EISENSTEIN (Elisabeth), *La révolution de l'imprimé à l'aube des temps modernes*, Paris : La Découverte, 1991, 354 p. [trad. franç. abrégée de *The printing press as an agent of change : communication and cultural transformation in early modern Europe*, Cambridge-New York : Cambridge University Press, 1981, XXI-794 p.]

— FEBVRE (Lucien) et MARTIN (Henri-Jean), *L'apparition du livre*, Paris : Albin Michel (L'Évolution de l'humanité, 30), 1971 (1958), 538 p.

— GILMONT (Jean-François) (ed.), *La Réforme et le livre. L'Europe de l'imprimé (1517-v. 1570)*, Paris : Cerf, 1990, 533 p.

— GRAFTON (Anthony), « Le lecteur humaniste », *in* : Guglielmo CAVALLO, Roger CHARTIER et Robert BONFIL (eds), *Histoire de la lecture dans le monde occidental*, Paris : Le Seuil, 1997, 526 p., voir p. 209-248.

— HIGMAN (Francis), *Lire et découvrir. La circulation des idées au temps de la Renaissance*, Genève : Droz (THR 326), 1998, XVII-732 p.

— LOWRY (Martin J.C.), *Le Monde d'Alde Manuce. Imprimeurs, hommes d'affaires et intellectuels dans la Venise de la Renaissance*, trad. franç., Paris : Promodis-Cercle de la Librairie, 1983 (1979), 355 p.

— ORNATO (Monique) et PONS (Nicole) (eds), *Pratique de la culture écrite au XVe siècle*, Turnhout : Brepols, 1995, XV-591 p.

La Renaissance : civilisation de l'image, genèse de l'artiste, présence des commanditaires

Instruments de travail et ouvrages généraux

— ARASSE (Daniel) et TÖNNESMANN (Andreas), *La Renaissance maniériste*, Paris : Gallimard (L'univers des formes), 1997, 493 p.
— CHASTEL (André), *Le sac de Rome, 1527. Du premier maniérisme à la Contre-Réforme*, Paris : Gallimard (Bibliothèque illustré des histoires), 1984, 369 p.
— CHATELET et RECHT (Roland), *Automne et renouveau, 1380-1500*, Paris : Gallimard (L'univers des formes), 1988, 467 p.
— DAUMAS (Maurice), *Images et société dans l'Europe moderne*, Paris : A. Colin (coll. U), 2000, 223 p.
— JESTAZ (Bertrand), *L'Art de la Renaissance*, Paris : Mazenod, 1984, 606 p.

Ateliers et commanditaires, artistes et collectionneurs

— BREDEKAMP (Horst), *La nostalgie de l'antique : machines et cabinets de curiosités*, trad. franç., Paris : Diderot éditeur/arts et sciences, 1996, 194 p.
— KEMPERS (Bram), *Peintres et mécènes de la Renaissance italienne*, trad. franç., Paris : Gérard Montfort (Imago Mundi), 1997 (1987), 352 p.
— MONTIAS (John Michael), « Le marché de l'art aux Pays-Bas, XVe et XVIe siècles », *Annales* ESC 48 (1993), p. 1541-1564.
— NORTH (Michael) et ORMROD (D.) (eds), *Art Markets in Europe, 1400-1800*, Aldershot, Brookfield : Ashgate, 1998, IX-250 p.
— POMIAN (Krzysztof), *Collectionneurs, amateurs et curieux. Paris, Venise : XVIe-XVIIe siècle*, Paris, 1987.
— RICCARDI-CUBITT (Monique), *Un art européen : le cabinet de la Renaissance à l'époque moderne*, Paris : L'Harmattan, 1993 (1992), 224 p.
— WARNKE (Martin), *L'artiste et la cour. Aux origines de l'artiste moderne*, trad. franç., Paris : Maison des Sciences de l'Homme, 1989 (1985), X-363 p.

Humanisme et représentation

— DAMISCH (Hubert), *L'origine de la perspective*, Paris : Flammarion (Champs, 605), 1993 (1987), 475 p.
— PANOFSKY (Erwin), *Essais d'iconologie. Les thèmes humanistes dans l'art de la Renaissance*, trad. franç., Paris : Gallimard (Bibliothèque des sciences humaines), 1967 (1939), 397 p.
— *Id.*, *La perspective comme forme symbolique*, trad. franç., Paris : Éditions de Minuit, 1975, 275 p.
— WHITE (John), *Naissance et Renaissance de l'espace pictural*, Paris : A. Biro, 1992, 318 p.

Architecture, peinture, « arts décoratifs »

— BAXANDALL (Michael), *L'œil du Quattrocento : l'usage de la peinture dans l'Italie de la Renaissance*, Paris : Gallimard, 1985, 254 p.
— CAMPBELL (Lorne), *Portraits de la Renaissance : la peinture des portraits en Europe aux XIVe, XVe et XVIe siècles*, trad. franç., Paris : Hazan, 1991 (1990), XXV-288 p.
— GIRAUD (Yves), *Le paysage à la Renaissance*, Friboug : Éditions universitaires, 1988, 356 p.
— GRUBER (Alain) (ed.), *L'Art décoratif en Europe, t. 1 : Renaissance et maniérisme*, Paris : Citadelle & Mazenod, 1993, 493 p.
— LEMERLE-PAUWELS (Frédérique) et PAUWELS (Yves), *L'architecture de la Renaissance*, Paris : Flammarion, 1998, 255 p.

— MOSSER (Monique) et TEYSSOT (Georges, eds.), *Histoire des jardins de la Renaissance à nos jours*, trad. franç., Paris : Flammarion, 1991, 542 p.
— ROMANO (Giulio), *De Mantegna à Raphaël : vers le portrait moderne*, trad. franç., Paris : Gérard Montfort, 1996 (1981), 119 p.
— ROSAND (David), *La trace de l'artiste : Léonard et Titien*, Paris : Gallimard, 1993, 145 p.

Musique (livres et disques)

— ATLAS (Allen W.), *Renaissance Music : Music in Western Europe, 1400-1600*, New York : Norton, 1998, XXI-729 p.
— *L'Europe musicale aux XVe et XVIe siècles*, 5 CD, Harmonia Mundi, 1998.
— FINSCHER (Ludwig) (ed.), *Die Musik des 15. und 16. Jahrhunderts*, 2 vol., Laaber : Laaber Verlag, 1989-1990, XXX-668 p.
— *Musique et humanisme à la Renaissance,* Cahiers V.-L. Saulnier 10 (1993), 168 p.
— VACCARO (Jean-Michel) (ed.), *Le concert des voix et des instruments à la Renaissance*, Paris : CNRS, 1995, 720 p.
— VENDRIX (Philippe), *La Musique à la Renaissance*, Paris : PUF (Que sais-je ? 3448), 1999, 128 p.
— *Id.*, *Vocabulaire de la musique à la Renaissance*, Minerve, 1994, 221 p.

Humanisme et Renaissance

Instruments de travail et ouvrages généraux

— KRAYE (Jill) (ed.), *The Cambridge Companion to Renaissance Humanism*, Cambridge-New York, 1996, XVIII-320 p.
— MANDROU (Robert), *Des humanistes aux hommes de science, XVIe et XVIIe siècles*, Paris : Seuil (Histoire de la pensée européennes, 3), 1973, 254 p.
— MARGOLIN (Jean-Claude), *L'humanisme en Europe au temps de la Renaissance*, Paris : PUF (Que sais-je ? 1945), 1981, 128 p.
— RABIL (Albert Jr) (ed.), *Renaissance Humanism*, 3 vol., Philadelphie : University of Pennsylvania Press, 1988, XV-492, XV-414, XVII-692 p.

L'homme de la Renaissance[1] : curiosité, savoirs, sagesse et folie

— CEARD (Jean), *La nature et les prodiges. L'insolite au XVIe siècle en France*, Genève : Droz, 1996, XIV-538 p.
— FIELD (Judith Veronica) et JAMES (Frank A.J.L.) (eds), *Renaissance and Revolution : Humanists, Scholars, Craftsmen and Natural Philosophers in Early Modern Europe*, Cambridge : Cambridge UP, 1993, XV-291 p.

L'homme de la Renaissance : magie et sciences occultes

— BEHAR (Pierre), *Les langues occultes de la Renaissance : essai sur la crise intellectuelle de l'Europe au XVIe siècle*, Paris : Desjonquères, 1996, 348 p.
— GARIN (Eugenio), *Le Zodiaque de la vie. Polémiques astrologiques à la Renaissance*, Paris : Belles-Lettres (L'âne d'or), 1991 (1976), 171 p.
— MARGOLIN (Jean-Claude) et MATTON (Sylvain) (eds), *Alchimie et philosophie à la Renaissance*, Paris : Vrin (De Pétrarque à Descartes, 57), 1993, 478 p.
— MERKEL (Ingrid) et DEBUS (Allen G.), *Hermeticism and Renaissance. Intellectual History and the Occult in Early Modern Europe*, Washington : The Folger Shakespeare Library, 1988, 438 p.

1. Lire Jean Pic de la Mirandole, *De la dignité de l'homme*, trad. Yves Hersant, Combes : Éditions de l'Éclat, 1993, XXXIII-101 p.

— NEWMAN (William R.) et GRAFTON (Anthony), *Secrets of Nature : Astronomy and Alchemy in Early Modern Europe*, Cambridge (Mass.) : MIT, 2002, 443 p.
— POSTEL (Claude), *L'Homme prophétique. Science et magie à la Renaissance*, Paris : Belles Lettres, 1999, 304 p.
— VEDRINE (Hélène), *Philosophie et magie à la Renaissance*, Paris : Librairie Générale Française (Biblio Essais 4231), 1996, 126 p.

Retour à l'Antiquité : langues anciennes et *imitatio*, mythologie païenne et christianisme

— BOLGAR (Robert R.), *The Classical Heritage and its Beneficiaries*, Cambridge : Cambridge UP, 1958 (1954), VII-591 p.
— *Id.*, *Classical influences in European Culture A.D. 500-1500 : proceedings*, Cambridge : Cambrige UP, 1971, XVI-320 p.
— BURKE (Peter), *A social history of knowledge. From Gutenberg to Diderot*, Cambridge : Polity Press, 2000, VIII-268 p.
— GREENE (Thomas), *The Light in Troy : Imitation and Discovery in Renaissance Poetry*, New Haven (Conn) : Yale UP, 1982, XI-354 p.
— SALADIN (Jean-Christophe), *La Bataille du grec à la Renaissance*, Paris : Les Belles-Lettres, 2000, 546 p.
— SEZNEC (Jean), *La survivance des dieux antiques : essai sur le rôle de la tradition mythologique dans l'humanisme et dans l'art de la Renaissance*, Paris : Flammarion, 1980 (repr. Champs 1993, 442 p.)
— WAQUET (Françoise), *Le latin ou l'empire d'un signe*, Paris : Albin Michel, 1998, 414 p.
— WIND (Edgar), *Mystères païens de la Renaissance*, Paris : Gallimard, 1992, 371 p.

« Humanités » : de la grammaire à l'histoire en passant par la philosophie

— FAYE (Emmanuel), *Philosophie et perfection de l'homme : de la Renaissance à Descartes*, Paris : Vrin, 1998, 397 p.
— FUMAROLI (Marc), *L'Âge de l'éloquence. Rhétorique et* « res literaria » *de la Renaissance*, Genève : Droz, 2002 (1980), 890 p. (repr. Paris : Albin Michel, 1994).
— *Id.* (ed.), *Histoire de la rhétorique dans l'Europe moderne*, Paris : PUF, 1999, 1249 p.
— GILBERT (Félix), *Machiavel et Guichardin. Politique et histoire à Florence au XVIe siècle*, Paris : Seuil (L'univers historique), 1996 (1965), 279 p.
— KRAYE (Jill) et STONE (M.W.F.) (eds), *Humanism and Early Modern Philosophy*, London-New York : Routledge (London Studies in the History of Philosophy, 1), 2000, XIII-270 p.
— SCHMITT (Charles B.), KESSLER (Eckhard), SKINNER (Quentin) et KRAYE (Jill) (eds), *The Cambridge History of Renaissance Philosophy*, Cambridge, 1988, XIII-968 p.
— VEDRINE (Hélène), *Les Philosophies de la Renaissance*, Paris : PUF (Que sais-je ? 1424), 1971, 128 p.

« Humanités », pratiques éducatives, « civilisation des mœurs » et « genèse de l'individu »

— DE RIDDER SYMOENS (H.), *History of the Universities in Europe*, t. 2, Cambridge-New York : Cambridge UP, 1996, XXV-693 p.
— DÜLMEN (Richard van), *Die Entdeckung des Individuums 1500-1800*, Frankfurt/M : Fischer Taschenbuch Verlag (Europäische Geschichte), 1997, 176 p.
— GARIN (Eugenio), *L'éducation de l'homme moderne, 1400-1600. La pédagogie de la Renaissance*, Paris : Fayard, 1968 (repr. poche 1995, 264 p.)
— GRAFTON (Anthony) et JARDINE (Lisa), *From Humanism to the humanities education and the liberal arts in fifteenth-and sixteenth-century Europe*, London : Duckworth, 1986, XVI-224 p.
— MUCHEMBLED (Robert), *L'invention de l'homme moderne. Sensibilités, mœurs et comportements collectifs sous l'Ancien Régime*, Paris : Fayard, 1988, 513 p.

Humanisme, Renaissance, Réformes

Instrument de travail et ouvrages généraux

— HILLERBRAND, *The Oxford Encyclopedia of the Reformation*, 4 vol., New York-Oxford : Oxford UP, 1996, XIV-496, 506, 491, 484 p.

— CHAUNU (Pierre), *Le temps des Réformes. La crise de la chrétienté. L'éclatement 1250-1550*, Paris : Fayard, 1975, 570 p.

— DELUMEAU (Jean) et WANEGFFELEN (Thierry), *Naissance et affirmation de la Réforme*, 8e éd., Paris : PUF (Nouvelle Clio, 30), 1997 (1965), LXXIX-441 p.

— VENARD (Marc) (ed.), *Histoire du christianisme*, t. 7 : *De la Réforme à la Réformation (1450-1530*) et t. 8 ; *Le temps des confessions (1530-1620)*, Paris : Desclée, 1994 et 1992, 926 et 1236 p.

Humanisme et textes sacrés, Renaissance et représentation du divin

— BEDOUELLE (Guy) et ROUSSEL (Bernard), *Le temps des Réformes et la Bible*, Paris : Beauchesne, 1989, 811 p.

— BELTING (Hans), *Image et culte, une histoire de l'image avant l'époque de l'art*, trad. franç., Paris : Cerf, 1998, 790 p.

— FEBVRE (Lucien), *Le problème de l'incroyance au XVIe siècle. La religion de Rabelais*, Paris : Albin Michel (L'évolution de l'humanité), 1968 (1942), 511 p.

— PANOFSKY (Erwin), *Peinture et dévotion en Europe du Nord à la fin du Moyen Âge*, Paris : Flammarion, 1997, 187 p.

— RIGAUX (Dominique), « Croire aux images, fonctions officielles et usages non avoués de l'image peinte dans l'Italie du XVe siècle », *Historiens & Géographes* 343 (mars-avril 1994), p. 157-171.

— RINGBOM (Sixten), *Les Images de dévotion XIIe-XVe siècle*, trad. franç., Paris : Gérard Montfort (Emblemata), 1995, 116 p.

Réforme-Réformation-Contre-Réforme

— CHEVALIER (Bernard) et SAUZET (Robert) (eds), *Les Réformes, enracinement socio-culturel*, XXVe colloque de Tours juillet 1982, Paris : Éditions de la Maisnie, 1985, 451 p.

— CHRISTIN (Olivier), *Une révolution symbolique. L'iconoclasme huguenot et la reconstruction catholique*, Paris : Éditions de Minuit, 1991, 351 p.

— CROUZET (Denis), *Jean Calvin*, Paris : Fayard, 2000, 480 p.

— LEVACK (Brian), *La grande chasse aux sorcières en Europe au début des temps modernes*, trad. franç., Seyssel : Champ Vallon, 1991, 288 p.

— LIENHARD (Marc), *Martin Luther : un temps, une vie, un message*, Genève : Labor et fides, 1998 (1993), 478 p.

— MICHALSKI (Sergiusz), *The Reformation and the visual arts. The Protestant image question in Western and Eastern Europe*, trad. du polonais, London-New York : Routledge, 1993 (1989), 232 p.

— MUCHEMBLED (Robert) et ANKARLOO (Bengst) (eds), *Magie et sorcellerie en Europe du Moyen-Âge à nos jours*, Paris : A. Colin, 1994, 334 p.

— TALLON (Alain), *Le Concile de Trente*, Paris : Cerf, 2000, 135 p.

Christianisme, Judaïsme et Islam

— BENNASSAR (Bartolomé) et SAUZET (Robert) (eds), *Chrétiens et Musulmans à la Renaissance*, Colloque Tours juillet 1991, Paris : Champion (Le Savoir de Mantice), 1998, 546 p.

— BONFIL (Robert), *Les Juifs d'Italie à l'époque de la Renaissance : stratégies de la différence à l'aube de la modernité*, trad. franç., Paris : L'Harmattan, 1995 (1990), 222 p.

La Renaissance : genèse des États « modernes » et affirmation des nations ?

Institutions, pratique et pensée politique : entre prophétie, raison et utopie (Savonarole[1], Machiavel[2], More[3])

— BURNS (J.H.) et GOLDIE (Mark) (eds), *Histoire de la pensée politique moderne, 1450-1700*, trad. franç., Paris : PUF, 1997 (1988), 738 p.
— COHN (Henry J.) (ed.), *Government in Reformation Europe 1520-1560*, London : Macmillan, 1971, 320 p.
— GENET (Jean-Philippe) (ed.), *L'État moderne : genèse, bilan et perspective*, Paris : CNRS, 1990, 352 p.
— SKINNER (Quentin), *Les fondements de la pensée politique moderne*, trad. franç., Paris : Albin Michel, 2001, 923 p.
— *Id.*, *Machiavel*, trad. franç., Paris : Seuil (Points 451), 2001, 168 p.
— STEGMANN (André) (ed.), *Pouvoir et Institutions en Europe au XVIe siècle*, Paris : Vrin (De Pétrarque à Descartes LI), 1987, 316 p.

Diplomatie, armes, armées et conflits

— BELY (Lucien) (ed.), *L'invention de la diplomatie, Moyen Âge-Temps Modernes*, Paris : PUF, 1998.
— CHAGNIOT (Jean), *Guerre et société à l'époque moderne*, Paris : PUF (Nouvelle Clio), 2001, XXXV-360 p.
— HALE (John R.), *War and Society in Renaissance Europe (1450-1620)*, Leicester : Leicester University Press, 1985, 282 p.
— *Id.*, *Artists and Warfare in the Renaissance*, New Haven-London : Yale UP, 1990, IX-278 p.
— LIVET (Georges), *L'équilibre européen de la fin du XVe siècle au XVIIIe siècle*, Paris : PUF, 1976.
— *Id.*, *Guerre et paix de Machiavel à Hobbes*, Paris : A. Colin (U2), 1972, 396 p.
— MATTINGLY (Garrett), *Renaissance diplomacy*, London : Jonathan Cape, 1955, 313 p.
— MENAGER (Daniel), *Diplomatie et théologie à la Renaissance*, Paris : PUF, 2001, 224 p.
— PARKER (Geoffrey), *La Révolution militaire : la guerre et l'essor de l'Occident, 1500-1800*, trad. franç., Paris : Gallimard, 1993, 276 p.

État, droit et justice

— HESPANHA (António M.), *La gracia del derecho : Economia de la cultura en la edad moderna*, Madrid : Centros de Estudios Constitucionales, 1993, 351 p.
— MAC LEAN (Ian), *Interpretation and Meaning in the Renaissance. The Case of Law*, Cambridge : Cambridge UP, 1992, XIII-237 p.
— PARESYS (I.), *Aux marges du royaume : violence, justice et société en Picardie sous François Ier*, Paris : Publications de la Sorbonne, 1998, 396 p.

Pouvoirs et représentations : rituels, fêtes et cérémonies

— GENET (Jean-Philippe) (ed.), *Culture et idéologie dans la genèse de l'État moderne*, Rome : École Française de Rome, 1985,VI-528 p.
— JACQUOT (Jean) (ed.), *Les fêtes de la Renaissance*, 2 vol., Paris Éditions du CNRS, 1956-1960.

1. Savonarole, *Sermons, écrits politiques et pièces du procès*, éd. Jean-Louis Fournel et Jean-Claude Zancarini, Paris : Seuil, 1993, 318 p.
2. Machiavel, *De Principatibus. Le Prince*, éd. Jean-Louis Fournel et Jean-Claude Zancarini, Paris : PUF (Fondements de la politique), 2000, 641 p. [très précieux commentaire]
3. More, *L'Utopie ou Le traité de la meilleure forme de gouvernement*, trad. Marie Delcourt, éd. Simone Goyard-Fabre, Paris : Flammarion, 1987 (1966), 248 p.

— *Id.*, *Les fêtes de la Renaissance*, 3 vol., Paris : Éditions du CNRS, 1973-1975.
— REDONDO (Augustin) (ed.), *Le pouvoir monarchique et ses supports idéologiques aux XIVe-XVIIe siècles*, Paris : Publications de la Sorbonne Nouvelle, 1990, 282 p.
— STRONG (Roy), *Les Fêtes de la Renaissance*, trad. franç, Le Méjan : Solène, 1991 (1973), 381 p.
— YATES (France), *Astrée : le symbolisme impérial au XVIe siècle*, trad. franç., Paris : Belin, 1989, 427 p.

Humanisme-Renaissance-Réformes : villes, régions, territoires

— PORTER (R.) et TEICH (M) (eds), *The Renaissance and National Context*, Cambridge : Cambridge UP, 1992, VIII-239 p.

Italie

Instruments de travail et ouvrages généraux

— BEC (Christian) et CLOULAS (Ivan) (eds), *L'Italie de la Renaissance : un monde en mutation (1378-1494)*, Paris : Fayard, 1990, 398 p.
— BRAUDEL (Fernand), *Le modèle italien*, Paris : Flammarion (Champs 612), 1994 (1989), 221 p.
— BURKE (Peter), *La Renaissance en Italie. Art, Culture, Société*, trad. franç., Paris : Hazan, 1991 (1987), 348 p.
— HALE (John), *Dictionnaire de la Renaissance italienne*, trad. franç, Paris : Thames & Hudson, 1997 (1981), 358 p.
— HOCHMAN (Michel), TEMPERINI (Renaud) et CASSEGRAIN (Guillaume), *L'ABCdaire de la Renaissance italienne*, Paris : Flammarion, 2001, 119 p.

Renaissance-Humanisme-Réformes

— ARASSE (Daniel), *Génies de la Renaissance italienne : l'homme en jeu*, Paris : Ed. France-Empire, 1980, 355 p.
— BEC (Christian), « La Renaissance », *in* : *id.*, *Précis de littérature italienne*, 2e éd., Paris : PUF, 1990, p. 111-176.
— BROWN (Alison) (ed.), *Language and Images of Renaissance Italy*, Oxford : Clarendon Press, 1995, XV-338 p.
— CHASTEL (André), *Le grand atelier d'Italie 1460-1500*, Paris : Gallimard (L'univers des formes), 1965, 423 p.
— *Id.*, *Renaissance méridionale Italie 1460-1500*, Paris : Gallimard (L'univers des formes), 1965, 387 p.
— *Id.*, *Renaissance italienne*, Paris : Gallimard (Quarto), 1999 [réédition des deux volumes de 1965, avec un dossier documentaire inédit]
— *Id.*, *L'art italien*, 2 vol., Paris : Flammarion, 1995 (1956), 639 p.
— COLE (Alison), *La Renaissance dans les cours italiennes*, trad. franç., Paris : Flammarion, 1995, 192 p.
— HEYDENREICH (Ludwig) et PASSAVANT (G.), *Le Temps des Génies, Italie 1500-1540*, Paris : Gallimard (Univers des Formes), 1974, 464 p.
— LARIVAILLE (Paul), *Le XVIe siècle italien. De l'apogée de la Renaissance à l'aube de l'âge baroque*, Paris : Seghers (Panorama), 1971, 256 p.
— MOREL (Philippe), *L'art italien*, t. 1 : *Du IVe siècle à la Renaissance*, t. 2 : *De la Renaissance à 1905*, Paris : Citadelle & Mazenod, 1997, 615, 616 p.
— *Le Pouvoir et la plume : incitation, contrôle et répression dans l'Italie du XVIe siècle*, Paris : Université de la Sorbonne Nouvelle, 1982, 338 p.

— ROCHON (André, *et al.*), *Les Écrivains et le pouvoir en Italie à l'époque de la Renaissance*, 2 vol., Paris : Université de la Sorbonne Nouvelle, 1973-1974, V-456, 325 p.
— RUDEL (Jean), *La peinture italienne de la Renaissance*, Paris : PUF (Que sais-je ? 2352), 1996, 128 p.
— SEIDEL MENCHI (Silvana), *Érasme hérétique. Réforme et Inquisition dans l'Italie du* XVI*e siècle*, trad. franç., Paris : Gallimard-Le Seuil (Hautes Études), 1996, 445 p.
— THORNTON (P.), *L'Époque et son style. La Renaissance italienne 1400-1600*, trad. franç., Paris, 1991 (1991), 406 p.

Etudes locales : Florence, Mantoue, Naples, Rome, Urbino, Venise

— BEC (Christian), *Le siècle des Médicis*, Paris : PUF (Que sais-je ? 1696), 1977, 128 p.
— *Id.*, *Florence 1300-1600, histoire et culture*, Nancy : PU Nancy, 1986, 241 p.
— BRAUNSTEIN (Philippe) et DELORT (Robert), *Venise : portrait historique d'une ville*, Paris : Seuil (Points H4), 1971, 253 p.
— BRAUNSTEIN (Philippe) (ed.), *Venise 1500. La puissance, la novation et la concorde : le triomphe du mythe*, Paris : Autrement (Série Mémoires), 1993, 251 p.
— BREDEKAMP (Horst), *Sankt Peter in Rom und das Prinzip der produktiven Zerstörung. Bau und Abbau von Bramante bis Bernini*, Berlin : Wagenbach, 2000, 155 p.
— CERBONI (Baiardi Giorgio) et CHITTOLINI (Giorgio) (eds), *Federico di Montefeltro*, t. 1 : *Lo stato, le arti, la cultura*, Roma : Bulzoni, 1986, 382 p.
— CHAMBERS (D.) et MARTINEAU (J.) (eds), *Splendours of the Gonzaga*, catal. expo., London : The Museum, 1981, XXIII-248 p.
— CHASTEL (André), *Art et humanisme à Florence au temps de Laurent le Magnifique*, 3e éd., Paris : PUF, 1982 (1959), XXIII-580 p.
— CROUZET-PAVAN (Elizabeth), *Venise triomphante : les horizons d'un mythe*, Paris : A. Michel, 1999, 428 p.
— DELUMEAU (Jean), *Rome au* XVI*e siècle*, Paris : Hachette (Le temps des hommes), 1975, 247 p.
— ESCH (Arnold) et FROMMEL (Christoph Luitpold) (eds), *Arte, commitenza ed economia a Roma e nella corti del Rinascimento 1420-1530*, Atti del convegno internazionale Roma ott. 1990, Torino : Einaudi, 1995, XX-420 p.
— FORTINI BROWN (Patricia), *La Renaissance à Venise*, trad. franç., Paris : Flammarion, 1997, 276 p.
— GERFAGNINI (Gian Carlo), *Lorenzo il Magnifico e il suo tempo*, Firenze : L.S. Olschki, 1992, VII-175 p.
— *Id.*, *Lorenzo il Magnifico e il suo mondo*, Firenze : L.S. Olschki, 1994, XVII-470 p.
— KING (Margaret L.), *Venetian Humanism in an Age of Patrician Dominance*, Princeton : Princeton UP, 1986, XXI-524 p.
— LABROT (Gérard), *L'image de Rome. Une arme pour la Contre-réforme, 1534-1677*, Seyssel : Champ Vallon, 1987, 462 p.
— « Les réseaux de la culture scientifique romaine à la Renaissance », *Mélanges de l'École Française de Rome (Moderne)* 30 (2002) à paraître.
— *Le siècle de Titien : l'âge d'or de la peinture à Venise*, catal., Paris : Réunion des Musées Nationaux, 1993, 745 p.
— LUBKIN (Gregory), *A Renaissance Court : Milan under Galeazzo Maria Sforza*, Berkeley : University of California Press, 1994, XXIII-405 p.
— MALLETT (Michael) et MANN (Nicholas, eds.), *Lorenzo the magnificent : culture and politics*, London : Warburg Institute, 1996, XI-324 p.
— MUIR (Edward), *Civic Ritual in Renaissance Venice*, Princeton (NJ), : Princeton UP, 1981, XIV-356 p.
— PARTRIDGE (Loren), *The Art of Renaissance Rome 1400-1600*, New York : Harry N. Abrams, 1996, 184 p.

— ROMANO (Sergio), *Naples. Italian Center of the Renaissance*, New Haven-London, à paraître (2002)
— TENENTI (Alberto), *Florence à l'époque des Médicis : de la cité à l'État*, Paris : Flammarion (Questions d'histoire 5), 1968, 141 p.
— TREXLER (Richard), *Public Life in Renaissance Florence*, New York : Academic Press, XXVI-591 p.
— *Id.*, *Power and Dependence in Renaissance Florence*, 3 vol. (1 : *The Children* ; 2 : *The Women* ; 3 : *The Workers*), Binghamton : Medieval & Renaissance Texts and Studies, 1993.

Pays-Bas

— HARBISON (Craig), *La Renaissance dans les Pays du Nord*, trad. franç., Paris : Flammarion, 1995, 175 p.
— HECK (Michèle Carolina), LEMERLE (Frédérique) et PAUWELS (Yves) (eds), *Trésor des arts et création artistique dans l'Europe du Nord du XVIe au début du XVIIIe siècle*, Lille III : CeGas, 2002, 370 p.
— MARNEF (Guido), *Antwerp in the Age of Reformation. Underground Protestantism in a Commercial Metropoolis 1550-1577*, trad. angl., Baltimore-London : The Johns Hopkins UP, 1996, XV-304 p.
— MARTENS (Maximilian P.J.), *Bruges et la Renaissance : de Memling à Pourbus*, catal., trad. franç, Paris : Ludion-Flammarion, 1998, 319 p.
— PANOFSKY (Erwin), *Les Primitifs flamands*, trad. franç., Paris : Hazan, 1992, 806 p.
— PATOUL (B. de) et VAN SCHOUTE (eds), *Les Primitifs flamands et leur temps*, Tournai : La Renaissance du Livre, 1998, 656 p.
— PHILIPPOT (Paul), *La peinture dans les anciens Pays-Bas, XVe-XVIe siècle*, Paris : Flammarion, 1994 (repr. Champ 1998, 351 p.).

Europe orientale (Bohême, Pologne, Hongrie)

— DACOSTA KAUFMANN (Thomas), *L'art de l'Europe centrale*, trad. franç., Paris : Flammarion, 2001 (1995), 365 p.
— *La Renaissance et la Réforme en Pologne et en Hongrie. Renaissance und Reformation in Polen und Ungarn, 1450-1650*, Budapest : Akademiai Kiado, 1963, 562 p.

Bohême

— SEIBT (Ferdinand), *Renaissance in Böhmen*, München : Prestel, 1985, 441 p.

Pologne

— KOT (S.), « L'humanisme et la Renaissance en Pologne », *Bibliothèque d'Humanisme et Renaissance* 14 (1952), p. 348-373 et 15 (1953), p. 233-238.
— SEGEL (Harold B.), *Renaissance Culture in Poland : The Rise of Humanism 1470-1543*, Ithaca (NY) : Cornell UP, 1989, X-286 p.

Hongrie

— KLANICSAY (Tibor), « La Renaissance hongroise », *Bibliothèque d'Humanisme et Renaissance* 26 (1964), p. 439-475.
— *Matthias Corvinus und die Renaissance in Ungarn (1458-1541)*, catal. Schallenburg, Wien : Niederösterreichische Landesregierung 1982, XXXI-768 p.

Péninsule Ibérique

Portugal

— *L'Humanisme portugais et l'Europe*, Tours, XXIe Colloque international d'études humanistes, Paris, Fondation Caloustre Gulbenkian, 1984, 888 p.

Espagne

— BATAILLON (Marcel), *Érasme et l'Espagne. Rcherches sur l'histoire spirituelle du XVIe siècle*, nouv. éd., 3 vol., Genève : Droz (THR 250), 1991 (1937) 2080 p. (repr. sans les compléments, 1998, XXII-XII-904 p.)

— CHAUNU (Pierre), *L'Espagne de Charles Quint*, 2 vol., Paris : SEDES, 1973, 659 p.

— HOMZA (Lu Ann), *Religious Authority in the Spanish Renaissance*, Baltimore (Md.) : The Johns Hopkins UP, 2000, XXIII-312 p.

— YNDURAIN (Domingo), *Humanismo y Renacimiento en España*, Madrid : Cátedra, 1994, 528 p.

Royaume de France

Instruments de travail et ouvrages généraux

— CHEVALIER (Bernard) et CONTAMINE (Philippe) (eds), *La France de la fin du XVe siècles. Renouveau et apogée, économie, pouvoirs, arts, culture et conscience nationales*, Actes du colloque du 3-6 octobre 1983, Tours, Centre d'Etudes Supérieures de la Renaissance, Paris : CNRS, 1985, 382 p.

— CROIX (Alain) et QUENIART (Jean), *Histoire culturelle de la France*, t. 2 : *De la Renaissance à l'aube des Lumières*, Paris : Seuil, 1997, 407 p.

— DAVIS (Natalie Zemon), *Les Cultures du peuple. Rituels, savoirs et résistances au XVIe siècle*, Paris : Aubier, 1979, 444 p.

— JOUANNA (Arlette), HAMON (Philippe), BILOGHI (Dominique), LE THIEC (Guy), *La France de la Renaissance. Histoire et dictionnaire*, Paris : Robert Laffont (Bouquins), 2001, 1226 p.

— MANDROU (Robert), *Introduction à la France moderne 1500-1640. Essai de psychologie historique*, 3e éd., Paris : Albin Michel, 1998 (1961), XVI-650 p.

— MÉNAGER (Daniel), *Introduction à la vie littéraire au XVIe siècle*, Paris : Bordas, 1984 (1968), 202 p.

— RENAUDET (Augustin), *Préréforme et humanisme à Paris pendant les premières guerres d'Italie (1494-1517)*, Genève : Slatkine, 1981 (1953), LXIV-739 p.

— SIMONE (Franco), *Culture et politique en France à l'époque de l'humanisme et de la Renaissance*, Torino : Accademia della scienza, 1974, XLVII-454 p.

— SIMONIN (Michel) (ed.), *Dictionnaire des lettres françaises. Le XVIe siècle*, Paris : Fayard (Le Livre de poche : Encyclopédies d'aujourd'hui), 2001, XLII-1217 p.

Politique royale et mécénat aristocratique

— CAZAUX (Christelle), *La musique à la cour de François Ier*, Genève : Droz, 2002, 415 p.

— HAMON (Philippe), « Une monarchie de la Renaissance », *in* : Joël CORNETTE (ed.), *La Monarchie entre Renaissance et Révolution (1515-1792)*, Paris : Seuil, 2002, p. 3-62.

— KNECHT (Robert J.), *Un prince de la Renaissance. François Ier et son royaume*, trad. franç., Paris : Fayard, 1998, 697 p.

— LECOQ (Anne-Marie), *François Ier imaginaire. Symbolique et politique à l'aube de la Renaissance*, Paris : Macula, 1987, 565 p.

Humanisme et Renaissance

— BAKHTINE (Mikhail), *L'œuvre de François Rabelais et la culture populaire au Moyen Âge et à la Renaissance*, trad. franç., Paris : Gallimard, 1970 (repr. 1982), 480 p.

— CHASTEL (André), *L'Art français. Temps modernes, 1430-1620*, Paris : Flammarion, 1994, 335 p.

— CHATENET (Monique), *Chambord*, Paris : Monum-Editions du Patrimoine, 2001, 279 p.

— *Id.*, *La cour de France au XVIe siècle. Vie sociale et architecture*, Paris : Picard (De architectura), 2002, 388p

— « Châteaux de la Loire », *L'Histoire* (Les collections de, 12), juillet 2001.

— CLOULAS (Ivan) et CHIROL (Serge), *La France de la Renaissance*, Paris : La Martinière, 1996, 200 p.

— FEBVRE (Lucien), « La première Renaissance française » (1925), repr. *in* : *id.*, *Pour une histoire à part entière*, Paris : SEVPEN, 1962, p. 529-603.

— *Id.*, *Autour de l'Heptaméron : Amour sacré, amour profane*, Paris : Gallimard, 1944 (repr. poche 1971, 376 p.).

— GADOFFRE (Gilbert), *La Révolution culturelle dans la France des humanistes. Guillaume Budé et François Ier*, Genève : Droz, 1998, 349 p.

— LONGEON (Claude), *Une province française à la Renaissance. La vie intellectuelle en Forez au XVIe siècle*, Saint-Étienne : Centre d'Etudes Foréziennes, 1975, 624 p.

— PANOFSKY (Erwin & Dora), *Étude iconographique de la galerie François Ier à Fontainbleau*, trad. franç., Paris : Gérard Montfort, 1992 (1958), 96 p.

— ZERNER (Henri), *L'Art de la Renaissance en France. L'invention du classicisme en France*, Paris : Flammarion, 1996, 414 p.

Le temps des Réformes

— CASSAN (Michel), *Le temps des guerres de religion. Le cas du Limousin (vers 1530-vers 1630)*, Paris : Publisud, 1996, XII-463 p.

— CROUZET (Denis), *La genèse de la Réforme française, 1520-1562*, Paris : SEDES, 1996, 620 p.

— FARGE (James K.), *Le Parti conservateur au XVIe siècle. Université et Parlement de Paris à l'époque de la Renaissance et de la Réforme*, Paris : Documents et inédits du Collège de France, 1992, 198 p.

— FEBVRE (Lucien), *Au cœur religieux du XVIe siècle*, Paris : SEVPEN, 1957, 358 p. [recueil d'articles]

— HOOYKAAS (Reijer), *Humanisme, science et Réforme : Pierre de La Ramée (1515-1572)*, Leiden : Brill, 1958, XI-133 p.

— LA GARANDERIE (Marie-Madeleine), *Christianisme et lettres profanes. Essai sur l'humanisme français (1515-1535) et sur la pensée de Guillaume Budé*, 2e éd., Paris : Champion, 1995, 443 p.

— LE GALL (Jean-Marie), *Les moines au temps des Réformes. France (1480-1560)*, Seyssel, : Champ Vallon, 2001, 647 p.

— LEMAITRE (Nicole), *Le Rouergue flamboyant. Le clergé et les fidèles du diocèse de Rodez 1417-1563*, Paris : Cerf, 1988, 652 p.

— TALLON (Alain), *Conscience nationale et sentiments religieux en France au XVIe siècle*, Paris : PUF (Le nœud gordien), 2002, 315 p.

Îles britanniques

— BOQUET (Guy) et GRUTER (E.), *Les Îles britanniques au XVIe siècle. L'âge des grandes mutations*, Paris : A. Colin (Coll. U), 1994, 415 p.

— FOX (Alistair), *Reassessing the Henrician Age : humanism, politics and reform*, 1500-1550, Oxford-New York : Blackwell, 1986, VI-242 p.

— GREENBLATT (Stephen J.), *Renaissance Self-Fashioning from More to Shakespeare*, Chicago : University of Chicago Press, 1980, 321 p.

— JONES (Norman Leslie), *The Birth of the Elizabethan Age : England in the 1560s*, Oxford : Blackwell, 1993, XII-300 p.

— Mc CONICA (James), *English Humanists and Reformation Politics under Henri VIII and Edward VI*, 2e éd., Oxford : Clarendon Press, 1968 (1965), XII-340 p.

— WEISS (R.), *Humanism in England during the Fifteenth Century*, 2e éd., Oxford : Blackwell, 1957, XXIII-202 p.

Empire

— CHAUNU (Pierre) et ESCAMILLA (Michèle), *Charles Quint*, Paris : Fayard, 2000, 854 p.
— LEFEBVRE (Joël) et MARGOLIN (Jean-Claude) (eds), *L'Humanisme allemand (1480-1540)*, Paris : Vrin, 1969, 727 p.
— MULLER (Frank) (ed.), *Art, religion, société dans l'espace germanique au XVIe siècle*, Actes colloque Strasbourg 1993, PU de Strasbourg, 1997.
— RUMMEL (Erika), *The confessionalisation of Humanism in Reformation Germany*, Oxford : Oxford UP, 2000, 224 p.
— SPITZ (Lewis), *The Religious Renaissance of the German Humanism*, Cambridge (Mass.) : Harvard UP, 1963, X-142 p.
— *Id., Luther and German Humanism*, Aldershot : Variorum, 1996, XII-360 p.
— PANOFSKY (Erwin), *La vie et l'art d'Albrecht Dürer*, trad. franç., Paris : Hazan, 1987 (1943), 412 p.
— RAPP (Francis), *Les origines médiévales de l'Allemagne moderne. De Charles IV à Charles Quint (1346-1519)*, Paris : Aubier, 1989, 436 p.
— SCRIBNER (Robert W.), *Religion and Culture in Germany (1400-1800)*, éd. Lyndal ROPER, Leiden : Brill, 2001, 380 p.
— VOGLER (Bernard), *Le monde germanique et helvétique à l'époque des Réformes, 1517-1618*, 2 vol., Paris : SEDES, 1981, 624 p. (nouv. éd. à paraître en 2002).
— WARNKE (Martin), *Geschichte der deutschen Kunst*, t. 2 : *Spätmittelalter und Frühe Neuzeit 1400-1750*, München : C.H. Beck, 1999, 494 p.

Pays scandinaves

— BOYER (Régis), *Histoire des littératures scandinaves*, Paris : Fayard, 1996, 561 p.
— MOUSSON-LESTANG (Jean-Pierre), *Histoire de la Suède*, Paris : Hatier (Nations d'Europe), 1995.

Europe orientale

— BIRNBAUM (Henrik), « Some Aspects of the Slavonic Renaissance », *Slavonic and East European Review* 47 (1969), p. 37-56.
— CHERNIAVSKY (Michael), « Ivan the Terrible as a Renaissance Prince », *Slavic Review* 27 (1968), p. 195-211.
— GUKOWSKI (Matteo), « Il Rinascimento italiano e la Russia », *in* : Vittore BRANCA (ed.), *Rinascimento europeo e rinascimento veneziano*, Firenze : Sansoni, 1967, XV-394 p., voir p. 121-136.

Europe du Sud-Est et monde islamique

— *Islamic and Arab contribution to the European Renaissance*, General Egyptan Book Organization, 2000, 261 p.
— HITZEL (Frédéric), *L'Empire ottoman, XVe-XVIIIe siècle*, Paris : Belles Lettres, 2001, 319 p.
— PETROVICH (Michael Brzo), « Croatian Humanism and the Italian Connection », *Journal of Croatian Studies* 27 (1986), p. 78-90.

Table des matières

DEUXIÈME PARTIE
TRIOMPHE DE LA RENAISSANCE ?

N° d'éditeur : 1010272-(II)-(7,5)-OSBB-80° - INT

Imprimé en France par EUROPE MEDIA DUPLICATION S.A
53110 Lassay-les-Châteaux
N° 10292 - Dépôt légal : février 2003